青海省国土资源利用

主　编　韩　良　孟苏菊　周　伟　史增祖

副主编　韩　昆　韩海忠　张世龙　王　磊

　　　　苏冠男　卓成刚

中国地质大学出版社

ZHONGGUO DIZHI DAXUE CHUBANSHE

图书在版编目(CIP)数据

青海省国土资源利用/韩良等主编；韩昆等副主编．—武汉：中国地质大学出版社，2024.6
ISBN 978-7-5625-5878-1

Ⅰ.①青… Ⅱ.①韩… ②韩… Ⅲ.①国土资源-资源利用-青海 Ⅳ.①F129.944

中国国家版本馆 CIP 数据核字(2024)第 104464 号

青海省国土资源利用 韩　良　等主编

责任编辑：彭　琳 责任校对：徐蕾蕾

出版发行：中国地质大学出版社(武汉市洪山区鲁磨路 388 号) 邮编：430074
电　　话：(027)67883511 传　　真：(027)67883580 E-mail：cbb @ cug.edu.cn
经　　销：全国新华书店 https://cugp.cug.edu.cn

开本：787mm×1092mm 1/16 字数：570 千字 印张：22.25
版次：2024 年 6 月第 1 版 印次：2024 年 6 月第 1 次印刷
印刷：武汉市籍缘印刷厂

ISBN 978-7-5625-5878-1 定价：78.00 元

青海省国土资源利用

主　编　韩　良　孟苏菊　周　伟　史增祖
副主编　韩　昆　韩海忠　张世龙　王　磊
苏冠男　卓成刚

中国地质大学出版社
ZHONGGUO DIZHI DAXUE CHUBANSHE

图书在版编目(CIP)数据

青海省国土资源利用/韩良等主编;韩昆等副主编.—武汉:中国地质大学出版社,2024.6
ISBN 978-7-5625-5878-1

Ⅰ.①青… Ⅱ.①韩… ②韩… Ⅲ.①国土资源-资源利用-青海 Ⅳ.①F129.944

中国国家版本馆 CIP 数据核字(2024)第 104464 号

青海省国土资源利用 韩 良 **等主编**

责任编辑:彭 琳 责任校对:徐蕾蕾

出版发行:中国地质大学出版社(武汉市洪山区鲁磨路 388 号) 邮编:430074
电 话:(027)67883511 传 真:(027)67883580 E-mail:cbb @ cug.edu.cn
经 销:全国新华书店 https://cugp.cug.edu.cn

开本:787mm×1092mm 1/16 字数:570 千字 印张:22.25
版次:2024 年 6 月第 1 版 印次:2024 年 6 月第 1 次印刷
印刷:武汉市籍缘印刷厂

ISBN 978-7-5625-5878-1 定价:78.00 元

《青海省国土资源利用》编撰委员会

《青海省国土资源利用》编撰委员会

序言

全国国土调查是一次重大国情国力调查，也是国家制订经济社会发展重大战略规划、重要政策举措的基本依据。2017 年国务院部署开展第三次全国土地调查，2018 年党和国家机构改革后土地调查升级为国土调查。从土地调查到国土调查，是自然资源统一调查监管迈出的第一步，也是自然资源治理体系和治理能力现代化迈出的关键一步。在党中央、国务院第三次全国国土调查领导小组和自然资源部的正确领导及大力支持下，在青海省委、省政府的坚强领导下和直属部门的协同下，在地方各级政府和有关部门的共同努力下，青海省自然资源系统 1200 余名干部职工和技术人员历时 3 年，圆满完成了青海省第三次全国国土调查各项任务，全面查清了全省国土资源现状与国土利用特征，取得了丰硕的成果，从根本上解决了“数出多门”的问题。本次调查是在我国进入以高质量发展为主题的发展阶段，在国家粮食安全保障、生态文明建设、自然资源管理体制改革以及新经济新业态发展的背景下完成的一项工作，是新时代自然资源工作取得的一项重大成果，也是自然资源部门在“十四五”开局之年向党和人民交出的一份合格答卷，对于自然资源系统统一行使全民所有自然资源资产所有者职责，统一行使所有国土空间用途管制和生态保护修复职责具有重要的意义。

青海省地域辽阔，国土面积位居全国第四，国土资源利用类型丰富多样，湿地、草地、水域及水利设施用地等生态用地在全国占有重要的地位，不仅是我国重要的生态功能区，还是我国乃至东南亚重要的生态安全屏障，在全球生态系统中具有独特和不可替代的地位。习近平总书记在青海考察时说：“保护好青海生态环境，是‘国之大者’。”为充分发挥“三调”成果效用，青海省第三次全国国土调查领导小组办公室组织编纂了《青海省国土资源利用》。本书是青海省第三次全国国土调查成果之一，是一部科学性、实用性、现势性兼具的青海省国土调查专题著作。本书全面介绍了青海省的地理位置、行政区划，以及自然、社会、经济状况，阐述了青海省第三次全国国土调查所采用的分类系统，分析了全省国土利用类型、利用结构、权属结构和分布状况，青海省第二次土地调查以来的国土利用变化情况。同时，从水平和垂直分布、土地利用分区和流域等不同角度分析了全省国土利用的分异特征、土地利用与经济发展相关性等，研判了青海省国土资源利用面临的形势，并提出对策措施。

《青海省国民经济和社会发展第十四个五年规划和二〇三五年远景目标纲要》擘画了坚持生态保护优先，推动高质量发展，创造高品质生活，共同守护好地球“第三极”，培育发展生态经济、循环经济、数字经济、平台经济“四种经济形态”，创建国家公园示范省、清洁能源示范省、绿色有机农畜产品示范省、高原美丽城镇示范省、民族团结进步示范省“五个示范省”

的现代化建设新征程的总体布局。我们要充分发挥本次国土调查成果的基础性作用，着力建立健全自然保护地管理、自然资源资产产权管理、国土空间规划与用途管制、生态保护修复治理的制度体系，大力提升生态保育、耕地保护、资源高效利用、高质量发展、基础服务支撑的能力，为建设美丽中国贡献青海力量。

杨汝坤

2021 年 10 月

前言

国之大计，资源为本；摸清“家底”，调查为先。定期开展国土调查是《中华人民共和国土地管理法》明确的一项重要制度。改革开放以来，我国先后于 1984 年至 1996 年、2007 年至 2009 年开展了两次全国土地调查。2017 年国务院印发《国务院关于开展第三次全国土地调查的通知》（国发〔2017〕48 号），决定在 2017 年第四季度开展准备工作，全面部署第三次全国土地调查，完成调查方案编制、技术规范制订以及试点、培训和宣传等工作；2018 年 1 月至 2019 年 6 月，组织开展实地调查和数据库建设；2019 年下半年，完成调查成果整理、数据更新、成果汇交，汇总形成第三次全国国土调查基本数据；2020 年，汇总全国国土调查数据，形成调查数据库及管理系统，完成调查工作验收、成果发布等。为贯彻落实《国务院关于开展第三次全国土地调查的通知》和《青海省人民政府办公厅关于开展第三次全国土地调查的通知》精神，青海省开展全省第三次全国土地调查。2018 年 8 月 29 日，根据机构设置、人员变动情况和工作需要，国务院决定将第三次全国土地调查调整为第三次全国国土调查（简称“三调”）。从土地调查到国土调查，这既是自然资源统一调查监管迈出的第一步，也是自然资源部门履行“山水林田湖草沙”整体保护、系统修复和综合治理的职责使命，更是自然资源治理体系和治理能力现代化迈出的关键一步。第三次全国国土调查是我国进入习近平新时代中国特色社会主义后开展的一次重大国情国力调查，也是党和国家机构改革后统一开展的自然资源基础调查，事关经济社会发展和生态文明建设全局，事关我国实现第一个百年奋斗目标、迈向第二个百年奋斗目标之际对一系列最基础的自然资源条件、国情和国力的基本判断。

在国务院第三次全国国土调查领导小组和自然资源部的正确领导及大力支持下，在青海省委、省政府的坚强领导下和直属部门的协同下，在地方各级政府和有关部门的共同努力下，3 年来全省自然资源系统 1200 余名干部职工和技术人员，以及 11 支专业调查队伍克服了地貌复杂、交通不便、多民族语言不通、气候寒冷、专业技术人员力量薄弱等困难，辛勤工作、恪尽职守、崇本务实，高效优质地完成了全省 2 个地级市、6 个少数民族自治州的共 45 个县（市、区），406 个乡镇区划以及 4634 个行政村的国土调查任务，摸清了青海省国土“家底”，这是新时代自然资源工作取得的一项重大成果，是自然资源部门在“十四五”开局之年向党和人民交出的一份合格答卷。第三次全国国土调查采用了覆盖全省辖区的优于 1m 分辨率的卫星遥感影像作为调查底图，采集了优于 0.2m 分辨率的航空影像作为城市、城镇、村庄细化调查的补充，以林草、交通、城建等部门的林地、草地、湿地、路网等的专业数据作为调查指引，用“互联网＋”技术实地逐图斑调查、核实、举证，用“大数据、云计算”技术加强调查成果的质量监控，建设了符合国家标准的县级数据库，获取了真实准确的山水林田湖草沙自然资源管理的本底数据，使“天在看、云在算、人在干”贯穿调查的全过程。较之以往的同类调查，第三次全国国土调查统一了陆海分界，明确了林草分类标准，细化了城镇建设用地分类，将“湿地”列为一级地类，摸清了地类转换变化情况等，为自然资源“两统一”①管理、山水林田湖草沙冰系统治理、“多规合一”的实现、耕地“非粮化”“非农化”监管奠定了基础。

调查结果显示：全省耕地面积为 564 203.13hm^2，占全省国土面积的 0.81%，占全国耕地面积的 0.44%，在青海省土地一级分类中的比例居全国第五位；园地面积为 62 336.17hm^2，占全省国土面积的 0.09%，占全国园地面积的 0.31%，在青海省土地一级分类中的比例居全国第八位；林地面积为 4 603 592.24hm^2，占全省国土面积的 6.61%，占全国林地面积的 1.62%，在青海省土地一级分类中的比例居全国第三位；草地面积为 39 470 819.24hm^2，占全省国土面积的 56.66%，占全国草地面积的 14.92%，在青海省土地一级分类中的比例居全国第一位；湿地面积为 5 101 187.87hm^2，占全省国土面积的 7.32%，占全国湿地面积的 21.74%，在青海省土地一级分类中的比例居全国第二位；城镇村及工矿用地面积为 3 67 812.83hm^2，占全省国土面积的 0.53%，占全国城镇村级工矿用地面积的 1.04%，在青海省土地一级分类中的比例居全国第六位；交通运输用地面积为 78 287.92hm^2，占全省国土面积的 0.11%，占全国交通运输用地面积的 0.82%，在青海省土地一级分类中的比例居全国第七位；水域及水利设施用地面积为 2 444 113.69hm^2，占全省国土面积的 3.51%，占全国水域及水利设施用地面积的 6.74%，在青海省土地一级分类中的比例居全国第四位。总体来说，青海省具有国土面积大、耕地面积少、建设用地面积相对较少、生态用地面积大、未利用地开发具有一定潜力的国土用地省情。立足“十四五”，面向第二个百年奋斗目标和中华民族伟大复兴，我们更要用好来之不易的第三次全国国土调查成果，以习近平生态文明思想为指引，秉承系统观和自然观，把自然资源管理放到两个大局中统筹谋划，在第三次全国国土调查形成的统一底图上画好生产、生活、生态空间，统筹好生态建设与其他土地利用，系统治理好山水林田湖草沙冰，推动人与自然和谐共生，推进国家治理走向现代化。

掌自然于方寸，握资源之万象。当前自然资源调查监测已进入新发展阶段，我们应持续推进从法规制度、标准、技术以及质量管理方面，构建起集天-空-地-网为一体的自然资源统一调查监测技术体系，实现从第一次全国土地详查（以下简称“详查”）的“以表管地”，到第二次全国土地调查（以下简称“二调”）的“以图管地”，再到“三调”的“以云管地”，从“土地资源”到“国土资源”再到“自然资源”的全要素、全流程、全覆盖的现代化自然资源统一调查监测，推动自然资源整体治理数字化转型升级，高效保障“两统一”核心职责履行，服务高质量发展，促进人与自然和谐共生。

---

① 自然资源“两统一”指统一行使全民所有自然资源资产所有者职责，统一行使所有国土空间用途管制和生态保护修复职责。

在本书的编写和出版过程中，编写团队得到了青海省自然资源厅和青海省第三次全国国土调查领导小组办公室（简称“青海省三调办”）领导的高度重视、指导和大力支持，参考和引用了《第三次全国国土调查技术与创新》《中国耕地资源质量分类》《第三次全国国土调查数据报告》《中国国土资源利用》中的部分内容，还参考和引用了有关单位或个人的研究成果，在参考文献文中未全部列出，谨向所有人表示衷心感谢。中国地质大学（北京）周伟教授团队参与本书的编写工作，在此一并致谢。

编者

2024 年 5 月 8 日

目录

1 青海省概况

本章主要介绍了青海省地理位置、行政区划；青海省人口、民族结构和区域文化特点；青海省2019年社会经济发展，1949—2019年70年的经济发展历程以及“十四五”经济社会发展目标和2035年远景目标；青海省水资源、土壤、生物资源、气候资源；青藏高原气候变化特征。

1.1 地理位置

青海省位于中国西部，雄踞世界屋脊青藏高原的东北部，地理位置介于东经89°24′03″—103°04′10″，北纬31°36′02″—39°12′45″之间，北部和东部同甘肃省相接，西北部与新疆维吾尔自治区（简称新疆）相邻，南部和西南部与西藏自治区（简称西藏）毗连，东南部与四川省接壤，是连接西藏、新疆与内地的纽带，地理位置特殊，战略地位重要。境内气候独特，山脉高耸，地形多样，河流纵横，湖泊棋布。东部地区为青藏高原向黄土高原过渡地带，地形复杂，地貌多样。青海省兼具了青藏高原、内陆干旱盆地和黄土高原3种地形地貌，汇聚了大陆季风性气候、内陆干旱气候和青藏高原气候3种气候形态。省内既展示了高原的博大、大漠的广袤，也展现了河谷的富庶和水乡的旖旎。

全省东西长1 240.63km，南北长844.53km，全省国土总面积排在新疆、西藏、内蒙古自治区（简称内蒙古）之后，列全国第四位。青海省全省平均海拔为4 058.40m，大部分地区海拔在3000～5000m之间，属高海拔地区。地势总体呈西高东低、南北高中部低的态势，西部海拔高峻，向东倾斜，呈梯形下降。日月山以东的东部地区属黄土高原的边缘地带，日月山以西的西部、南部属青藏高原，两种不同类型的地域在境内连接过渡。青海省地貌复杂多样，4/5以上的地区为高原，东部多山，西部多高原和盆地，属高原大陆性气候，地跨黄河、长江、澜沧江、黑河、大通河五大水系。

青海省已成为连接中国东西部、西北、西南的交通枢纽，是通向南亚次大陆以及中亚诸国的重要门户。青海省东部素有“天河锁钥”“海藏咽喉”“金城屏障”“西域之冲”和“玉塞咽喉”等称谓。历史上青海省东接秦陇、西通西域、南交蜀藏、北护甘凉，自古便是连接中原与边陲的交通要冲，其著名的徒步古道有丝绸之路南线青海道、唐蕃古道、党项古道、河曲道、川藏官马大道、西平张掖道、乐都武威道等。

青海省作为青藏高原重要核心区域，是黄河、长江、澜沧江的发源地，国家重要的生态安全屏障，也是北半球气候敏感启动区、全球生态系统调节稳定器和高寒生物自然物种资源库，生态地位特殊且重要，生态责任重大而艰巨，肩负着全面筑牢国家生态安全根基、持续改善生态环境质量、推动高质量发展的重大任务。2016 年，习近平总书记视察青海省时强调："青海最大的价值在生态、最大的责任在生态、最大的潜力也在生态，必须把生态文明建设放在突出位置来抓，尊重自然、顺应自然、保护自然，筑牢国家生态安全屏障，实现经济效益、社会效益、生态效益相统一。"2020 年，习近平总书记视察青海省时强调，保护好青海生态环境，是"国之大者"。要牢固树立绿水青山就是金山银山发展理念，切实保护好地球第三极生态。要将三江源保护作为青海省生态文明建设的重中之重，承担好维护生态安全、保护三江源、保护"中华水塔"的重大使命。要继续推进国家公园建设，理顺管理体制，创新运行机制，加强监督管理，强化政策支持，探索更多可复制、可推广经验。要加强雪山冰川、江源流域、湖泊湿地、草原草甸、沙地荒漠等的生态治理修复，全力推动青藏高原生物多样性保护。要积极推进黄河流域生态保护和高质量发展，综合整治水土流失，稳固提升水源涵养能力，促进水资源节约集约高效利用。

1.2 行政区划

截至 2019 年底，青海省行政区划包括西宁市、海东市、海北藏族自治州（简称海北州）、黄南藏族自治州（简称黄南州）、海南藏族自治州（简称海南州）、果洛藏族自治州（简称果洛州）、玉树藏族自治州（简称玉树州）、海西蒙古族藏族自治州（简称海西州）共 8 个市（州），以及城东区、城中区、城西区、城北区、湟中区、大通回族土族自治县（简称大通县）、湟源县，乐都区、平安区、互助土族自治县（简称互助县）、化隆回族自治县（简称化隆县）、循化撒拉族自治县（简称循化县）、民和回族土族自治县（简称民和县），格尔木市、德令哈市、乌兰县、都兰县、天峻县、茫崖市、大柴旦行政委员会（简称大柴旦行委），共和县、同德县、贵德县、贵南县、兴海县；门源回族自治县（简称门源县）、祁连县、海晏县、刚察县，玉树市、称多县、囊谦县、杂多县、治多县、曲麻莱县，玛沁县、甘德县、达日县、久治县、班玛县、玛多县，同仁县、尖扎县、泽库县、河南蒙古族自治县（简称河南县）共 45 个市、县（区），406 个乡镇区划，4634 个村级区划（表 1－1），省会是西宁市。青海省是除西藏以外全国最大的藏族同胞居住区，全国 10 个藏族自治州中有 6 个在青海省。

表 1－1　青海省行政区划表

州/市级	县级区划数/个	县级行政单位（市、区）名称
西宁市	7	城中区、城东区、城西区、城北区、湟中区、大通县、湟源县
海东市	6	平安区、乐都区、民和县、互助县、化隆县、循化县
海北州	4	海晏县、祁连县、刚察县、门源县
黄南州	4	同仁县、泽库县、尖扎县、河南县
海南州	5	共和县、同德县、贵德县、兴海县、贵南县

续表 1-1

州/市级	县级区划数/个	县级行政单位(市、区)名称
果洛州	6	玛沁县、班玛县、甘德县、达日县、久治县、玛多县
玉树州	6	玉树市、杂多县、称多县、治多县、囊谦县、曲麻莱县
海西州	7	德令哈市、格尔木市、芒崖市、乌兰县、天峻县、都兰县、大柴旦行政委员会
全省	45	

备注:本表统计截止时间为2019年底。

1.3 地形地貌

1.3.1 基本特征

青海省位于我国地形三大阶梯的第一级上,除东部少数地区位于我国黄土高原西部边缘外,其余大部分地区位于青藏高原。境内地势高耸且高差悬殊,并自西向东逐渐倾斜。全省海拔最高点位于昆仑山脉布喀达坂峰,海拔为6860m,海拔最低点位于民和县下川口村,海拔为1647m,高差达5200多米。地貌类型总体概括为"一分台地、三分平原、六分山地",全省平原面积占全省国土面积的28.35%,主体分布在柴达木盆地;台地面积占全省国土面积的8.11%,在全省各地均有分布;丘陵面积占全省国土面积的14.60%,在全省各地均有分布;山地面积占全省国土面积的48.94%,分布在东北部的祁连山脉、青南高原的昆仑山脉和唐古拉山脉。

青海省大地构造主要由新生代、中生代、古生代和晚古代地质体镶嵌组成。受地质构造控制,地貌单元呈带状展布。北部为山地,中部为盆地、谷地和低地,南部为高原。高大山脉、山间盆地、高原相间排列,呈现"马鞍形"地貌格局。自北向南依次为祁连山—阿尔金山地、柴达木盆地—共和盆地—河湟谷地,以及黄南低地、东昆仑山脉、青南高原、唐古拉山脉。

青海省的地貌类型具有垂直地带性分布规律。由于地势高差悬殊,不同高度的水热条件不同,形成了外营力在垂直方向上的分带与相应地貌形态成层分异的特点。青海省高原山地具有明显的地貌成层结构,反映了不同地貌作用的垂直带谱。自上而下突出于高原面之上的极高山,是青海省分布最广、海拔高度最稳定的一级地貌面,海拔为4000~5000m,其上以冰缘作用为主,流水和湖泊作用分别占有一定地位;高原面之下有数级剥蚀面,谷底有河流阶地或洪冲积台地。冲积和洪冲积平原是流水作用活跃的地区。在柴达木等内陆盆地,干燥地貌发育,干燥作用的海拔上限在柴达木盆地有时达3500~3700m,最高可达4000m左右。

1.3.2 地貌类型

青海省地形大体可分为南部青南高原、西部柴达木盆地、北部与东部平行岭谷区3个自然区域类型。

1.3.2.1 南部青南高原

该区形态比较平缓，山原地势呈西北向东南倾斜，是高大雄伟的天然屏障，阻滞了孟加拉湾暖湿气流北上的通道，直接改变了青海省水热条件的纬度性，在宏观上左右了生物气候的类型和土壤的形成与分布。

(1)冻土地貌。高原气候终年严寒，在昆仑山区的西大滩出现隔年冻土和岛状多年冻土。昆仑山以南为连续多年冻土区，宽达 550km，冻土厚达 70～80m，以冻胀崩解、冻融分选、热融滑塌等作用影响土壤母质。山体上部广泛出现石海，山坡上发育着石冰川、石流坡、石河、石带和泥流阶地。山麓和高平原上发育着巨型冰丘和热融湖塘等冻土地貌。

(2)冰川雪峰地貌。昆仑山海拔 6000m 以上地段多为雪被与冰川。在可可西里青新交界处的山峰汇集着大量冰川，最大者可达 10 万 hm^2。在唐古拉山海拔 5400m 以上雪被、冰川广布，且主要集中在格拉丹东雪山一带。其中著名的姜根迪如冰川最大，长达 14.7km，冰峰如林，冰斗琳琅，冰蚀地貌千姿百态，景观奇特。

(3)江河源地貌。进入青海省境内的东昆仑山，分支为北、中、南 3 列，北列为祁曼塔格山—布尔汗布达山—鄂拉山，中列为阿尔格山—博卡雷克塔格山—布青山—阿尼玛卿山，南列为可可西里山—巴颜喀拉山。这些海拔高的山脉组成了青南高原北部骨架，是我国几条主要江河的源头与分水岭。该区山谷相对高差不大，山峰如丘，丘顶浑圆，坡度低缓，地势平坦，谷地宽广，河道宽阔，水流浅散，下切微弱，积水成池，形成特大面积的河流、湖泊与沼泽，似分似离，首尾相随，息息相通，酷似江南水乡的独特高原江河源地貌。

1.3.2.2 西部柴达木盆地

该区盆地四周环山，中间低凹，西北开阔，东部狭窄。周围山地海拔为 3500～4500m，盆内最低处海拔为 2675m，盆地内部海拔为 2675～3200m，境内最大高差 4185m。盆地东西长约 800km，南北最宽处约 350km，总面积约为 2400 万 hm^2。其地势北高南低，盆地内有北西—南东走向的赛什腾山、绿梁山、锡铁山、俄博山等。有大小河流 70 余条，主要有柴达木河、那仁郭勒河。湖泊大多为咸水湖、盐湖。除湖泊外，还有沼泽。中部坐落着我国最大的察尔汗盐湖。盆地周边庞大的山系和高耸的山峰干扰了气候的纬向性，影响了水热因子的地带性规律，促发了特殊的气候类型，形成了多种特殊的地貌，影响了土壤的形成和分布。盆地内具有从盆地边缘到中心依次为高山—风蚀丘陵—戈壁—平原—湖泊 5 个不整合环带状的地貌特征。地貌类型主要有以下几种。

(1)湖积地貌。主要分布在盆地内部。沿现代湖与湖群分布的地区是因古湖退却、湖面变迁而依次发育的湖成阶地或湖积平原。此类平原地面平坦，土质细腻深厚，如可鲁可湖、托索湖和西部最大的三湖河平原。在干燥气候与地下水的共同作用下，地表经历着活跃的现代积盐过程，这一过程使地表强烈积盐或形成大面积的盐壳，少有生物存在，湖积物上发育的所有土壤均具有含盐的特点。

(2)洪流堆积地貌。洪流堆积物是盆地周边或内部山谷流水造成的沉积物，并形成扇状堆积地形——洪积扇、洪积锥。由于水流的分选作用，处于洪积扇不同部位的土质，其机械组成具有明显的差异。在洪积扇顶端，土质分选程度差，多为砾石，层理不清晰，透水性强，从扇顶缘开始质地逐渐变细，至扇缘下部地下水溢出。盆地洪流堆积地貌的特征：在洪积扇中上部多为砾质戈壁，干旱、植被稀疏，而扇缘下部出现沼泽或湖泊，仅在扇面中部、河流两岸的阶地上地势较高、排水条件较好的地区有绿洲出现。

(3)风成地貌。盆地内有风蚀地貌和风积地貌两种。

(a)风蚀地貌主要分布在柴达木盆地西部冷湖至茶冷口以西的广大地区。这里气候极其干旱，年降水量不足30mm，多大风，平均风速4.0m/s。发育古近系、新近系盐湖相沉积地层，沿构造断裂严重风蚀，发育风蚀柱、风蚀蘑菇、风蚀窝、风蚀残丘和风蚀垄槽（雅丹地貌）等风蚀地貌。风蚀严重地带含盐层暴露地表，属非土壤形成物。

(b)风积地貌面积较大，总计约有160万hm^2，主要分布在盆地西南缘，西起尕斯库勒湖，东至中灶火。风积地貌主要有新月形沙丘、格状沙丘链和沙堆，分布在东台吉乃尔湖和达布逊湖以南那棱格勒河与托拉海的河间地带，多为新月形沙丘（风沙岗地、沙堆）；盆地南缘，西起铁奎，东至夏日哈，北至牦牛山，南至香日德，风积地貌主要是高大的沙丘垄、沙岗和沙堆等。德令哈市至乌兰县的风积地貌主要为沙堆。此外，苏干湖和绿梁山等地亦有零星沙堆分布。

(4)干燥剥蚀山地地貌。在盆地内部分布着一系列走向南东东、北西西，由古老变质岩系构成的山地，如阿尔金山、祁曼塔格山、祁连山以及昆仑山西段的中山带，在干旱多风的气候条件下形成干燥山地景观，母岩以机械风化作用为主，经长期风吹剥蚀形成碎屑状风化物。

1.3.2.3 北部与东部平行岭谷区

该区包括西北的阿尔金山、东北部的祁连山及东南部的河湟谷地。

(1)阿尔金山。阿尔金山是柴达木盆地与塔里木盆地的分界山，西起新疆境内，东端在当金山口附近与祁连山相接，山体走向呈北东东-南西西，在青海省境内长约370km。山顶海拔一般为3500～4000m，个别高峰可达5000m，山坡南缓北陡。阿尔金山气候干旱，干燥剥蚀作用强烈，山体岩石裸露，山坡多有岩屑。地貌从东到西大体上为雁行排列的山岭与谷地。

(2)祁连山。祁连山是由一些大致互相平行的北西-南东向山脉和山间谷地组成。祁连山在青海省境内长约800km，东西宽200～300km，山峰海拔多在4000m以上，最高的疏勒南山主峰海拔为5 826.8m，地貌主要由高山、峡谷和盆地组成。

(a)青海湖盆地。青海湖是我国最大的咸水湖，地质构造上为断陷盆地，呈椭圆形。与1万年前相比，东西两岸退缩了20km，水位下降约80m，湖面面积缩小了1/3，周围有几十条河流注入。湖区北侧支流切开了古老的剥蚀平原，使河岸形成了冲积平原。湖区南部为起伏低山丘陵，形成了宽广的山前洪积平原，加之湖面退缩，使湖区形成了大面积的湖积平原。青海湖是维系青藏高原生态安全的重要水体，也是阻挡西部荒漠化"东进"的天然屏障。其巨大的湖体不仅通过湖泊效应调节周边小区域气候，而且湖体边界变化也直接影响到周围的湿地和沙地变迁。受气候变化的影响，近百年来青海湖水位经历着下降的过程，但是自2005年以来，青海湖水位增长显著，目前已恢复到20世纪70年代初的水平。

(b)共和-茶卡盆地。共和-茶卡盆地是东西走向的构造盆地，北依青海南山，南靠昆仑山支脉鄂拉山，西与柴达木盆地相隔，南北宽 30～36km，东西长达 280km，盆地底部海拔在 3000m 左右。因新构造运动形成的三塔平台和龙羊峡分隔成茶卡盆地与共和盆地。茶卡盆地三面环山，中央即为著名的茶卡盐湖，从盐湖中心向四周延伸依次呈湖积平原和山麓砾石带等地貌景观。共和盆地西部是沙珠玉河，两侧有较宽的河湖相台地，台地上有新月形沙丘和活动沙丘链。黄河从盆地东部经过，因下切强烈侵蚀作用形成河湖相阶地，河湖相阶地是盆地的主要地貌类型。由于新构造运动，地壳抬升，黄河下切，阶地分别高出河面 380～850m。宏观上阶地仍为起伏坦荡平原(又称为“塔拉”)，土质较细，土层较厚。

(c)门源盆地。西起大梁，东至克图，为北西-东南向弧形谷地，大通河从西到东贯流而过。河谷地势低平，两岸有五级阶地，四周群山对峙，气候湿润，林草丰茂，是青海省重要的林木和油料产地。

(3)河湟谷地。本区自北向南又可分为下列 3 种以外营力侵蚀为主的平行岭谷地貌。

(a)大通丘陵盆地。主要指达坂山以南至老爷山一带，海拔为 2800m，由一系列大小盆地组合而成，如大通盆地、互助西北丘陵盆地、大通河下游的连城盆地等。盆地地层多为古近纪、新近纪沉积物，其上覆盖第四纪黄土，经流水侵蚀，形成各种梁峁地形。盆地中有湟水支流北川河，自北向南于西宁汇入湟水河谷，还有较平坦的冲积阶地。

(b)哈拉古山地带。主要包括大通县以南的老爷山、娘娘山，互助县西北部的龙王山，一直延伸至民和县享堂村以北。最高海拔为 4000m，第四纪黄土覆盖较厚，大多被流水侵蚀成墚、峁、沟壑地貌。

(c)湟水谷地。由于湟水流经不同岩性构造区，出现了多种不同的地貌形态。有山地与盆地，还有丘陵、峡谷与平原。著名的峡谷有巴燕峡、扎马隆峡、小峡和老鸦峡等。谷地中有西宁盆地和乐都盆地。其中，主要的、面积最大的地貌是黄土低山丘陵沟壑地貌。在湟水谷地两侧的古近纪、新近纪地层上普遍覆盖着黄土，经现代流水侵蚀切割，多数已成黄墚、峁和丘陵沟壑，水土流失严重，有的地区第四纪黄土已流失殆尽，古近纪、新近纪地层裸露，形成光山秃岭荒漠化景观。湟水两岸因河水长期下切侵蚀冲积，形成多级阶地，尤以下淤阶地更多，且多为基座阶地。阶地平坦，土质优良。

(d)黄河谷地。地貌以川地与峡谷为代表，黄河自西向东贯通了共和宽谷、龙羊峡窄谷、贵德宽谷、松巴峡窄谷、群科宽谷直到甘肃省的刘家峡。宽谷盆地形成多级河流阶地和盆地丘陵地貌。河谷地貌是流水侵蚀作用所塑造的一种负地貌形态。由于不同的气候区域、地质构造区域和水系条件，青海省河谷地貌类型差异较大。主要的河谷地貌有湟水谷地、黄河谷地、大通河谷地、隆务河谷地、玉树通天河谷地、澜沧江谷地等。这些众多河谷地带，大都地势较低且较平坦，土层厚且肥沃，水量较充足，是青海省内主要经济发展区。

1.3.3 地形坡度

青海省第一次全国地理国情普查查清了全省海拔分级、坡度分级及地貌类型的面积构成和空间分布。

1.3.3.1 海拔分级

青海省地处青藏高原，全省海拔从1500m起，以500m为一级，共划分为9个级别(表1-2)。其中1500～3500m区域面积占全省国土面积的27.51%，主要分布在东部地区及柴达木盆地；3500～5500m区域面积占全省国土面积的72.04%，主要分布在西南地区；5500m以上区域面积占全省国土面积的0.45%，主要分布在唐古拉山、昆仑山及祁连山。

表1-2 分高程带面积占比统计

高程带/m	面积占比/%
1500～2000	0.09
2000～2500	0.76
2500～3000	15.08
3000～3500	11.58
3500～4000	12.19
4000～4500	23.02
4500～5000	29.53
5000～5500	7.30
≥5500	0.45
合计	100.00

1.3.3.2 坡度分级

全省地表坡度划分为10个分带(表1-3)。平坡地面积占比最大，占全省国土面积的28.21%，主要分布在柴达木盆地、青海湖盆地和共和盆地；缓坡地、较平坡地、较缓坡地、陡坡地、极陡坡地的面积占比依次减小。

表1-3 分坡度面积占比统计

<table>
<tr><th>坡度分级</th><th>坡度带/(°)</th><th>面积占比/%</th><th>坡度分级</th><th>坡度带/(°)</th><th>面积占比/%</th></tr>
<tr><td>平坡地</td><td>0(含)～2</td><td>28.21</td><td rowspan="4">缓坡地</td><td>5(含)～6</td><td>3.64</td></tr>
<tr><td rowspan="2">较平坡地</td><td>2(含)～3</td><td>6.45</td><td>6(含)～8</td><td>6.18</td></tr>
<tr><td>3(含)～5</td><td>9.25</td><td>8(含)～10</td><td>5.22</td></tr>
<tr><td>较缓坡地</td><td>15(含)～25</td><td>15.49</td><td>10(含)～15</td><td>10.44</td></tr>
<tr><td>陡坡地</td><td>25(含)～35</td><td>10.92</td><td>极陡坡地</td><td>≥35</td><td>4.20</td></tr>
<tr><td>合计</td><td colspan="5">100.00</td></tr>
</table>

1.4 人口与文化

青海省是一个多民族、多宗教省份，"人口小省、资源富省、生态大省、经济穷省"是其社会经济环境的基本省情。青海解放 70 多年来发生了天翻地覆的变化，全省经济运行总体平稳，结构调整有进，绿色发展有为，市场活力有增，民生改善有质，绝对脱贫人口如期清零。与全国其他地区相比，目前青海省经济基础相对薄弱、发展水平较低等问题依然存在。

1.4.1 区域人口

1.4.1.1 人口数量及分布特征

2019 年青海省常住人口为 607.82 万人，其中城镇常住人口为 337.48 万人，常住人口城镇化率为 55.52%(图 1－1)。2019 年末全省户籍人口为 589.03 万人，人口密度为 8.46 人/km^2，其中城镇户籍人口为 242.67 万人，乡村户籍人口为 346.36 万人，户籍人口城镇化率为 41.20%。

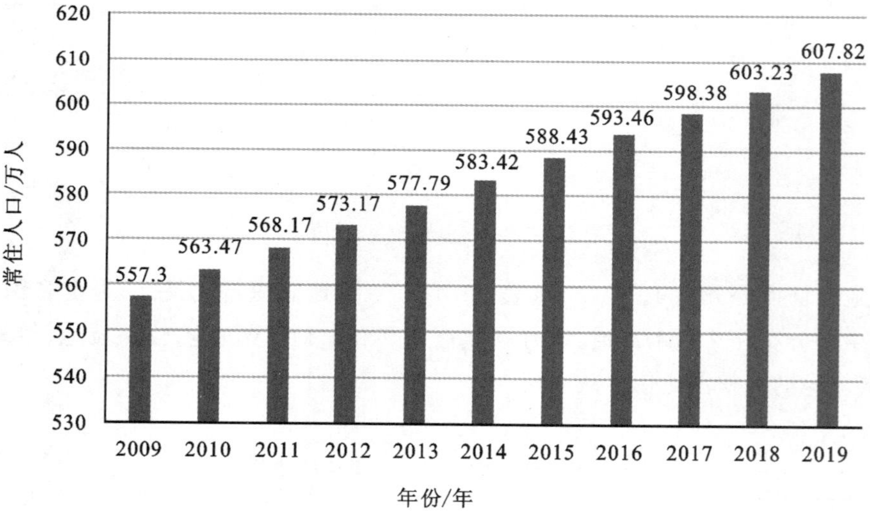

图 1－1　2009—2019 年青海省常住人口数量统计

青海省人口分布的特点是：①人口分布不均匀，呈现东多西少的格局。青海省常住人口规模位居前两位的是西宁市和海东市，位居末位的是果洛州。西宁市常住人口为 238.71 万人，占青海省常住人口的 39.27%，海东市常住人口为 149.32 万人，占青海省常住人口的 24.57%，西宁市和海东市集中了青海省总人口的 63.84%；海北州常住人口为 28.49 万人，占青海省常住人口的 4.69%；黄南州常住人口为 28.02 万人，占 4.61%；海南州常住人口为 47.80 万人，占 7.86%；果洛州常住人口为 21.16 万人，占 3.48%；玉树州常住人口为 42.25 万人，占6.95%；海西州常住人口为52.07万人，占8.57%。6个自治州人口占青海省总人口的36.16%。②人口密度差异大，东密西疏。青海省平均人口密度为8.72人/km^2，为全国人口稀少的省份之一。西宁市常住人口最多，平均人口密度为313.80人/km^2；其次是海东市，平均人口密度为115.02人/km^2。其他州的平均人口密度如下：海北州约为8.28人/km^2，黄南州约为15.37人/km^2，果洛州约为2.85人/km^2，玉树州约为2.06人/km^2，海西州约为1.73人/km^2。青海省各地区常住人口数量及分布特征见表1-4。

表1-4 青海省各地区常住人口数量及分布特征

行政区	总人口		城镇人口		人口密度/（人·km^{-2}）
	2019年总人口/万人	占比/%	城镇人口/万人	城镇化率/%	
西宁市	238.71	39.27	173.90	72.85	313.80
海东市	149.32	24.57	61.18	40.97	115.02
海北州	28.49	4.69	11.43	40.12	8.28
黄南州	28.02	4.61	10.79	38.51	15.37
海南州	47.80	7.86	21.08	44.10	11.00
果洛州	21.16	3.48	5.93	28.02	2.85
玉树州	42.25	6.95	15.57	36.85	2.06
海西州	52.07	8.57	37.60	72.21	1.73
全省	607.82	100.00	337.48	55.52	8.72

1.4.1.2 人口结构特征

2019年青海省常住人口统计结果显示，青海省男性人口为311.81万人，占青海省常住人口的51.30%；女性人口为296.01万人，占48.70%。少儿人口(0～14岁)占比为19.71%，老年人口(65岁及以上)占比为8.31%，劳动适龄人口(15～64岁)占比为71.98%。城镇常住人口为337.48万人，占全省户籍人口的55.52%；乡村常住人口为270.34万人，占44.48%。2019年末青海省常住人口数量及构成见表1-5。

1.4.1.3 民族构成

青海是一个多民族聚居的省份，居住在青海省内的除汉族外，还有54个少数民族，其中世居青海省的少数民族主要有藏族、回族、土族、撒拉族和蒙古族。早在元明时期就逐渐形成了汉族、藏族、回族、土族、蒙古族、撒拉族六大世居民族“大杂居、小聚居”的分布格局。各民族在漫漫历史长河中，基于特殊的地理共生态、经济共生态、政治共生态、人文共生态，以及交往共生态，逐渐形成了一个密不可分的历史命运与政治文化共同体。青海省各民族的发展是对当代中国各民族繁荣的一种诠释,青海省各民族的和睦相处是当代中国各民族和睦相处的一个缩影。

表 1-5　2019 年末常住人口数量及构成

指标名称	人口/万人	比重/%
常住人口	607.82	100.00
城镇	337.48	55.52
乡村	270.34	44.48
男性	311.81	51.30
女性	296.01	48.70
0～14 岁	119.80	19.71
15～64 岁	437.51	71.98
65 岁及以上	50.51	8.31

2019 年统计数据显示青海省少数民族人口为 289.99 万人,占全省常住人口的 47.71%。其中,藏族人口最多,为 153.35 万人,占青海省常住人口的 25.23%;回族人口为 89.84 万人,占青海省常住人口的 14.78%;土族人口为 21.58 万人,占青海省常住人口的 3.55%;撒拉族人口为 11.73 万人,占青海省常住人口的 1.93%;蒙古族人口为 10.94 万人,占青海省常住人口的 1.80%;其他少数民族人口为 2.55 万人,占青海省常住人口的 0.42%(图 1-2)。

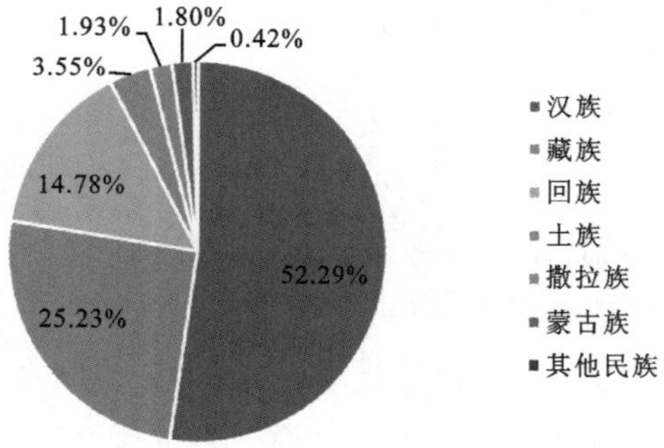

图 1-2　青海省各民族人口结构图

少数民族人口比重在各州、地市的分布并不均衡。其中,少数民族人口比重最高的是玉树州、黄南州和果洛州,省会西宁市和海西州这两个经济相对发达地区的少数民族人口比重相对较低。居住在青海省的藏族主要分布在玉树州、果洛州、黄南州、海南州、海北州和海西州。此外,在海东地区的平安区、乐都区,西宁市的湟中区、湟源县等县(区)也有部分藏族人民居住。蒙古族主要聚居在海西州的都兰县、乌兰县、德令哈市、格尔木市;黄南州的河南县;海北州海晏县的托勒,刚察县的哈尔盖,祁连县的默勒、多隆、野牛沟,门源县的苏姬滩;

海南州共和县倒淌河等地。另外，还有小片人口聚居或散居在湟源县、大通县、西宁市、乐都区等地。回族在青海省是大分散、小聚居，主要分布在东部地区的化隆、民和、湟中、大通、平安及门源、祁连、贵德等县(区)和西宁市，其余各州县也有少量分布。土族是青海省独有的世居少数民族之一，主要居住在青海省东部河湟流域的互助、民和、乐都、大通等县(区)，黄南州、海北州、海西州等地有少量居住人口。撒拉族是青海省独有的世居少数民族之一，主要聚居在循化县和化隆县的甘都乡。另外，在西宁市、黄南州、海北州、海西州也有少量撒拉族人口居住。民族的地理分布与生活习惯表现为汉族、回族、土族、撒拉族主要居住在东部农业区，从事农业生产和商业贸易；藏族、蒙古族等主要分布在广大牧区，经营畜牧业。

在世居青海省的藏族、回族、土族、撒拉族和蒙古族这5个主要少数民族中，藏族人口增长速度最快，主要是人口的自然增长，2010—2019年累计增长率为9.58%；土族人口增长速度最慢，增速放慢的原因主要是人口外流，2010—2019年累计增长率为8.06%(表1-6)。

表1-6 青海省少数民族人口变化情况

民族	2010年		2019年		累计增长率/%
	人口数/万人	占全省人口比例/%	人口数/万人	占全省人口比例/%	
藏族	137.70	24.44	152.29	25.23	9.58
回族	83.55	14.83	89.16	14.78	6.29
土族	20.47	3.63	21.41	3.55	4.39
撒拉族	10.72	1.90	11.64	1.93	7.90
蒙古族	10.00	1.77	10.86	1.80	7.92
其他少数民族	2.26	0.40	2.53	0.42	10.67
总计	264.70	46.98	287.89	47.71	8.06

1.4.2 区域文化

从全国文化地域差异上来说，青海省属藏文化圈的亚文化圈之安多文化圈，省内寺庙广为分布。由于具有独特的区位条件，青海省在漫长的发展历程中又形成了个性鲜明的地域文化特征。青海省位于青藏高原与黄土高原的接合部，北与西域、北方草原接壤，处于中原、西藏、西域、北方草原民族四大文化圈的交融地带，历史上来自中原的汉文化、中亚的伊斯兰文化、蒙古高原的游牧文化和青藏高原的藏文化，在这里长期碰撞、交融，文化类型多种多样，且互相浸润、涵化，形成各民族和睦相处、多种宗教相容共处、民族文化和而不同的社会风尚，各民族在文化相互渗透和影响中形成了介于中原农耕文化、高原游牧文化、穆斯林商业文化之间的特殊文化。少数民族地区的传统文化在一定程度上影响土地资源的利用方式和水平。

从考古和文献记载来看，青海省的农业和畜牧业都具有十分悠久的历史，基本以日月山为界，以西为畜牧区，以东为农业区，构成了两种基本的、长期共存的经济文化类型。当然，青海省地势的巨大高差导致垂直分异突出，这使东部农业区内还存在部分畜牧业，在青南牧区的河谷地带也有部分农业经济的存在。东部农业区以汉族、土族、回族、撒拉族为主，由于地理环境相同，这些民族的生产、生活习俗比较接近。他们在饮食习俗上，均以面食为主，住房以土木建筑、屋顶平坦、四面土墙高围的“庄廓（亦称庄窠）”为主，更多地体现出了农业文化的风格。西部畜牧业区的藏族和蒙古族过着逐水草而居的游牧生活，共同的生产方式和环境条件使这两个民族的饮食习惯都以吃牛羊肉、酥油炒面和喝牛奶为主，居住的是适合游牧生活、便于搬迁的蒙古包和帐篷，彰显出游牧文化的主要特色。

在宗教文化的影响下，藏族居民对土地怀有特殊的情感，视土地为万物之源，倍加珍惜。青藏高原上许多的“神山、圣土、圣湖”是藏族居民朝拜的对象。在圣地的周围，人们很少垦荒、放牧或砍伐植被，这些地方通常都保持着较好的自然覆被状况。寺庙周围的土地很少受人为的开发和破坏，通常保存有比较完好的植被，甚至茂密的森林。宗教文化对保护生态环境和生物多样性具有积极意义。藏族居民衡量财富的标准是拥有的牲畜数量，这种独特的价值观使得牧民在畜牧业生产中不断追求扩大牧畜存栏数量，而忽视真正体现经济效益的出栏率，致使草场超载放牧，加剧草地退化。

中华人民共和国成立以来，青海省各族人民在党的坚强领导下，立足特殊省情，主动迎接挑战，在战天斗地、攻坚克难、创造幸福生活的伟大创造实践中，形成了“特别能吃苦、特别能忍耐、特别能战斗、特别能团结、特别能奉献”的“五个特别”青藏高原精神。

1.5 社会经济

改革开放，尤其是西部大开发以来，全省国民经济持续快速发展，经济结构进一步优化，综合实力日益增强，人民生活水平不断提高。青海省经济已由过去单一的农牧业自然经济与半自然经济的落后状态走上了工业化发展道路，基本形成了以现代工业为核心，包括冶金、煤炭、电力、石油、化工、机械、建材、轻纺、食品等多门类初具规模的工业体系。交通运输业、邮电通信业等迅速发展，基本改变了青海省闭塞的局面，国民经济整体实力显著增强，人民生活水平明显提高，各项社会事业蓬勃发展，青海省经济的快速发展对国土利用产生了深远的影响。

1.5.1 2019 年经济概况

2019 年，青海省生产总值为 2 965.95 亿元，按可比价格计算，比上年增长 6.3%。分产业看，第一产业增加值为 301.90 亿元，增长 4.6%；第二产业增加值为 1 159.75 亿元，增长 6.3%；第三产业增加值为 1 504.30 亿元，增长 6.5%。第一产业增加值占全省生产总值的占比为 10.2%，第二产业增加值占比为 39.1%，第三产业增加值占比为 50.7%。人均生产总值为 48 981 元，比上年增长 5.4%。

全年农作物总播种面积为 553.54hm^2，比上年减少 3.71hm^2。粮食作物播种面积为 280.20hm^2，比上年减少 1.06hm^2。其中，小麦为 102.41hm^2，减少 9.19hm^2；青稞为 63.85hm^2，增加 15.17hm^2；玉米为 20.97hm^2，增加 2.52hm^2；豆类为 14.00hm^2，增加 1.24hm^2；薯类为 77.10hm^2，减少 11.17hm^2。经济作物播种面积为 273.34hm^2，比上年减少 2.66hm^2。其中，油料为 142.25hm^2，减少 5.66hm^2；药材为 44.52hm^2，增加 0.46hm^2(其中枸杞为 33.96hm^2，减少 1.57hm^2)；蔬菜及食用菌为 44.39hm^2，增加 0.43hm^2；青饲料为 38.13hm^2，增加 2.79hm^2。全年粮食产量达 105.54 万 t，比上年增产 2.48 万 t，为近 5 年来最高。

全体居民人均可支配收入为 22 618 元，比上年增长 9.0%。全省城镇常住居民人均可支配收入为 33 830 元，比上年增长 7.3%；全省农村常住居民人均可支配收入为 11 499 元，比上年增长 10.6%。城乡居民人均收入比(以农村居民人均收入为 1)为 2.94，比上年减少 0.092。全年全省居民人均生活消费支出为 17 545 元，比上年增长 6.0%，恩格尔系数为 29.2%；城镇常住居民人均生活消费支出为 23 799 元，增长 3.5%，恩格尔系数为 29.0%；农村常住居民人均生活消费支出为 11 343 元，增长 9.6%，恩格尔系数为 29.7%。

1.5.2 70 多年的经济发展历程

中华人民共和国成立 70 多年来，在党和国家的大力支持下，青海省历届省委、省政府带领全省各族人民，立足青海特殊省情，根据不断变化着的世情、国情，因时而进，因势而新，不断改进和完善治青理政的经济发展战略。经过 70 多年的不懈努力，青海省经济社会发展发生了许多历史性变革，取得了许多历史性成就。

1.5.2.1 计划经济时期(1949—1978 年)

1949 年中华人民共和国成立后，全省各族人民在党的领导下当家作主，走上了建设社会主义道路。1950 年 8 月，中国共产党青海省第一次代表会议做出了“青海是一个民族复杂地区，而党的基础很薄弱”的基本省情判断，制定了“民族政策在青海是执行一切政策的中心”的基本原则，并在此基础上确定了全省经济社会发展的主要任务是恢复生产、土地改革、推行民族区域自治，建立了新型的社会主义生产关系，迅速恢复和发展了国民经济。1963 年 11 月，中国共产党青海省第四次代表大会确定青海国民经济建设的方针是：在以农业为基础、工业为重点的国民经济总方针的指导下，大力发展畜牧业，全面加强牧区建设；大力发展农业，逐步实现粮食、油料自给；相应发展工业交通运输业和手工业。同时，开始纠正“大跃进”中出现的错误，放宽农村牧区经济政策，整顿工业企业，国民经济得到恢复和稳定发展。到 1965 年，全省工农牧业总产值达到 60 631 万元，比“一五”末增长 49.4%；粮食总产量达到 671 005t，增长 14.6%；牲畜总头数达到 1493 万头，已接近“一五”末的水平。

在这一阶段，在国家的政策和投资的支持下，青海省改变以往较为单一的农牧业发展结构，逐渐加大工业在总产值中的比重，陆续开始发展食品、皮毛加工等轻工业，电力、煤炭、机械、化工等重工业。这一时期的第一产业基础较为薄弱，以种植业为主的农业和以草原畜牧业为主的牧业发展较为落后，基本处于靠天吃饭的状态。这种单一脆弱的产业结构会影响轻工业发展，从而限制第二产业发展。另外，这一发展时期，农业、牧业等第一产业尚未形成生态保护意识，过度放牧、过度开垦等情况在一定程度上导致土地退化，长期处于此状态会不利于第一产业良性发展。总体来说，这一阶段的青海省经济发展较为落后，人民生活水平较低，产业结构不尽合理。这一时期青海省自然资源、人文资源优势还未发挥出来。

1.5.2.2 改革开放时期(1978—2012 年)

改革开放初期，为发挥青海省当地自然资源和人文资源优势，国家投资兴建了一批重点项目，并对原有工业企业进行改造和重组，逐步提高了工业在社会总产值中的比重。同时，青海省不断解放思想、深化省情认识，深入反思研究自身经济社会发展的战略问题，全省对资源开发也有了进一步深入的理解，开始走上了发掘自身优势的发展路子。1999 年 6 月，党中央提出西部大开发战略，在政策方针、资金、人才技术等方面为青海省提供了大量的支持，这为青海省在新世纪实现快速发展提供了前所未有的机遇。2008 年 1 月，青海省委、省政府首次提出实施“生态立省战略”，明确要加快推动生态文明建设，全面推进生态保护、生态经济和生态文化。

总体来说，通过 1978—2012 年改革开放 35 年的努力，青海省经济建设取得了显著成就，青海省生产总值(Gross Domestic Product，GDP)从 1978 年的 16 亿元增长到 2012 年的 1894 亿元。随着经济的发展，市场出现了以服务、金融业为主的第三产业。在这一阶段，青海省第一、第二、第三产业都得到不同程度的发展，但其经济发展战略仍然以发展第一产业和第二产业为主。

1.5.2.3 新时期(2012 年至今)

自 2012 年召开的中国共产党第十八次全国代表大会以来，我国经济社会发展取得了历史性成就，发生了历史性变革，社会主要矛盾发生变化，经济由高速增长阶段转向高质量发展阶段，迈进了习近平新时代中国特色社会主义。面对新时代的新形势、新任务、新要求，青海省经济社会发展战略也在不断深化提升。党的十八大以来，青海省实施以生态保护优先的高质量型经济社会发展战略，始终坚持科学发展、绿色发展、生态发展。

从 2012 年青海省十二次党代会到 2016 年期间，以建设国家循环经济发展先行区、全国生态文明建设先行区和民族团结进步示范区的“三区建设”为核心的发展战略，得到了认真的贯彻实施，对青海省经济社会发展产生了深远的影响。2016 年 8 月 22 日至 24 日，习近平总书记亲临青海省视察指导工作，提出“扎扎实实推进生态环境保护，扎扎实实推进脱贫攻坚，扎扎实实推进民族地区发展”的重大要求，并指出“青海最大的价值在生态、最大的责任在生态、最大的潜力也在生态”，为青海省的经济持续健康发展指明了方向和工作重点。青海省委、省政府深化“四个扎扎实实”重大要求的认识，并提出了“从经济小省向生态大省、生态强省的转变，从人口小省向民族团结进步大省的转变，从研究地方发展战略向融入国家战略的转变，从农牧民单一的种植、养殖、生态看护向生态生产生活良性循环的转变”的“四个转变”政策方针。2018 年 7 月，中共青海省委十三届四次全体会议做出了“坚持生态保护优先，推动高质量发展，创造高品质生活”的“一优两高”战略部署，全省认真贯彻新发展理念，推动生态保护、高质量发展与高品质生活三方面工作稳步实施。从"三区"战略到"四个转变"再到"一优两高"战略的演进，反映了青海省经济从中高速发展阶段向高质量发展阶段的演进。2020 年，《中共中央 国务院关于新时代推进西部大开发形成新格局的指导意见》提出了加快落实区域发展战略，"大保护、大开放、高质量"9 个字的西部大开发新格局定位，为西部地区发展带来了新的重大机遇。

党的十八大以来，青海省积极发展现代服务业和开发生态旅游业，依托青海丰富的生物、森林、水利等自然资源发展绿色生态经济，打造茶卡盐湖等著名旅游景点，吸引国内外游客旅游观光，拉动消费。这一时期省内第三产业发展迅速，邮政、餐饮、批发零售、文化体育、交通仓储运输等领域逐渐发力，成为新的经济增长点。为推动全省的经济社会发展，青海省积极融入"一带一路"倡议、长江经济带发展、东西部扶贫协作等国家战略，深化国家对青海省的帮扶与合作力度；加大对乡村教育、医疗、社会保障等各方面资金投入和农业帮扶力度，打好脱贫攻坚战。

70 多年来，青海省在国家西部大开发、"一带一路"倡议、长江经济带发展等战略的带动支持下，实现了经济腾飞跨越(图 1－3)。青海省 70 多年的经济发展历程包含着许多启示。

(1)优化产业结构。长期以来，青海省的产业结构以第一、第二产业为主，第三产业在社会总产值中的比重较低，这必然导致产业结构失衡，产业结构优化升级迫在眉睫。应优化产业结构，使青海区域内三大产业比重与生产力发展水平相适应，各区域间实现优势互补；优先发展现代服务业和生态旅游业，推动农业从传统型向高端型转变，淘汰劣质产业，特别是高污染、高耗能产业。

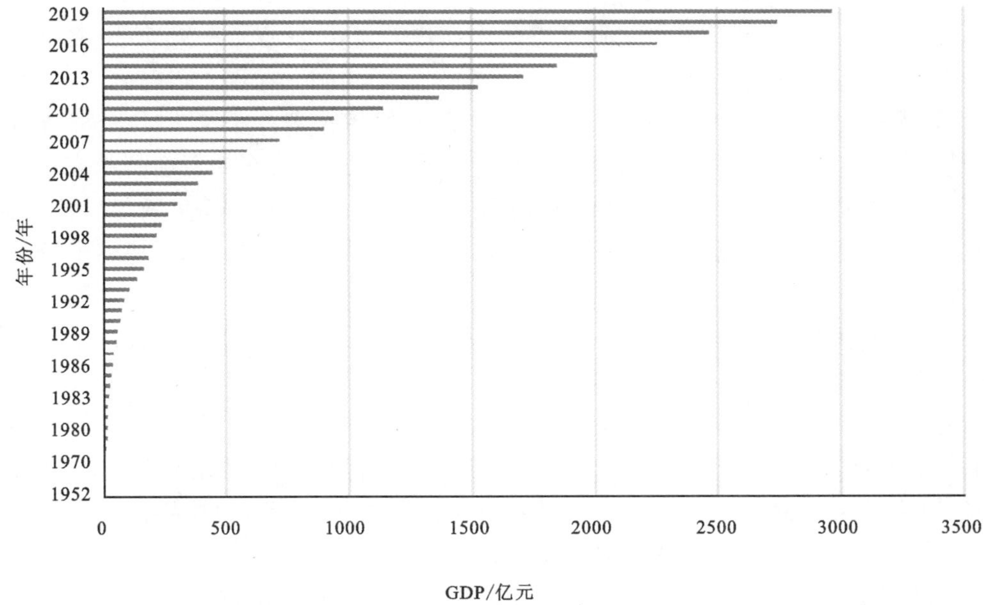

图 1－3 1952—2019 年青海省生产总值发展趋势

(2)大力发展生态旅游业。1983年,世界自然保护联盟提出“生态旅游”这一概念。生态旅游是指保护自然环境和维护当地人民生活双重责任的旅游活动,也是经济效益和生态效益兼顾的旅游活动。青海省旅游资源主要集中在珍稀动植物、自然资源、地貌等方面,全省蕴含着丰富的生态旅游价值。青海省应以生态旅游这一旅游模式发展旅游业,完善旅游开发、建设、后期保障等方面的相关法律法规,保证保护区、旅游景区的设备设施安全,健全旅游体验评价、旅游环境评价体系,完善旅游管理体系和人才管理队伍建设。

1.5.3 远景目标

青海省开启现代化建设新征程的总体布局是:坚持生态保护优先,推动高质量发展、创造高品质生活,共同守护好地球“第三极”,培育发展生态经济、循环经济、数字经济、平台经济“四种经济形态”,创建国家公园示范省、国家清洁能源示范省、绿色有机农畜产品示范省、高原美丽城镇示范省、民族团结进步示范省“五个示范省”。

1.5.3.1 “十四五”时期目标

锚定2035年远景目标,坚持目标导向、问题导向、结果导向相结合,坚持守正和创新相统一,坚持与全国同步协调发展,今后5年全省经济社会发展要努力实现以下主要目标。

(1)生态文明建设水平进一步提升。生态文明建设实现由体系建设向融合发展深化,生态优势不断转化为竞争优势,国土空间开发保护制度基本建立,生态文明领域治理体系和治理能力现代化走在全国前列,能源资源利用效率大幅提高,碳达峰目标、路径基本建立,主要污染物排放持续减少,绿色环保节约的文明消费模式和生活方式普遍推行,“中华水塔”得到全面有效保护,生态产品价值实现机制基本建立,国家公园示范省基本建成,生态环境质量持续保持全国一流水平。

(2)经济发展质量进一步提升。经济持续健康发展,增长潜力充分发挥,经济结构更加优化,创新能力明显提升。国家清洁能源示范省全面建成,绿色有机农畜产品示范省影响力显著增强,产业基础高级化、产业链现代化攻坚成效明显,三类园区改革创新迈出坚实步伐,城乡区域发展协调性明显增强,东西部协作和对口支援深入推进,现代化经济体系建设取得重大进展。

(3)民生保障进一步提升。脱贫攻坚成果巩固拓展,乡村振兴战略全面推进。实现更加充分更高质量就业,居民收入增长和经济增长基本同步,城乡居民收入差距进一步缩小。教育现代化制度基本建立,全省教育发展主要指标接近全国水平。卫生健康体系更加完善,主要健康指标接近全国水平。高原美丽城镇示范省建设取得新进展,人居环境和居住品质明显改善。多层次社会保障体系更加健全,基本公共服务均等化水平明显提高。

(4)社会文明程度进一步提升。社会主义核心价值观深入人心,中华民族共同体意识更加牢固,各族群众思想道德素质、科学文化素质和身心健康素质明显提高,公共文化服务体系和现代文化产业体系更加健全,各族群众精神文化生活日益丰富,优秀传统文化有效传承和弘扬,文化品牌影响力持续扩大。

(5)改革开放力度进一步提升。社会主义市场经济体制更加完善,高标准市场体系基本建成,市场主体活力不断增强,产权制度改革和要素市场化配置改革取得重大进展,公平竞争制度更加健全,营商环境不断改善。对外开放平台建设取得新突破,口岸建设取得新进展,陆港产业集群得到积极培育,更高水平开放型经济新体制基本形成。

(6)地方治理效能进一步提升。法治青海、平安青海建设水平进一步提高,社会公平正义进一步彰显,行政效率和公信力显著提升,社会治理特别是基层治理水平明显提高,安全发展保障更加有力,防范化解重大风险体制机制不断健全,突发公共事件应急能力显著提高,自然灾害防御水平明显提高,民族团结进步示范省成为国家长治久安、民族地区长期繁荣发展的重要支撑。

1.5.3.2 2035年远景目标

展望2035年,全省经济实力、科技实力将大幅提升,经济总量和城乡居民人均收入迈上新的大台阶。生态文明体制机制更加完善,国家生态安全屏障坚实稳固。绿色产业体系全面建成,生态生产生活协调发展,力争在全国率先实现二氧化碳排放达到峰值。基本实现新型工业化、信息化、城镇化、农业现代化,部分领域关键技术实现重大突破,进入创新型省份行列,建成具有青海特色的现代化经济体系。形成与富裕文明和谐美丽新青海相适应的制度体系,基本实现地方治理现代化,基本建成法治青海、法治政府、法治社会,平安青海建设达到更高水平。社会文明程度达到新高度,文化旅游名省、高原体育强省影响力显著增强。形成对外开放新格局,参与对外经济合作竞争新优势明显增强。人均地区生产总值明显提升,中等收入群体显著扩大,基本公共服务实现均等化。人民生活更加美好,城乡居民生活水平差距显著缩小,人的全面发展、共同富裕取得实质性进展,与全国同步基本实现社会主义现代化。

1.6 资源环境

1.6.1 水资源

水资源主要由降水、河流、湖泊、冰川、湿地、地下水等组成。青海省年平均降水量只有300多毫米,且地域差异较大,大致是东多西少、南多北少。降水量最多的地区在青海省南部玉树果洛地区,通常年降水量在400mm以上;青海省东部地区年降水量在200~400mm之间;最少的柴达木盆地、格尔木地区则不足200mm,甚至多年不足100mm。受降水和地形地质条件的制约,省内河流在地区分布上也很不均匀,多雨的东南部和东北部水系发育,河网密集;干旱少雨的西北部诸内陆盆地,则河流稀少,在柴达木盆地西北部甚至出现大面积的无径流区。全省河流年径流总量为631.4亿m^3,占全国年径流总量的2.34%。年径流量的80.8%流向省外,外流河的三江源地区位于青藏高原的腹地、青海省南部,为孕育中华民族、中南半岛悠久文明历史的世界著名江河,被誉为“中华水塔”。青海省是中国多湖泊的地区之一，湖水总储量为2244亿m^3，其中有淡水湖151个，湖泊淡水储量约355亿m^3，占全国湖泊淡水总储量的16.5%。青海省的湿地分别为自然湿地和人工湿地。自然湿地可以划分为湖泊型湿地（Lacustrine）、河流型湿地（Riverine）和沼泽型湿地（Palustrine），人工湿地有人工水库、池塘。青海省境内多名山大川，其中的祁连山、昆仑山、巴颜喀拉山、唐古拉山等山脉多在海拔5000m以上，山上终年积雪，广布冰川。据中国科学院兰州冰川冻土研究所的考察资料，全省冰川面积为4 872.92km^2，占中国冰川总面积的8.8%，冰川覆盖率为0.67%，冰川储水量为3 519.66亿m^3，冰川补给径流年融水量为31.72亿m^3，占全年径流总量的5.1%。青海省地下水天然资源量为$2.658\ 1\times10^{10}m^3/a$，其中可供开采利用量为$9.829\times10^9m^3/a$，加之深层承压水可开采储量为$1.84\times10^9m^3/a$，可开发利用的地下水资源量相当可观。

1.6.1.1 降水量

2019年全省平均降水量为374.0mm，折合水量2672亿m^3，比上年偏少7.4%，比多年平均降水量偏多28.8%，属特丰年（表1－7）。与多年平均降水量相比，青海省黄河、长江、西南诸河、西北诸河降水量分别偏多30.1%、22.1%、16.2%和37.6%；水资源二级区中，青海湖水系偏多幅度最大为44.3%，长江流域岷沱江偏多幅度最小为13.1%（表1－8，图1－4）。

按行政区划分，与多年平均降水量相比，各地区降水量均偏多，幅度在16.7%～48.0%之间。其中，海南州偏多幅度最大为48.0%，海东市和海北州偏多幅度最小为16.7%（图1－5）。行政分区中，果洛州降水量最大为663.0mm，海西州降水量最小为184.4mm①。

表1－7　2019年青海省行政分区年降水量

行政区	年降水量		上年降水量/亿m^3	多年平均降水量/亿m^3	与多年平均降水量比较/%
	/亿m^3	/mm			
西宁市	45.9	626.1	46.0	39.3	16.8
海东市	68.8	528.5	81.7	57.6	19.4
海北州	181.9	555.0	168.7	145.0	25.4
海南州	201.6	463.9	235.1	139.2	44.8
黄南州	105.4	585.3	120.8	84.3	25.0
果洛州	490.0	636.3	504.1	381.0	28.6
玉树州	927.7	454.7	986.0	738.9	25.6
海西州	650.4	204.0	742.6	489.7	32.8
青海省	2672.0	374.0	2885.0	2075.0	28.8

① 数据来源于2021年青海省水利厅发布的《2020年青海水资源公报》。

表 1-8 2019 年青海省流域分区年降水量

一级区	流域分区 二级区	年降水量 亿 m³	年降水量 mm	上年降水量/亿 m³	多年平均降水量/亿 m³	与上年比较变化幅度/%	与多年平均降水量比较变化幅度/%
黄河流域		868.6	570.5	932.0	667.5	−6.8	30.1
	龙羊峡以上	604.1	575.6	649.0	449.4	−6.9	34.4
	龙羊峡至兰州	264.5	559.1	283.0	218.1	−6.5	21.3
	湟水	91.7	572.9	100.0	79.5	−8.3	15.3
长江流域		744.2	469.8	764.5	609.4	−2.7	22.1
	金沙江石鼓以上	625.7	440.8	646.8	509.2	−3.3	22.9
	金沙江石鼓以下	46.1	678.5	41.8	36.2	10.3	27.3
	岷沱江	72.4	750.4	75.9	64.0	−4.6	13.1
西南诸河		212.4	574.1	218.9	182.8	−3.0	16.2
	澜沧江	212.4	574.1	218.9	182.8	−3.0	16.2
西北诸河		846.8	230.9	969.8	615.3	−12.7	37.6
	河西内陆河	89.3	479.7	83.2	68.3	7.3	30.7
	青海湖水系	211.4	459.3	218.7	146.5	−3.3	44.3
	柴达木盆地	400.4	155.3	486.8	287.2	−17.7	39.4
	羌塘高原区	145.7	328.5	181.1	113.3	−19.5	28.6
青海省		2672.0	374.0	2885.0	2075.0	−7.4	28.8

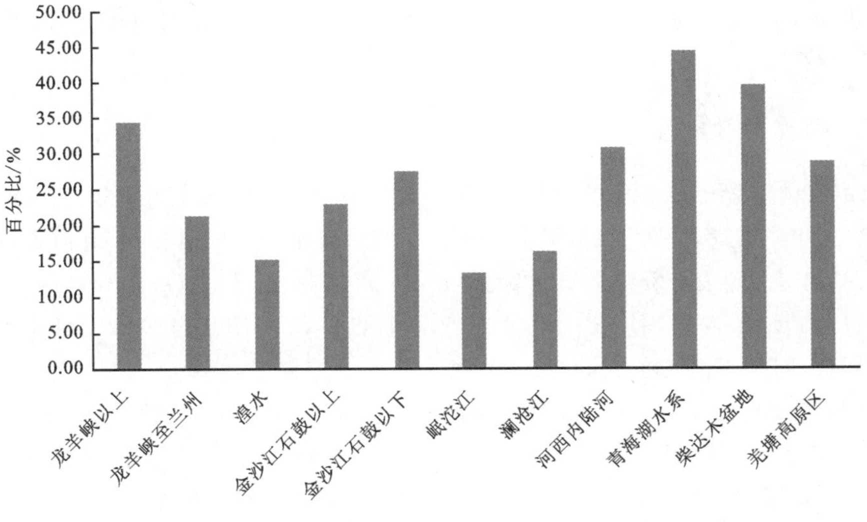

图 1-4 水资源分区降水量与多年平均降水量比较

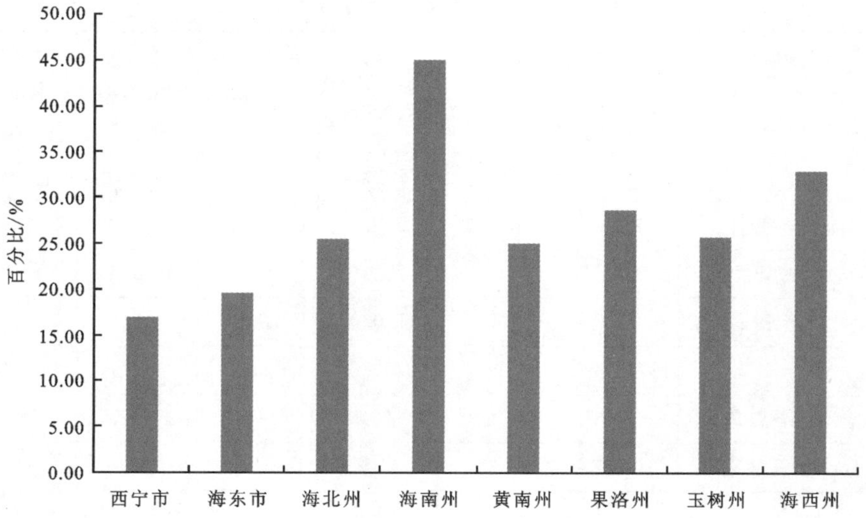

图 1-5　行政区降水量与多年平均降水量比较

2019 年降水量总体由东南向西北递减，地区分布不均，全省降水量在 13.7～890.9mm 之间。拉脊山、大坂山、循化孟达天池、祁连山东部冷龙岭和久治县为降水高值区，最高值出现在久治气象站，为 890.9mm；柴达木盆地中心为降水低值区，最低值出现在小灶火气象站，仅为 13.7mm。从降水量距平等值线看，全省大部分地区降水量较多年平均降水量偏多，德令哈—大柴旦—茫崖以北降水量偏多幅度最大，达到 70%～140%，其中，冷湖站降水量比多年平均降水量偏多 137.1%；长江北部昆仑山一带、柴达木盆地东部边缘、黄河源区西北部、青海湖西部及祁连山地区降水量偏多 30%～50%；青海省南部、东部省界附近降水量基本持平；青海湖水系、拉脊山西段、湟水南岸湟源—湟中—平安一带降水量偏少 5%左右，柴达木盆地小灶火地区降水量偏少 47.9%。降水量年内分配不均，主要集中在 6—9 月，各站 6—9 月降水量占全年降水量的 50.9%～79.2%，枯季(1—4 月、11—12 月)降水量仅占全年降水量的 3.0%～25.7%。

1.6.1.2　地表水资源量

(1)自产水量。据统计 2019 年全省自产地表水资源量为 898.20 亿 m^3，年径流深 125.7mm，比上年偏少 4.4%，比多年平均径流偏多 47.0%。与多年平均径流量相比，青海省黄河、长江、西南诸河、西北诸河地表水资源量分别偏多 54.2%、39.9%、21.7%、68.6%；水资源二级区中，西北诸河青海湖水系偏多幅度最大为 115.5%，长江流域岷沱江偏多幅度最小为 16.4%。按行政区划分，与多年平均径流量相比，各地区径流量均偏多，幅度为 43.0%～56.8%。其中，海东市偏多幅度最大为 56.8%，海北州偏多幅度最小为 43.0%(表 1-9、表 1-10)。

(2)出入境水量。2019 年全省地表水入境水量为 124.18 亿 m^3，其中黄河流域为 100.93 亿 m^3，西南诸河为 18.75 亿 m^3，西北诸河为 4.50 亿 m^3。全省地表水出境水量为 855.57 亿 m^3，其中黄河流域为 408.33 亿 m^3，长江流域为 252.85 亿 m^3，西南诸河为 151.31 亿 m^3，西北诸河为 43.08 亿 m^3。

表 1-9 青海省各流域分区地表水资源量

流域区		天然径流量		上年径流量/亿 m³	多年平均径流量/亿 m³	与多年平均径流量比较变化幅度/%(±)
一级区	二级区	/亿 m³	/mm			
黄河流域		318.91	209.5	307.05	206.8	54.2
	龙羊峡以上	215.19	205.0	202.21	137.1	57.0
	龙羊峡至兰州	103.72	219.3	104.84	69.7	48.8
	湟水	32.34	202.1	34.79	21.0	54.0
长江流域		250.96	158.4	266.27	179.4	39.9
	金沙江石鼓以上	197.74	139.3	215.82	134.8	46.7
	金沙江石鼓以下	18.41	271.0	17.05	14.7	25.2
	岷沱江	34.81	360.8	33.4	29.9	16.4
西南诸河		132.56	358.3	132.11	108.9	21.7
	澜沧江	132.56	358.3	132.11	108.9	21.7
西北诸河		195.77	53.4	234.05	116.1	68.6
	河西内陆河	43.16	231.9	41.17	26.3	64.1
	青海湖水系	47.83	103.9	56.27	22.2	115.5
	柴达木盆地	75.73	29.4	80.71	44.4	70.6
	羌塘高原区	29.05	65.5	55.9	23.2	25.2
青海省		898.20	125.7	939.48	611.2	47.0

表 1-10 2019 年青海省行政分区地表水资源量

行政区	天然年径流量		上年径流量/亿 m³	多年平均径流量/亿 m³	与多年平均径流量比较变化幅度/%(±)
	/亿 m³	/mm			
西宁市	16.76	228.6	17.50	11.07	51.4
海东市	25.19	193.5	26.82	16.07	56.8
海北州	67.33	205.4	62.29	47.10	43.0
海南州	42.33	97.4	47.43	27.50	53.9
黄南州	43.33	240.6	51.65	29.80	45.4
果洛州	194.64	252.7	177.90	130.40	49.3
玉树州	348.57	170.8	344.91	242.26	43.9
海西州	160.05	50.2	210.98	107.00	49.6
青海省	898.20	125.7	939.48	611.20	47.0

1.6.1.3 地下水资源量

2019年全省地下水资源量为412.73亿m^3，比上年偏少2.7%，比多年平均地下水资源量偏多46.6%。其中，山丘区地下水资源量为380.54亿m^3，平原区地下水资源量为68.25亿m^3，山丘区与平原区地下水重复计算量为36.06亿m^3。

1.6.1.4 水资源总量

2019年全省地表水资源量为898.20亿m^3，地下水资源量为412.73亿m^3，地下水中与地表水非重复计算量为21.13亿m^3。全省水资源总量为919.33亿m^3，比上年偏少4.4%，比多年平均水资源总量偏多46.1%。全省水资源2001—2004年以偏枯为主，2005年以后总体转丰，2019年水资源总量较多年平均水资源总量偏多46.1%(图1-6)。

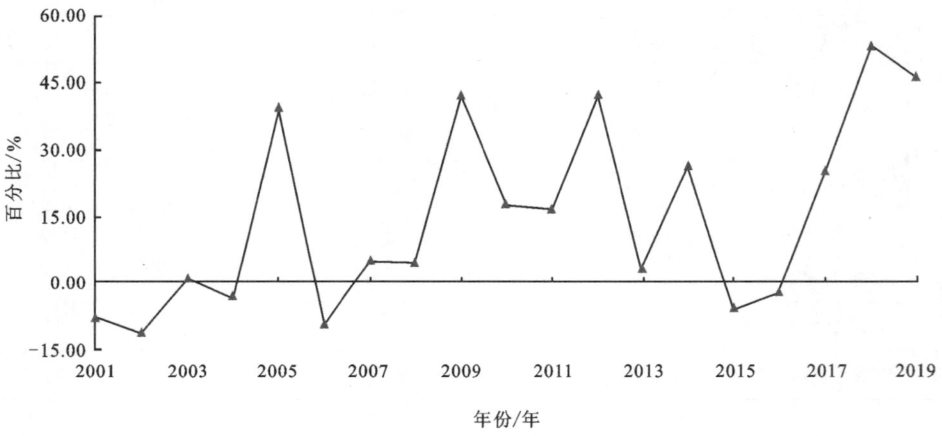

图1-6 青海省2001—2019年水资源总量变化趋势

1.6.1.5 水环境特征

2020年长江干流、黄河干流、澜沧江干流、黑河干流、青海湖流域、湟水流域及柴达木内陆河流域共设62个水质监测断面，其中61个监测断面水质达到水环境功能目标，达标率为98.4%。Ⅰ～Ⅲ类水质断面达62个，比例为100%，同比上升3.3%，其中Ⅰ类占16.1%，Ⅱ类占69.4%，Ⅲ类占14.5%，地表水整体水质优良①。

1.6.2 土壤资源

土壤是重要的农业资源，是土地资源的主要组成部分。它的类型、分布、理化性质以及生产能力直接影响甚至决定土地资源的特性、开发利用方向及其生产力的高低。青海省的

① 青海省生态环境厅.2020年青海省生态环境状况公报[N].青海日报，2021-06-05(009)。

土壤形成过程具有明显的高原特征，其发育特征表现为土壤发育年轻性、分布以自然土壤为主、高山土壤面积大和土壤粗骨性强。青海省土壤类型可划分为10个土纲、16个亚纲、22个土类。面积最大的是高山草甸土、亚高山草甸土，其次为高山草原土。

青海省土壤呈水平带分布，在北部祁连山地和柴达木盆地，由东往西干旱程度增强，植被由温带半干旱草原逐渐向温带半荒漠过渡，相应依次出现栗钙土带(低暖的河湟谷地为灰钙土)、棕钙土带、灰棕漠土带，土壤排列方向大致为东南-西北。在青南高原的东南缘山地河谷向高原面的过渡地带，峡谷侧坡为寒温带针叶林，土壤为灰褐土，升至高原面，土壤依次出现高山草甸土、高山灌丛草甸土—高山草甸土、高山草原草甸土一高山草原土、高山荒漠草原土。

土壤垂直分布，各地的垂直带谱类型不同。祁连山地东段南麓的黄河与湟水谷地，垂直带谱的组成一般是：灰钙土—栗钙土—黑钙土(灰褐土)、山地草甸土—高山草甸土—高山寒漠土或高山碎石带。青南高原垂直带谱由东向西简化。在东部河谷、峡谷小片林区为灰褐土—高山草甸土(阴坡为高山灌丛草甸土，阳坡为高山草甸土)—高山碎石带或高山寒漠土。柴达木盆地北缘土壤垂直带谱，一般为灰棕漠土—高山荒漠草原土—碎石带，南缘的昆仑山北坡为灰棕漠土(棕钙土)—高山荒漠化草原土—高山漠土。

耕种土壤是自然土壤在人为因素参与下，通过耕作、施肥、灌溉等农业技术措施后逐渐形成的。青海省内耕地主要分布于地势稍低、人口较稠密的东部农业区(湟水流域及贵德以下黄河流域)，主要耕种土壤有灰钙土、栗钙土、黑钙土，根据分布通常分为3类：川水地区(河谷阶地灌溉区)，水浇地能稳产高产；浅山地区(低山丘陵旱作区)；脑山地区(较高海拔的中山旱作区)，靠天种地，产量低且不保收。海南州、海北州、黄南州的土壤多为灰钙土、栗钙土、黑钙土、山地草原草甸土，由于自然灾害频繁、肥力不足，作物产量不稳定。柴达木盆地的东部荒漠和中部荒漠地区，农耕土壤有棕钙土、灰棕漠土，多分布于山前冲洪积平原的中上部和河流两岸及山间盆地等部位，这里热量较高、缺水，一般有水、有肥，能高产，但因灌溉不当，易引起次生盐渍化。青南高原利用局部地形形成相对温和的小气候区，开垦小部分耕地(多为草原草甸土)，种植粮食和饲料，由于农业技术不当、肥力递减，农作物产量不稳定。

1.6.3 生物资源

在高寒、高海拔等特殊的气候环境条件的影响下，在漫长的生物演化历史变迁过程中，青海省形成了诸多独特的适应高原特殊自然环境的野生生物物种，这些物种维系了高原总体生态，也是重要的生物资源和基因库。

1.6.3.1 植被及其分布

青海省植被基本类型主要包括森林、灌丛、草原、草甸、荒漠植被、高山垫状植被、高山流石滩稀疏植被、沼泽和水生植被。

(1)植被水平分布。青海省中部地带从东往西东部河湟流域是以长芒草、针茅、芨芨草，以及小半灌木、铁杆蒿、冷蒿等较喜温、耐旱植物为主的半干旱草原；往西至德令哈—香日德一带，出现以芨芨草、白刺为主的干草原植物，伴生盐爪爪、红砂等荒漠植被的半荒漠化草原；再往西至怀头他拉—脱土山以西，是以梭梭、柽柳、沙拐枣、白刺、木本猪毛菜、驼绒藜等植被为主的荒漠草原。青南高原水热分布由东南向西北递减，高原东南部海拔为3400～4300m，特别是澜沧江上游的扎曲、子曲、巴曲和吉曲的河谷地区，生长着由云杉属及圆柏属组成的寒温性针叶与以云杉、白桦等为主的针阔叶混交林带，金露梅、鬼箭锦鸡儿、小檗、西藏忍冬等灌木，以及由禾本科、莎草科、蓼科等草本植物组成的植物群落。往西北海拔为4200～4700m，邻近森林郁闭线以上的高山带生长着高寒灌丛植被，主要由耐寒的中生、旱中生灌木建群，并与高山草甸呈复区分布，构成高寒灌丛草甸带。灌丛植被主要有杜鹃属、绣线菊属、柳属、金露梅属和锦鸡儿属等多种植物，其下生长着矮嵩草、线叶嵩草等草本植物，构成灌丛草甸群落。再往西北，降水减少，热量条件愈差，灌丛消失，随山脉走向一直延伸到五道梁、风火山一带的广大地域内主要生长着适于高原严寒生态条件的、由寒冷中生草本植物建群的高寒草甸植被，优势种主要有低草型密丛、短根茎嵩草、根茎蔓草及轴根杂草类。在青南高原的西部与北部的山地宽谷、高原湖盆外围，古冰渍平台、洪积扇扇缘、冲积扇扇缘、河流高阶地、剥蚀高原面和干旱山地等海拔4000m以上为高寒草甸与高寒荒漠之间的广大地区，生长着寒旱生多年生禾草、小半灌木、垫状植物及多年生杂草类。建群种少、结构单一，优势种以紫花针茅为代表。再往西至唐古拉山等地的海拔为4700～5000m及以上的极高山区，在冰缘雪被边缘地带，生态条件严酷，生长着高山流石滩稀疏植被，覆盖度仅有5%左右，为高寒荒漠。

(2)植被垂直分布。祁连山中段的天峻县境内，海拔3300m以下为草原植被，主要建群种为芨芨草、赖草、披碱草；海拔3300～3800m为草原草甸植被，主要建群种为针茅、细叶薹草；海拔3800～4100m，阴坡为灌丛草甸植被，灌丛主要有山生柳和鬼箭锦鸡儿，灌丛下为杂类草草甸；海拔3800～4200m为高山草甸植被，以矮嵩草为主要建群种；海拔4200～4500m为高山流石垫状植被，主要建群种为垫状点地梅、垫状红景天和垫状蚤缀。而青南高原巴颜喀拉山南麓长江流域，在海拔3600m以下生长着以云杉、圆柏、桦树为主的原始森林，其下发育着灰褐土；海拔3400～3800m生长着小嵩草、矮嵩草、珠芽蓼、早熟禾、风毛菊和披碱草等植被，覆盖度90%以上，在阴坡还有山生柳、金露梅等灌丛植被；海拔3800～4200m生长着以紫花针茅、异针茅和赖草为主的优势种，伴生风毛菊、沙生蒿、铁棒锤；海拔3900～4650m生长着以小嵩草、矮嵩草、线叶嵩草和薹草为优势种的草甸植被，覆盖度介于70%～90%之间，阴坡则生长着山生柳、金露梅等灌丛植被，覆盖度介于30%～50%之间；海拔4500～4600m生长着稀疏的高寒草甸类植被，覆盖度为30%或更低；在4650m以上则生长着高山流石滩稀疏植被。

(3)植被地域分布。沼泽与水生植被主要分布在青南高原西北部江河源头等地区的河源阶地、山间盆地，以及祁连山苏里河、布哈河、大通河的三河源头，地形平坦、低洼潮湿、水流不畅的地区与湖滨、河漫滩和低阶地、地下水露出地段及排水不畅区域，植物以宽叶型根茎禾草、疏丛禾草和根茎蔓草草甸为主，零星分布，水生植被以杉叶藻、紫果蔺、矮蔗草、毛柄水毛茛、芦苇等几种为主要建群种。青南高原地势低洼、排水不畅、土壤潮湿或季节性积水、下部有永冻层的地区，生长着高寒沼泽化草甸植被，以藏嵩草、甘肃嵩草、华扁穗草为主。分布在荒漠地区的植被为超旱生的小乔木、灌木及小半灌木，建群种主要有梭梭、柽柳、白刺、沙拐枣、琵琶柴(红砂)、驼绒藜、木本猪毛菜、合头草、黄花篙，伴生种因地区不同而异，主要有白刺、盐爪爪、黑果枸杞、大花罗布麻、芦苇、紫菀木、薄翅猪毛菜、戈壁针茅、扁穗冰草、紫花葱等，植被稀疏，覆盖度为5%～15%或更低，结构简单。

柴达木盆地植被分布规律较复杂。东部为半干旱荒漠草原地带，地带性植被为荒漠化草原；中部为干旱荒漠地带，地带性植被为灌木和半矮灌木砾漠；西部为极端干旱裸露荒漠地带，基本上在砾石戈壁和低山无植被。本区盆地底部随着地貌、土壤和地下水的变化，出现了植被环带状分布规律。从盆地边缘向中心依次发育着洪积平原、灌木、半矮灌木砾漠带，冲积平原灌木沙漠带，冲积—湖积平原灌木盐漠带，湖积平原盐生草甸带，最后为裸露盐壳和盐湖。本区山地的植被垂直带自东向西明显不同。荒漠草原地带的带谱为：山地草原—山地常绿针叶林—亚高山灌丛—高寒草甸—高山稀疏植被；荒漠地带的带谱为：半矮灌木山地石漠—高寒草原—高寒草甸—高山稀疏植被；极端荒漠地带的带谱为：裸露低山石漠—半矮灌木山地石漠—高寒草原—高山稀疏植被。柴达木盆地区的草地资源分布特征：盆地内以荒漠类草地为主，四周山地草地类型又具有明显的高原地带性特征；受地下水位等影响，又具有隐域性的非地带性分布特征。盆地内天然草地类型呈现出向心形环状分布特点，即从边缘到中心依次分布着石质山坡、戈壁、温性荒漠类草地、盐化低地草甸亚类或沼泽化高寒草地亚类、盐沼盐湖。

1.6.3.2 水生动物资源

青海境内河流纵横、湖泊棋布，水域面积辽阔，其中有鱼类分布的水面面积达106.70万hm^2。全省分布的各类水生野生动物中，哺乳类1种(水獭)、两栖类分属2目5科6属9种、鱼类分属3目5科18属51种。

鱼类主要以裂腹鱼亚科和条鳅亚科为主，且多数种类为我国特有的高原珍稀物种。按省鱼类区系分布，境内产于长江水系的有21种，黄河水系的有22种，澜沧江水系的有8种，内陆水系的有19种。

国家二级保护水生野生动物有大鲵、水獭、川陕哲罗鲑3种，省内重点保护水生野生动物有青海湖裸鲤、齐口裂腹鱼等14种。省内水生维管束植物有19科55种，优势种类为轮藻、马来眼子菜和芦苇。

此外，还有甲壳纲生物、经济藻类和光合细菌资源，其中具有代表意义的有盐湖卤虫、盐湖钩虾和螺旋藻等经济藻类，这些水生生物起着生态平衡核心链条的作用，具有很高的经济价值、生态价值、科研价值。长期以来，由于气候变异、环境变化和人为的滥捕乱捞，以及修建水利水电河道截流工程等，高原许多珍贵的水生野生动物赖以栖息、摄食和繁殖的场所遭到破坏，产卵场严重萎缩、产卵洄游通道被阻断、栖息水域受到污染，渔业资源急剧减少，鱼类个体小型化、低龄化严重，部分物种已濒临灭绝。

目前黄河鱼类1/3的种群面临生存危机，黄河雅罗鱼、黄河鮈、兰州鲶等鱼类已很难觅到；长江上游濒危鱼类川陕哲罗鲑，仅分布于川青交界处玛可河不足70km的范围内，至今没有捕获到活体，已处于极度濒危境地。这些特殊种类的水生动物物种，在高原条件下生长普遍缓慢，补充群体少，生态结构简单，生态环境脆弱，一旦破坏很难恢复。

1.6.3.3 陆生野生动物

青海省作为国家重点自然保护区，有野生动物250多种，其中国家一级保护动物有野骆驼、野牦牛、野驴、藏羚、盘羊、白唇鹿、雪豹、黑颈鹤、苏门羚、黑鹳10种，有牦牛500多万头。青海湖地区野生动物种类比较丰富，共录得243种。鸟岛自然保护区的成立在促进区域野生动物保护工作、发展旅游方面发挥了重要作用。当前，普氏原羚已成为极濒危物种，仅在青海湖地区分布，且总数不超过300只。普氏原羚（*Procapra przewalskii*）、黑颈鹤（*Grus nigricollis*）、大天鹅（*Gygnus cygnus*）和青海湖裸鲤（*Gymnocypris przewalskii*）的保护工作迫在眉睫，尤其是在它们的主要栖息地已受到无序的经济开发活动的威胁的境况下。青海湖地区为大通山、日月山、青海南山所环绕。近年来，青海省相继实施了一系列生态保护工程，野生动物生存环境得到较大改善，青海湖地区鸟类数量稳中有增，达到15万只，越冬大天鹅数量有所恢复，过去一些不曾在青海湖畔栖息、逗留的鸟类开始在这里安家。过去被大肆猎杀几乎在人类视野中消失的狼，现在明显增多。另外，青海省还对环湖43万亩（1亩＝0.066 7m^2）耕地实施了退耕还林还草措施，青海湖自然保护区的建设项目也逐步落实，开展了有关鸟类保护、湿地监测、环湖巡查、鸟类及野生动物救护等活动。同时，青海省的王牌旅游景点注重发展生态旅游，建设了观鸟台，实施环保型电瓶车使用等措施，对鸟类保护起到了重要作用。现在，如果游客到鸟岛旅游，随处可以看到鸟儿和游人和谐相处、人鸟同乐的场景。

1.6.3.4 畜牧生物资源

畜禽品种资源是生物多样性的重要组成部分，是畜牧业可持续发展的基础。青海省地域辽阔，自然条件独特，畜禽品种资源丰富。品种资源的保护和开发对于发挥本地畜禽遗传资源优势，实现畜牧业持续、稳定发展具有十分重要的意义和作用，牦牛等成为主要的畜牧对象。

1.6.4 气候资源

青海省处在我国西部地区的核心部位，位于黄土高原和青藏高原的接合部，远离海洋，深居内陆，地势高耸，相对高差大，属高原大陆性气候，气候普遍表现为高寒（冷凉）的特征（表1-11）[①]。其基本特点是：高寒、干旱，日照时间长，太阳辐射强，昼夜温差大，冬夏温差小，降雨少而集中，地域分异大，垂直变化明显，气温随海拔增高而递减，降水量随海拔增高而递增。全省年平均气温为1.4～8.0℃，各地区气候有明显差异，无霜期为100～200d；青海省年均日照时数为33.6～230.92h；年降水量为68.4～658.9mm，降水量从东南向西北递减，主要集中于7—9月，热量水分条件皆能满足一熟作物的要求。全省平均大气压仅为海平面的2/3，空气含氧量比海平面少20%～40%。东北部高山区和青南高原温度低，除祁连山、阿尔金山和江河源头以西的山地外，年降水量一般为100～500mm。作为黄河、长江、澜沧江的发源地，青藏高原的环境状况对中国大部分地区的自然环境乃至全球气候变化都有重大影响。

---

① 2020年9月发布的《青海省气候公报》。

表 1-11 2019 年青海省主要城镇气温、降水统计

行政区	年平均气温/℃	距平/℃	年降水量/mm	距平百分率/%
西宁市	6.4	−0.2	536.5	37
乐都区	8.5	0.6	359.7	9
同仁县	7.0	0.9	466.7	14
海晏县	1.7	0.8	423.7	7
德令哈市	4.7	0.3	317.1	56
格尔木市	6.4	0.6	45.7	1
玛沁县	0.9	0.9	606.3	18
玉树市	3.3	−0.5	565.0	17
青海省	3.1	0.8	439.2	17

青海省有 5 个气候类型:①暖温凉温半干旱气候类型,集中在日月山以东,达坂山以南,麦秀山以北地区;②凉温干旱极干旱气候类型,集中在柴达木盆地、茶卡盆地;③寒温湿润、半湿润气候类型,集中在青南高原青藏公路以东地区,不包括南部的局部谷地以及祁连山中段的山地;④冷温半湿润气候类型,集中在青海湖盆地、海南台地及大通河中上游谷地;⑤寒冷干旱极干旱气候类型,集中在青南高原青藏公路以西地区及祁连山西段山地。

青藏高原作为地球"第三极"的主要组成部分,是全球气候变化的敏感区和启动区,是应对全球气候变化的关键区域,其特殊的地理位置和独特的环境,以及大尺度的能量和水汽交换特征,不仅影响中国的天气气候,而且对亚洲乃至全球大气环流都有重要影响。

1.7 青藏高原气候变化

1.7.1 全球气候变化特征

大量观测到的事实表明,近百年来全球变暖,尤以近 50 年变暖更明显,这种变暖在千年尺度上都是明显的。联合国政府间气候变化专门委员会(Intergovernmental Panel on Climate Change,IPCC)发布的 5 次评估报告一致给出近百年全球变暖的特征结论,可见这是无可争议的事实。随着时间推移,增暖现象更加明显,例如第一次报告(1990)提出近百年变暖温度达 0.45℃,而第五次报告(2013)提出近百年变暖温度已经高达 0.85～0.89℃。自 20 世纪 50 年代以来,许多观测到的变化在几十年乃至上千年时间里都是前所未有的。1880—2012 年,全球地表平均气温大约上升 0.85℃,在北半球,1982—2012 年可能是过去 1400 年中最暖的 30 年。全球变暖可能直接引起地球气候系统大气、海洋、冰雪、岩石和生物圈 5 个圈层大量变量,以及极端天气、气候事件的相应变化,从而间接地对环境、生态、水资源、经济、社会和人类健康等产生不容忽视的影响。近百年来,北半球中纬度地区年降水量整体增加,在

1901—1951 年为中等信度，而 1951 年以后达高信度。

1907—2017 年，亚洲和欧洲陆地年平均气温总体呈上升趋势。20 世纪 60 年代末以来，升温趋势尤其明显。1901—2017 年，亚洲陆地平均气温上升了 1.59℃。1951—2017 年，亚洲陆地年平均气温呈显著上升趋势，升温速率为 0.23℃/10a。2017 年，亚洲陆地年平均气温比常年值偏高 0.74℃，是 1901 年以来的第三高值年份。

中国气候变暖与全球变暖有相当的一致性，但也存在明显差别。在全球变暖背景下，近百年来中国年平均地表气温明显增加，升幅为 0.5～0.8℃。近 50 年中国年平均气温以北方升幅最高，东北北部、内蒙古及西部盆地升温速率达 0.8℃/10a 以上，高于同期全球平均值。20 世纪 80 年代是温度明显升高的转折点。降水量增加最明显的是西部盆地，最大的每 10 年增加 10%～15%，而华北及东北南部降水量有减少趋势。21 世纪气候变化趋势预测表明，21 世纪中国气候将继续明显变暖，尤以北方冬半年最为明显，降水量也呈增加趋势。近 50 年，我国平均年降水量没有表现出明显的趋势性变化，但是区域性降水变化趋势明显，主要表现在华北、西北东部、东北南部和西南部分地区降水量减少，西部大部分地区降水量增加。

1.7.2 降水变化特征

青藏高原是东亚气候的稳定器和调节器，也是全球气候变化中最为敏感的地区之一，其气候变化具有一定的前瞻性。2017 年青藏高原综合科学考察研究成果、中国科学院青藏高原研究所的长期科学研究成果，以及青海省气象局、西藏自治区气候中心、西藏自治区遥感应用研究中心等部门得出的长期观测结论，均表明青藏高原气候变化逐渐趋于暖湿化。1961—2017 年，青海省平均气温呈升高趋势，升温率为 0.38℃/10a，与亚洲及全国气温升温率相比偏高。从空间分布来看，东部农业区及柴达木盆地西部升温幅度最明显，其中互助县是青海省平均最高气温升温率最高的地区，升温率达 0.90℃/10a；同德县是青海省平均最低气温升高幅度最高的地区，为 1.09℃/10a。青海省年平均降水量呈微弱增加趋势，增幅为 6.45mm/10a；各区降水量变化趋势略有差异，柴达木盆地东部、三江源区中部及环青海湖区增加比较明显，其中德令哈市增幅最大，东部农业区及三江源东部降水量变化率为负，其中互助县减幅最大。从季节变化来看，春、夏季降水量增幅较为明显，增加率分别为 2.63mm/10a 和 2.32mm/10a，秋、冬季降水量略有增加，但不明显。

1.7.3 温度变化特征

据统计，柴达木盆地升温速率最大，为 0.49℃/10a；祁连山区次之，为 0.45℃/10a；环青海湖区和三江源区相对较小，分别为 0.38℃/10a 和 0.36℃/10a。

(1)1961—2018 年，青海湖流域年平均气温呈显著升高趋势，平均升高 0.4℃/10a；年平均降水量明显增加，平均增加 14.5mm/10a；年平均风速降低。青海省水文水资源勘测局的研究资料显示，2019 年青海湖平均水位为 3 195.97m，较上年上升 0.56m，2005—2019 年共上升 3.11m。2019 年青海湖流域各地降水量在 444.2～451.2mm 之间，较常年平均降水量偏多 20%。

(2)1961—2017 年,青海祁连山区气温平均升温 0.45℃/10a,升温速率明显高于同期全国平均水平;祁连山区年降水量呈增加趋势,平均增加 8.50mm/10a。进入 21 世纪后,这种变化趋势更加显著,极端温度和强降水事件趋多趋强。

(3)1991—2017 年,柴达木盆地年平均气温升高显著,升温率为 0.5℃/10a,降水量呈略增加趋势,增幅为 16.5mm/10a,气候趋于暖湿化。

(4)三江源区总体呈现升温趋势,升温速率约为 0.33℃/10a,是青藏高原同期的 1.2 倍;三江源区降水量总体呈现增加趋势,平均增加约为 6.65mm/10a,为青藏高原同期降水增加率的 71%;三江源区年最低和最高气温呈现显著增加趋势,且冷季增幅大于暖季。

(5)1981—2017 年,青南高原近 37 年平均气温整体呈显著上升趋势,气温倾向率为 0.47℃/10a;四季平均气温与年平均气温变化趋势保持一致,且冬季增温最明显。近 37 年降水量整体呈略微减少趋势,气温倾向率为−9.28mm/10a。

任何气候变化都可能对具体地域生产形成有利影响,也会造成不利影响。在青藏高原暖湿化的大背景下,土地利用、土地覆被变化和生态建设面临着各种机遇和挑战。青海牧草返青期以−0.65d/10a 的速率提前,枯黄期以 0.15d/10a 的速率推迟。青海省的牧草生长期延长,其中班玛县、甘德县、久治县、玛沁县、海晏县、清水河镇、天峻县和同德县的牧草生长期延长,其他地区的牧草生长期缩短。6—7 月,牧草的高度和覆盖度均呈增加趋势,6 月和 7 月产量增加,8 月产量减少。

1.8 远景规划

1.8.1 2035 年远景目标

2021 年 2 月 4 日青海省第十三届人民代表大会第六次会议批准《青海省国民经济和社会发展第十四个五年规划和二〇三五年远景目标纲要》,第四章第一节中提出"依托资源环境承载能力和国土空间开发适宜性评价,统筹划定落实生态保护红线、永久基本农田、城镇开发边界等空间管控边界,逐步形成城市化地区、农产品主产区、生态功能区三大空间格局,优化重大基础设施、重大生产力和重大公共资源布局,推动人口经济和资源环境实现动态平衡。城市化地区要高效集聚经济和人口,科学确定城镇开发强度,提高城镇空间利用效率,合理预留能有效支撑可持续发展的城镇和产业发展空间,统筹基本农田和生态空间保护;农产品主产区要建立粮食生产功能区和重要农产品生产保护区,建设现代化生态牧场,严守永久基本农田、落实最严格的耕地保护制度,提高农畜产品供给水平和质量;生态功能区要坚持保护优先、自然恢复为主,实施生态保护和修复重大工程,统筹生态系统综合治理,提高生态产品供给能力,推动生态产品价值转化和人口逐步有序转移。"国土空间开发保护格局如下。

(1)"两核一轴一高地"区域协调发展新格局。"两核"即西宁—海东都市圈、柴达木东西呼应的核心增长极。"一轴"即以兰青—青藏(西格段)—格库铁(公)路为主线横贯东西、侧翼相连的经济发展轴。"一高地"即三江源国家级自然保护区、青海湖国家级自然保护区、祁连山国家重点生态功能区共同构筑的国家生态文明高地。

(2)“两屏三区”生态安全格局。“两屏”即以三江源草原草甸湿地、祁连山冰川与水源涵养国家重点生态功能区为屏障。“三区”即河湟谷地生态环境综合治理区、泛共和盆地生态保护修复区、柴达木盆地生态环境综合治理区。

(3)“四区一带”农牧业发展格局。“四区”即东部高效种养发展区、环湖循环农牧业发展区、青南生态有机畜牧业发展区、柴达木绿洲农业发展区。“一带”即沿黄冷水鱼绿色养殖发展带。

(4)“一群两区多点”城镇化空间发展新格局。“一群”即河湟谷地城市群,“两区”即柴达木盆地城镇区、泛共和盆地城镇区,“多点”即玉树、玛沁等重点生态功能区城镇。

1.8.2 国土空间规划

《青海省国土空间规划(2021—2035 年)》(简称《规划》)提出积极融入国家区域协调发展战略和区域重大战略,深化落实主体功能区战略,与青海省资源环境承载能力和国土空间开发适宜性相匹配,统筹划定落实“三区三线”,优化农业、生态和城镇空间,构建“两屏三区、两轴多点”的国土空间开发保护总体格局,以“南北两屏(三江源、祁连山)”为核心,守护“中华水塔”,筑牢国家生态安全屏障;以“东中西三区(河湟谷地、泛共和盆地、柴达木盆地)”为重点,协调人地水关系,引领全省高质量发展;以“两轴(丝路通道、黄河沿线)”为依托,强化轴带联通,促进区域协同发展;以河谷小盆地和绿洲为载体,强化小城镇多点集聚、均衡布局,支撑农牧地区特色发展。

2023 年 12 月 28 日,国务院以(国函〔2023〕159 号)文件批复《青海省国土空间规划(2021—2035 年)》,明确指出“青海省地处青藏高原,是国家生态安全重要屏障,是实施黄河流域生态保护和高质量发展战略的关键区域。《规划》实施要坚持以习近平新时代中国特色社会主义思想为指导,全面贯彻落实党的二十大精神,完整、准确、全面贯彻新发展理念,坚持以人民为中心,统筹发展和安全,促进人与自然和谐共生,推进生态文明先行区、循环经济发展先行区、民族团结进步先进区建设,奋力谱写中国式现代化建设青海篇章”。

(1)筑牢安全发展的空间基础。到 2035 年,青海省耕地保有量不低于 838.70 万亩,其中永久基本农田保护面积不低于 737.11 万亩;生态保护红线面积不低于 29.64 万 km^2;城镇开发边界扩展倍数控制在基于 2020 年城镇建设用地规模的 1.3 倍以内;单位国内生产总值建设用地使用面积下降不少于 40%;用水总量不超过国家下达指标,其中 2025 年不超过 29.6 亿 m^3。明确自然灾害风险重点防控区域,划定洪涝、地震等风险控制线,落实战略性矿产资源、历史文化保护等安全保障空间,全面锚固高质量发展的空间底线。

(2)构建支撑新发展格局的国土空间体系。深入实施区域协调发展战略、区域重大战略、主体功能区战略、新型城镇化战略和乡村振兴战略,促进形成主体功能明显、优势互补、高质量发展的国土空间开发保护新格局。贯彻落实新时代推进西部大开发、黄河流域生态保护和高质量发展战略部署,共建兰州—西宁城市群,加强与关中平原、宁夏沿黄、天山北坡等城市群的协同发展,推动共建“一带一路”,合力将青藏高原打造成全国乃至国际生态文明高地。

(3)系统优化国土空间开发保护格局。严格落实主体功能区布局,细化主体功能区划分,完善差别化支持政策。全面加强保障国家生态安全的主体功能,将三江源保护作为重中之重,加强环青海湖地区和祁连山生态保护,持续推进雪山冰川、江源流域、湖泊湿地、草原草甸、沙地荒漠等生态治理修复,巩固青藏高原生物多样性生态功能,综合治理水土流失,稳固提升水源涵养能力,严格长江、黄河、澜沧江、青海湖等重要江河湖泊的空间管控,履行好保护"中华水塔"的重大使命。巩固河湟谷地、泛共和盆地、柴达木盆地、三江源地区农牧业发展空间,科学发展设施农业,打造绿色有机农畜产品输出地。着力构建现代化西宁—海东都市圈,强化格尔木市、玉树市、共和县等城市和县城的辐射带动作用,支持县城和特色镇发展,分区分类优化农牧区村庄布局,实现生态保护和民生保障相协调,巩固拓展脱贫攻坚成果,提高农牧区公共服务可及性和均等化水平。推动土地资源、水资源节约集约高效利用,保障绿色低碳循环产业发展空间需求。加强战略性资源的储备保护和有序利用,加快建设世界级盐湖产业基地,打造国家清洁能源产业高地。完善城市和区域灾害风险防控设施布局,加强洪涝、地震等自然灾害防治。健全文化遗产与自然遗产空间保护机制,强化文化遗产与自然遗产整体保护和系统活化利用,构建文化资源、自然资源、景观资源整体保护的空间体系,加强自然与历史文化资源保护,打造国际生态旅游目的地,突出地域文化特色,彰显高原自然和人文魅力。

2 国土资源调查概况

本章介绍了我国国土(土地)资源调查监测发展历程、土地利用分类国家标准及其修订、第三次全国国土调查分类特点、第三次全国国土调查技术及其创新、全国及青海省第三次全国国土调查地类现状。

2.1 调查监测发展历程

我国是世界上较早提出建立自然资源调查监测体系的国家,先后组织开展多轮次全国性重大调查监测工程,如全国国土调查与变更调查、地理国情调查与监测、森林资源调查、农村房地一体化权籍调查、农村土地确权等工程,实施过程中组织开展了卓有成效的技术研发及工具研制,提高了调查与监测的工作效率和水平。经过40多年不断实践与创新,我国调查监测工作实现了从无到有、从传统丈量到现代数字化调查、从表格纸图管理到信息化管理的巨大转变。

2.1.1 土地调查的早期探索

中华人民共和国成立之初,在土地改革过程中,为划分和分配土地开展了大量的土地丈量和以耕地为主的土地面积概略统计汇总工作。20世纪50年代至70年代末,我国先后进行了南京农村经济摸底调查、农牧交错地带土地利用研究等大量区域性土地利用调查工作。20世纪80年代,我国先后开展了两次全国性土地概查,即1980—1984年以省为单位的国家级土地遥感概查,查清了全国主要土地资源的面积和分布;1980—1985年县级土地现状概查,以县为单位概算出全国、省、市、县的幅员面积及耕地、园地等8种土地分类面积。此阶段主要采用传统的丈量法、图解法、抽样法等进行调查,是现代国土资源调查的启蒙和探索。

2.1.2 第一次全国土地详查

随着改革开放和家庭联产承包责任制的实行,土地概查成果的深度、广度和精度已不能满足国家宏观决策和农业发展的需要。1984年,国务院部署开展第一次全国土地详查(简称“详查”)。1986年《中华人民共和国土地管理法》出台,国家土地管理局随之成立,专职组织“详查”工作。“详查”以大比例尺地形图和航片影像为调查底图,通过全野外调查测绘,取得了以统计报表为主的全国各类土地汇总数据及图件成果，结束了长期土地资源“家底”不清、数据不实的局面。第一次全国土地详查是全覆盖调查的起点，首次建立了土地调查技术体系，建立了以“平衡表”为核心的报表年度统计汇总机制，推动了土地调查学科发展和专业调查队伍建设。

2.1.3 新一轮国土资源大调查

20 世纪 80 年代至 90 年代中期，经济快速发展，城镇和工业大规模建设导致耕地大量流失，这使得耕地保护形势严峻。原国土资源部自 1998 年组建后，在次年启动了新一轮国土资源大调查（简称“大调查”）。围绕国家宏观管理需求，土地管理领域率先在全国利用卫星遥感技术，开展了珠三角、特大城市耕地变化与城市扩展及 50 万以上人口城市和国家级开发区的遥感监测。新一轮国土资源大调查推动了土地资源遥感监测数字化技术实现工程化应用，尤其是在土地卫片执法方面，通过“天眼”监控，实现了违法用地快速执法，直接催生了土地卫片执法检查制度。在“大调查”中，“数字国土”工程形成了土地利用数据库建设技术体系，其建成的数据库直接服务于国土资源管理，为新一轮国土资源调查奠定了信息化基础。

2.1.4 第二次全国土地调查

进入 21 世纪，随着经济快速发展与耕地保护的矛盾愈发加剧，“详查”建立的报表年度统计汇总机制无法保证图、数、实地一致，也难以满足国土资源管理需要。在严格保护耕地、大力推进节约集约用地等背景下，国务院决定开展新一轮全国土地调查，于 2006 年底发文部署第二次全国土地调查。2008 年《土地调查条例》出台，规定“每 10 年进行一次全国土地调查”“每年进行土地变更调查”，实现了土地调查由行政化向法治化的根本性转变，并赋予调查成果法定权威性。“二调”后，为保证调查成果现势性，我国自 2010 年起连续开展年度全国土地变更调查与遥感监测，以便及时掌握全国土地利用变化情况。此外，还对国家关注的重点地区、重点工作和热点问题开展应急监测，形成了“空-天-地”一体化及全天候的监测监管体系。

得益于“3S”①等新技术的应用，相较于历时 12 年完成的“详查”，“二调”仅用时 3 年，工作效率和数据时效性都显著提高。“二调”是数字化空间管理的里程碑，建成了国家、省、市、县四级土地利用基础数据库，首次实现了调查成果管理的数字化；构建了土地变更调查新机制，实现了土地利用变化常态化监测；构建了“三下两上”②质量控制机制；建成了国土资源管

---

① 从广义说法来看，“3S”指遥感（remote sensing）、地理信息系统（geographic information system）和全球导航卫星系统（global navigation satellite system），其中 GNSS 泛指所有卫星定位系统，包括 GPS。“3S”是空间技术、传感器技术、卫星定位与导航技术和计算机技术、通信技术相结合，多学科高度集成的对空间信息进行采集、处理、管理、分析、表达、传播和应用的现代信息技术的总称。

② “三下两上”是一种政府组织模式，在具体流程上，国家统一购置遥感影像，制作下发调查底图，地方依据下发图件开展调查，成果上报全国土地调查办，上报以后在内业进行核实。核实过程中发现有问题的要下去交地方核实。上来的时候，对它的疑问图斑再核实，如果还有疑问，就派工作人员和技术支撑人员一起下去核实。这种“三下两上”的政府组织模式，保障了数据的真实性。

理“一张图”和“批、供、用、补、查”综合监管平台，促进监管方式从“以数管地”到“以图管地”的重大转变。

2.1.5 第三次全国国土调查

2017 年 10 月，国务院发文部署开展第三次全国土地调查。2018 年 4 月，自然资源部组建后，赋予自然资源部“统一行使全民所有自然资源资产所有者职责，统一行使所有国土空间用途管制和生态保护修复职责”，为支撑新时代自然资源管理、科学有效地推进生态文明建设，经国务院同意，将“第三次全国土地调查”调整为“第三次全国国土调查”，旨在通过一次调查全面查清各类自然资源在国土空间上的分布状况。“三调”历时 3 年，汇集了 2.95 亿个调查图斑，全面查清了以 2019 年 12 月 31 日为标准时点的全国国土利用状况，建立了覆盖国家、省、市、县四级的国土调查数据库。第三次全国国土调查迈入生态文明建设的新纪元，与以往调查相比，“三调”在调查内容、技术方法、组织模式等方面均有较大的创新和提升。“三调”统一了陆海分界，明晰了林草分类标准，细化了城镇建设用地分类，并将“湿地”调整为一级地类。“三调”以“3S”技术为基础，进一步整合移动互联网、云计算、无人机和人工智能等新技术，全面采用优于 1m 分辨率的卫星遥感影像作为调查底图，创新运用了“互联网＋”调查新机制，构建了全国统一的“国土调查云”平台，实现了外业调查、内业核查、数据建库的上下联动、远程对接和实时印证，建立了从底图制作到外业调查，从内业核查到数据建库的全流程、全链条数字化调查新模式。

2.1.6 自然资源统一调查监测

“三调”后，为适应新时代生态文明建设的要求，履行党中央赋予的自然资源调查监测评价职责，2020 年自然资源部出台了《自然资源调查监测体系构建总体方案》，明确了自然资源调查监测工作的任务书、时间表，为加快建立自然资源统一调查、评价、监测制度，健全自然资源监管体制，切实履行自然资源统一调查监测职责提供了重要遵循和行动指南。至此，我国的国土资源调查监测工作已逐步转变为自然资源统一调查监测。

《自然资源调查监测体系构建总体方案》提出坚持山水林田湖草是一个生命共同体的理念，建立自然资源统一调查、评价、监测制度，形成协调有序的自然资源调查监测工作机制；以自然资源科学和地球系统科学为理论基础，建立以自然资源分类标准为核心的自然资源调查监测标准体系；以空间信息、人工智能、大数据等先进技术为手段，构建“1＋X”型高效的自然资源调查监测技术体系（“1”是“基础调查”，“X”是多项“专业调查”），查清我国土地、矿产、森林、草原、水、湿地、海域海岛等自然资源状况，强化全过程质量管控，保证成果数据真实准确可靠；依托基础测绘成果和各类自然资源调查监测数据，建立自然资源三维立体时空数据库和管理系统，实现调查监测数据集中管理；分析评价调查监测数据，揭示自然资源相互关系和演替规律。

2024 年自然资源部制定印发《自然资源数字化治理能力提升总体方案》，其未来发展目标：以全面提升自然资源信息化服务能力为导向，充分应用云计算、大数据、人工智能、视联网、物联网等新一代信息技术，建成自然资源“一张网、一张图、国土空间基础信息平台”，以及底线守护、格局优化、绿色低碳、权益维护四大主题应用场景，实现算力资源高效利用、数据资源共融共享、平台应用智能开放、场景服务敏捷协同、线上线下安全可靠，形成“一网联通系统内外协同互动大生态，一图透览陆海上下山水林田湖草沙，一窗智绘美丽中国人与自然和谐共生现代化”的智慧国土，全面支撑自然资源全业务数字化、智能化转型，服务自然资源有效保护、合理利用和生态质量提升，保障可持续发展，构建美丽中国数字化国土空间治理体系，建设绿色智慧的数字生态文明。

2.2 国土调查分类体系

为全面支撑新时代自然资源管理、更科学有效推进生态文明建设，从“三调”开始，“全国土地调查”改名为“全国国土调查”，国土调查的任务以土地利用调查为主，并同步推进森林、草原、水、湿地等自然资源专项调查。

2.2.1 土地利用分类标准

一切分类都是认识事物的武器，土地利用类型的划分是土地利用研究的一项基础工作，是土地调查、评价、规划、用途管制以及优化配置的基础。我国在土地利用现状调查与研究中，曾制定过若干个土地利用分类方案，有代表性的方案如原全国农业区划委员会 1984 年颁发的《土地利用现状调查技术规程》中制定的“土地利用现状分类及含义”。该分类采用两级分类，其中一级类分耕地、园地、林地、牧草地、居民点及工矿用地、交通用地、水域及未利用土地 8 类，二级类分 46 类。从 1984 年颁布该分类标准开始，土地详查和土地变更调查就是采用此分类，并且此分类一直沿用到 2001 年 12 月。原国家土地管理局于 1989 年颁布的《城镇地籍调查规程》中制定的“城镇土地分类及含义”，依据土地用途，将城镇用地分为商业金融、工业仓储、市政等 10 个一级地类、24 个二级地类，城镇土地分类用于城镇地籍调查和城镇地籍变更调查。此分类从 1989 年发布开始，一直沿用到 2001 年 12 月。1998 年修订的《中华人民共和国土地管理法》将土地分为农用地、建设用地和未利用地 3 个一级类、12 个二级类。

为适应社会主义市场经济发展和实施土地用途管制制度的需要，有效实施城乡地政统一管理，2001 年原国土资源部在 1984 年颁发的《土地利用现状调查技术规程》中制定的“土地利用现状分类及含义”和 1989 年颁发的《城镇地籍调查规程》中制定的“城镇土地分类及含义”的基础上，制定了城乡统一的《土地分类》。该分类采用三级分类体系，一级地类3 个、二级地类 15 个、三级地类 71 个。其中一级地类即为《中华人民共和国土地管理法》中规定的三大类。二级地类包括：1984 年土地利用现状分类 8 个一级类中的耕地、园地、林地、牧草地和新设的“其他农用地”5 个地类共同构成农用地；原城市用地分类的商服、工矿仓储、公用设施、公共建筑、住宅 5 个一级类，原来两个分类中都有的特殊用地、交通用地（除农村道路），从土地利用现状分类的水域中分离出来的水利建设用地共 8 个地类构成了建设用地；

原土地利用现状分类的未利用土地(除田坎)和未进入农用地、建设用地的其他水域共同构成未利用地。三级地类是在原来两个土地分类的二级地类基础上调整、归并、增设而来的。

原国土资源部从2002年起开始致力于国家标准《土地利用现状分类》的编制工作。2007年8月10日,中华人民共和国国家质量监督检验检疫总局、中国国家标准化管理委员会联合发布《土地利用现状分类》(GB/T 21010—2007)。土地利用现状分类国家标准的出台意味着土地利用现状分类标准从过去的行业标准上升到国家标准,标志着我国土地资源分类第一次拥有全国统一的国家标准,是我国国土资源管理基础性建设的一次历史性突破和进步。

《土地利用现状分类》(GB/T 21010—2007)采用一级、二级两个层次的分类体系,共分12个一级类、57个二级类。其中一级类包括耕地、园地、林地、草地、商服用地、工矿仓储用地、住宅用地、公共管理与公共服务用地、特殊用地、交通运输用地、水域及水利设施用地、其他土地。《土地利用现状分类》(GB/T 21010—2007)严格按照管理需要和分类学的要求,对土地利用现状类型进行归纳和划分。一是区分"类型"和"区域",按照类型的唯一性进行划分,不依"区域"确定"类型";二是按照土地用途、经营特点、利用方式和覆盖特征4个主要指标进行分类,一级类主要按土地用途,二级类按经营特点、利用方式和覆盖特征进行续分,所采用的指标具有唯一性;三是体现城乡一体化原则,按照统一的指标,城乡土地同时划分,实现了土地分类的"全覆盖"。该分类系统既能与各部门使用的分类相衔接,又与时俱进,满足当前和今后的需要,为土地管理和调控提供基本信息。全国第二次土地利用调查按照《土地利用现状分类》(GB/T 21010—2007)开展分类工作。

2.2.2 土地利用现状分类修订

随着社会经济的不断发展和各项社会经济管理措施的进步与完善,土地资源管理在广度、深度和精细度上有了更高的要求,已经由过去单纯以耕地保护和建设用地管控为目标的土地用途管制模式转变为数量、质量、生态"三位一体"的国土空间用途管制模式。2017年11月1日,原国土资源部组织修订的国家标准《土地利用现状分类》(GB/T 21010—2017),经中华人民共和国国家质量监督检验检疫总局和中国国家标准化管理委员会批准发布并实施。此次《土地利用现状分类》修订是在1984年、1998年、2007年后的第四次修订和调整。新版标准秉持满足生态用地保护需求、明确新兴产业用地类型、兼顾监管部门管理需求的思路,完善了地类含义,细化了二级类划分,调整了地类名称,增加了湿地归类。

新版标准规定了土地利用的类型、含义,将土地利用类型分为耕地、园地、林地、草地、商服用地、工矿仓储用地、住宅用地、公共管理与公共服务用地、特殊用地、交通运输用地、水域及水利设施用地、其他用地12个一级类、73个二级类(附表Ⅰ-1),适用于土地调查、规划、审批、供应、整治、执法、评价、统计、登记及信息化管理等。

2.2.3 新版土地利用现状分类特征

《土地利用现状分类》(GB/T 21010—2017)综合考虑了当前生态文明建设的主旋律、国土资源管理对土地分类的最新需求，兼顾了农业、林业、水利、交通、城市管理、环保等有关部门对涉地管理工作的需求，修订主要内容涉及湿地分类，城市建设用地相关分类，新产业、新业态相关分类以及其他土地分类含义4个方面。

(1)满足生态用地保护需求，适应生态文明建设需要。《土地利用现状分类》(GB/T 21010—2017)为了突出生态文明建设和生态用地保护需求，加强对湿地的保护力度，将具有湿地功能的沼泽地、河流水面、湖泊水面、坑塘水面、沿海滩涂、内陆滩涂、水田、盐田等二级地类归类为湿地大类，能够实现通过统计获得湿地数据的目的，充分发挥土地调查成果对生态文明建设的基础支撑作用。

(2)明确新兴产业用地类型，顺应新时代发展需要。《土地利用现状分类》(GB/T 21010—2017)对新兴产业用地类型进行了显化和明确，如将原“医卫慈善用地”细分为“医疗卫生用地”和“社会福利用地”，将原“批发零售用地”细分为“零售商业用地”和“批发市场用地”，将原“住宿餐饮用地”细分为“餐饮用地”和“旅馆用地”，将原“科教用地”细分为“教育用地”和“科研用地”等。这对增强国土资源管理对战略性新兴产业的支撑与保障作用、顺应新时代发展需要具有重要意义。

(3)维持原有分类整体框架体系，保证调查数据的继承和衔接。《土地利用现状分类》(GB/T 21010—2017)未打破《土地利用现状分类》(GB/T 21010—2007)中的原12个一级类的设定，仅对部分二级地类进行了细化，对部分二级地类名称、地类含义进行了调整和完善，尽可能维持了原有的分类框架，保持了类型内涵和分类体系总格局稳定，有效地保证了调查数据的继承和衔接性。

(4)注重与其他部门用地分类标准的衔接，兼顾部门管理工作需求。《土地利用现状分类》(GB/T 21010—2017)对城市建设用地分类内容进行了细化，与住房和城乡建设部发布的《城市用地分类与规划建设用地标准》(GB 50137—2011)基本建立了“一对一”或“多对一”的对应关系，使城市规划部门确定的规划用途在土地供应和不动产统一登记环节有了明确的土地分类可以落实，能更好地支撑土地供应和登记等工作，确保土地分类对相关管理实现更加精细化和实用化的全力支撑。

2.2.4 第三次全国国土调查工作分类

第三次全国国土调查工作分类将国土利用类型分为湿地、耕地、园地、林地、草地、商服用地、工矿用地、住宅用地、公共管理与公共服务用地、特殊用地、交通运输用地、水域及水利设施用地、其他用地13个一级类、56个二级类并以此作为“三调”工作分类主体(表2-1)。地方可根据《土地利用现状分类》和国土空间规划编制、监测及评估等相关管理需要进一步细化调查分类，按照《第三次全国国土调查工作分类》上报成果。

为做好第三次全国国土调查耕地资源质量分类工作，满足耕地资源质量状况分析的需要，国务院第三次全国国土调查领导小组办公室(简称“全国三调办”)印发了《第三次全国国土调查耕地资源质量分类工作方案》，为耕地数量、质量、生态“三位一体”保护与管理提供支撑。

表 2－1　第三次全国国土调查工作分类

<table>
<tr><th colspan="2">一级类</th><th colspan="2">二级类</th><th colspan="3" rowspan="2">含义</th></tr>
<tr><th>编码</th><th>名称</th><th>编码</th><th>名称</th></tr>
<tr><td rowspan="9">00</td><td rowspan="9">湿地</td><td></td><td></td><td colspan="3">指红树林地，天然的或人工的，永久的或间歇性的沼泽地、泥炭地，盐田，滩涂等</td></tr>
<tr><td>0303</td><td>红树林地</td><td colspan="3">沿海生长红树植物的土地</td></tr>
<tr><td>0304</td><td>森林沼泽</td><td colspan="3">以乔木森林植物为优势群落的淡水沼泽</td></tr>
<tr><td>0306</td><td>灌丛沼泽</td><td colspan="3">以灌丛植物为优势群落的淡水沼泽</td></tr>
<tr><td>0402</td><td>沼泽草地</td><td colspan="3">指以天然草本植物为主的沼泽化的低地草甸、高寒草甸</td></tr>
<tr><td>0603</td><td>盐田</td><td colspan="3">指用于生产盐的土地，包括晒盐场所、盐池及附属设施用地</td></tr>
<tr><td>1105</td><td>沿海滩涂</td><td colspan="3">指沿海大潮高潮位与低潮位之间的潮浸地带。包括海岛的沿海滩涂。不包括已利用的滩涂</td></tr>
<tr><td>1106</td><td>内陆滩涂</td><td colspan="3">指河流、湖泊常水位至洪水位间的滩地；时令湖、河洪水位以下的滩地；水库、坑塘的正常蓄水位与洪水位间的滩地。包括海岛的内陆滩地。不包括已利用的滩地</td></tr>
<tr><td>1108</td><td>沼泽地</td><td colspan="3">指经常积水或渍水，一般生长湿生植物的土地。包括草本沼泽、苔藓沼泽、内陆盐沼等。不包括森林沼泽、灌丛沼泽和沼泽草地</td></tr>
<tr><td rowspan="4">01</td><td rowspan="4">耕地</td><td></td><td></td><td colspan="3">指种植农作物的土地，包括熟地，新开发、复垦、整理地，休闲地（含轮歇地、休耕地）；以种植农作物（含蔬菜）为主，间有零星果树、桑树或其他树木的土地；平均每年能保证收获一季的已垦滩地和海涂。耕地中包括南方宽度<1.0m，北方宽度<2.0m 固定的沟、渠、路和地坎（埂）；临时种植药材、草皮、花卉、苗木等的耕地，临时种植果树、茶树和林木且耕作层未破坏的耕地，以及其他临时改变用途的耕地</td></tr>
<tr><td>0101</td><td>水田</td><td colspan="3">指用于种植水稻、莲藕等水生农作物的耕地。包括实行水生、旱生农作物轮种的耕地</td></tr>
<tr><td>0102</td><td>水浇地</td><td colspan="3">指有水源保证和灌溉设施，在一般年景能正常灌溉，种植旱生农作物（含蔬菜）的耕地。包括种植蔬菜的非工厂化的大棚用地</td></tr>
<tr><td>0103</td><td>旱地</td><td colspan="3">指无灌溉设施，主要靠天然降水种植旱生农作物的耕地，包括没有灌溉设施，仅靠引洪淤灌的耕地</td></tr>
<tr><td rowspan="5">02</td><td rowspan="5">种植园用地</td><td></td><td></td><td colspan="3">指种植以采集果、叶、根、茎、汁等为主的集约经营的多年生木本和草本作物，覆盖度大于50%或每亩株数大于合理株数70%的土地。包括用于育苗的土地</td></tr>
<tr><td rowspan="2">0201</td><td rowspan="2">果园</td><td colspan="3">指种植果树的园地</td></tr>
<tr><td>0201K</td><td>可调整果园</td><td>指由耕地改为果园，但耕作层未被破坏的土地</td></tr>
<tr><td rowspan="2">0202</td><td rowspan="2">茶园</td><td colspan="3">指种植茶树的园地</td></tr>
<tr><td>0202K</td><td>可调整茶园</td><td>指由耕地改为茶园，但耕作层未被破坏的土地</td></tr>
</table>

续表 2－1

<table>
<tr><th colspan="2">一级类</th><th colspan="2">二级类</th><th colspan="3" rowspan="2">含义</th></tr>
<tr><th>编码</th><th>名称</th><th>编码</th><th>名称</th></tr>
<tr><td rowspan="4">02</td><td rowspan="4">种植园用地</td><td rowspan="2">0203</td><td rowspan="2">橡胶园</td><td colspan="3">指种植橡胶树的园地</td></tr>
<tr><td>0203K</td><td>可调整橡胶园</td><td>指由耕地改为橡胶园，但耕作层未被破坏的土地</td></tr>
<tr><td rowspan="2">0204</td><td rowspan="2">其他园地</td><td colspan="3">指种植桑树、可可、咖啡、油棕、胡椒、药材等其他多年生作物的园地</td></tr>
<tr><td>0204K</td><td>可调整其他园地</td><td>指由耕地改为其他园地，但耕作层未被破坏的土地</td></tr>
<tr><td rowspan="9">03</td><td rowspan="9">林地</td><td></td><td></td><td colspan="3">指生长乔木、竹类、灌木的土地。包括迹地，不包括沿海生长红树林的土地、森林沼泽、灌丛沼泽，城镇、村庄范围内的绿化林木用地，铁路、公路征地范围内的林木，以及河流、沟渠的护堤林</td></tr>
<tr><td rowspan="2">0301</td><td rowspan="2">乔木林地</td><td colspan="3">指乔木郁闭度≥0.2 的林地，不包括森林沼泽</td></tr>
<tr><td>0301K</td><td>可调整乔木林地</td><td>指由耕地改为乔木林地，但耕作层未被破坏的土地</td></tr>
<tr><td rowspan="2">0302</td><td rowspan="2">竹林地</td><td colspan="3">指生长竹类植物，郁闭度≥0.2 的林地</td></tr>
<tr><td>0302K</td><td>可调整竹林地</td><td>指由耕地改为竹林地，但耕作层未被破坏的土地</td></tr>
<tr><td>0305</td><td>灌木林地</td><td colspan="3">指灌木覆盖度≥40%的林地，不包括灌丛沼泽</td></tr>
<tr><td rowspan="2">0307</td><td rowspan="2">其他林地</td><td colspan="3">包括疏林地（树木郁闭度≥0.1、<0.2 的林地）、未成林地、迹地、苗圃等林地</td></tr>
<tr><td>0307K</td><td>可调整其他林地</td><td>指由耕地改为未成林造林地和苗圃，但耕作层未被破坏的土地</td></tr>
<tr><td colspan="5" style="display:none"></td></tr>
<tr><td rowspan="5">04</td><td rowspan="5">草地</td><td></td><td></td><td colspan="3">指生长草本植物为主的土地。不包括沼泽草地</td></tr>
<tr><td>0401</td><td>天然牧草地</td><td colspan="3">指以天然草本植物为主，用于放牧或割草的草地，包括实施禁牧措施的草地，不包括沼泽草地</td></tr>
<tr><td rowspan="2">0403</td><td rowspan="2">人工牧草地</td><td colspan="3">指人工种植牧草的草地</td></tr>
<tr><td>0403K</td><td>可调整人工牧草地</td><td>指由耕地改为人工牧草地，但耕作层未被破坏的土地</td></tr>
<tr><td>0404</td><td>其他草地</td><td colspan="3">指树木郁闭度<0.1，表层为土质，不用于放牧的草地</td></tr>
<tr><td rowspan="3">05</td><td rowspan="3">商业服务业用地</td><td></td><td></td><td colspan="3">指主要用于商业、服务业的土地</td></tr>
<tr><td>05H1</td><td>商业服务业设施用地</td><td colspan="3">指主要用于零售、批发、餐饮、旅馆、商务金融、娱乐及其他商服的土地</td></tr>
<tr><td>0508</td><td>物流仓储用地</td><td colspan="3">指用于物资储备、中转、配送等场所的用地，包括物流仓储设施、配送中心、转运中心等</td></tr>
</table>

续表 2-1

一级类		二级类		含义
编码	名称	编码	名称	
06	工矿用地			指主要用于工业、采矿等生产的土地。不包括盐田
		0601	工业用地	指工业生产、产品加工制造、机械和设备修理,及直接为工业生产等服务的附属设施用地
		0602	采矿用地	指采矿、采石、采砂(沙)场,砖瓦窑等地面生产用地,排土(石)及尾矿堆放地,不包括盐田
07	住宅用地			指主要用于人们生活居住的房基地及其附属设施的土地
		0701	城镇住宅用地	指城镇用于生活居住的各类房屋用地及其附属设施用地,不含配套的商业服务设施等用地
		0702	农村宅基地	指农村用于生活居住的宅基地
08	公共管理与公共服务用地			指用于机关团体、新闻出版、科教文卫、公用设施等的土地
		08H1	机关团体、新闻出版用地	指用于党政机关、社会团体、群众自治组织,广播电台、电视台、电影厂、报社、杂志社、通讯社、出版社等的用地
		08H2	科教文卫用地	指用于各类教育,独立的科研、勘察、研发、设计、检验检测、技术推广、环境评估与监测、科普等科研事业单位,医疗、保健、卫生、防疫、康复和急救设施,为社会提供福利和慈善服务的设施,图书、展览等公共文化活动设施,体育场馆和体育训练基地等用地及其附属设施用地
				08H2A 高教用地 指高等院校及其附属设施用地
		0809	公用设施用地	指用于城乡基础设施的用地。包括供水、排水、污水处理、供电、供热、供气、邮政、电信、消防、环卫、公用设施维修等用地
		0810	公园与绿地	指城镇、村庄范围内的公园、动物园、植物园、街心花园、广场,用于休憩、美化环境及防护的绿化用地
				0810A 广场用地 指城镇、村庄范围内的广场用地
09	特殊用地			指用于军事设施、涉外、宗教、监教、殡葬、风景名胜等的土地
10	交通运输用地			指用于运输通行的地面线路、场站等的土地。包括民用机场、汽车客货运场站、港口、码头、地面运输管道和各种道路以及轨道交通用地
		1001	铁路用地	指用于铁道线路及场站的用地。包括征地范围内的路堤、路堑、道沟、桥梁、林木等用地
		1002	轨道交通用地	指用于轻轨、现代有轨电车、单轨等轨道交通用地,以及场站的用地
		1003	公路用地	指用于国道、省道、县道和乡道的用地。包括征地范围内的路堤、路堑、道沟、桥梁、汽车停靠站、林木及直接为其服务的附属用地

续表 2-1

<table>
<tr><th colspan="2">一级类</th><th colspan="2">二级类</th><th colspan="5" rowspan="2">含义</th></tr>
<tr><th>编码</th><th>名称</th><th>编码</th><th>名称</th></tr>
<tr><td rowspan="6">10</td><td rowspan="6">交通运输用地</td><td>1004</td><td>城镇村道路用地</td><td colspan="5">指城镇、村庄范围内公用道路及行道树用地。包括快速路、主干路、次干路、支路、专用人行道和非机动车道，及其交叉口等</td></tr>
<tr><td>1005</td><td>交通服务场站用地</td><td colspan="5">指城镇、村庄范围内交通服务设施用地。包括公交枢纽及其附属设施用地、公路长途客运站、公共交通场站、公共停车场（含设有充电桩的停车场）、停车楼、教练场等用地，不包括交通指挥中心、交通队用地</td></tr>
<tr><td>1006</td><td>农村道路</td><td colspan="5">在农村范围内，南方宽度≥1.0m、≤8.0m，北方宽度≥2m、≤8.0m，用于村间、田间交通运输，并在国家公路网络体系之外，以服务于农村农业生产为主要用途的道路（含机耕道）</td></tr>
<tr><td>1007</td><td>机场用地</td><td colspan="5">指用于民用机场、军民合用机场的用地</td></tr>
<tr><td>1008</td><td>港口码头用地</td><td colspan="5">指用于人工修建的客运、货运、捕捞及工程、工作船舶停靠的场所及其附属建筑物的用地，不包括常水位以下部分</td></tr>
<tr><td>1009</td><td>管道运输用地</td><td colspan="5">指用于运输煤炭、矿石、石油、天然气等管道及其相应附属设施的地上部分用地</td></tr>
<tr><td rowspan="11">11</td><td rowspan="11">水域及水利设施用地</td><td></td><td></td><td colspan="5">指陆地水域，沟渠、水工建筑物等用地。不包括滞洪区</td></tr>
<tr><td>1101</td><td>河流水面</td><td colspan="5">指天然形成或人工开挖河流常水位岸线之间的水面。不包括被堤坝拦截后形成的水库区段水面</td></tr>
<tr><td>1102</td><td>湖泊水面</td><td colspan="5">指天然形成的积水区常水位岸线所围成的水面</td></tr>
<tr><td>1103</td><td>水库水面</td><td colspan="5">指人工拦截汇集而成的总设计库容≥10 万 m^3 的水库正常蓄水位岸线所围成的水面</td></tr>
<tr><td rowspan="3">1104</td><td rowspan="3">坑塘水面</td><td colspan="5">指人工开挖或天然形成的蓄水量<10 万 m^3 的坑塘常水位岸线所围成的水面</td></tr>
<tr><td rowspan="2">1104A</td><td rowspan="2">养殖坑塘</td><td colspan="3">指人工开挖或天然形成的用于水产养殖的水面及相应附属设施用地</td></tr>
<tr><td>1104K</td><td>可调整养殖坑塘</td><td>指由耕地改为养殖坑塘，但可复耕的土地</td></tr>
<tr><td rowspan="2">1107</td><td rowspan="2">沟渠</td><td colspan="5">指人工修建，南方宽度≥1.0m、北方宽度≥2.0m 用于引、排、灌的渠道，包括渠槽、渠堤、护路林及小型泵站</td></tr>
<tr><td>1107A</td><td>干渠</td><td colspan="3">指除农田水利用地以外的人工修建的沟渠</td></tr>
<tr><td>1109</td><td>水工建筑用地</td><td colspan="5">指人工修建的闸、坝、堤路林、水电厂房、扬水站等常水位岸线以上的建（构）筑物用地</td></tr>
<tr><td>1110</td><td>冰川及永久积雪</td><td colspan="5">指表层被冰雪常年覆盖的土地</td></tr>
</table>

续表 2-1

一级类		二级类		含义
编码	名称	编码	名称	
12	其他土地			指上述地类以外的其他类型的土地
		1201	空闲地	指城镇、村庄、工矿范围内尚未使用的土地。包括尚未确定用途的土地
		1202	设施农用地	指直接用于经营性畜禽养殖生产设施及附属设施用地；直接用于作物栽培或水产养殖等农产品生产的设施及附属设施用地；直接用于设施农业项目辅助生产的设施用地；晾晒场、粮食果品烘干设施、粮食和农资临时存放场所、大型农机具临时存放场所等规模化粮食生产所必需的配套设施用地
		1203	田坎	指梯田及梯状坡地耕地中，主要用于拦蓄水和护坡，南方宽度≥1.0m、北方宽度≥2.0m 的地坎
		1204	盐碱地	指表层盐碱聚集，生长天然耐盐植物的土地
		1205	沙地	指表层为沙覆盖、基本无植被的土地。不包括滩涂中的沙地
		1206	裸土地	指表层为土质，基本无植被覆盖的土地
		1207	裸岩石砾地	指表层为岩石或石砾，其覆盖面积≥70%的土地

2.2.4.1 建立耕地资源质量分类指标体系

(1)第一层级：自然地理格局。揭示中国自然界的地域分异规律，体现自然环境各要素的生态地理关系，用《中国生态区划方案》规划的 49 个自然区来反映。

(2)第二层级：地形条件。反映耕地所属地表单元陡缓程度，用坡度来反映，分为≤2°、2°～6°、6°～15°、15°～25°和>25°，共 5 级。

(3)第三层级：土壤条件。反映耕地资源土壤的理化性质，用土层厚度、土壤质地、土壤有机质含量、土壤 pH 值 4 个指标来反映。各指标均分为 3 级，其中土层厚度分为≥100cm、60～100cm、<60cm，土壤质地分为壤质、黏质、砂质，土壤有机质含量分为≥20g/kg、10～20g/kg、<10g/kg，土壤 pH 值分为 6.5～7.5、5.5～6.5、7.5～8.5、<5.5、>8.5。

(4)第四层级：生态环境条件。反映耕地生物种类的丰富程度和土壤重金属污染状况，用生物多样性、土壤重金属污染状况 2 个指标来反映。各指标均分为 3 级，其中生物多样性分为丰富、一般、不丰富，土壤重金属污染状况分为绿色、黄色、红色。

(5)第五层级：作物熟制。根据积温条件确定的同一地块上一年内能种植作物的种类数，熟制分为一年三熟、一年两熟、一年一熟。

(6)第六层级：耕地利用现状。用耕地二级地类来反映，分为水田、水浇地、旱地。

2.2.4.2 获取耕地资源质量分类指标值

(1)国家统一确定各县自然区和熟制。国家按照中国生态地理区划成果和全国种植制度区划成果,结合全国行政区划,以县为单位,确定各县所在的自然区和熟制。

(2)各省组织各县获取其他指标属性值。对坡度和耕地二级地类,直接采用“三调”数据;对于土壤条件指标(土层厚度、土壤质地、土壤有机质含量、土壤 pH 值),通过协调县级农业农村部门的耕地质量等级调查评价样点数据和评价单元属性数据获取;对于生物多样性指标,按照国家统一的技术要求调查获取;对于土壤重金属污染状况,通过协调省级生态环境部门的农用地土壤污染状况详查重金属污染综合评价结果数据获取。

2.2.4.3 建立县级耕地资源质量分类数据库

以“三调”耕地图斑为分类单元,将国家确定的各县自然区、熟制,以及各县获取的坡度、土层厚度、土壤质地、土壤有机质含量、土壤 pH 值、生物多样性、土壤重金属污染状况、耕地二级地类等指标值落到分类单元上,并按照指标分级标准确定各单元各指标的级别。在此基础上,进行耕地资源质量分类结果表述。

耕地资源质量分类结果用 12 位代码来表达,其中前 2 位代码表示耕地所在的自然区,49 个自然区分别用 01、02……49 表示;第 3~12 位分别表示耕地的坡度、土层厚度、土壤质地、土壤有机质含量、土壤 pH 值、生物多样性、土壤重金属污染、熟制和耕地二级地类条件,其中土壤 pH 值用 2 位代码表示,6.5~7.5 用 10 表示,5.5~6.5 用 2a 表示,7.5~8.5 用 2b 表示,<5.5 用 3a 表示,>8.5 用 3b 表示,其余 8 个指标均用 1 位代码表示,按照分级或分类个数分别用 1、2、3、4、5 表示。

2.2.4.4 开展耕地资源质量分类结果统计分析

根据各分类单元指标属性值,按照分类指标逐项进行分级分类统计,分析不同自然区、不同坡度级、不同土壤条件、不同生态环境条件、不同熟制和不同地类条件及不同条件组合的耕地面积与分布状况,提出合理利用和保护耕地资源的对策及建议,形成县级耕地资源质量分类成果。

2.3 “三调”调查技术与创新

2.3.1 调查技术路线

2.3.1.1 依据遥感影像内业判读各地块土地利用类型

国务院第三次全国国土调查领导小组办公室组织技术人员依据 2017 年 6 月至 2018 年

7月间覆盖全国的卫星遥感正射影像图，开展各地块的土地利用类型内业判读，下发地方辅助开展调查。

2.3.1.2 县级实地调查建库

县市级三调办组织技术人员利用国家下发的正射影像图和地类判读图斑，按照《第三次全国国土调查技术规程》(TD/T 1055—2019)和《土地利用现状分类》(GB/T 21010—2017)等标准规范，实地逐图斑调查核实，现场绘制图斑边界，确定图斑地类，对卫星影像不能准确判断地类的地块实地拍照举证；同时，调查图斑权属性质、种植类型恢复属性等各类属性信息，按照《第三次全国国土调查县级数据库建设技术规范》(TD/T 1058—2020)，以县级行政界线为调查界线，建设国土调查县级数据库，并将农村集体土地确权登记数据库中确定的权属界线转至县级数据库中，经县市级三调办组织的地类和数据库质量检查后，上报省级三调办核查。

2.3.1.3 省级核查

省级三调办组织技术人员利用遥感影像和"互联网＋"实地举证照片，采用内、外业相结合的方式全面检查县级报送成果的图斑地类、边界、属性标注信息等与遥感影像、举证照片和实地现状的一致性。对存在问题的图斑，省级三调办责成地方修改完善，省级地类核查和数据库质检合格后，上报全国三调办核查。

2.3.1.4 国家级核查

全国三调办对通过省级检查合格的县级调查成果进行全面核查，组织技术人员利用遥感影像和"互联网＋"实地举证照片，通过内业核查，全面检查地方报送成果的图斑地类、边界、属性标注信息等与遥感影像、举证照片和实地现状的一致性；将内业核查有疑问的图斑反馈各省(自治区、直辖市)，省级三调办组织地方整改或补充举证，将地方整改成果上报全国三调办；全国三调办组织技术人员对地方整改成果进行内业复核、"互联网＋"在线核查或外业实地核实，确保调查成果真实准确。

2.3.1.5 "三调"初始调查数据库建设

全国三调办组织技术人员对地方上报的数据库进行质量检查后汇总入库，形成"三调"初始调查数据库。

2.3.1.6 统一时点更新

依据2019年9月至2019年12月间覆盖全国的卫星遥感正射影像图，全国三调办组织技术人员内业判断初始调查时点和2019年底时点间的建设变化情况。县级三调办组织技术人员内业判断其他地类变化情况，并开展实地更新调查，生成变化图斑的增量更新数据包，经省级、国家级地类正确性核查和数据库质量检查后，采用增量更新的技术更新"三调"初始调查数据库，形成以2019年12月31日为时点的国土调查数据库。

2.3.2 调查主要特点

“三调”立足支撑生态文明建设、服务自然资源统一管理，将土地调查调整为国土调查，查清了各类国土资源在空间上的分布和边界。与以往的土地调查相比，在调查内容、技术方法、组织模式等方面都有较大的调整和提升。主要体现在以下4个方面。

(1)适应新要求，修订了调查分类，丰富了调查内容。按照山水林田湖草系统治理、推进“多规合一”以及机构改革要求，“三调”统一了陆海分界线，明晰了林草分类标准，细化了城镇建设用地分类并将“湿地”列为一级地类。同时，摸清了地类之间的转换变化情况，掌握了耕地“非农化”和“非粮化”情况，还将耕地变为其他农用地的情况，按恢复耕种的难易程度进行了区分和标注。

(2)运用新技术，提高了调查数据精度。“三调”在遥感、卫星定位和地理信息系统等常规调查技术的基础上，进一步整合了移动互联网、云计算、无人机等新技术，全面采用优于1m分辨率的卫星遥感影像。“二调”主要用的是2m分辨率的影像。“三调”将建设用地和设施农用地图斑的最小上图面积标准从“二调”时的400m^2变为200m^2，耕地等农用地图斑最小上图面积标准从600m^2变为400m^2，其他地类图斑精度也有相应提高。“三调”查清并汇集的调查图斑数达2.95亿个，比“二调”时的1.45亿个增加了1倍多。

(3)建立新机制，提升了调查工作效能。“三调”建立并全面应用“互联网+”调查机制，通过全国统一的“国土调查云”工作平台(简称云平台)，实现了外业调查、内业核查、数据建库等工作的上下联动、远程对接和实时印证。外业调查时，同步拍摄实地照片，全面反映地块全貌、利用特征，以及拍摄坐标、方位角和时间等信息，通过云平台实时上传、比对、校核。“三调”通过实地拍照、无人机拍照和高分辨率航空遥感影像举证的图斑有1.74亿个，占图斑总数的60%。“互联网+”调查机制的应用，有力地支撑了调查效能提升，特别是有效地克服了不利因素带来的外业核查困难的问题。

(4)坚持全程质量管控，强化督察制衡，确保调查数据真实准确。“三调”执行分阶段和分层级质量检查验收制度，上一个阶段成果检查合格后才能转入下一个阶段，只有检查合格的数据才能建库并逐级汇交。同时，坚持“刀刃向内”的原则，组织自然资源督察机构在县级初始调查、初始调查国家级核查、初始调查国家级复核和统一时点更新调查4个关键节点，开展了4轮专项督察，先后覆盖了394个县级调查单元。第一轮督察在初始调查过程中开展，无法计算差错率，后3轮督察发现的差错率分别是0.73%、0.34%和0.11%，呈逐次降低的态势。专项督察在提高成果质量方面发挥了重要的制衡作用。

2.3.3 “三调”主要创新

“三调”是重大的国情国力调查，时任国务院副总理韩正同志对“三调”指示：“宁要数据的真实性，不要虚假的前后一致性。”时任自然资源部部长陆昊同志为“三调”制定了十六字方针：“毫不动摇、寸步不让、虚报严惩、讲清原因。”“三调”充分利用先进技术减少人为干预。

在遥感、卫星定位和地理信息系统等调查技术的基础上，整合移动互联网、云计算、无人机等新技术，全面建立“互联网＋”调查新机制。“三调”在技术设计上相较于以往的全国土地调查和年度土地变更调查有以下创新和改变。

(1)新科技应用方面。一是卫星数据采集新技术创新，在多源异构遥感影像元数据模型构建、多任务协同的影像有效覆盖区域快速分析影像数据在线实时分发推送等方面进行了技术创新；二是影像数据处理新技术创新，在基于立体与非立体遥感影像协同高精度几何定位模型、基于广义控制基准网的卫星影像几何协同处理方法等方面进行了技术创新；三是全要素影像解译新技术创新，开发研制了基于人工智能的人机交互半自动提取软件，极大地提高了“三调”内业信息判读的效率和精度；四是内、外业一体化数字调查技术创新，在外业调查软件与内业建库软件互联互通和共享应用方面进行了技术创新，极大地提高了“三调”外业调查和内业建库工作的效率和精度；五是“互联网＋”调查技术创新，基于遥感技术、地理信息技术、全球定位系统(GPS)和北斗卫星导航系统、互联网技术、云技术、大数据以及人工智能技术研发建立了“国土调查云”工作平台，弥补了遥感影像难以判读地类的缺陷，保证了调查成果的真实性和可靠性，构建了基于国土调查云”工作平台的“互联网＋”调查技术体系；六是国土调查数据库建设、质量检查和汇总统计技术创新，提高了数据库质量，提升了自然资源管理的分析能力，解决了国土调查数据共享的难题；七是全流程质量控制体系创新建立，建立了一套完整严密公开的质量控制体系，创新研发了各类成果质量控制系列软件，保障了“三调”成果真实可靠；八是“互联网＋”微型无人机技术创新，创新研发了国土调查无人机智慧调查举证系统，补齐了在人类难以到达区域开展调查举证工作的短板。

(2)制度设计方面。为防止地方虚报数据，增加了国家组织技术人员依据卫星遥感影像事前预判全国各地块地类的环节，同时加大了国家级核查力度，对卫星影像不能准确判定地类的地块，要求地方实地拍摄定点定向“互联网＋”举证照片，并通过“国土调查云”工作平台向全国三调办传输，全国三调办组织技术人员依据卫星遥感影像和实地举证照片逐图斑开展内业核实工作，核实地方上报数据库的真实性。对内业核实不清的图斑，全国三调办技术人员与地方技术人员通过“国土调查云”工作平台开展“互联网＋”在线核查，仍有疑问的，全国三调办组织技术人员开展外业核查。同时，全面建立第三方督察评估机制，在保留国家统计局事后质量评估的基础上，国家土地督察机构和地方各级自然资源部门对“三调”成果进行了督察抽查和评估。

(3)为自然资源各项管理服务方面。增加了耕地种植粮食作物和非粮食作物属性、不稳定耕地细化、占用耕地种树挖塘恢复属性等调查内容。首次开展了城镇村庄内部调查，采用更高精度的数字高程模型制作了耕地坡度数据，设计了临时用地、拆除未尽图斑、推(堆)土区的单独调查图层，各类自然资源保护区、永久基本农田、批准未建设土地的管理范围图层。

(4)建立各级国土调查数据库与共享服务平台。全国三调办编制统一的数据库标准及建库规范，以县级各类数据库成果为基础，省、地(市)级组织建设省、地(市)级国土调查数据库，国家组织建设国家级国土调查数据库，实现全国国土调查成果四级同库。同时，利用大数据及云计算技术，建设国土调查数据综合分析与服务平台，实现国土调查数据与自然资源管理等各类基础数据的互联互通和综合分析应用，提高“三调”成果对管理决策的支撑服务能力。

2.4 全国地类数据

按标准时点 2019 年 12 月 31 日统计，全国主要地类数据如下。

2.4.1 耕地

耕地面积为 12 786.19 万 hm^2。其中，水田面积为 3 139.20 万 hm^2，占耕地总面积的 24.55%；水浇地面积为 3 211.48 万 hm^2，占 25.12%；旱地面积为 6 435.51 万 hm^2，占 50.33%。耕地主要分布在黑龙江、内蒙古、河南、吉林、新疆、山东、河北、安徽等省(自治区)。其中黑龙江省耕地面积占全国耕地面积的 13.4%。内蒙古、河南、吉林、新疆 4 个省(自治区)耕地面积均超过 1 亿亩，山东、河北、安徽、云南、四川、甘肃、辽宁、湖北、江苏、山西、湖南、贵州的耕地面积为超过 5000 万亩。从人均耕地面积看，全国人均耕地面积为 137 亩/人。黑龙江和内蒙古人均耕地面积较多，约 6.8 亩/人，新疆、吉林、甘肃、宁夏等 10 个省(自治区)的人均耕地面积超过全国平均数。

我国耕地分布特征如下。

(1)耕地分布总体呈现东多西少、北多南少的特点。从东西看，人口密集的胡焕庸线①以东地区耕地面积占全国耕地面积的 75.5%。从南北看，秦岭—淮河以北耕地面积占全国耕地面积的 64.4%。

(2)全国耕地以平地和缓坡耕地为主。坡度为 2°的耕地面积占全国耕地面积的 61.93%；坡度为 2°～6°的耕地面积占 15.32%，坡度为 6°～15°的耕地面积占 13.40%，坡度为 15°～25°的耕地面积占 6.04%。主要集中在云南、贵州、重庆和甘肃。坡度在 25°以上的耕地面积占 3.31%。

(3)位于湿润—半湿润地区的耕地面积占全国耕地面积的 84.2%。位于一年三熟制②地区的耕地面积占全国耕地面积的 14.73%，位于一年两熟制②地区的耕地面积占 37.40%，位于一年一熟制地区的耕地面积占 47.87%，位于年降水量为 800mm 以上(含 800mm)地区的耕地面积占 34.96%，位于年降水量为 400～800mm(含 400mm)地区的耕地面积占 49.24%，位于年降水量为 200～400mm(含 200mm)地区的耕地面积占 10.01%，位于年降水量在 200mm 以下地区的耕地面积占 5.79%。

(4)水田主要位于秦岭—淮河以南的淮南与长江中下游平原、江南丘陵、四川盆地、江南

① 胡焕庸线：中国地理学家胡焕庸(1901—1998 年)在 1935 年提出的划分我国人口密度的对比线，最初称“瑷珲—腾冲一线”，后因地名变迁，先后改称“爱辉—腾冲一线”“黑河—腾冲一线”。

② 一年一熟制是指在一年内，作物正常生长并只收获一次的种植制度。一年两熟制是指一年内同一块土地上先后种植并收获两次农作物的种植制度。一年三熟制是指一年内同一块土地上收获三次农作物的种植制度。

与南岭山地，以及东北[1]地区的三江平原、松辽平原中部。黑龙江、湖南、江苏、安徽、湖北、江西、四川等省份水田面积均超过3000万亩。水田面积最大的省份是黑龙江省，其水田面积占全国水田面积的15.32%，湖南省占9.64%，江苏省占9.02%。

(5)水浇地主要分布在华北平原，塔里木盆地、吐鲁番盆地、准噶尔盆地，以及内蒙古高原东部和松辽平原西南部。51.0%的水浇地位于年降水量为400～800mm地区，年降水量200mm以下的干旱地区水浇地有10 778.57万亩。水浇地面积最大的省(自治区)是新疆，其水浇地面积占全国水浇地面积的21.04%，内蒙古占17.15%，山东省占14.55%。

(6)旱地分布广泛，分布于东北大部分地区及淮南与长江中下游、华北山地丘陵等。91.50%的旱地分布在年降水量400mm以上的湿润—半湿润地区。旱地主要分布在黑龙江、吉林、内蒙古、辽宁、云南、甘肃等省(自治区)。黑龙江省的旱地面积占全国旱地面积的19.13%，吉林省占10.06%，内蒙古自治区占9.06%。

自"二调"(2009年12月31日)以来，全国耕地面积减少11 287.53万亩，减幅为5.6%，主要流向林地、园地、建设用地。总体上，耕地呈东减西增、南减北增的态势，耕地分布重心继续北移。内蒙古、黑龙江、新疆、吉林、辽宁5个省(自治区)人均耕地面积增加，其中内蒙古、新疆、辽宁3个省(自治区)出现了人口增加、耕地增加、人均耕地面积也增加的局面，而黑龙江、吉林2个省则出现了人口减少、耕地增加、人均耕地面积也增加的局面。此外，贵州省人口减少，耕地减少，人均耕地面积也减少。

2.4.2 园地

园地面积为2 017.16万hm^2。其中，果园面积为1 303.13万hm^2，占园地总面积的64.60%；茶园面积为168.47万hm^2，占8.35%；橡胶园面积为151.43万hm^2，占7.51%；其他园地面积为394.13万hm^2，占19.54%。

园地分布特征如下。

(1)园地主要分布在秦岭—淮河以南湿润—半湿润地区，占全国园地面积的66%。园地在空间上分布比较集中，云南省园地较多，面积为3 858.24万亩，占全国园地面积的12.75%；广西、广东、山东、海南、陕西、四川、新疆、河北、福建、湖南、浙江11个省(自治区)的园地面积均超过1000万亩。

(2)我国园地以果园为主，果园面积占全国园地面积的64.6%。受温度、降水条件等自然因素影响，全国果园主要分布在积温较高的亚热带和暖温带(面积占比92.1%)，以及年降水量为400mm以上的湿润地区和半湿润地区(面积占比87.4%)。广西果园面积占全国果园面积的8.93%，山东省占8.66%，广东省占8.02%。天津、北京、河北、辽宁、新疆、上海和内蒙古7个省(自治区、直辖市)的果园面积占本地区园地面积比例超过90%。

---

① 将全国31个省(自治区、直辖市，未包括台湾地区和香港特别行政区、澳门特别行政区)划分为东部、东北、中部、西部。东部为北京市、天津市、河北省、上海市、江苏省、浙江省、福建省、山东省、广东省、海南省共10个省(直辖市)；东北为黑龙江省、吉林省、辽宁省3个省；中部为山西省、安徽省、河南省、湖北省、湖南省、江西省共6个省；西部为除东部、东北部、中部之外的其他12个省(自治区、直辖市)，包括内蒙古自治区、广西壮族自治区、重庆市、四川省、贵州省、云南省、西藏自治区、陕西省、甘肃省、青海省、宁夏回族自治区和新疆维吾尔自治区。

(3)茶园主要分布在雨水充沛、积温较高的长江流域和东南沿海等亚热带区域，近75%属于丘陵、山地和高原区。年降水量800mm以上的湿润地区的茶园面积为2 072.94万亩，占全国茶园面积的82.0%。亚热带的茶园面积占88.4%。云南省茶园面积占全国茶园面积的28.09%，福建省占14.85%，浙江省占10.16%。北京、天津、内蒙古、吉林、黑龙江、青海、宁夏、新疆8个省(自治区、直辖市)没有茶园。

(4)橡胶园集中分布在热带地区，以山地、丘陵区为主要分布区。位于年降水量800mm以上的湿润地区的橡胶园面积占全国橡胶园面积的85.9%，云南省占49.15%，海南省占47.81%，广东省占3.01%。

2.4.3 林地

林地面积为28 412.58万hm^2，林地是面积最大的地类。其中，乔木林地面积为19 735.16万hm^2，占林地总面积的69.46%；竹林地面积为701.97万hm^2，占2.47%；灌木林地面积为5 862.61万hm^2，占20.63%。青海、新疆和宁夏3个省(自治区)的林地以灌木林地为主，其占比均超过50%；其他林地面积为2 112.84万hm^2，占7.44%。

林地分布特征如下。

(1)86.8%的林地位于降水充沛的湿润—半湿润地区，60%的林地坡度在25°以上。年降水量在400mm以上的湿润—半湿润地区林地面积占全国林地面积的86.80%。其中，年降水量大于800mm区域林地分布较多，面积占全国林地面积的47.9%。随着年降水量减少，林地分布逐渐减少。年降水量为600～800mm区域的林地面积占比为20.7%，400～600mm区域的林地面积占比为18.20%，200～400mm区域的林地面积占比为8.0%，50～200mm区域的林地面积占比为4.20%，0～50mm区域的林地面积占比为1.0%。林地中受降水量影响最大的是乔木林地，年降水量在400mm以下区域的乔木林地面积仅占全国乔木林地面积的6.70%。林地主要分布在四川、云南、内蒙古、黑龙江、西藏、广西等地区。四川省林地面积占全国林地面积的8.95%，云南省占8.79%，内蒙古占8.57%。

(2)乔木林地主要分布在东北和西南地区，53.9%位于年降水量800mm以上的地区，63.60%位于坡度25°以上的区域。年降水量大于800mm区域的乔木林地面积占全国乔木林地面积的53.9%，600～800mm区域的乔木林地面积占23.0%，400～600mm区域的乔木林地面积占16.4%，年降水量在400mm以下区域的乔木林地分布较少。从坡度看，坡度25°以上的乔木林地面积占全国乔木林地面积的63.6%。乔木林地主要分布在云南、黑龙江、四川、内蒙古、广西等地区。云南省乔木林地面积占全国乔木林地面积的10.73%，黑龙江省占10.64%，四川省占8.62%。

(3)竹林地集中分布在秦岭—淮河以南地区，98.6%位于年降水量800mm以上的地区，81.3%位于坡度25°以上的区域。年降水量为800mm区域的竹林地面积占全国竹林地面积的98.6%，年降水量在200mm以下的区域无竹林地分布。从坡度看，坡度在25°以上区域的竹林地面积占全国竹林地面积的81.3%。湖南省竹林地面积占全国竹林地面积的17.54%，福建省占17.28%，江西省占16.77%。

(4)灌木林地主要分布在西北、西南地区，3.8%分布在年降水量50mm以下的地区，坡度25°以上的灌木林地面积占全国灌木林地面积的53.1%。年降水量50mm以下区域的灌木林地面积占全国灌木林地面积的3.8%,年降水量为50～200mm区域的灌木林地面积占16.0%,200～400mm区域的灌木林地面积占比为14.7%,400～600mm区域的灌木林地面积占22.7%,600～800mm区域的灌木林地面积占17.6%,800mm以上区域的灌木林地面积占25.2%。从坡度看,坡度25°以上区域的灌木林地面积占全国灌木林地面积的53.1%,坡度15°～25°区域的灌木林地面积占11.9%,坡度2°以下区域的灌木林地主要位于新疆、内蒙古、甘肃3个省(自治区),其面积之和占全国坡度2°以下区域灌木林地面积的87.0%。灌木林地主要分布在新疆、西藏、内蒙古、四川、青海、广西等地区。新疆灌木林地面积占全国灌木林地面积的13.87%,西藏占13.78%,内蒙古占13.05%。

与“二调”同口径相比,全国林地面积增加47 952.34万亩,增幅达12.7%。总体上,全国林地面积普遍增加,西部地区林地面积增加明显。新疆、四川、内蒙古、广西、贵州、云南6个省(自治区)林地面积共增加24 557.68万亩,占全国林地面积增加量的一半以上,黑龙江、吉林、海南、江西4个省林地面积有所减少。

2.4.4 草地

草地面积为26 453.01万hm^2。其中,天然牧草地面积为21 317.21万hm^2,占全国草地面积的80.59%;人工牧草地面积为58.06万hm^2,占0.22%;其他草地面积为5 077.74万hm^2,占19.19%。

草地分布特征如下。

(1)草地集中分布在6个传统牧区省(自治区)。按经济区统计,西部地区草地面积占全国草地面积的96.7%,中部地区草地面积占1.4%,东部地区草地面积占1.0%,东北地区草地面积占0.9%。草地主要分布在西藏、内蒙古、新疆、青海、甘肃、四川6个省(自治区),其他草地面积占全国草地面积的94.4%。西藏、内蒙古、新疆、青海、甘肃、四川6个省(自治区)草地面积均超过1亿亩。西藏草地面积占全国草地面积的30.27%,内蒙古占20.48%,新疆占19.65%,青海省占14.92%。

(2)我国共有108个牧区县和160个半牧区县,主要分布于河北、山西、内蒙古、辽宁、吉林、黑龙江、四川、云南、西藏、甘肃、青海、宁夏和新疆13个省(自治区),其草地面积之和占全国草地面积的78.20%。其中,天然牧草地面积占全国天然牧草地面积的85.70%,人工牧草地面积占全国人工牧草地面积的77.50%,其他草地面积占全国其他草地面积的46.6%。

(3)位于干旱—半干旱地区的草地面积占比较大。年降水量400mm以下干旱—半干旱地区的草地面积占全国草地面积的70.0%。其中,年降水量为200～400mm半干旱地区的草地面积最大,占全国草地面积的36.20%;年降水量在200mm以下干旱地区的草地面积占33.80%。

(4)天然牧草地主要分布在我国西部地区。西藏天然牧草地面积占全国天然牧草地面积的32.21%,内蒙古占22.48%,新疆占18.58%,青海省占17.20%。西藏、内蒙古、新疆、青海、四川5个省(自治区)天然牧草地面积占全国天然牧草地面积的95%以上。

(5)新疆人工牧草地面积占全国人工牧草地面积的25.68%,内蒙古占21.90%,青海省占15.35%,西藏占7.81%。新疆、内蒙古、青海、四川、西藏5个省(自治区)人工牧草地面积占全国人工牧草地面积的 80％以上。

(6)其他草地。新疆其他草地面积占全国其他草地面积的 24.10％，西藏占 22.35％，甘肃占 15.20％，内蒙古占 12.06％。新疆、西藏、甘肃 3 个省(自治区)其他草地面积占全国其他草地面积的 61.7％。

十几年来，全国草地面积减少 22 912.69 万亩，减幅为 5.5％。全国草地面积普遍减少，而草地分布格局基本保持稳定。从总量看，海拔较低的第三阶梯草地面积减幅较大，为 36.1％；第二阶梯草地面积减幅为 7.8％；第一阶梯草地面积减幅为 1.1％。人口密集的胡焕庸线以东地区，草地面积减幅较大，达 50.2％；胡焕庸线以西地区，草地面积减幅为 2.0％。25 个省草地面积减少，内蒙古草地面积减少最多，为 5 899.17 万亩，西藏、四川、云南、贵州 4 个省(自治区)草地面积减少均超过 2000 万亩。新疆、青海、甘肃、江苏、上海、天津 6 个省(自治区、直辖市)草地面积增加。

2.4.5 湿地

湿地面积为 2 346.93 万 hm^2。湿地是“三调”新增的一级地类，包括 7 个二级地类。其中，红树林地面积为 2.71 万 hm^2，占全国湿地面积的 0.12％；森林沼泽面积为 220.78 万 hm^2，占 9.41％；灌丛沼泽面积为 75.51 万 hm^2，占 3.22％；沼泽草地面积为 1 114.41 万 hm^2，占 47.48％；沿海滩涂面积为 151.23 万 hm^2，占 6.44％；内陆滩涂面积为 588.61 万 hm^2，占 25.08％；沼泽地面积为 193.68 万 hm^2，占 8.25％。

湿地分布特征如下。

(1)湿地主要位于海拔最高的第一阶梯，高原区湿地面积占全国湿地面积的 40.2％。海拔最高的第一阶梯湿地面积占全国湿地面积的 51.3％，第二阶梯湿地面积占 24.0％，第三阶梯湿地面积占 24.7％。青海省湿地面积占全国湿地面积的 21.74％，西藏占 18.33％，内蒙古占 16.23％。西部地区和东北地区湿地面积分别占全国湿地面积的 74.21％和 17.12％，合计占 91.33％。

(2)湿地中沼泽草地面积最大，占全国湿地面积近一半。沼泽草地分布比较广泛，主要集中在我国西部和东北地区。有 6 个省(自治区)的沼泽草地面积超过 1000 万亩，其中，青海省有沼泽草地 5 948.59 万亩、西藏有 2 757.98 万亩、内蒙古有 2 754.91 万亩、黑龙江省有 2 135.12 万亩、四川省有 1 369.13 万亩、甘肃省有 1 107.24 万亩，合计占全国沼泽草地面积的 96.2％。

(3)内陆滩涂主要集中在西部地区。有 4 个省(自治区)的内陆滩涂面积超过 1000 万亩，其中，西藏有 252 034 万亩、青海省有 1 561.86 万亩、内蒙古自治区有 1 407.20 万亩、新疆维吾尔自治区有 104 859 万亩，合计占全国内陆滩涂面积的 74.1％；还有 5 个省的内陆滩涂面积超过 100 万亩，其中，甘肃省有 450.19 万亩、湖南省有 308.98 万亩、黑龙江省有 27 738 万亩、吉林省有 132.70 万亩、辽宁省有 130.11 万亩。

(4)重点流域中黑龙江流域、长江流域、黄河流域湿地面积最大，重点湖区中洞庭湖区湿地面积最大。

2.4.6 水域用地

水域用地面积有 3 548.57 万 hm^2。其中，河流水面面积为 880.78 万 hm^2，占全国水域用地面积的 24.82%；湖泊水面面积为 846.48 万 hm^2，占 23.85%；坑塘水面面积为 641.86 万 hm^2，占 18.09%；沟渠面积为 351.75 万 hm^2，占 9.91%；水库水面面积为 336.84 万 hm^2，占 9.49%；冰川及常年积雪面积为 490.87 万 hm^2，占 13.83%。西藏、新疆、青海、江苏 4 个省(自治区)水域用地面积较大，占全国水域用地面积的 45%。

水域用地分布特征如下。

(1)全国水域用地主要分布在湿润—半湿润地区，平原区水域用地面积较大。降水充沛的湿润—半湿润地区水域用地面积占全国水域用地面积的 61.3%。胡焕庸线以东地区水域用地面积占全国水域用地面积的 54.3%。海拔较低的第三阶梯水域用地面积占全国水域用地面积的 48.3%。西藏、新疆、青海、江苏 4 个省(自治区)水域用地面积较大，合计占全国水域用地面积的 45.2%。其中，西藏水域用地面积占全国水域用地面积的 16.70%，其次为新疆和青海省，占比分别为 14.87%和 6.89%。

(2)水域用地中近 1/2 是河流和湖泊，1/4 是水库和坑塘。海拔较高的第一阶梯湖泊水面面积占全国湖泊水面面积的 63.2%，河流水面面积占全国河流水面面积的 21.9%。海拔较低的第三阶梯河流水面面积占全国河流水面面积的 51.6%，湖泊水面面积占全国湖泊水面面积的 25.7%。年降水量在 800mm 以上湿润地区的水库水面面积占全国水库水面面积的 58.8%，坑塘水面面积占全国坑塘水面面积的 56.9%。年降水量在 400mm 以上区域的水库、坑塘的面积占比分别为 88.3%和 93.9%。河流、湖泊水面主要分布在西藏、新疆、青海、江苏、黑龙江、内蒙古 6 个省(自治区)，占全国河流、湖泊水面面积的 62%。水库、坑塘水面主要分布在湖北、广东、江苏、安徽、湖南、山东、江西 7 个省，其面积之和占全国水库、坑塘水面面积的 52%。

(3)冰川及常年积雪集中分布在新疆、西藏、青海、甘肃、四川、云南 6 个省(自治区)，新疆冰川及常年积雪面积占全国冰川及常年积雪面积的 45.31%，西藏占 42.20%，青海省占 8.62%。

2.4.7 建设用地

全国建设用地面积为 4 089.65 万 hm^2，建设用地以城镇村及工矿用地为主，占全国建设用地面积的 86.33%，交通运输用地占 11.71%，水工建筑用地占 1.96%。城镇村及工矿用地面积为 3 530.64 万 hm^2。其中，城市用地面积占全国建设用地面积的 12.8%，建制镇用地面积占 12.5%，村庄用地面积占 53.6%，采矿用地面积占 6.0%，风景名胜及特殊用地面积占 1.4%。城市用地面积∶建制镇用地面积∶村庄用地面积=1∶1∶5。

建设用地分布特征如下。

(1)胡焕庸线以东地区建设用地面积占全国建设用地面积的 81.3%；分省份看，山东省建设用地面积最大，达 4 745.76 万亩，占全国建设用地面积的 7.7%；河南、江苏、河北、四川

4个省建设用地面积占全国建设用地面积的比例均超过5%。从建设开发强度看,东部地区建设用地面积占调查面积的比例最高,西部地区占比最低,东部地区占比是西部地区的7.5倍。上海、天津、江苏、北京、山东5个省(直辖市)建设用地面积占比超过20%。东莞、深圳、佛山、中山、无锡、苏州、厦门、嘉兴、郑州9个地级市建设用地面积占调查面积的比例超过30%。从建设用地与人口的关系看,全国人均建设用地面积为291m²,在区域上表现出北多南少、西多东少的典型分布特点。分省份看,西藏、青海、内蒙古、新疆、宁夏、黑龙江、甘肃、吉林等西部地区和北方地区人均建设用地面积较大,均超过350m²;上海、北京、广东、福建、浙江、重庆等东部地区和南方地区人均建设用地面积较小。从建设用地与经济的关系看,东部地区单位建设用地的GDP产值较高、承载人口也较多,西部、东北地区则均相对较低。2019年,全国单位建设用地的GDP产值为16亿元/万亩。分省份看,上海市、北京市单位建设用地的GDP产值较高,分别为81亿元/万亩、66亿元/万亩;西藏、青海省单位建设用地的GDP产值较低,约4亿元/万亩。

(2)城镇用地主要分布在东部和中部经济发达、人口较多、城镇化发展较快的地区。人均城镇村及工矿用地面积为251.50m²。其中,东北地区人均城镇村及工矿用地面积最大,为308.65m²,西部、中部和东部地区的人均城镇村及工矿用地面积分别为283.03m²、251.52m²和217.87m²。人均城镇村及工矿用地面积较大的是青海省,人均面积为605.13m²,内蒙古人均面积为588.00m²,新疆人均面积为558.79m²,西藏人均面积为462.84m²;人均城镇村及工矿用地面积较小的是上海市,人均面积为119.23m²,北京市人均面积为145.64m²,广东省人均面积为153.10m²。从城市用地总量看,东部地区城市用地面积占全国城市用地面积的45.6%,中部地区占21.2%,西部地区占23.0%,东北地区占10.2%。山东省城市用地最多,面积为757.79万亩,占全国城市用地面积的9.7%;其次是江苏省,城市用地面积为695.44万亩,占全国城市用地面积的8.9%。从建制镇用地总量看,东部地区建制镇用地面积占全国建制镇用地面积的44.2%,西部地区占25.6%,中部地区占23.9%,东北地区占6.3%。建制镇用地最多的是江苏省,其面积占全国建制镇用地面积的8.7%;其次是广东省,占8.7%;第三是山东省,占7.6%。

(3)村庄用地主要分布在我国中部和西部地区,占比较高。从村庄用地总量看,东部地区村庄用地面积占全国村庄用地面积的28.7%,中部地区占29.7%,西部地区占31.6%,东北地区占10.0%。河南省村庄用地较多,面积为2 648.13万亩,占全国村庄用地面积的8.1%;甘肃、云南、四川、湖南、吉林、山西、西藏、贵州8个省(自治区)村庄用地面积占城镇村用地面积比例较高,超过75%;上海、天津、北京、广东4个省(直辖市)占比较低,低于50%。

(4)西部地区采矿用地分布较多。东部地区采矿用地面积占全国采矿用地面积的27.2%,中部地区占16.4%,西部地区占47.1%,东北地区占9.4%。内蒙古采矿用地较多,其采矿用地面积占全国采矿用地面积的12.3%。

(5)西部地区交通运输用地面积较大,但东部地区密集。天津市交通运输用地面积占区域调查面积的比例较高,其次是上海市、北京市、江苏省。

(6)东部地区水工建筑用地分布较多。按经济区统计,东部地区水工建筑用地面积占全国水工建筑用地面积的40.3%,中部地区占33.8%,西部地占15.3%,东北地区占10.6%。

江苏省水工建筑用地较多，其水工建筑用地面积占全国水工建筑用地面积的13.8%。

自“二调”以来的十几年间，全国建设用地面积增加12 852.23万亩，增幅为26.5%，同期全国人口总数增加6.6%，建设用地面积增幅高于人口增幅。从利用类型来看，全国城镇村及工矿用地面积增加9 850.54万亩，增幅为22.9%，其中全国城市用地面积增幅为48.0%。江苏省城市用地面积增加了323.69万亩，增幅为87.1%；西藏城市用地面积增幅最大，达141.9%。全国建制镇用地面积增幅为37.8%。广东省建制镇用地面积增加最多，增幅达53.1%；天津市建制镇用地面积增幅最大，增幅达143.2%。全国村庄用地面积增幅为18.7%。四川省村庄用地面积增加最多，增幅达32.6%；贵州省村庄用地面积增幅最大，为63.1%。全国采矿用地面积增幅为8.3%。内蒙古采矿用地面积增加最多，增幅为110.8%；西藏采矿用地面积增幅最大，达252.7%；交通运输用地面积增幅为69.6%。从交通运输用地的细化地类看，铁路用地面积增幅为48.4%，公路用地面积增幅为72.8%，机场用地面积增幅为73.4%，港口码头用地面积增幅为113.1%。其中，铁路用地面积增幅居前5位的分别是新疆、西藏、云南、甘肃、青海5个省(自治区)，公路用地面积增幅居前5位的分别是新疆、西藏、贵州、云南、青海5个省(自治区)，这些排名靠前的省(自治区)全部位于西部及边疆地区。水工建筑用地面积增幅为4.8%。从区域分布来看，胡焕庸线以东地区建设用地面积增幅为23.5%，胡焕庸线以西地区增幅为41.6%。按经济区统计，西部地区建设用地面积增加5 637.84万亩，占全国建设用地面积增加量的43.9%，增幅为41.3%；东部、中部地区分别增加3 730.26万亩、3 110.70万亩，增幅分别为22.6%、24.2%；东北地区增幅较小，为6.8%。分省份看，山东省建设用地面积增加最多，增幅达27.0%。

总体而言，虽然我国国土空间辽阔，但山地多、平地少，资源分布不均衡。按第七次全国人口普查和“三调”数据测算，胡焕庸线以东地区42.9%的陆地国土居住着93.7%的人口，分布了75.6%的耕地、82.9%的园地、81.3%的建设用地、54.3%的水域，而西侧57.1%的陆地国土中的人口只占6.3%。十几年来，胡焕庸线以东地区耕地大幅减少，园地、建设用地、水域的增幅明显低于此线以西地区，用地矛盾突出，资源紧缺现象更加明显。

2.5 青海省地类数据

2.5.1 按调查工作分类

按2019年12月31日的标准时点汇总，青海省有2市6州共45个县级单位，其中湿地面积为5 101 187.87hm^2，耕地面积为564 203.13hm^2，园地面积为62 336.17hm^2，林地面积为4 603 592.24hm^2，草地面积为39 470 819.24hm^2，城市用地面积为21 472.40hm^2，建制镇用地面积为38 100.00hm^2，村庄用地面积为115 109.48hm^2，采矿用地面积为185 122.99hm^2，风景名胜及特殊用地面积为8 007.96hm^2，交通运输用地面积为140 547.59hm^2，水域及水利设施用地面积为2 446 113.69hm^2(表2-2)。其中，城市用地、建制镇用地、村庄用地、采矿用地、风景名胜及特殊用地采用城镇村及工矿用地分类标准，详见表2-3。

表 2-2 青海省国土利用结构

地类名称	面积/hm^2	地类名称	面积/hm^2
耕地	564 203.13	建制镇用地	38 100.00
种植园用地	62 336.17	村庄用地	115 109.48
林地	4 603 592.24	采矿用地	185 122.99
草地	39 470 819.24	风景名胜及特殊用地	8 007.96
湿地	5 101 187.87	交通运输用地	140 547.59
城市用地	21 472.40	水域及水利设施用地	2 444 113.69

表 2-3 城镇村及工矿用地分类

一级		二级		含义
编码	名称	编码	名称	
20	城镇村及工矿用地			指城乡居民点、独立居民点以及居民点以外的工矿、国防、各胜古迹等企事业单位用地，包括其内部交通、绿化用地
		201	城市用地	指城市用地居民点，以及与城市用地连片的和区政府、县级市政府所在地镇级辖区内的商服、住宅、工业、仓储、机关、学校等单位用地
		202	建制镇用地	指建制镇用地居民点，以及辖区内的商服、住宅、工业、仓储、学校等企事业单位用地
		203	村庄用地	指农村居民点，以及所属的商服、住宅、工矿、工业、仓储、学校等用地
		204	采矿用地	指采矿、采石、采砂(沙)场，盐田，砖瓦窑等地面生产用地及尾矿堆放地
		205	风景名胜及特殊用地	指城镇村用地以外用于军事设施、涉外、宗教、监教、殡葬等的土地，以及风景名胜(包括名胜古迹、旅游景点、革命遗址等)景点及管理机构的建筑用地

从青海省国土利用结构可以看出，全省国土利用以草地为主，其次是其他土地，第三是湿地，第四为林地(图 2-1)。

青海省各市(州)国土利用结构差异明显。西宁市、海东市、海北州、黄南州和海南州国土利用类型呈现多样性，主要地类有耕地、林地、草地、水域及水利设施用地、未利用地等；果洛州、玉树州和海西州国土利用类型相对单一，主要用地类型为草地、林地、水域及水利设施、未利用地等；海北州、果洛州、玉树州没有园地(表 2-4，图 2-2)。

2.5.2 按三大类分析

青海省农用地面积为 46 185 605.52hm^2，建设用地面积为 448 606.33hm^2，未利用地面积占全省国土总面积的 33.06%(图 2-3)。

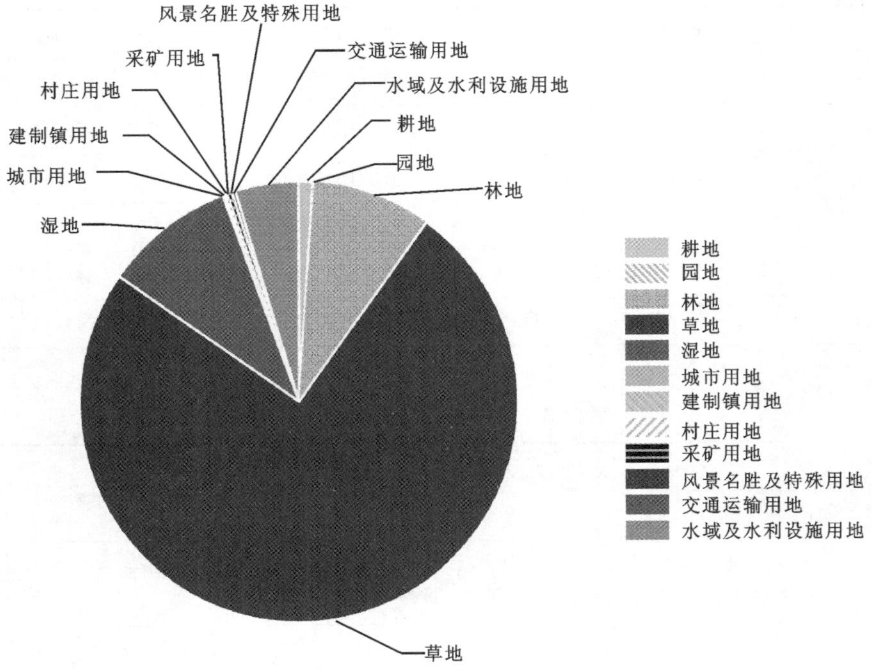

图 2-1　青海省国土利用结构

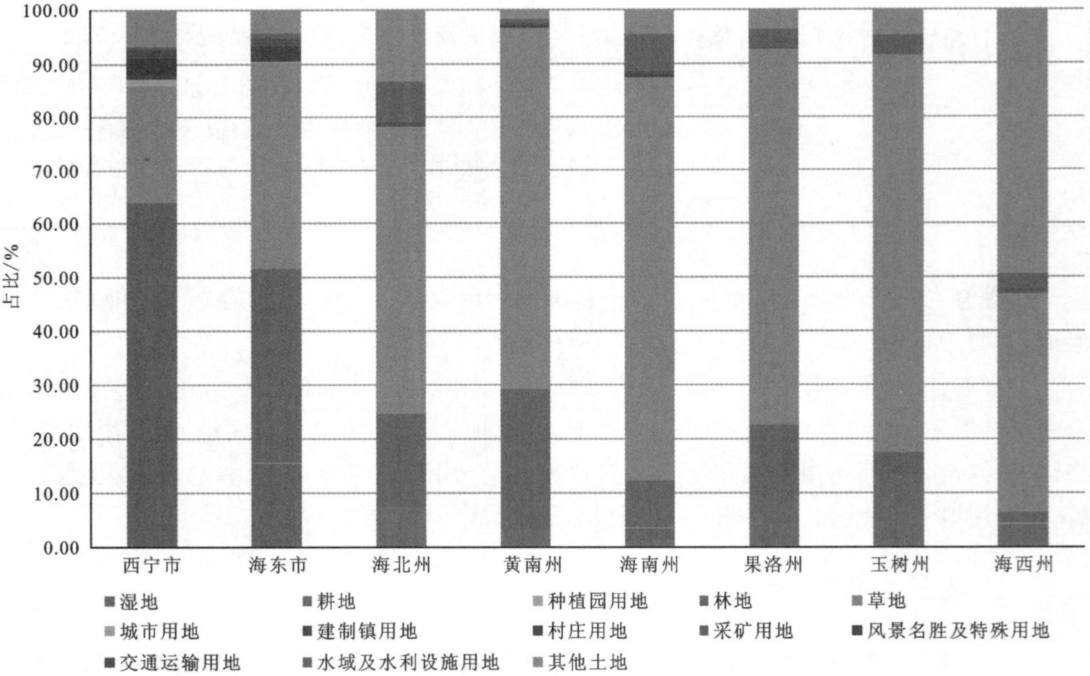

图 2-2　青海省各市(州)国土利用结构

表 2-4 青海省国土利用现状一级分类面积汇总

行政区	青海省	西宁市	海东市	海北州	黄南州	海南州	果洛州	玉树州	海西州
地类名称	面积/hm^2								
耕地	564 203.13	126 970.27	196 481.52	58 145.59	21 596.23	99 123.51	594.58	15 895.35	45 396.08
种植园用地	62 336.17	13.59	2 610.86	0.00	401.93	2 927.13	0.00	0.00	56 382.66
林地	4 603 592.24	357 555.03	467 086.35	528 521.62	452 004.69	384 101.24	972 885.23	797 978.15	643 459.93
草地	39 470 819.24	167 049.13	502 549.71	1 842 432.48	1 229 075.64	3 252 397.07	5 200 485.51	15 168 515.88	12 108 313.83
湿地	5 101 187.87	1 858.81	4 948.34	262 864.95	60 136.80	56 359.16	711 405.26	2 782 091.26	1 221 523.29
城市用地	21 472.40	10 049.67	2 395.31	0.00	0.00	0.00	0.00	997.11	8 030.31
建制镇用地	38 100.00	6 319.89	5 328.81	3 108.14	1 845.43	3 774.62	2 157.63	3 105.15	12 460.33
村庄用地	115 109.48	24 244.94	32 803.51	7 080.39	5 881.53	22 424.69	3 096.05	7 080.80	12 497.57
采矿用地	185 122.99	1 453.96	2 241.25	2 577.24	337.95	1 128.26	539.62	576.61	176 268.10
风景名胜及特殊用地	8 007.96	1 377.20	1 419.95	618.84	218.42	2 032.88	595.35	652.57	1 092.75
交通运输用地	140 547.59	8 714.67	13 523.22	11 680.65	7 461.70	18 962.93	16 255.68	23 115.53	40 833.21
水域及水利设施用地	2 444 113.69	4 601.57	11 251.15	261 265.77	14 264.76	308 061.09	256 947.14	730 132.56	857 589.65

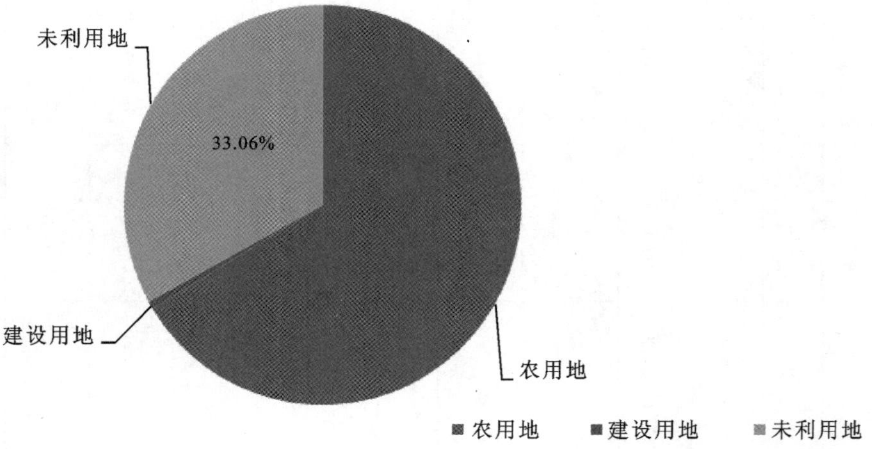

图 2-3 青海省三大类国土利用结构

从国土利用结构来看，青海省的农用地占主导地位，农用地包括耕地、园地、林地、牧草地、其他农用地，其中林地和草地的比例最大，耕地次之；青海省的未利用地处于第二位，未利用地多为难利用土地，包括难以开发利用的其他草地、沙漠、荒漠、裸岩及石砾地、盐碱地、沼泽地等；青海省的建设用地最少，建设用地中，采矿用地所占比例最大，其次是村庄用地和公路用地（表 2-5）。

表 2-5 青海省三大类国土利用现状

行政区	农用地	建设用地	未利用地比例/%
	面积/hm²		
青海省	46 185 605.52	448 606.33	33.06
西宁市	686 257.54	48 983.32	3.35
海东市	1 216 632.83	52 459.43	2.25
海北州	2 653 871.07	20 598.66	22.23
黄南州	1 767 179.99	11 920.86	2.39
海南州	3 811 465.51	37 175.29	11.43
果洛州	6 705 816.87	16 763.16	9.46
玉树州	18 361 789.26	23 638.59	10.27
海西州	10 982 592.45	237 067.02	62.71

各市（州）国土利用结构不尽相同。西宁市、海东市、海北州、黄南州、海南州、果洛州和玉树州以农用地为主，海西州以未利用地为主。西宁市、海东市、黄南州和果洛州农用地面积占本区总面积比例超过 90%，西宁市和海东市建设用地面积占本区土地面积比例较高，海

西州和海北州未利用地面积占本区土地面积比例较高(图 2-4)。

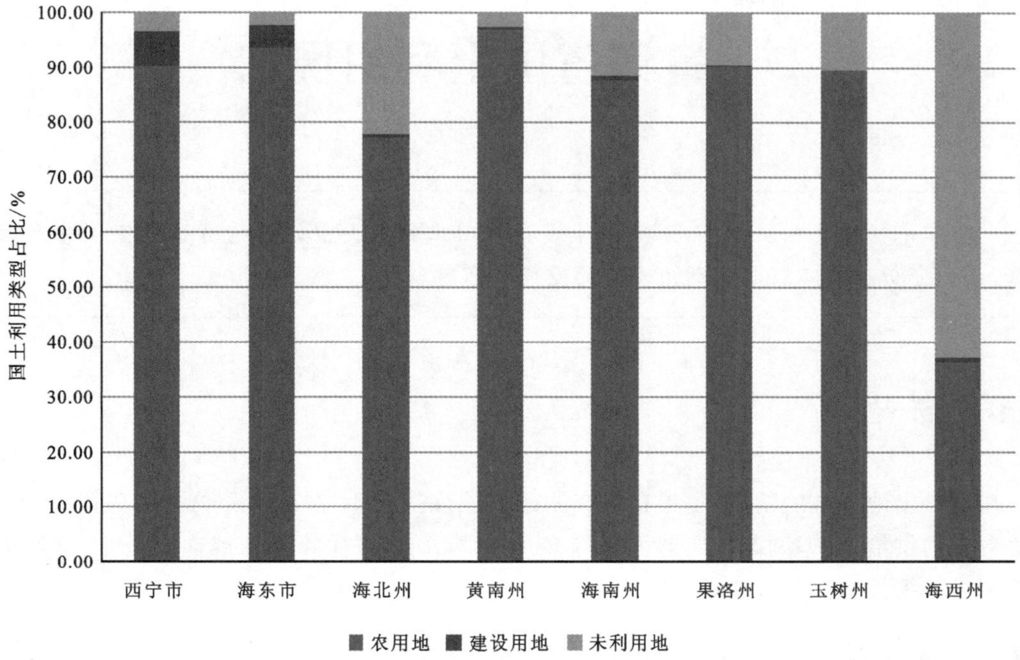

图 2-4 青海省各市(州)国土利用结构

3 青海省国土利用现状

本章依据土地利用分类，分别介绍了各种国土利用类型的结构特征和空间分布特征，详细分析了其二级国土利用类型的空间分布特征。

3.1 耕地

耕地是土地资源的精华，是粮食生产的命根子，是中华民族永续发展的根基。耕地长期担负着食物供给、生态调节和质能循环等多种重要功能，对保障全球粮食安全、生态安全以及人类可持续发展具有重要意义。

3.1.1 耕地现状与分布

青海省耕地面积为564 203.13hm²，在青海省国土面积中居第六位，占全省国土面积的0.81%，占全国耕地面积的0.44%，人均耕地面积为1.392亩，接近全国人均水平(平均1.366亩)。其中西宁市耕地面积为126 970.27hm²，占全省耕地面积的22.50%；海东市耕地面积为196 481.52hm²，占全省耕地面积的34.81%；海北州耕地面积为58 145.59hm²，占全省耕地面积的为10.31%；黄南州耕地面积为21 596.23hm²，占全省耕地面积的3.83%；海南州耕地面积为99 123.51hm²，占全省耕地面积的17.57%；果洛州耕地面积为594.58hm²，占全省耕地面积的0.11%；玉树州耕地面积为15 895.35hm²，占全省耕地面积的2.82%；海西州耕地面积为45 396.08hm²，占全省耕地面积的8.05%(表3-1)。

表3-1 青海省各市(州)耕地面积统计

行政区	西宁市	海东市	海北州	黄南州
面积/hm²	126 970.27	196 481.52	58 145.59	21 596.23
行政区	海南州	果洛州	玉树州	海西州
面积/hm²	99 123.51	594.58	15 895.35	45 396.08

全省耕地主要分布在西宁市、海东市、海北州、海南州，共占全省耕地面积的85.19%。其中，在海东市分布最多，占全省耕地面积的34.81%，其次是西宁市，占全省耕地面积的22.50%。

从各县(市、区)分布来看,全省共有 8 个县(区)的耕地面积占全省耕地面积的比例超过 5%,分别是:互助县,耕地面积为 61 295.35hm²,占全省耕地面积的 10.86%;湟中区,耕地面积为 58 623.84hm²,占全省耕地面积的 10.39%;大通县,耕地面积为 45 621.31hm²,占全省耕地面积的 8.09%;化隆县,耕地面积为 42 342.55hm²,占全省耕地面积的 7.50%;民和县,耕地面积为 42 040.47hm²,占全省耕地面积的 7.45%;门源县,耕地面积为 41 365.90hm²,占全省耕地面积的 7.33%;乐都区,耕地面积为 29 809.34hm²,占全省耕地面积的 5.28%;共和县,耕地面积为 30 534.31hm²,占全省耕地面积的 5.41%。8 个县(区)的耕地面积之和占全省耕地面积的 62.31%(图 3-1)。

全省河南县、甘德县、达日县、久治县、玛多县、治多县、曲麻莱县、天峻县 8 个县没有耕地分布。

3.1.2　耕地结构与特点

青海省耕地包括水浇地和旱地 2 个二级国土利用类型,与全国相比没有水田。耕地总面积为 564 203.13hm²,其中:水浇地面积为 177 088.43hm²,占全省耕地面积的 31.39%;旱地面积为 387 114.70hm²,占全省耕地面积的 68.61%(图 3-2)。

青海省各市(州)耕地类型差异较大,西宁市耕地中水浇地面积占耕地总面积的 21.55%,旱地面积占 78.45%;海东市耕地中水浇地面积占耕地总面积的 18.11%,旱地面积占 81.89%;海北州耕地中水浇地面积占耕地总面积的 27.75%,旱地面积占 72.25%;黄南州耕地中水浇地面积占耕地总面积的 23.00%,旱地面积占 77.00%;海南州耕地中水浇地面积占耕地总面积的 48.02%,旱地面积占 51.98%;果洛州耕地中水浇地面积占耕地总面积的 1.39%,旱地面积占 98.61%;玉树州耕地中水浇地面积占耕地总面积的 0.22%,旱地面积占 99.78%;海西州耕地中水浇地面积占耕地总面积的 100.00%,无旱地分布。青海省各市(州)耕地类型及面积详见表 3-2。

全省各县(市、区)耕地中,互助县、湟中区、大通县、化隆县、民和县、门源县、乐都区、贵南县、湟源县、同德县、平安区、循化县、囊谦县、同仁县、泽库县、玉树市、祁连县、称多县、城中区的耕地以水浇地为主,共和县、都兰县、兴海县、贵德县、德令哈市、刚察县、尖扎县、乌兰县、海晏县的耕地以旱地为主(图 3-1)。

3.1.2.1　水浇地

从各市(州)来看,青海省水浇地主要分布在海南州、海西州、海东市和西宁市,其面积之和占全省水浇地面积的 88.06%。其中,在海南州分布最多,占全省水浇地面积的 26.88%;其次分布在海西州,占全省水浇地面积的 25.63%。

从各县(市、区)来看,全省水浇地主要分布在都兰县、共和县、德令哈市、兴海县、贵德县、湟中区、刚察县、大通县、互助县、民和县等。泽库县、玉树市、杂多县、称多县、班玛县无水浇地分布。其中,都兰县和共和县水浇地面积之和占全省水浇地面积的 24.18%,接近 1/4。

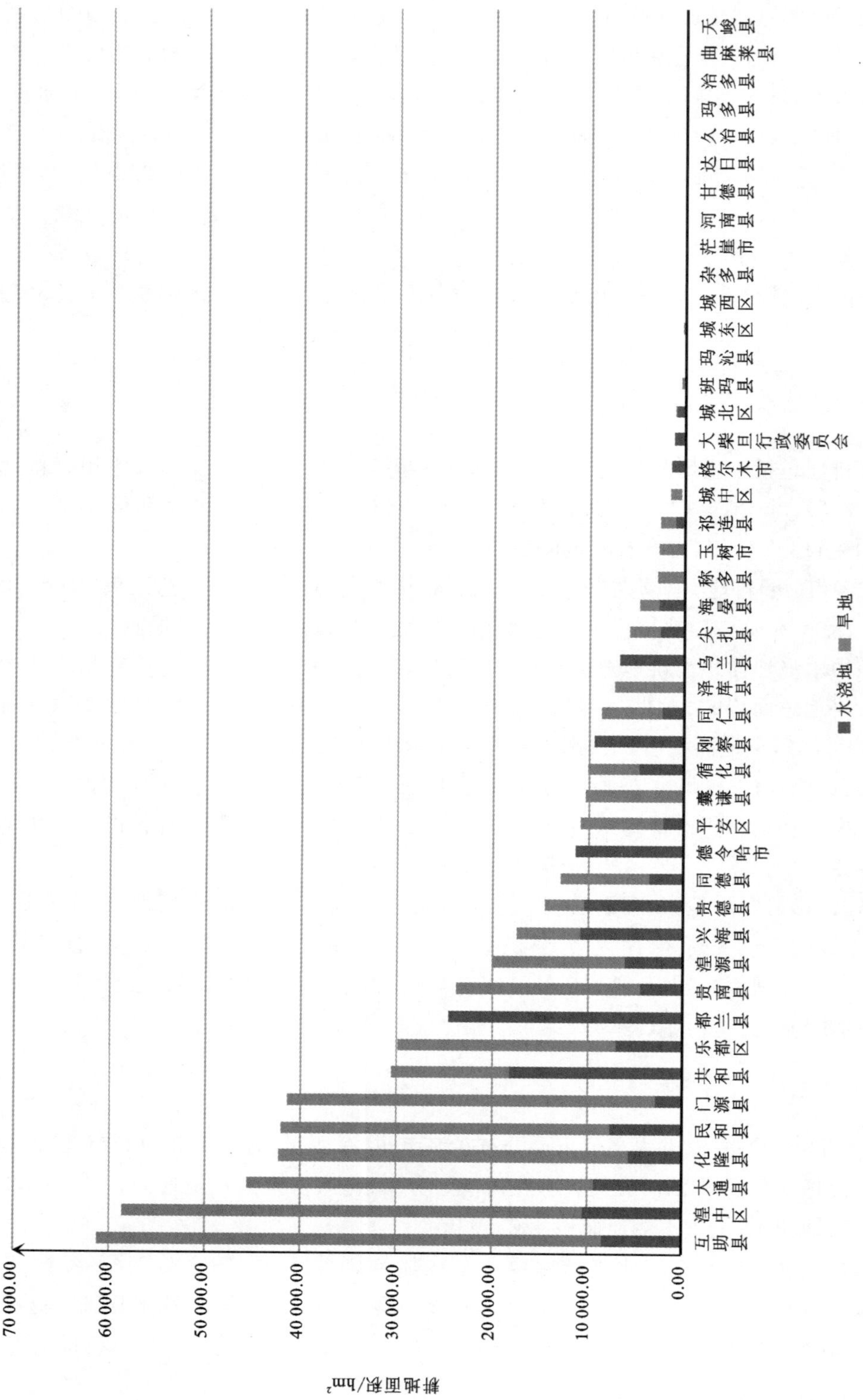

图 3-1 青海省各县(市、区)耕地面积分布

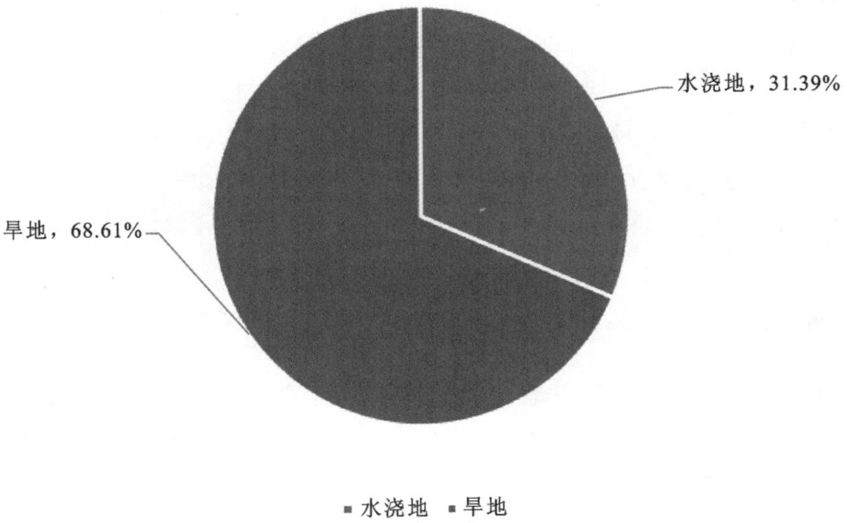

图 3-2 青海省耕地类型结构

表 3-2 青海省各市(州)耕地类型及面积

行政区	耕地	水田	水浇地	旱地
	面积/hm²			
青海省	564 203.13	0.00	177 088.43	387 114.70
西宁市	126 970.27	0.00	27 357.71	99 612.56
海东市	196 481.52	0.00	35 588.17	160 893.35
海北州	58 145.59	0.00	16 135.74	42 009.85
黄南州	21 596.23	0.00	4 966.63	16 629.60
海南州	99 123.51	0.00	47 600.61	51 522.90
果洛州	594.58	0.00	8.27	586.31
玉树州	15 895.35	0.00	35.22	15 860.13
海西州	45 396.08	0.00	45 396.08	0.00

3.1.2.2 旱地

从各市(州)分布来看,西宁市旱地面积占全省旱地面积的 25.73%,海东市旱地面积占全省旱地面积的 41.56%,海北州旱地面积占全省旱地面积的 10.85%,黄南州旱地面积占全省旱地面积的 4.30%,海南州旱地面积占全省旱地面积的 13.31%,果洛州旱地面积占全省旱地面积的 0.15%,玉树州旱地面积占全省旱地面积的 4.10%。青海省旱地主要分布在西宁市和海东市,两市旱地面积之和占全省旱地面积的 67.29%。海东市旱地分布最多,海西州无旱地分布。

从县(市、区)来看,其旱地主要分布在互助县、湟中区、门源县、化隆县、大通县、民和县、乐都区和贵南县,旱地面积之和占全省旱地面积的74.69%。其中互助县和湟中区的旱地面积之和占全省旱地面积的26.12%,超过全省旱地面积的1/4。都兰县、德令哈市、刚察县、乌兰县、格尔木市、大柴旦行政委员会、茫崖市、河南县、甘德县、达日县、久治县、玛多县、治多县、曲麻莱县和天峻县无旱地分布(图3-1)。全省旱地在互助县分布最多,旱地面积为52 892.06hm²,占全省旱地面积的13.66%;其次是湟中区,旱地面积为48 208.95hm²,占全省旱地面积的12.45%。

3.1.2.3 即可恢复和工程恢复耕地

根据调查成果,调查为"园地、林地、草地和坑塘水面"等地类,全省标注"即可恢复"和"工程恢复"属性的地类面积达70 100.42hm²,其中标注"即可恢复"的地类面积为44 960.57hm²,标注"工程恢复"的地类面积为25 139.85hm²。

按行政区统计,"即可恢复"地类在各市(州)的分布面积为:西宁市10 408.41hm²、海东市9 577.24hm²、海北州504.88hm²、黄南州835.58hm²、海南州1 208.56hm²、果洛州1.16hm²、玉树州11.03hm²、海西州22 413.71hm²。按地类统计,果园面积为1 137.00hm²,其他园地面积为22 732.51hm²,乔木林地面积为205.35hm²,灌木林地面积为295.05hm²,其他林地面积为20 576.94hm²,其他草地面积为5.68hm²,坑塘水面面积为8.04hm²。

按行政区统计,标注"工程恢复"的地类分布面积为:西宁市12 807.26hm²、海东市8 151.34hm²、海北州402.33hm²、黄南州576.45hm²、海南州1 510.03hm²、果洛州103.94hm²、玉树州361.18hm²、海西州1 227.33hm²。按地类统计,园地面积为1 195.68hm²,林地面积为22 901.72hm²,草地面积为896.98hm²,坑塘水面面积为145.46hm²(图3-3)。

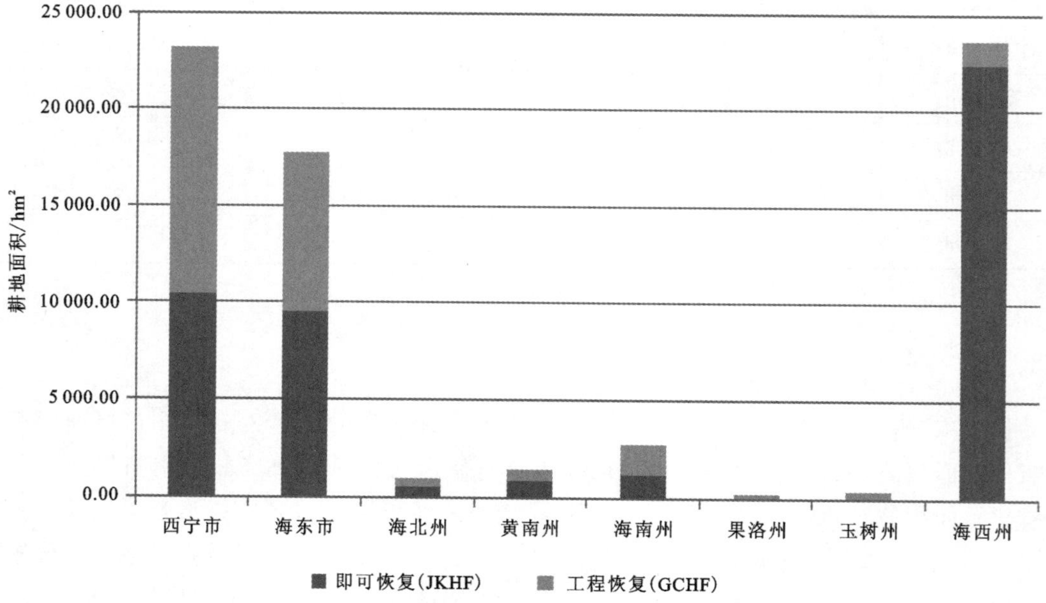

图3-3 青海省"即可恢复"和"工程恢复"耕地分布

国家后续确定的相关政策中，将标注“即可恢复”属性的非耕地图斑，按照耕地口径统计，全省耕地面积为 609 163.70hm²；同时将标注“工程恢复”属性的非耕地图斑，也按照耕地口径统计，全省耕地面积为 634 303.55hm²。

3.1.2.4 耕地耕种类型

对全省耕地按照以下 6 种类型调查耕种状况，即种植粮食作物（LS）、种植非粮作物（FLS）、粮与非粮轮作（LYFL）、休耕（XG）、粮与非粮轮作＋林粮间作（LYFL＋LLJZ）、未耕种（WG）。

全省耕地中，种植粮食作物（LS）面积为 278 419.84hm²，占全省耕地面积的 49.35％；种植非粮作物（FLS）面积为 33 741.61hm²，占全省耕地面积的 5.98％；粮与非粮轮作＋林粮间作（LYFL＋LLJZ）面积为 165 996.81hm²，占全省耕地面积的 29.42％；休耕（XG）面积为 1.51hm²，占全省耕地面积不足 0.01％；未耕种（WG）面积为 86 043.36hm²，占全省耕地面积的 15.25％。全省近一半耕地以种植粮食作物为主，接近 1/3 的耕地以粮与非粮轮作＋林粮间作为主（图 3－4）。

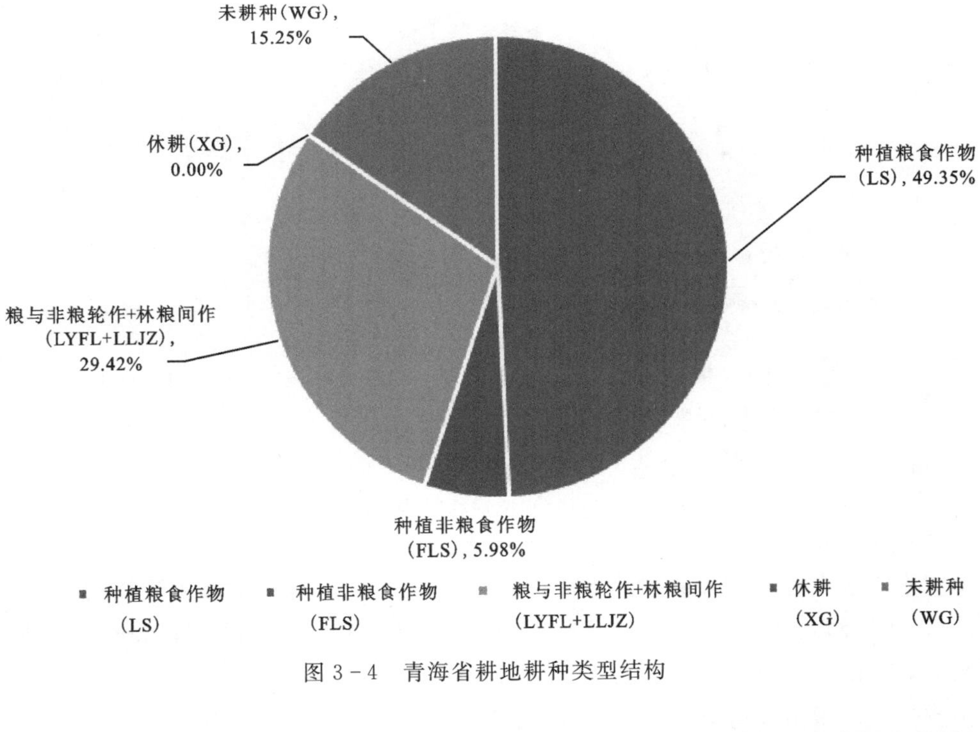

图 3－4　青海省耕地耕种类型结构

全省水浇地和旱地在种植粮食作物、粮与非粮轮作、休耕、林粮间作种植类型上差异不大，但在种植非粮作物和未耕种上有明显差异。水浇地中种植非粮作物面积占比为 10.13％，旱地中种植非粮作物面积占比为 4.08％；水浇地中未耕种面积占比为 8.45％，旱地中未耕种面积占比为 18.36％（图 3－5）。

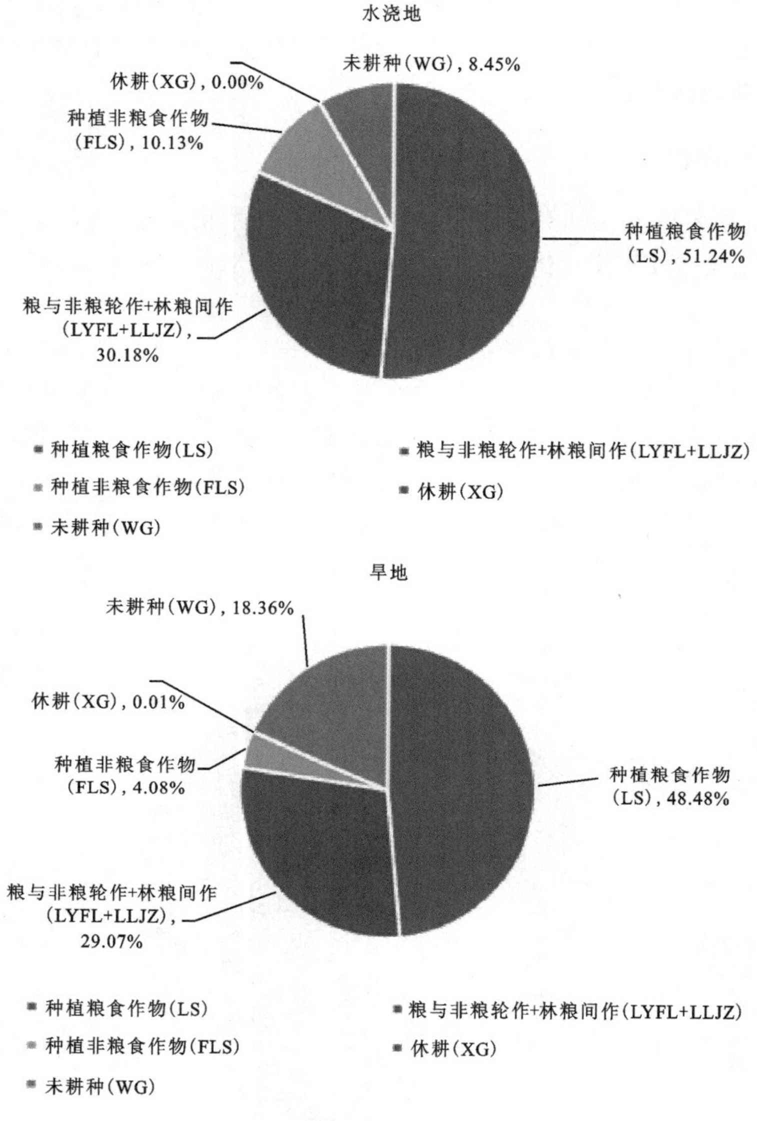

图 3－5　青海省水浇地和旱地耕种类型结构

全省水浇地中种植粮食作物(LS)面积为 90 738.05hm²，种植非粮作物(FLS)面积为 17 944.15hm²，粮与非粮轮作＋林粮间作(LYFL＋LLJZ)面积为 53 444.03hm²，休耕(XG)面积为 0.37hm²，未耕种(WG)面积为 14 961.83hm²。

全省旱地面积中种植粮食作物(LS)面积为 187 681.79hm²，种植非粮作物(FLS)面积为 15 797.46hm²，粮与非粮轮作＋林粮间作(LYFL＋LLJZ)面积为 112 552.78hm²，休耕(XG)面积为 1.14hm²，未耕种(WG)面积为 71 081.53hm²。

全省各市(州)耕地种植类型差异明显。西宁市、海北州、海西州大部分耕地以粮与非粮轮作＋林粮间作为主，海东市、黄南州、海南州和玉树州大部分耕地以种植粮食作物为主(图 3－6)。

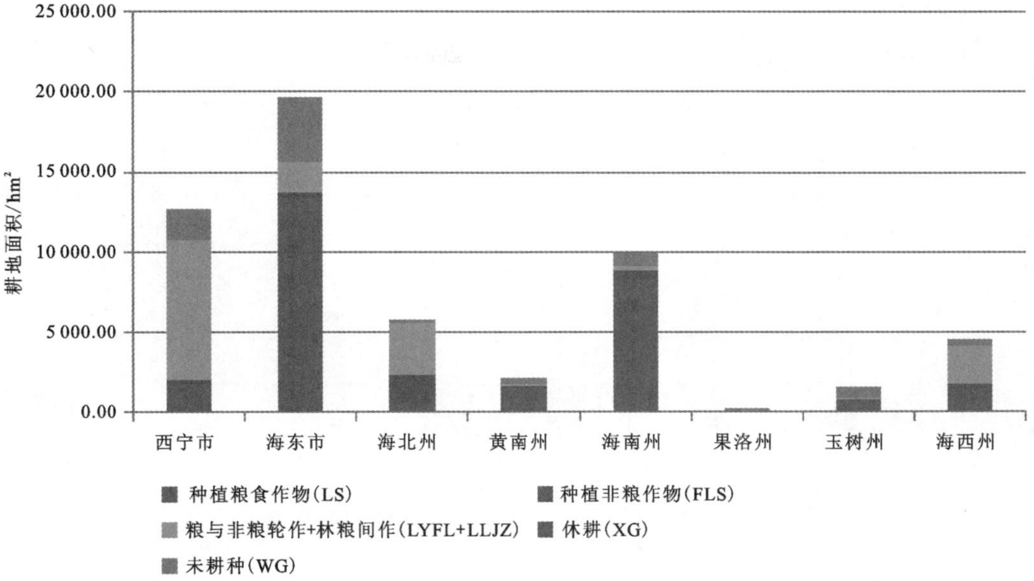

图 3-6　青海省各市(州)耕地耕种类型

全省各市(州)水浇地种植类型也不同。西宁市和海西州的水浇地以粮与非粮轮作+林粮间作为主,海东市、黄南州和海南州的水浇地以种植粮食作物为主(图 3-7)。

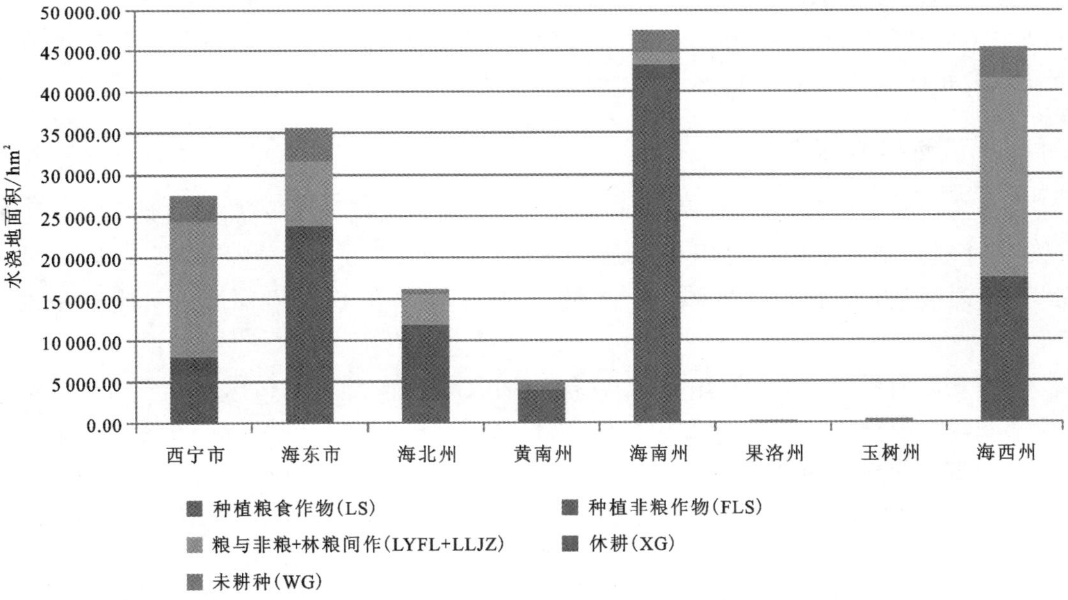

图 3-7　青海省各市(州)水浇地耕种类型

全省各市(州)旱地种植类型也不同。西宁市和海北州的旱地以粮与非粮轮作为主,海东市、黄南州和海南州的旱地以种植粮食作物为主(图 3-8)。

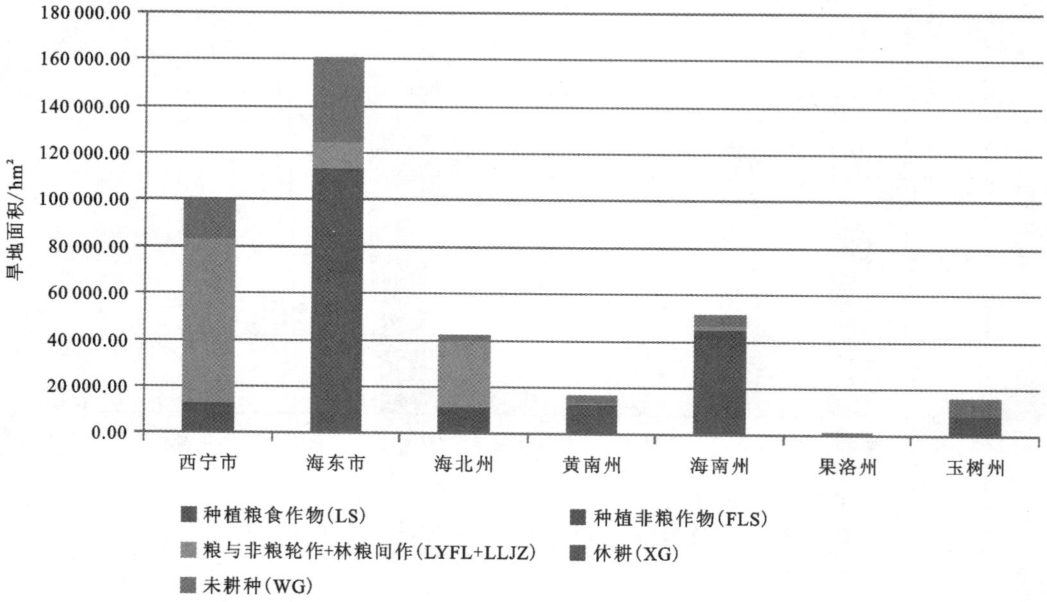

图 3-8 青海省各市(州)旱地耕种类型

3.1.2.5 耕地细化调查

全省河道耕地(HDGD)面积为 763.83hm²,林区耕地(LQGD)面积为 44.78hm²,牧区耕地(MQGD)面积为 534.49hm²,沙荒耕地(SHGD)面积为 118.21hm²,没有盐碱地耕地(YJDGD)和石漠化耕地(SMGD)。

3.1.2.6 耕地的坡度

根据青海省 1∶1 万数字高程模型,生成青海省耕地坡度分级数据,将耕地分为 5 个坡度级,并将耕地划分为平地、梯田和坡地。其中 1 级坡度为“坡度小于等于 2°”,2 级为“坡度在 2°～6°之间”,3 级为“坡度在 6°～15°之间”,4 级为“坡度在 15°～25°之间”,5 级为“坡度大于 25°”。

全省耕地面积为 564 203.13hm²,其中坡度小于等于 2°的耕地面积为 189 529.82hm²,占全省耕地面积的 33.59%;坡度为 2°～6°的耕地面积为 92 063.41hm²,占全省耕地面积的 16.32%;坡度为 6°～15°的耕地面积为 186 738.55hm²,占全省耕地面积的 33.10%;坡度为 15°～25°的耕地面积为 89 275.34hm²,占全省耕地面积的 15.82%;坡度大于 25°的耕地面积为 6 596.01hm²,占全省耕地面积的 1.17%(表 3-3,图 3-9、图 3-10)。

坡度小于等于 2°的耕地面积为 189 529.82hm²,占全国坡度小于等于 2°耕地面积的 0.24%,耕地全部为平地。其中,西宁市的耕地面积为 15 799.03hm²,海东市的耕地面积为 18 204.99hm²,海北州的耕地面积为 29 695.36hm²,黄南州的耕地面积为 7 122.98hm²,海南州的耕地面积为 72 274.38hm²,果洛州的耕地面积为 68.40hm²,玉树州的耕地面积为 968.60hm²,海西州的耕地面积为 45 396.08hm²。

表 3-3 青海省各市(州)耕地坡度分级面积汇总

单位：hm^2

行政区	面积	平地	梯田及坡地面积											
		≤2°	2°～6°			6°～15°			15°～25°			>25°		
		面积	小计	梯田	坡地	小计	梯田	坡地	小计	梯田	坡地	小计	梯田	坡地
青海省	564 203.13	189 529.82	92 063.41	25 369.25	66 694.16	186 738.55	87 289.27	99 449.28	89 275.34	42 304.58	46 970.76	6 596.01	2 638.11	3 957.90
西宁市	126 970.27	15 799.03	17 067.46	12 111.24	4 956.22	66 055.93	60 540.66	5 515.27	26 247.24	24 034.77	2 212.47	1 800.61	1 394.80	405.81
海东市	196 481.52	18 204.99	29 296.28	2 008.59	27 287.69	93 108.31	19 376.00	73 732.31	52 555.80	14 471.52	38 084.28	3 316.14	673.89	2 642.25
海北州	58 145.59	29 695.36	16 335.01	1 012.88	15 322.13	9 397.08	481.51	8 915.57	2 686.60	38.90	2 647.70	31.54	0.00	31.54
黄南州	21 596.23	7 122.98	3 874.98	134.85	3 740.13	5 809.11	4 185.66	1 623.45	3 927.76	3 294.11	633.65	861.40	554.95	306.45
海南州	99 123.51	72 274.38	22 060.02	10 101.69	11 958.33	4 162.79	2 705.44	1 457.35	515.49	465.28	50.21	110.83	14.47	96.36
果洛州	594.58	68.40	75.68	0.00	75.68	266.79	0.00	266.79	171.91	0.00	171.91	11.80	0.00	11.80
玉树州	15 895.35	968.60	3 353.98	0.00	3 353.98	7 938.54	0.00	7 938.54	3 170.54	0.00	3 170.54	463.69	0.00	463.69
海西州	45 396.08	45 396.08	0.00	0.00	0.00	0.00	0.00	0.00	0.00	0.00	0.00	0.00	0.00	0.00

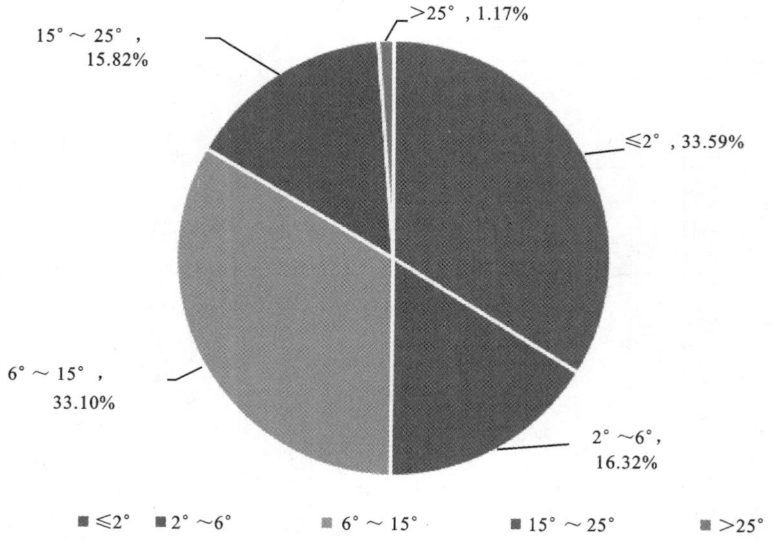

图 3-9 青海省不同坡度耕地面积构成

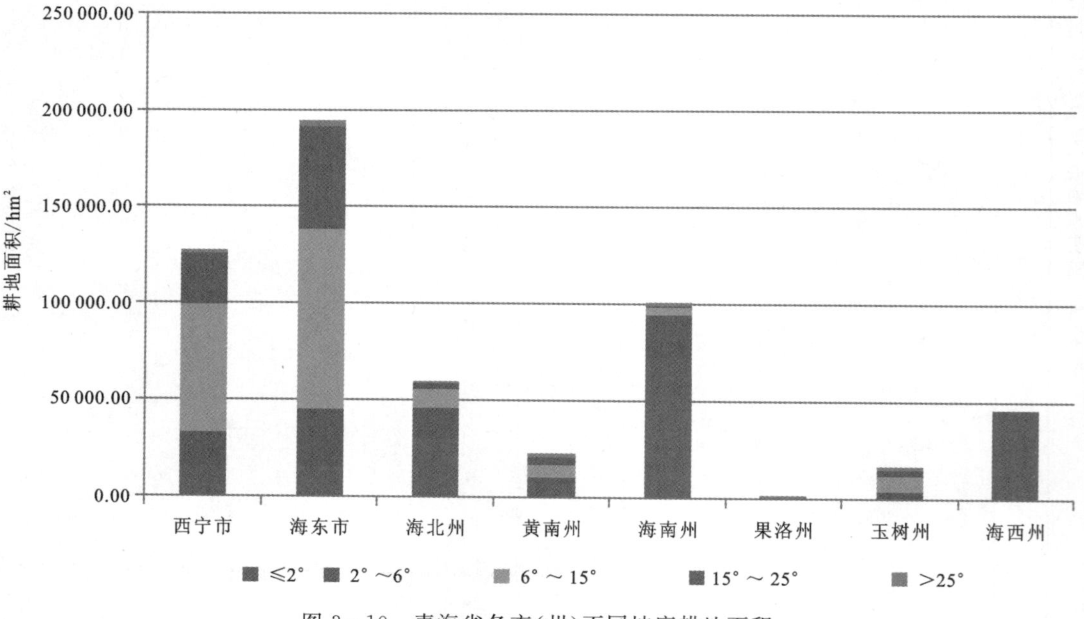

图 3-10 青海省各市(州)不同坡度耕地面积

坡度为 2°～6°的耕地面积为 92 063.41hm²，占全国坡度为 2°～6°耕地面积的 0.47%，其中梯田面积为 25 369.25hm²，坡地面积为 66 694.16hm²。分布在西宁市的耕地面积为 17 067.46hm²，海东市的耕地面积为 29 296.28hm²，海北州的耕地面积为 16 335.01hm²，黄南州的耕地面积为 3 874.98hm²，海南州的耕地面积为 22 060.02hm²，果洛州的耕地面积为 75.68hm²，玉树州的耕地面积为 3 353.98hm²，海西州无耕地分布。

坡度为6°～15°的耕地面积为186 738.55hm²，占全国坡度为6°～15°耕地面积的1.09%，其中梯田面积为87 289.27hm²，坡地面积为99 449.28hm²。分布在西宁市的耕地面积为66 055.93hm²，海东市的耕地面积为93 108.31hm²，海北州的耕地面积为9 397.08hm²，黄南州的耕地面积为5 809.11hm²，海南州的耕地面积为4 162.79hm²，果洛州的耕地面积为266.79hm²，玉树州的耕地面积为7 938.54hm²，海西州无耕地分布。

坡度为15°～25°的耕地面积为89 275.34hm²，占全国坡度为15°～25°耕地面积的1.16%，其中梯田面积为42 304.58hm²，坡地面积为46 970.76hm²。分布在西宁市的耕地面积为26 247.24hm²，海东市的耕地面积为52 555.80hm²，海北州的耕地面积为2 686.60hm²，黄南州的耕地面积为3 927.76hm²，海南州的耕地面积为515.49hm²，果洛州的耕地面积为171.91hm²，玉树州的耕地面积为3 170.54hm²，海西州无耕地分布。

坡度大于25°的耕地面积为6 596.01hm²，占全国坡度大于25°耕地面积的0.16%，其中梯田面积为2 638.11hm²，坡地面积为3 957.90hm²。分布在西宁市的耕地面积为1 800.61hm²，海东市的耕地面积为3 316.14hm²，海北州的耕地面积为31.54hm²，黄南州的耕地面积为861.40hm²，海南州的耕地面积为110.83hm²，果洛州的耕地面积为11.80hm²，玉树州的耕地面积为463.69hm²，海西州无耕地分布。

3.2 园地

园地是指种植以采集果、叶、根、茎、汁等为主的集约经营的多年生木本和草本作物，覆盖度大于50%或每亩株数大于合理株数70%的土地，包括用于育苗的土地。与耕地相比，园地的集约化经营程度和单位面积效益都比较高。

3.2.1 园地现状与分布

青海省园地总面积为62 336.17hm²，占全国园地面积的0.31%，居青海省国土利用面积的第九位，青海省人均种植园地面积为0.154亩，低于全国人均水平(0.216亩)。其中：西宁市园地面积为13.59hm²，占全省园地面积的0.02%；海东市园地面积为2 510.76hm²，占全省园地面积的4.19%；黄南州园地面积为4 01.93hm²，占全省园地面积的0.64%；海南州园地面积为2 927.13hm²，占全省园地面积的4.70%；海西州园地面积为56 382.66hm²，占全省园地面积的90.45%；海北州、果洛州和玉树州没有园地(表3-4)。

表3-4 青海省各市(州)园地面积统计

行政区	西宁市	海东市	海北州	黄南州
面积/hm²	13.59	2 510.76	0.00	401.93
行政区	海南州	果洛州	玉树州	海西州
面积/hm²	2 927.13	0.00	0.00	56 382.66

从青海省各市(州)园地分布来看,青海省园地分布相对集中,主要分布在海西州,其园地面积占全省园地面积的90.45%,其他市(州)分布较少。“十三五”以来,青海省提出了“东部沙棘、西部枸杞、南部藏茶、河湟杂果”的发展目标。

3.2.2 园地结构与特点

3.2.2.1 园地类型

全国园地包括果园、茶园、橡胶园、其他园地4个二级国土利用类型。青海省园地包括果园、其他园地2个二级国土利用类型,与全国相比没有茶园和橡胶园。

青海省园地中果园面积为3 923.56hm^2,占全省园地面积的6.29%;其他园地面积为58 412.61hm^2,占全省园地面积的93.71%(表3-5)。

表3-5 青海省各市(州)园地分布统计

行政区	合计/hm^2	比例/%	果园	茶园	橡胶园	其他园地
			面积/hm^2			
青海省	62 336.17	100.00	3 923.56	0.00	0.00	58 412.61
西宁市	13.59	0.02	7.82	0.00	0.00	5.77
海东市	2 610.86	4.19	2 510.76	0.00	0.00	100.10
海北州	0.00	0.00	0.00	0.00	0.00	0.00
黄南州	401.93	0.64	401.93	0.00	0.00	0.00
海南州	2 927.13	4.70	991.92	0.00	0.00	1 935.21
果洛州	0.00	0.00	0.00	0.00	0.00	0.00
玉树州	0.00	0.00	0.00	0.00	0.00	0.00
海西州	56 382.66	90.45	11.13	0.00	0.00	56 371.53

3.2.2.2 果园

青海省园地中果园面积为3 923.56hm^2,占全省园地面积的6.29%。其中,西宁市果园面积为7.82hm^2,占全省果园面积的0.20%;海东市果园面积为2 510.76hm^2,占全省果园面积的63.99%;黄南州果园面积为401.93hm^2,占全省果园面积的10.24%;海南州果园面积为991.92hm^2,占全省果园面积的25.28%;海西州果园面积为11.13hm^2,占全省果园面积的0.28%;海北州、果洛州和玉树州没有果园用地。

从各县(市、区)分布来看,果园分布比较集中,只有17个县(市、区)有果园,很多县(市、区)并没有果园。果园面积占全省果园面积比例在5.00%以上的县(市、区)共有6个,分别是乐都区、民和县、化隆县、循化县、尖扎县、贵德县。其中民和县分布最多,民和县果园面积占全省果园面积的29.62%;其次是贵德县,占全省果园面积的24.55%。西宁市只有城西区、城北区和湟中区有果园,黄南州中只有同仁县和尖扎县有果园,海西州中只有德令哈市有果园。

3.2.2.3 其他园地

青海省园地中其他园地面积为5 8412.61hm²,占全省园地面积的93.71%。其中,西宁市其他园地面积为5.77hm²,占全省其他园地面积的0.01%;海东市其他园地面积为100.10hm²,占全省其他园地面积的0.17%;海南州其他园地面积为1 935.21hm²,占全省其他园地面积的3.31%;海西州其他园地面积为56 371.53hm²,占全省其他园地面积的96.51%;海北州、黄南州、果洛州、玉树州没有其他园地。

从各县(市、区)分布来看,只有16个县(市、区)有其他园地。其他园地占全省其他园地面积比例在10.00%以上的县(市、区)共有3个,分别是海西州的格尔木市、德令哈市、都兰县。其中,都兰县分布最多,都兰县其他园地面积占全省其他园地面积的41.08%;其次是在德令哈市,占全省其他园地面积的24.70%。

3.3 林地

林地是国家重要的自然资源和战略资源,是野生动植物栖息繁衍和生物多样性保护的物质基础。森林具有丰富的生物多样性、复杂的结构和生态过程,是自然界最丰富和稳定的有机碳贮库、基因库、资源库、蓄水库和能源库,对改善生态环境,维持生态平衡,保护人类生存发展的基本环境起着不可替代的作用。

3.3.1 林地现状与分布

青海省林地面积为4 603 592.24hm²,占全国林地面积的1.62%,在青海省国土利用面积中排第四位。青海省人均林地面积为11.361亩,接近全国人均面积(3.036亩)的4倍。其中:西宁市林地面积为357 555.03hm²,占全省林地面积的7.77%;海东市林地面积为467 086.35hm²,占全省林地面积的10.15%;海北州林地面积为528 521.62hm²,占全省林地面积的11.48%;黄南州林地面积为452 004.69hm²,占全省林地面积的9.82%;海南州林地面积为384 101.24hm²,占全省林地面积的8.34%;果洛州林地面积为972 885.23hm²,占全省林地面积的21.13%;玉树州林地面积为797 978.15hm²,占全省林地面积的17.33%;海西州林地面积为643 459.93hm²,占全省林地面积的13.98%(表3-6)。

从各市(州)林地分布来看,青海省林地分布广泛,各市(州)均有分布,果洛州、玉树州、海西州分布的面积较多,黄南州、海南州分布面积最少。受高原独特气候、土壤和地形地貌的影响,青海省东经96°线以西的广大地区基本上无乔木林分布。但受孟加拉湾暖湿气流和东南季风的影响,东经96°线以东的河谷两岸,连续分布着一些乔木林,这大致构成了围绕高原东北部的一条弧形森林分布带。从林地类型来看,在东部森林,南部高寒灌丛和西北部的荒漠灌丛共同形成了森林分布的水平格局。山地森林植被主要分布于海拔 2500～4200m 的黄河及其支流、长江、澜沧江等外流河的河谷两岸，植被类型以寒温性常绿针叶林、温性针叶林，以及少量寒温性落叶针叶林为主，伴有部分落叶阔叶林，面积约占全省森林面积的 90%。荒漠植被主要分布在柴达木盆地、青海湖盆地、海南台地等干旱、半干旱沙地荒漠区，植被类型以柽柳、梭梭、沙拐枣、麻黄、枸杞和白刺等灌木林为主。

表 3－6　青海省各市(州)林地面积分布统计

行政区	西宁市	海东市	海北州	黄南州
面积/hm^2	357 555.03	467 086.35	528 521.62	452 004.69
行政区	海南州	果洛州	玉树州	海西州
面积/hm^2	384 101.24	972 885.23	797 978.15	643 459.93

全省森林按流域可划分为祁连山林区、大通河林区、湟水林区、柴达木林区、黄河下段林区、隆务河林区、黄河上段林区、大渡河上游林区、通天河及澜沧江上游林区共九大林区。

这九大林区按山系分别属于祁连山、西倾山、巴颜喀拉山、东昆仑山和唐古拉山 5 条山脉。其中，祁连山系主要分布在祁连山中段、冷龙岭东段、达坂山东段和拉脊山。森林类型主要以青海云杉林、祁连圆柏林、青杆林、油松林、白桦林、红桦林、糙皮桦林和山杨林为主。祁连山有林地和疏林地，其面积居全省林地面积第一；西倾山系主要分布在山地周围的谷地带和全系黄河右侧的支流支沟，森林类型与祁连山系相同，但有部分华山松林、巴山冷杉林、紫果云杉林和辽东栎林等分布。巴颜喀拉山系主要分布在阿尼玛卿山北坡、果洛山南坡，森林类型以青海云杉林、紫果云杉林、川西云杉林、鳞皮冷杉林、红松林、方枝柏林、塔枝柏林、大果圆柏林和白桦林等为主。唐古拉山的森林主要分布在东段的格吉山、郭拉山、朝午拉山、茶拉山、熊拉山等处，森林类型以川西云杉林、密枝圆柏林、大果圆柏林和白桦林为主；柴达木盆地东部边缘山地呈半圆形分布于诺木洪南山、香日德南山、都兰东山和宗务隆山的南坡，森林类型以青海云杉林、祁连圆柏林、极少量的胡杨林和青海杨林为主。这九大林区按水系主要分布在黄河、通天河和澜沧江上游干支流的两岸，以及黑河、巴音河、希里沟河、香日德河等内陆河两岸。

从各县(市、区)分布来看，青海省林地主要分布在囊谦县、玛沁县、玉树市、门源县、班玛县、格尔木市、都兰县、久治县等。囊谦县林地面积为 321 243.68hm^2，占全省林地面积的 6.98%；玛沁县林地面积为 279 876.51hm^2，占全省林地面积的 6.08%；玉树市林地面积为 279 719.04hm^2，占全省林地面积的 6.08%；门源县林地面积为 265 863.74hm^2，占全省林地面积的 5.78%；班玛县林地面积为 250 176.04hm^2，占全省林地面积的 5.43%；格尔木市林地面积为 228 193.63hm^2，占全省林地面积的 4.96%；都兰县林地面积为 203 053.07hm^2，占全省林地面积的 4.41%；久治县林地面积为 190 247.88hm^2，占全省林地面积的 4.13%(图 3－11)。

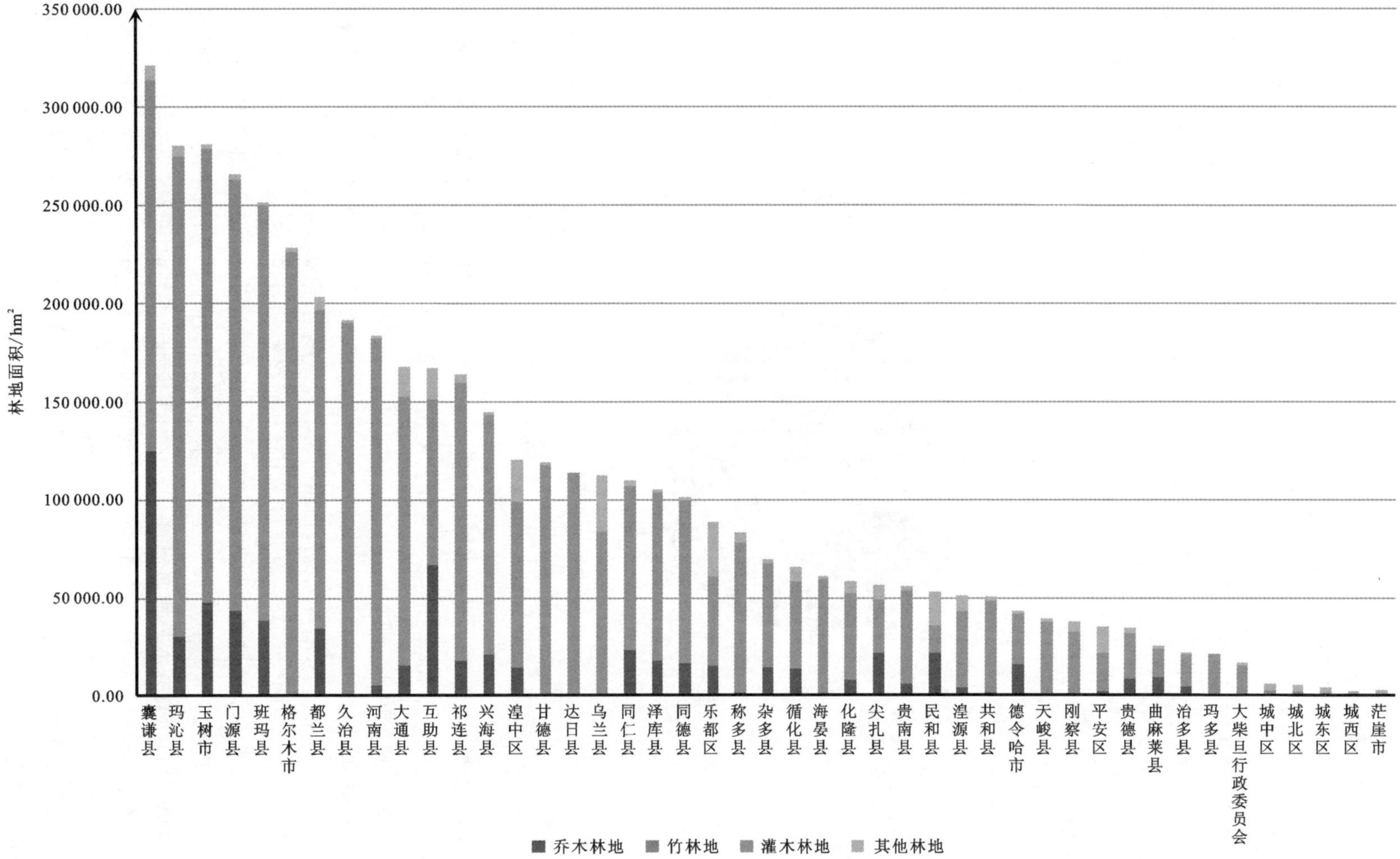

图 3－11 青海省各县(市、区)林地类型及面积

3.3.2 林地结构与特点

3.3.2.1 林地类型

青海省林地包括乔木林地、灌木林地、其他林地3个二级国土利用类型，与全国其他地区林地类型相比没有竹林地。

青海省林地中乔木林地面积为674 460.40hm²，占全省林地面积的14.65%；灌木林地面积为3 693 997.48hm²，占全省林地面积的80.24%；其他林地面积为235 134.36hm²，占全省林地面积的5.11%（图3-12）。

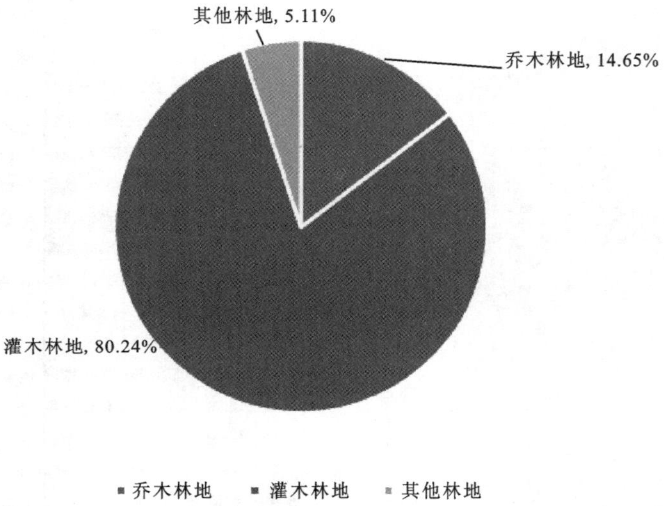

图3-12 青海省林地类型构成

从青海省林地构成来看，青海省林地主要是灌木林地，主要分布在果洛州、玉树州、海西州和海北州；其次是乔木林地，主要分布在玉树州、海东市和黄南州；再次是其他林地，主要分布在海东市、西宁市和海西州。

青海省各市（州）林地类型及面积见表3-7。从各市（州）林地分布来看，西宁市乔木林地面积为36 636.55hm²，占全省乔木林地面积的5.43%；海东市乔木林地面积为128 614.65hm²，占全省乔木林地面积的19.07%；海北州乔木林地面积为61 909.09hm²，占全省乔木林地面积的9.18%；黄南州乔木林地面积为68 695.37hm²，占全省乔木林地面积的10.19%；海南州乔木林地面积为54 752.47hm²，占全省乔木林地面积的8.12%；果洛州乔木林地面积为68 593.06hm²，占全省乔木林地面积的10.17%；玉树州乔木林地面积为202 571.54hm²，占全省乔木林地面积的30.03%；海西州乔木林地面积为52 687.67hm²，占全省乔木林地面积的7.81%。青海省乔木林地总量不多，多处于极限分布和边缘分布地段，而且分布不均，主要分布在东部及南部区域，呈零星分散状态。大面积天然乔木林主要分布在长江、黄河、澜沧江两岸和祁连山地。

表 3-7　青海省各市(州)林地类型及面积

行政区	林地	乔木林地	竹林地	灌木林地	其他林地
	面积/hm^2				
青海省	4 603 592.24	674 460.40	0.00	3 693 997.48	235 134.36
西宁市	357 555.03	36 636.55	0.00	265 150.06	55 768.42
海东市	467 086.35	128 614.65	0.00	251 287.35	87 184.35
海北州	528 521.62	61 909.09	0.00	452 903.27	13 709.26
黄南州	452 004.69	68 695.37	0.00	373 589.06	9 720.26
海南州	384 101.24	54 752.47	0.00	321 332.69	8 016.08
果洛州	972 885.23	68 593.06	0.00	899 043.61	5 248.56
玉树州	797 978.15	202 571.54	0.00	580 631.18	14 775.43
海西州	643 459.93	52 687.67	0.00	550 060.26	40 712.00

从各县(市、区)林地结构来看,青海省林地类型主要以灌木林地为主。民和县、尖扎县、互助县、曲麻莱县、囊谦县、德令哈市、城东区的灌木林地面积占全省林地面积的比例超过25%;兴海县、达日县、玛多县、甘德县、久治县、格尔木市、大柴旦行政委员会的灌木林地面积占全省林地面积的比例接近100%,海晏县、河南县、天峻县、共和县、称多县的灌木林地面积占全省林地面积的比例超过90%。

由于生态环境脆弱,乔木分布窄,树种少,生长慢,蓄积量小,林分质量较低。乔木林中针叶林面积占比64.2%,阔叶林面积占比27.1%,混交林面积占比8.7%。绝大部分是单树种纯林,各树种面积占比分别为云杉类占29.6%,柏树类占35.2%,桦树类占12.9%,杨树类占11.5%,其余均为零星分布。森林主要以寒温针叶林为主,优势树种有柏树、青海云杉、青杨、白桦、川西云杉等。

3.3.2.2　灌木林地

西宁市灌木林地面积为265 150.06hm^2,占全省灌木林地面积的7.18%;海东市灌木林地面积为251 287.35hm^2,占全省灌木林地面积的6.80%;海北州灌木林地面积为452 903.27hm^2,占全省灌木林地面积的12.26%;黄南州灌木林地面积为373 589.06hm^2,占全省灌木林地面积的10.11%;海南州灌木林地面积为321 332.69hm^2,占全省灌木林地面积的8.70%;果洛州灌木林地面积为899 043.61hm^2,占全省灌木林地面积的24.34%;玉树州灌木林地面积为580 631.18hm^2,占全省灌木林地面积的15.72%;海西州灌木林地面积为550 060.26hm^2,占全省灌木林地面积的14.89%。

青海省灌木林地分布比较广泛。其中果洛州分布面积最多,其次是玉树州,海南州灌木林地面积最少。天然灌木林地广泛分布在柴达木盆地、青南高原、黄土丘陵区和祁连山地,灌木树种类型多、面积大、适应能力强,是青海省林地类型的主体。

青海省各县(市、区)都有灌木林地分布。玛沁县灌木林地面积最多,占全省灌木林地面积的6.63%。其中有9个县(市)的灌木林地面积占全省灌木林地面积比例超过4%,这9个县(市)分别为玛沁县、玉树市、格尔木市、门源县、班玛县、久治县、囊谦县、河南县、都兰县,其占比分别为6.63%、6.26%、6.12%、5.93%、5.72%、5.15%、5.12%、4.78%、4.38%。

3.3.2.3 其他林地

西宁市其他林地面积为55 768.42hm²,占全省其他林地面积的23.72%;海东市其他林地面积为87 184.35hm²,占全省其他林地面积的37.08%;海北州其他林地面积为13 709.26hm²,占全省其他林地面积的5.83%;黄南州其他林地面积为9720.26hm²,占全省其他林地面积的4.13%;海南州其他林地面积为8 016.08hm²,占全省其他林地面积的3.41%;果洛州其他林地面积为5 248.56hm²,占全省其他林地面积的2.23%;玉树州其他林地面积为14 775.43hm²,占全省其他林地面积的6.28%;海西州其他林地面积为40 712.00hm²,占全省其他林地面积的17.31%。青海省其他林地主要分布在西宁市、海东市和海西州,其中海东市分布面积最多,其次是西宁市。

从各县(区)分布来看,青海省果洛州的达日县和玛多县没有其他林地分布。乌兰县其他林地分布最多,面积为28 629.32hm²,占全省其他林地面积的12.18%;其次是乐都区,其他林地面积为27 835.59hm²,占全省其他林地面积的11.84%。

3.4 草地

草地是发展畜牧业的重要资源和基地,是我国牧区、半牧区人们赖以生存的生产资料,同时具有保护环境、防风固沙、蓄水保土、改善土壤条件、调节气候、涵养水源、净化空气、美化环境、保护生物多样性等功能,是陆地生态系统的重要组成部分。有效保护和合理开发利用草地资源,有利于改善牧区、半牧区和我国西部地区的生态环境,促进西部和边疆少数民族地区的经济繁荣与发展。青海省是我国传统牧区之一,草地不仅是青海省畜牧业的生产基地,还是青藏高原主要的生态屏障,在青海省内具有十分重要的生态和经济地位。

3.4.1 草地现状与分布

青海省草地面积为39 470 819.24hm²,占全国草地面积的14.92%,在青海省国土利用面积中居第一位,在全国国土利用面积中居第四位。青海省人均草地面积为97.408亩,约是全国人均草地面积(2.826亩)的35倍。其中西宁市草地面积为167 049.13hm²,占全省草地面积的0.42%;海东市草地面积为502 549.71hm²,占全省草地面积的1.27%;海北州草地面积为1 842 432.48hm²,占全省草地面积的4.67%;黄南州草地面积为1 229 075.64hm²,占全省草地面积的3.11%;海南州草地面积为3 252 397.07hm²,占全省草地面积的8.24%;果洛州草地面积为5 200 485.51hm²,占全省草地面积的13.18%;玉树州草地面积为15 168 515.88hm²,占全省草地面积的38.43%;海西州草地面积为12 108 313.83hm²,占全省草地面积的30.68%(表3-8)。

表 3-8 青海省各市(州)草地面积分布统计

行政区	西宁市	海东市	海北州	黄南州
面积/hm^2	167 049.13	502 549.71	1 842 432.48	1 229 075.64
行政区	海南州	果洛州	玉树州	海西州
面积/hm^2	3 252 397.07	5 200 485.51	15 168 515.88	12 108 313.83

青海省大部分草地分布在三江源地区、环青海湖周边地区以及祁连山地等区域。青海省草地主要分布在玉树州、海西州、果洛州和海南州，四州草地面积之和占全省草地面积的90.52%。西宁市、海东市、海北州、黄南州、海南州和果洛州的草地面积之和为12 193 989.53hm^2，比玉树州草地面积少；海西州和果洛州的草地面积之和为17 308 799.33hm^2，比玉树州草地面积多。

从各县(市、区)分布来看，青海省草地主要分布在治多县、格尔木市、曲麻莱县、杂多县、都兰县、天峻县、玛多县、德令哈市。治多县草地面积为6 279 959.69hm^2，占全省草地面积的15.91%；格尔木市草地面积为3 880 314.61hm^2，占全省草地面积的9.83%；曲麻莱县草地面积为3 595 933.10hm^2，占全省草地面积的9.11%；杂多县草地面积为2 551 887.51hm^2，占全省草地面积的6.47%；都兰县草地面积为2 541 511.66hm^2，占全省草地面积的6.44%；天峻县草地面积为1 733 947.24hm^2，占全省草地面积的4.39%；玛多县草地面积为1 722 850.85hm^2，占全省草地面积的4.36%；德令哈市草地面积为1 586 319.53hm^2，占全省草地面积的4.02%。以上各县(市、区)草地面积之和占全省草地面积的60.53%(图3-13)。

治多县草地面积最大，比果洛州、西宁市和海东市的草地面积之和5 870 084.35hm^2还多。

3.4.2 草地结构与特点

3.4.2.1 草地类型

全国草地包括天然牧草地、人工牧草地、其他草地3个二级国土利用类型。青海省草地包括的二级国土利用类型与全国相同。

青海省天然牧草地面积为36 663 922.74hm^2，占全省草地面积的92.88%；人工牧草地面积为89 109.89hm^2，占全省草地面积的0.23%；其他草地面积为2 717 786.61hm^2，占全省草地面积的6.89%。天然牧草地是青海省主要的草地类型(图3-14)。

青海省各市(州)草地类型中，西宁市天然牧草地面积占其市(州)草地面积的97.23%，海东市天然牧草地面积占其市(州)草地面积的98.69%，海北州天然牧草地面积占其市(州)草地面积的98.98%，黄南州天然牧草地面积占其市(州)草地面积的99.73%，海南州天然牧草地面积占其市(州)草地面积的97.83%，果洛州天然牧草地面积占其市(州)草地面积的97.67%，玉树州天然牧草地面积占其市(州)草地面积的99.99%，海西州天然牧草地面积占其市(州)草地面积的78.69%(表3-9)。

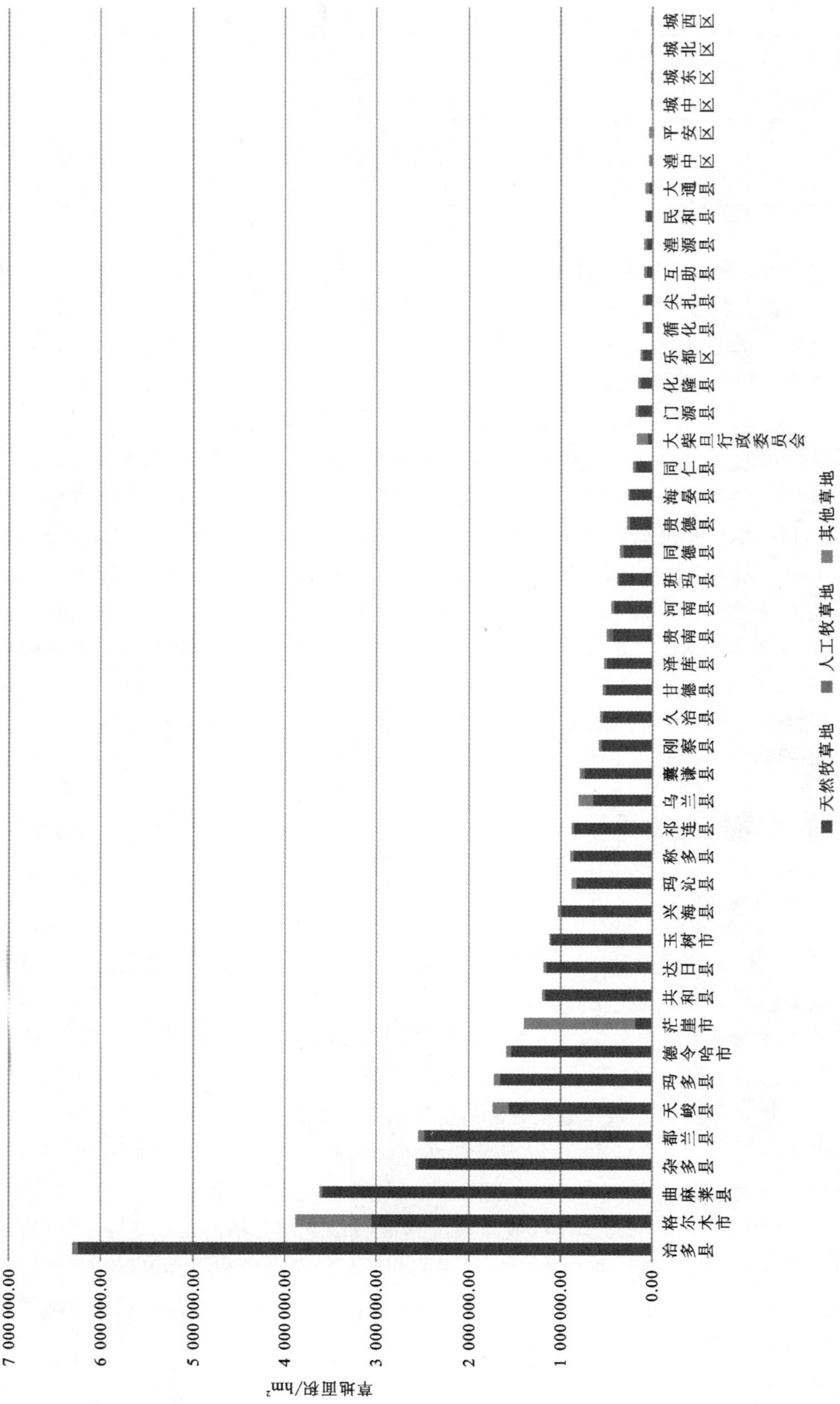

图 3－13　青海省各县(市、区)草地面积分布

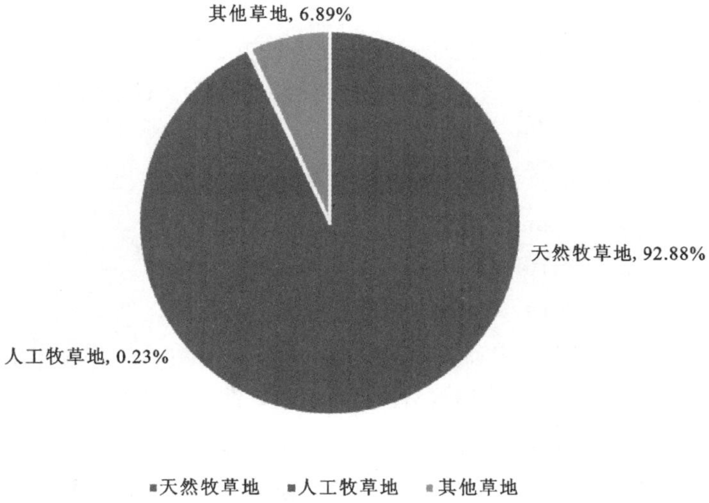

图 3-14 青海省草地面积结构

表 3-9 青海省各市(州)草地类型及面积

行政区	草地	天然牧草地	人工牧草地	其他草地
	面积/hm^2			
青海省	39 470 819.24	36 663 922.74	89 109.89	2 717 786.61
西宁市	167 049.13	162 417.99	475.83	4 155.31
海东市	502 549.71	495 959.06	2 454.39	4 136.26
海北州	1 842 432.48	1 823 560.87	12 520.35	6 351.26
黄南州	1 229 075.64	1 225 807.51	1 707.06	1 561.07
海南州	3 252 397.07	3 181 905.69	60 734.58	9 756.80
果洛州	5 200 485.51	5 079 155.42	7 550.71	113 779.38
玉树州	15 168 515.88	15 166 609.88	605.92	1 300.08
海西州	12 108 313.83	9 528 506.32	3 061.05	2 576 746.46

3.4.2.2 天然牧草地

从各市(州)分布来看,西宁市天然牧草地面积为 162 417.99hm^2,占全省天然牧草地面积的 0.44%;海东市天然牧草地面积为 495 959.06hm^2,占全省天然牧草地面积的 1.35%;海北州天然牧草地面积为 1 823 560.87hm^2,占全省天然牧草地面积的 4.97%;黄南州天然牧草地面积为 1 225 807.51hm^2,占全省天然牧草地面积的 3.34%;海南州天然牧草地面积为 3 181 905.69hm^2,占全省天然牧草地面积的 8.68%;果洛州天然牧草地面积为 5 079 155.42hm^2,占全省天然牧草地面积的 13.85%;玉树州天然牧草地面积为 15 166 609.88hm^2,占全省天然牧草地面积的 41.36%;海西州天然牧草地面积为 9 528 506.32hm^2,占全省天然牧草地面积积的 25.99％。玉树州的天然牧草地面积最大，其次为海西州。

从各县（市、区）分布来看，青海省每个县都有天然牧草地分布。其中面积最大的是治多县，占全省天然牧草地面积的 17.13％；其次是曲麻莱县，其天然牧草地面积占全省天然牧草地面积的 9.80％。有 8 个县的天然牧草地面积占全省天然牧草地面积比例超过 4％，分别为治多县、曲麻莱县、格尔木市、杂多县、都兰县、玛多县、天峻县、德令哈市，其天然牧草地面积分别为 6 279 619.22hm^2、3 594 788.96hm^2、3 051 571.90hm^2、2 551 867.82hm^2、2 475 275.75hm^2、1 659 585.16hm^2、1 566 006.01hm^2、1 541 418.40hm^2。

青藏高原主要受控于西南季风、东南季风、西伯利亚高压以及青藏高压的综合影响，故高原水、热条件的地域差异较大，从而导致高原高寒植被在地理格局上的分异，形成了自东南向西北由暖湿至寒旱的水平分异梯度，植被表现为“森林—草甸—草原—荒漠”的地带性变化。这种区域差异又和垂直带变化紧密结合，形成若干各具特色的自然地理区域。以高寒草甸、草原和荒漠为主体的高原垂直带呈现水平地带变化，具有强烈的大陆性高原特色，在本质上异于低海拔相应的自然地带。

水平分布特征表现为：在青海省北半部，东起湟水流域，经青海湖盆地，西至柴达木盆地，东西约跨 14 个经度带。由东南至西北，受东南季风影响，降水量逐渐减少，草地植被由温性草原向温性荒漠过渡，其草地类型分布序列为山地干草原类→山地荒漠类→平原荒漠类。在河湟谷地及两侧低海拔低山分布着温带草原，中高山受地形影响降水较多，但气温降低，还分布着以北方嵩草（*Kobresia bellardii*）为建群种的高寒草地；在青海湖周围的山地及湖盆，因海拔高、气候寒冷，则分布着高寒灌丛、高寒草甸和高寒草原；柴达木盆地因受控于西伯利亚冷高压，气温较低，降水稀少，蒸发量大，则分布着高原温带荒漠，盆地周围山地则分布着高寒草原和高寒草甸。

青海省南部高原平均海拔为 4000～4500m，自东南向西北，西南暖湿气流从印度孟加拉湾逆横断山脉河谷而上，并随着海拔的逐渐升高，其强度逐渐减弱，气温逐渐降低，降水逐渐减少，寒冷干旱程度不断增强。因此，青南高原地区自东南向西北，草地类型分布序列为高寒灌丛→疏林草甸亚类→灌丛草甸亚类→高山草甸亚类→高寒草原类→高寒荒漠类。其植被的分布既不同于纬向分布，也不同于经向分布，而是形成“水平分布叠加垂直分布”的特有高原分布规律，称为“高原地带性规律”。此外，高寒草地在分布格局中，东部受温度的控制，西部则受降水的制约。

垂直分布特征表现为：受青藏高原地形和气候条件差异影响，各地天然草地垂直分布带谱简繁不一，根据植被垂直分布系列的不同而划分为 3 个纬向的植被地带。青海省境内六大山系由低到高又形成若干个垂直气候带，即纬度位置所联系的水热状况、经度位置联系的降水状况与山体高度所引起的水热变异相结合的气候特征。祁连山东段山地阳坡的垂直分布规律如下。山地干草原草地类→高寒草甸草地类→石山、冰雪带；山地阴坡垂直分布规律为：高寒疏林草甸亚类→高山草甸亚类→干旱灌丛草甸亚类→高山草甸亚类→石山、冰雪带。祁连山西段山地阳坡的垂直分布规律为：山地荒漠草地类→高寒干草原草地→石山和永久积雪带；山地阴坡的垂直分布规律为：山地荒漠类草地→高寒干草原类草地→高山草甸亚类→石山和冰雪带。

3.4.2.3 人工牧草地

从各市(州)分布来看,西宁市人工牧草地面积为 475.83hm²,占全省人工牧草地面积的 0.53%;海东市人工牧草地面积为 2 454.39hm²,占全省人工牧草地面积的 2.75%;海北州人工牧草地面积为 12 520.35hm²,占全省人工牧草地面积的 14.05%;黄南州人工牧草地面积为 1 707.06hm²,占全省人工牧草地面积的 1.92%;海南州人工牧草地面积为 60 734.58hm²,占全省人工牧草地面积的 68.16%;果洛州人工牧草地面积为 7 550.71hm²,占全省人工牧草地面积的 8.47%;玉树州人工牧草地面积为 605.92hm²,占全省人工牧草地面积的 0.68%;海西州人工牧草地面积为 3 061.05hm²,占全省人工牧草地面积的 3.44%。青海省人工牧草地主要分布在海南州,其面积占全省人工牧草地面积的 68.16%,其他市(州)的人工牧草地面积分布比较少。

从各县(市、区)分布来看,青海省 40 个县有人工牧草地,5 个县没有人工牧草地。占全省人工牧草地面积的比例在 5%以上的县共有 6 个,分别是祁连县、共和县、同德县、兴海县、贵南县、玛沁县。其中贵南县分布最多,其面积占全省人工牧草地面积的 38.85%;其次是同德县,占全省人工牧草地面积的 15.72%。

3.4.2.4 其他草地

从各市(州)分布来看,西宁市其他草地面积为 4 155.31hm²,占全省其他草地面积的 0.15%;海东市其他草地面积为 4 136.26hm²,占全省其他草地面积的 0.15%;海北州其他草地面积为 6 351.26hm²,占全省其他草地面积的 0.23%;黄南州其他草地面积为 1 561.07hm²,占全省其他草地面积的 0.06%;海南州其他草地面积为 9 756.80hm²,占全省其他草地面积的 0.36%;果洛州其他草地面积为 113 779.38hm²,占全省其他草地面积的 4.19%;玉树州其他草地面积为 1 300.08hm²,占全省其他草地面积的 0.05%;海西州其他草地面积为 2 576 746.46hm²,占全省其他草地面积的 94.81%。青海省其他草地大部分分布在海西州,其次分布在果洛州。

从各县(市、区)分布来看,青海省每个县都有其他草地。其中茫崖市分布最多,面积为 1 201 709.16hm²,占全省其他草地面积的 44.22%;其次是格尔木市,其他草地面积为 828 680.62hm²,占全省其他草地面积的 30.49%;天峻县其他草地面积为 167 141.93hm²,占全省其他草地面积的 6.15%。

3.5 湿地

湿地指天然的或人工的、永久的或间歇性的沼泽地、泥炭地、滩涂等。湿地作为全球生态系统的重要类型,是连接水陆之间的过渡性生态系统,享有“地球之肾”的美誉,具有独特的土壤、水文、植被和生物特征,是重要的自然资源和人类生存环境资本,是陆地上的天然水库,在蓄洪防旱、调节气候、控制水土流失、降解污染物、保护生物多样性和为人类提供生产生活资源等方面均有重要作用,具有重要的生态效益、社会效益和经济效益。

3.5.1 湿地现状与分布

青海省湿地面积为5 101 187.87hm²，占全国湿地面积的21.74%，湿地面积在全国位居第一。青海省人均湿地面积为12.589亩，是全国人均湿地面积(0.251亩)的50倍。青海省湿地主要分布在玉树州、海西州和果洛州，面积分别为2 782 091.26hm²、1 221 523.29hm²、711 405.26hm²，分别占全省湿地面积的54.54%、23.95%和13.95%(表3-10)。全省有3处国际重要湿地、19处国家湿地公园、11处各类型自然保护区、32处省级重要湿地。

表3-10 青海省各市(州)湿地面积

行政区	西宁市	海东市	海北州	黄南州
面积/hm²	1 858.81	4 948.34	262 864.95	60 136.80
行政区	海南州	果洛州	玉树州	海西州
面积/hm²	56 359.16	711 405.26	2 782 091.26	1 221 523.29

从各市(州)分布来看，西宁市湿地面积为1 858.81hm²，占全省湿地面积的0.04%；海东市湿地面积为4 948.34hm²，占全省湿地面积的0.10%；海北州湿地面积为262 864.95hm²，占全省湿地面积的5.15%；黄南州湿地面积为60 136.80hm²，占全省湿地面积的1.18%；海南州湿地面积为56 359.16hm²，占全省湿地面积的1.10%；果洛州湿地面积为711 405.26hm²，占全省湿地面积的13.95%；玉树州湿地面积为2 782 091.26hm²，占全省湿地面积的54.53%；海西州湿地面积为1 221 523.29hm²，占全省湿地面积的23.95%。玉树州、海西州和果洛州的湿地面积之和占全省湿地面积的92.43%。

青海省湿地有着明显的地域分布特点，青海南部江河源区主要分布着河流和高寒沼泽草甸湿地，东部可可西里地区主要分布着青海海拔最高的湖泊湿地，东南部黄河源区断陷盆地主要分布着黄河外流水系及高原缓盆地湖泊湿地，西部、北部集中分布着柴达木盆地咸水湖、盐湖及沼泽湿地，东北部青海湖内流区域及祁连山地区主要分布着中国最大的高原湖泊湿地青海湖和祁连山河源沼泽湿地。

从各县(市、区)分布来看，青海省湿地主要分布在治多县、曲麻莱县、格尔木市、杂多县、玛多县、称多县、天峻县等，各县(市)湿地面积分别占全省湿地面积的17.75%、16.22%、11.12%、11.22%、9.15%、8.11%、5.63%，合计占全省湿地面积的79.20%(图3-15)。

3.5.2 湿地主要类型

青海省湿地包括森林沼泽、沼泽草地、内陆滩涂、沼泽地4个二级国土利用类型，与全国相比没有红树林地、灌丛沼泽和沿海滩涂。

青海省森林沼泽面积为0.19hm²；沼泽草地面积为3 965 726.84hm²，占全省湿地面积的77.74%；内陆滩涂面积为1 041 239.57hm²，占全省湿地面积的20.41%；沼泽地面积为94 221.27hm²，占全省湿地面积的1.85%。

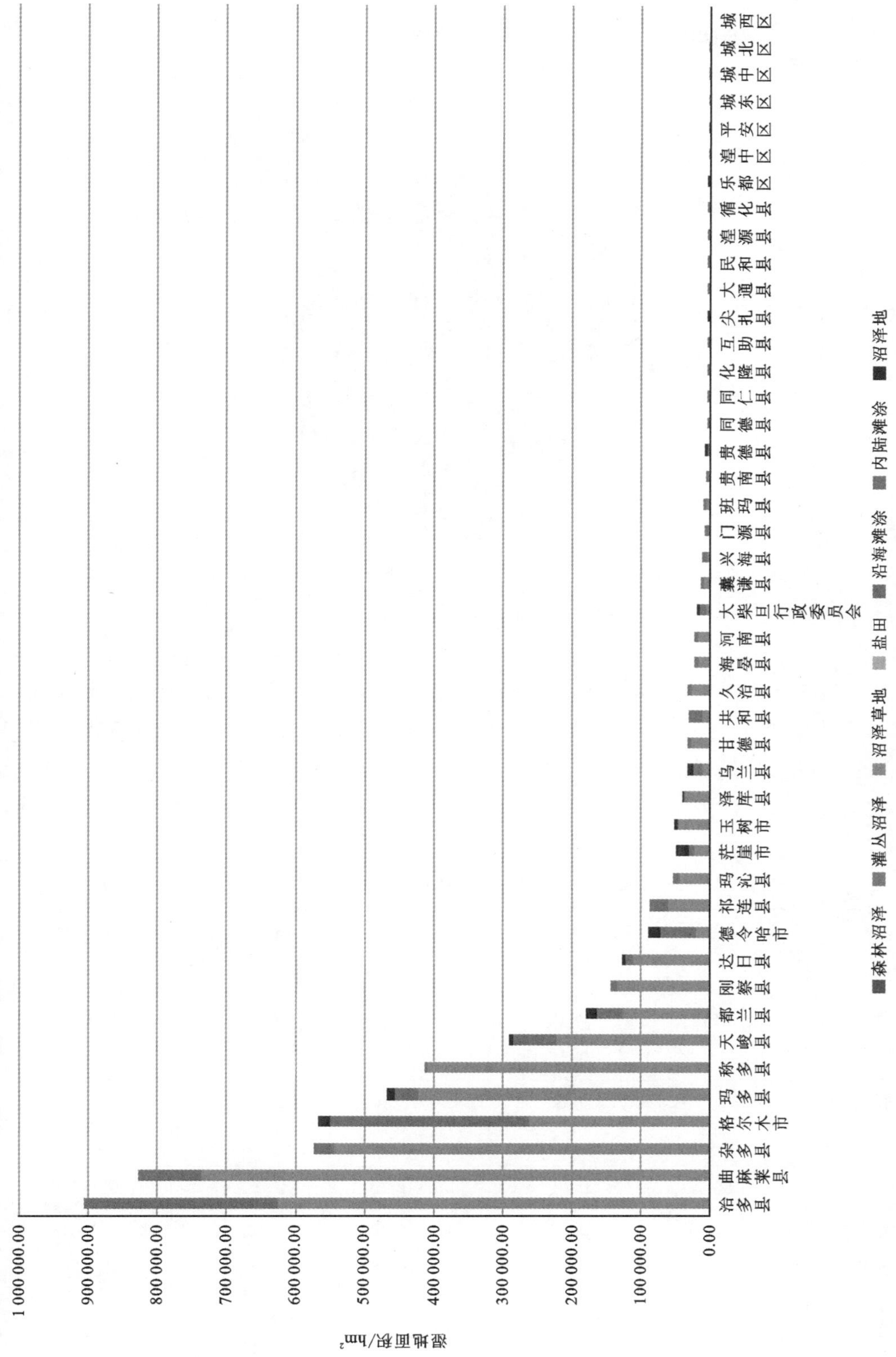

图 3-15　青海省各县(市、区)湿地面积

从青海省湿地构成来看，青海省湿地主要是沼泽草地和内陆滩涂，共占湿地面积的98.15%，其中占全省湿地面积比例最大的是沼泽草地，占比达77.74%(图3－16)。青海省森林沼泽很少，占比不足0.01%。青海省没有红树林地、灌丛沼泽和沿海滩涂。

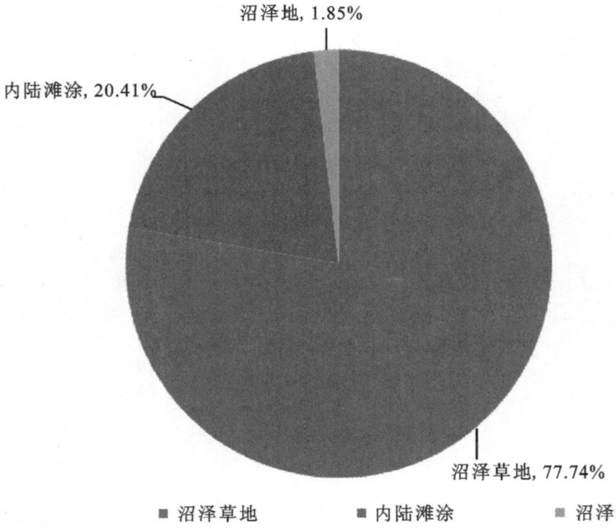

图3－16　青海省湿地类型结构

青海省沼泽草地主要分布在玉树市，面积为2 368 081.96hm²；内陆滩涂主要分布在海西州和玉树州，面积分别为470 215.10hm² 和412 406.10hm²；沼泽地主要分布在海西州和果洛州，面积分别为80 860.05hm² 和11 427.49hm²；森林沼泽分布在中区，面积为0.19hm²(表3－11)。

表3－11　青海省湿地类型及面积

行政区	湿地	森林沼泽	沼泽草地	内陆滩涂	沼泽地
	面积/hm²				
青海省	5 101 187.87	0.19	3 965 726.84	1 041 239.57	94 221.27
西宁市	1 858.81	0.19	224.76	1 633.86	0.00
海东市	4 948.34	0.00	457.20	4 454.25	36.89
海北州	262 864.95	0.00	214 936.16	47 928.79	0.00
黄南州	60 136.80	0.00	55 142.50	4 723.47	270.83
海南州	56 359.16	0.00	19 192.96	37 143.39	22.81
果洛州	711 405.26	0.00	637 243.16	62 734.61	11 427.49
玉树州	2 782 091.26	0.00	2 368 081.96	412 406.10	1 603.20
海西州	1 221 523.29	0.00	670 448.14	470 215.10	80 860.05

3.5.2.1 森林沼泽

青海省湿地中森林沼泽面积为 0.19hm²，只分布在西宁市湟中区。

3.5.2.2 沼泽草地

青海省沼泽草地面积为 3 965 726.84hm²，在湿地类型中面积占居第一位。

从各市(州)分布来看，西宁市沼泽草地面积为 224.76hm²，占全省沼泽草地面积的 0.01%；海东市沼泽草地面积为 457.20hm²，占全省沼泽草地面积的 0.01%；海北州沼泽草地面积为 214 936.16hm²，占全省沼泽草地面积的 5.42%；黄南州沼泽草地面积为 55 142.50hm²，占全省沼泽草地面积的 1.39%；海南州沼泽草地面积为 19 192.96hm²，占全省沼泽草地面积的 0.48%；果洛州沼泽草地面积为 637 243.16hm²，占全省沼泽草地面积的 16.07%；玉树州沼泽草地面积为 2 368 081.96hm²，占全省沼泽草地面积的 59.71%；海西州沼泽草地面积为 670 448.14hm²，占全省沼泽草地面积的 16.91%。青海省沼泽草地主要分布在玉树州，其次是海西州和果洛州，西宁市和海东市沼泽草地分布最少，两市沼泽草地面积之和占全省沼泽草地面积的比例不到 0.02%(表 3-11)

从各县(市、区)分布来看，青海省沼泽草地主要分布在曲麻莱县、治多县、称多县、杂多县、玛多县、天峻县、格尔木市等地，各县(市、区)沼泽草地面积之和占全省沼泽草地面积的 81.17%。其中曲麻莱县沼泽草地面积为 736 074.00hm²，占全省沼泽草地面积的 18.56%，为全省沼泽草地面积最多的县。治多县沼泽草地面积为 624 981.03hm²，占全省沼泽草地面积的 15.76%；称多县沼泽草地面积为 408 293.44hm²，占全省沼泽草地面积的 10.30%；杂多县沼泽草地面积为 544 001.09hm²，占全省沼泽草地面积的 13.72%；玛多县沼泽草地面积为 421 946.55hm²，占全省沼泽草地面积的 10.64%；天峻县沼泽草地面积为 221 909.48hm²，占全省沼泽草地面积的 5.60%；格尔木市沼泽草地面积为 261 752.06hm²，占全省沼泽草地面积的 6.60%。循化县沼泽草地面积为 12.71hm²，化隆县沼泽草地面积为 3.74hm²，湟中区沼泽草地面积为 1.16hm²。城东区、城中区、城西区、城北区、湟源县、乐都区、平安区、民和县、同德县没有沼泽草地(图 3-15)。

3.5.2.3 内陆滩涂

从各市(州)分布来看，西宁市内陆滩涂面积为 1 633.86hm²，占全省内陆滩涂面积的 0.16%；海东市内陆滩涂面积为 4 454.25hm²，占全省内陆滩涂面积的 0.43%；海北州内陆滩涂面积为 47 928.79hm²，占全省内陆滩涂面积的 4.60%；黄南州内陆滩涂面积为 4 723.47hm²，占全省内陆滩涂面积的 0.45%；海南州内陆滩涂面积为 37 143.39hm²，占全省内陆滩涂面积的 3.57%；果洛州内陆滩涂面积为 62 734.61hm²，占全省内陆滩涂面积的 6.02%；玉树州内陆滩涂面积为 412 406.10hm²，占全省内陆滩涂面积的 39.61%；海西州内陆滩涂面积为 470 215.10hm²，占全省内陆滩涂面积的 45.16%(表 3-11)。

从各县(区)分布来看，青海省每个地区都有内陆滩涂，治多县、格尔木市、曲麻莱县、天峻县、德令哈市、都兰县、杂多县、玛多县、祁连县的内陆滩涂面积占全省内陆滩涂面积的比例均超过2.00%，合计占全省内陆滩涂面积的86.51%。治多县和格尔木市内陆滩涂面积分布最多，合计占全省内陆滩涂面积的54.57%，其中格尔木市内陆滩涂面积最多，为287 557.19hm^2，占全省内陆滩涂面积的27.62%；其次是治多县，内陆滩涂面积为280 563.14hm^2，占全省内陆滩涂面积的26.95%。城西区内陆滩涂面积最少，只有0.34hm^2。

3.5.2.4 沼泽地

从各市(州)分布来看，海东市沼泽地面积为36.89hm^2，占全省沼泽地面积的0.04%；黄南州沼泽地面积为270.83hm^2，占全省沼泽地面积的0.29%；海南州沼泽地面积为22.81hm^2，占全省沼泽地面积的0.02%；果洛州沼泽地面积为11 427.49hm^2，占全省沼泽地面积的12.13%；玉树州沼泽地面积为1 603.20hm^2，占全省沼泽地面积的1.70%；海西州沼泽地面积为80 860.05hm^2，占全省沼泽地面积的85.82%。海北州、西宁市没有沼泽地。青海省沼泽地分布比较集中，大部分分布在海西州，海西州沼泽地面积占全省沼泽地面积的85.82%；其次分布在果洛州，占全省沼泽地面积的12.13%。海东市只有乐都区和平安区有沼泽地，海南州贵德县有沼泽地，果洛州达日县和玛多县有沼泽地，玉树州玉树市有沼泽地。

从各县(区)分布来看，青海省的沼泽地分布在茫崖市、格尔木市、德令哈市、都兰县、玛多县、乌兰县、天峻县、玉树市、大柴旦行政委员会、尖扎县、泽库县、达日县、城东区、乐都区、贵德县和平安区。其余县市无沼泽地分布。其中：茫崖市沼泽地面积为19 599.58hm^2，占全省沼泽地面积的20.80%；格尔木市沼泽地面积为18 189.03hm^2，占全省沼泽地面积的19.30%；德令哈市沼泽地面积为16 835.05hm^2，占全省沼泽地面积的17.87%；都兰县沼泽地面积为14 989.49hm^2，占全省沼泽地面积的15.91%；玛多县沼泽地面积为11 392.03hm^2，占全省沼泽地面积的12.09%；乌兰县沼泽地面积为7 764.23hm^2，占全省沼泽地面积的8.24%。以上县(市)沼泽地面积之和占全省沼泽地面积的94.21%。

3.6 城市用地

城镇是人口和财富的聚集地，是城乡居民的基本生活空间和政治、经济、科技、文化、卫生、教育活动的中心，是工矿业的生产基地。合理开发、集约利用城镇用地，对城乡居民点和工矿区的合理建设、保障政治与经济活动的顺利进行、促进工矿业生产、提升人民生活质量并改善生态环境具有重要意义。

3.6.1 城市用地现状与分布

城市用地是城镇村及工矿用地的主要类型。青海省城镇村及工矿用地面积为367 812.83hm^2，城市用地面积为21 472.40hm^2，占全省国土面积的0.03%，城市用地面积占城镇村及工矿用地面积的5.84%，青海省城市用地面积占全国城市用地总面积的0.41%。青海省人均城市用地面积为35.33m^2，低于全国平均水平(37.20m^2)，同时也低于西部宁夏人均水平(65.10m^2)、新疆人均水平(58.25m^2)、西藏人均水平(46.20m^2)，接近陕西人均水平(35.26m^2)，高于甘肃人均水平(28.06m²)和西部人均水平(31.42m²)。

西宁市城市用地面积为10 049.67hm²,占全省城市用地面积的46.80%;海东市城市用地面积为2 395.31hm²,占全省城市用地面积的11.16%;玉树州城市用地面积为997.11hm²,占全省城市用地面积的4.64%;海西州城市用地面积为8 030.31hm²,占全省城市用地面积的37.40%。西宁市、海西州的城市用地面积共占全省城市用地面积的84.20%,海北州、黄南州、海南州、果洛州没有城市用地(表3-12)。

表3-12 青海省各市(州)城市用地面积分布统计

行政区	西宁市	海东市	海北州	黄南州
面积/hm²	10 049.67	2 395.31	0.00	0.00
行政区	海南州	果洛州	玉树州	海西州
面积/hm²	0.00	0.00	997.11	8 030.31

青海省城市用地主要分布在格尔木市、城北区、城东区、德令哈市、城西区、城中区、乐都区。格尔木市城市用地面积为4 912.2hm²,占全省城市用地面积的22.88%;城北区城市用地面积为3 557.98hm²,占全省城市用地面积的16.57%;城东区城市用地面积为2 581.60hm²,占全省城市用地面积的12.02%;德令哈市城市用地面积为2 192.09hm²,占全省城市用地面积的10.21%;城西区城市用地面积为1 716.42hm²,占全省城市用地面积的7.99%;城中区城市用地面积为1 709.87hm²,占全省城市用地面积的7.96%;乐都区城市用地面积为1 352.03hm²,占全省城市用地面积的6.30%。以上市(区)城市用地面积之和占全省城市用地面积的83.93%(图3-17)。

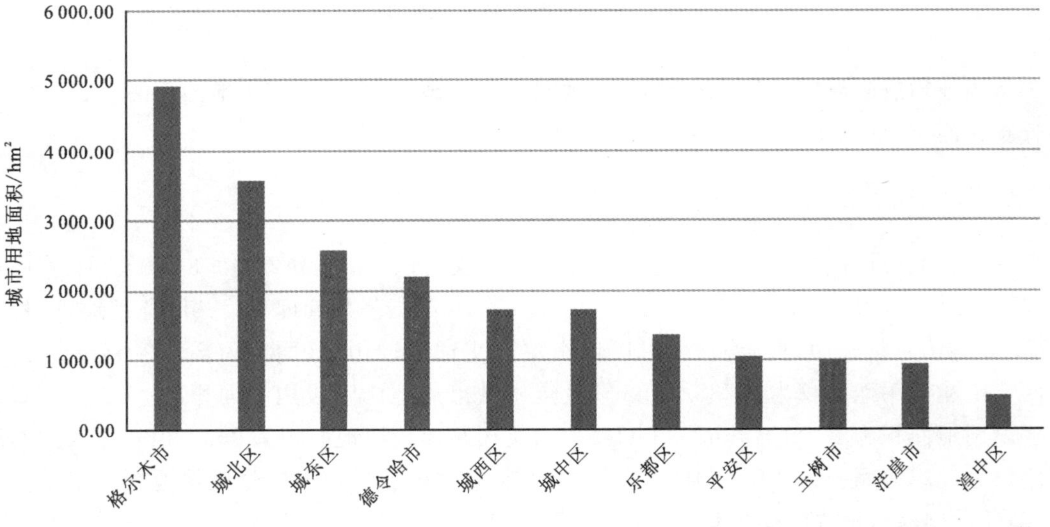

图3-17 青海省城市用地面积分布

3.6.2 城市用地类型

城市用地即城市居民点，指市区政府、县级市政府所在地（镇级）辖区内的，以及与城市连片的商业服务业、住宅、工业、机关、学校等用地，包括城市用地所属的，不与城市用地连片的开发区、新区等建成区，及城市居民点范围内的其他各类用地（含城中村）。城市用地包括尚未建设用地、建设用地、水域及水利设施用地、其他土地 4 个二级国土利用类型。

青海省城市用地中尚未建设用地面积为 477.04hm^2，占全省城市用地面积的 2.22%；建设用地面积为 20 574.74hm^2，占全省城市用地面积的 95.82%；水域及水利设施用地面积为 22.96hm^2，占全省城市用地面积的 0.11%；其他土地面积为 397.66hm^2，占全省城市用地面积的 1.85%（图 3-18）。

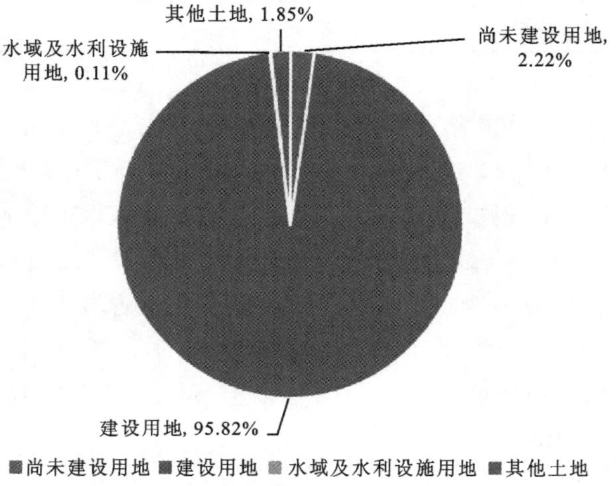

图 3-18 青海省城市用地结构

从用地构成来看，青海省城市用地主要是建设用地，占全省城市用地面积的 95.82%，主要分布在西宁市、海东市、海西州（表 3-13）。

3.6.2.1 建设用地

青海省城市用地中的建设用地包括商业服务业用地（面积为 2 998.80hm^2）、工矿用地（面积为 2 888.60hm^2）、住宅用地（面积为 6 503.69hm^2）、公共管理与公共服务用地（面积为 3 977.36hm^2）、特殊用地（面积为 1 116.85hm^2）、交通运输用地（面积为 3 089.44hm^2）。其中西宁市建设用地面积为 9 738.18hm^2，占全省城市用地中建设用地面积的 47.33%；海东市建设用地面积为 2 311.45hm^2，占 11.23%；玉树州建设用地面积为 969.3hm^2，占 4.72%；海西州建设用地面积为 7 555.81hm^2，占 36.72%。青海省城市中的建设用地在西宁市分布最多，建设用地面积占全省城市用地中建设用地面积的 47.33%；其次是海西州，占 36.72%。

格尔木市建设用地面积最多，占全省建设用地面积的 22.73%；其次是城北区，建设用地面积为 3 399.27hm^2，占全省建设用地面积的 16.52%（表 3-14）。

表 3-13 青海省城市用地面积统计

行政区	尚未建设用地	建设用地	水域及水利设施用地	其他土地	合计
	面积/hm^2				
青海省	477.04	20 574.74	22.96	397.66	21 472.40
西宁市	216.33	9 738.18	10.20	84.96	10 049.67
海东市	79.06	2 311.45	3.37	1.43	2 395.31
海北州	0.00	0.00	0.00	0.00	0.00
黄南州	0.00	0.00	0.00	0.00	0.00
海南州	0.00	0.00	0.00	0.00	0.00
果洛州	0.00	0.00	0.00	0.00	0.00
玉树州	25.38	969.3	0.00	2.43	997.11
海西州	156.27	7 555.81	9.39	308.84	8 030.21

表 3-14 青海省城市用地建设用地面积统计

行政区	格尔木市	城北区	城东区	德令哈市	城西区	城中区
面积/hm^2	4 676.49	3 399.27	2 536.73	2 032.54	1 699.91	1 645.07
行政区	乐都区	平安区	玉树市	茫崖市	湟中区	0.00
面积/hm^2	1 286.61	1 024.84	969.30	846.78	457.20	0.00

3.6.2.2 水域及水利设施用地

全省城市用地中水域及水利设施用地包括河流水面(面积为 1.35hm^2)、坑塘水面(面积为 11.74hm^2)、沟渠(面积为 9.87hm^2)。海西州水域及水利设施用地面积为 10.20hm^2,占全省城市用地中水域及水利设施用地面积的 44.42%;海东市水域及水利设施用地面积为 3.37hm^2,占 14.68%;海西州水域及水利设施用地面积为 9.39hm^2,占 40.90%。其他地区没有水域及水利设施用地。

格尔木市水域及水利设施用地最多,面积为 6.41hm^2,占全省城市用地中水域及水利设施用地面积的 27.92%;其次是城中区,面积为 6.02hm^2,占全省城市用地中水域及水利设施用地面积的 26.22%。

3.6.2.3 其他土地

青海省城市用地中其他土地包括空闲地(面积为 216.30hm^2)、设施农用地(面积为 7.27hm^2)、田坎(面积为 5.50hm^2)、沙地(面积为 165.34hm^2)、裸土地(面积为 3.25hm^2)。分布在海西州的其他土地最多,面积达 308.84hm^2,占全省城市用地中其他土地面积的 77.66%;其次是西宁市,面积为 84.96hm^2,占全省城市用地中其他土地面积的 21.36%;玉树州的其他土地面积为 2.43hm²，占全省城市用地中其他土地面积的 0.61%；海东市面积为 1.43hm²，占全省城市用地中其他土地面积的 0.37%。

3.7 建制镇用地

3.7.1 建制镇用地现状与分布

青海省建制镇用地面积为 38 100.00hm²，占全省调查国土面积的 0.06%，占全省建设用地面积的 8.49%，占全国建制镇用地面积的 0.74%。青海省人均建制镇用地面积为 62.68m²，高于全国人均水平（36.54m²）。西部地区人均建制镇用地面积为 34.37m²，其中西藏人均 43.12m²，陕西省人均 30.58m²，甘肃省人均 34.39m²，宁夏人均 65.35m²，新疆人均 66.10m²。

从各市（州）分布来看，西宁市建制镇用地面积为 6 319.89hm²，占全省建制镇用地面积的 16.59%；海东市建制镇用地面积为 5 328.81hm²，占全省建制镇用地面积的 13.99%；海北州建制镇用地面积为 3 108.14hm²，占全省建制镇用地面积的 8.16%；黄南州建制镇用地面积为 1 845.43hm²，占全省建制镇用地面积的 4.84%；海南州建制镇用地面积为 3 774.62hm²，占全省建制镇用地面积的 9.91%；果洛州建制镇用地面积为 2 157.63hm²，占全省建制镇用地面积的 5.66%；玉树州建制镇用地面积为 3 105.15hm²，占全省建制镇用地面积的 8.15%；海西州建制镇用地面积为 12 460.33hm²，占全省建制镇用地面积的 32.70%（表 3－15）。

表 3－15 青海省各市（州）建制镇用地面积分布统计

行政区	西宁市	海东市	海北州	黄南州
面积/hm²	6 319.89	5 328.81	3 108.14	1 845.43
行政区	海南州	果洛州	玉树州	海西州
面积/hm²	3 774.62	2 157.63	3 105.15	12 460.33

青海省建制镇主要分布在海西州。柴达木盆地是中国三大内陆盆地之一，是海西州域主体。自 1950 年 6 月起，第一支勘察队进入盆地进行踏探，开启了国家开发建设盆地的序幕，现形成了以盐湖化工为主的油气化工、盐碱化工、煤化工、有色金属冶炼、建材加工、电力及农畜产品加工等产业共同发展的特色优势循环经济产业链。“两黑两白＋有色”（石油和天然气开采业、煤炭开采和洗选业、钾肥制造、纯碱制造及有色金属采选冶炼）成为海西州工业发展的主力军。其次，西宁市分布有建制镇。

从各县（市、区）分布来看，格尔木市建制镇用地面积分布最多，建制镇用地面积为 8513hm²，占全省建制镇用地面积的 22.34%；湟中区建制镇用地面积为 2 422.78hm²，占全省建制镇用地面积的 6.36%；大通县建制镇用地面积为 1 614.58hm²，占全省建制镇用地面积的 4.24%；民和县建制镇用地面积为 1 613.01hm²，占全省建制镇用地面积的 4.23%；互助县建制镇用地面积为 1 531.34hm²，占全省建制镇用地面积的 4.02%（图 3－19）。

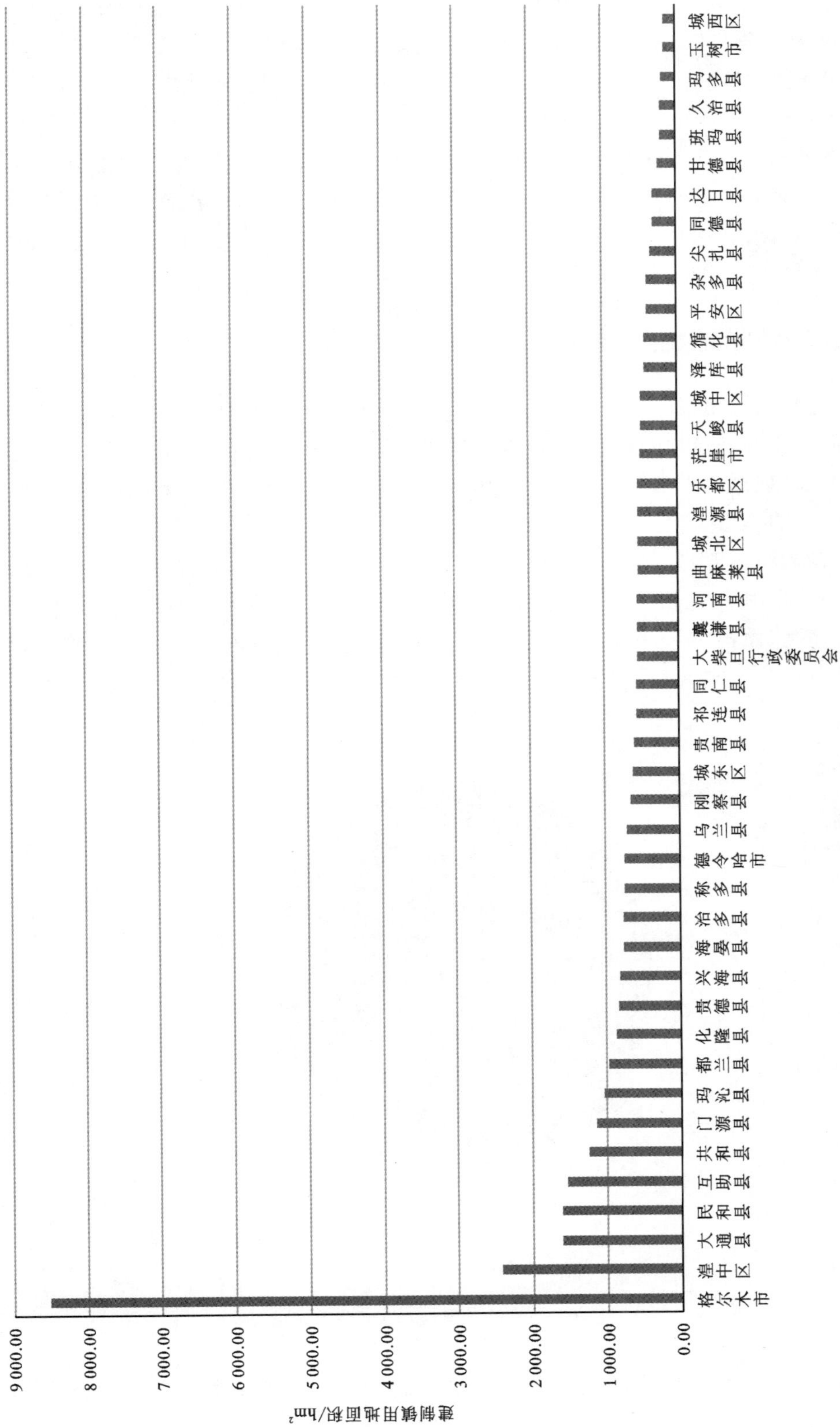

图 3-19 青海省各县(市、区)建制镇用地面积分布

从青海省人口迁徙规律看，一方面，全省人口向“祁河线”（祁连、河南县连线）以东区域聚集，这个区域以全省7%的国土面积集聚了67.40%的人口和60%的城镇，全省新增城镇人口的90%集聚在这一区域；另一方面，全省人口向中心城市和区域性中心城市聚集，与改革开放初期相比，全省常住人口城镇化率提高了3倍，城镇人口增长了5倍，建成区面积扩大了6倍，城市数量由1个增加到6个，建制镇数量由8个增加到143个。西宁市、海东市、格尔木市、德令哈市、玉树市、茫崖市6个城市的建成区面积之和占全省建成区面积的56%，集聚了全省70%以上的人口，尤其是西宁市人口密度已近1.4万人/km^2，远高于全国城镇平均水平。

3.7.2 建制镇用地类型与特征

建制镇用地指建制镇居民点，即建制镇辖区内的商业服务业、住宅、工业、学校等用地，包括其所属的，不与其连片的开发区、新区等建成区，及建制镇居民点范围内的其他各类用地（含城中村）。建制镇用地包括尚未建设用地、建设用地、水域及水利设施用地、其他土地4个二级国土利用类型。

青海省建制镇用地包括尚未建设用地（面积为970.46hm^2），其面积占全省建制镇用地面积的2.55%；建设用地（面积为36 834.32hm^2），其面积占全省建制镇用地面积的96.68%；水域及水利设施用地（面积为35.49hm^2），其面积占全省建制镇用地面积的0.09%；其他土地（面积为259.73hm^2），其面积占全省建制镇用地面积的0.68%（图3-20）。

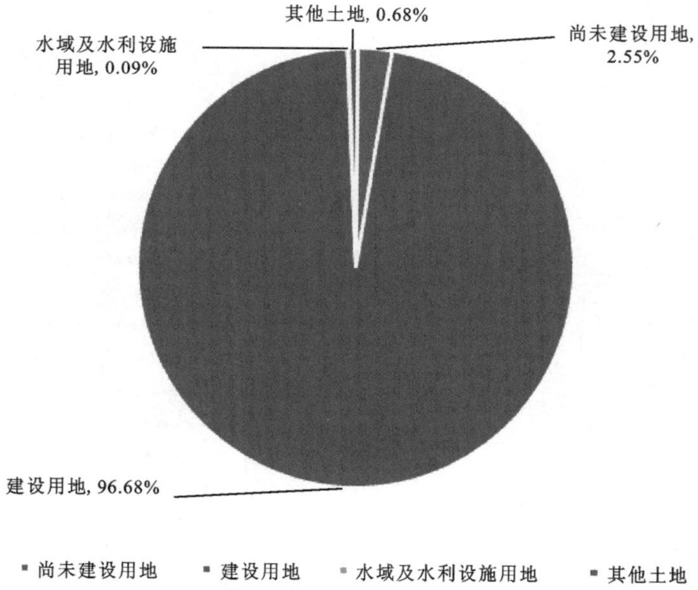

图3-20 青海省建制镇用地面积结构

在青海省建制镇用地中，尚未建设用地主要分布在海东市、西宁市和海南州（图3-21）。

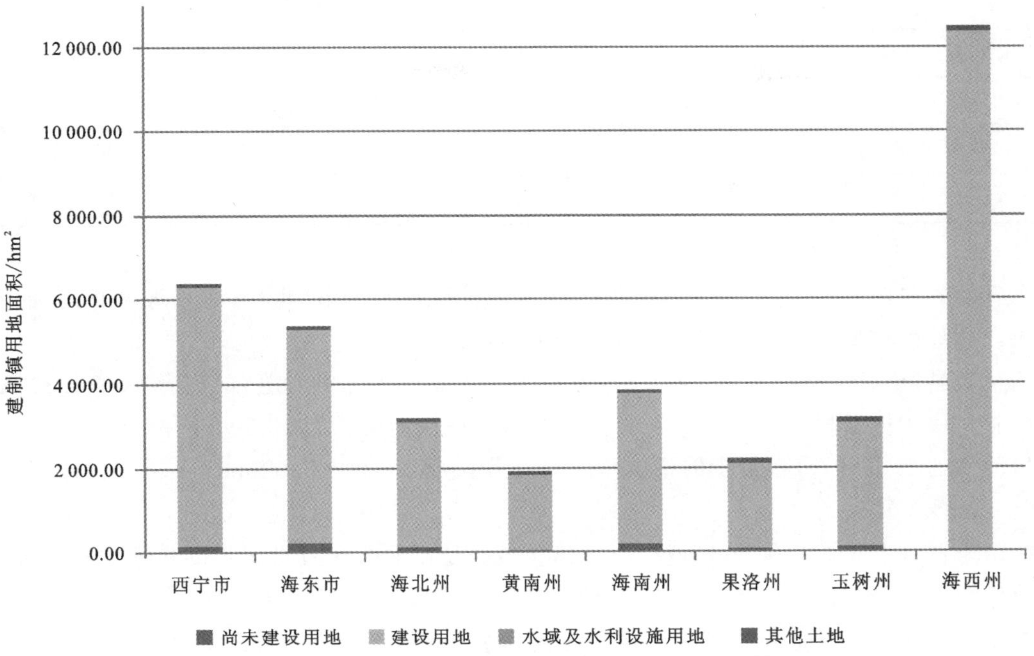

图 3-21 青海省各市(州)建制镇用地类型及面积

3.8 村庄用地

村庄用地指乡村居民点，即乡村所属的商业服务业、住宅、工业、学校等用地，包括乡政府所在地和乡村居民点范围内的其他各类用地。

3.8.1 村庄用地现状与分布

青海省村庄用地面积为 115 109.48hm²，占全省调查国土面积的 17%，占全国村庄用地面积的 0.52%，人均村庄用地面积为 189.38m²，稍高于全国人均水平(156.25m²)。西部地区人均村庄用地面积为 181.44m²，其中西藏人均 270.88m²，陕西省人均 151.27m²，甘肃省人均 229.39m²，宁夏人均 250.39m²，新疆人均 309.16m²。

从各市(州)分布来看，西宁市村庄用地面积为 24 244.94hm²，占全省村庄用地面积的 21.06%；海东市村庄用地面积为 32 803.51hm²，占全省村庄用地面积的 28.50%；海北州村庄用地面积为 7 080.39hm²，占全省村庄用地面积的 6.15%；黄南州村庄用地面积为 5 881.53hm²，占全省村庄用地面积的 5.11%；海南州村庄用地面积为 22 424.69hm²，占全省村庄用地面积的 19.48%；果洛州村庄用地面积为 3 096.05hm²，占全省村庄用地面积的 2.69%；玉树州村庄用地面积为 7 080.80hm²，占全省村庄用地面积的 6.15%；海西州村庄用地面积为 12 497.57hm²，占全省村庄用地面积的 10.86%(表 3-16)。

表 3－16　青海省各市(州)村庄用地面积分布统计

行政区	西宁市	海东市	海北州	黄南州
面积/hm^2	24 244.94	32 803.51	7 080.39	5 881.53
行政区	海南州	果洛州	玉树州	海西州
面积/hm^2	22 424.69	3 096.05	7 080.80	12 497.57

青海省村庄用地主要分布在西宁市、海东市、海南州，三市(州)村庄用地面积之和占全省村庄用地面积的 69.04%，果洛州村庄用地面积最少。

从各县(市、区)分布来看，青海省村庄用地分布最多的是共和县，面积为 11 048.31hm^2，占全省村庄用地面积的 9.60%；其次是湟中区，村庄用地面积为 10 300.61hm^2，占全省村庄用地面积的 8.95%；分布最少的是城西区，村庄用地面积为 209.01hm^2，占全省村庄用地面积的 0.18%(图 3－22)。

由于青海省农业文化与牧业文化共存，传统村落空间分布具有很强的集聚分布特征，大多数传统村落分布在人口数量多、经济较发达、交通便利的河湟谷地农业区。青海省村庄用地主要分布在湟水谷地和黄河谷地两个河流冲积平原构成的湟中区、民和县、互助县、大通县、化隆县、共和县等，其面积之和占全省村庄用地面积的 46.29%。青海省河湟地区属于典型的高原大陆性气候，具有干旱、严寒、多风的气候特征。由于处于宽阔的河谷盆地，地势平坦，土质肥沃，水热条件好，河湟谷地自古就是兵家必争之地。由于自然条件相对优越，河湟地区是青藏高原开发历史最悠久，人口相对集中，农业、工业等产业最集中的地区，是青海省城镇和工农业生产布局最集中的地区。长期以来，人们为了应对严苛的气候环境，创造出适宜生活的、各民族通用的民居形式——庄廓(亦称作“庄窠”)。庄廓民居是青海省河湟地区各族人民共同使用的民居类型。庄廓民居院落一般占地 4 分～6 分(1 分地约等于 66.7m^2)，平面形态多为方形。庄廓内外的各类建筑都是在满足农户自给自足的生活需求的基础上建立的，如供人起居的堂屋、偏房和茅房，做饭的厨房，储粮的仓库，农耕机具库，羊圈，牛棚，鸡舍等，可谓应有尽有。这样的建筑风格既方便了住户的农耕生活，也与自然景观保持和谐。

3.8.2　村庄用地类型与特点

村庄用地包括尚未建设用地、建设用地、水域及水利设施用地、其他土地 4 个二级国土利用类型。

青海省村庄用地包括尚未建设用地(面积为 18 085.91hm^2)，其面积占全省村庄用地面积的 15.71%；建设用地(面积为 94 741.97hm^2)，其面积占全省村庄用地面积的 82.30%；水域及水利设施用地(面积为 213.72hm^2)，其面积占全省村庄用地面积的 0.19%；其他土地(面积为 2 067.88hm^2)，其面积占全省村庄用地面积的 1.80%(图 3－23)。

青海省村庄用地主要是建设用地，主要分布在西宁市和海东市(图 3－24)。

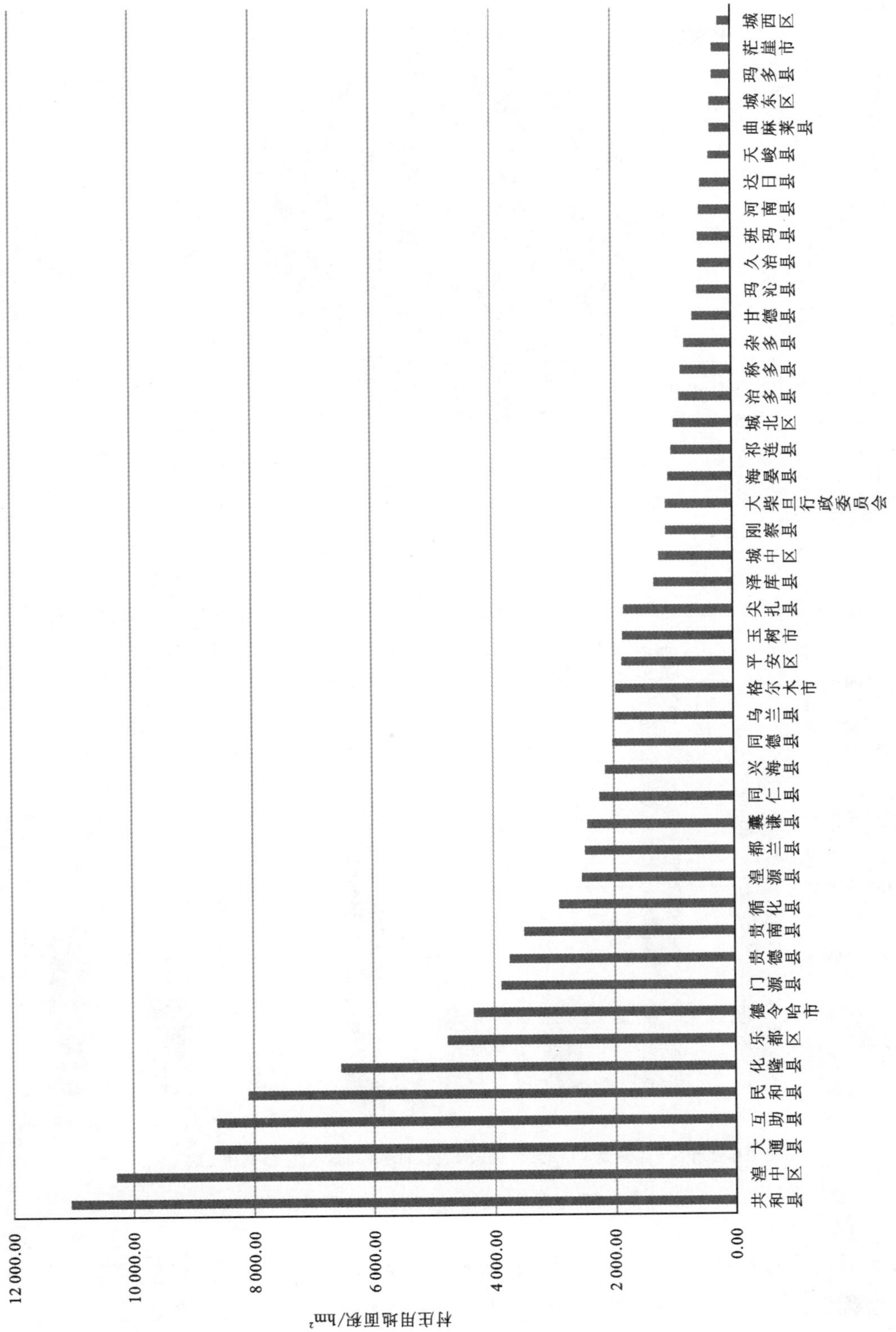

图 3-22 青海省各县(市、区)村庄用地面积分布

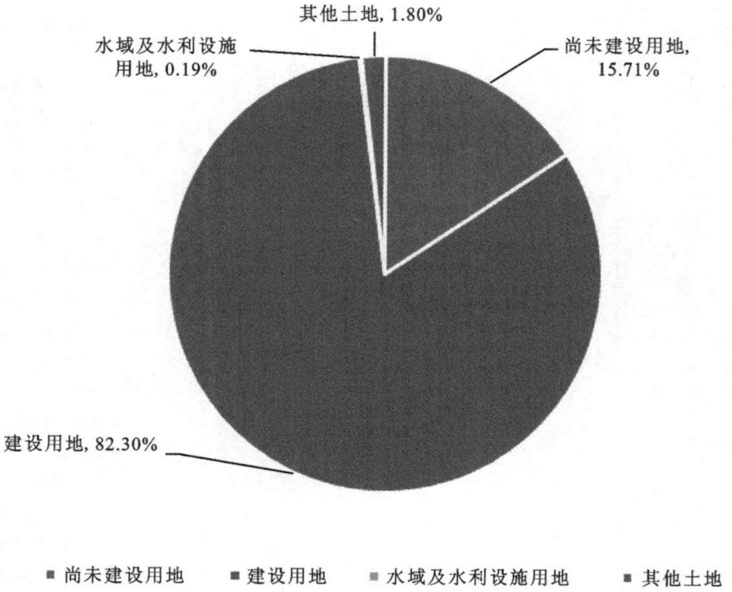

图 3-23　青海省村庄用地面积结构

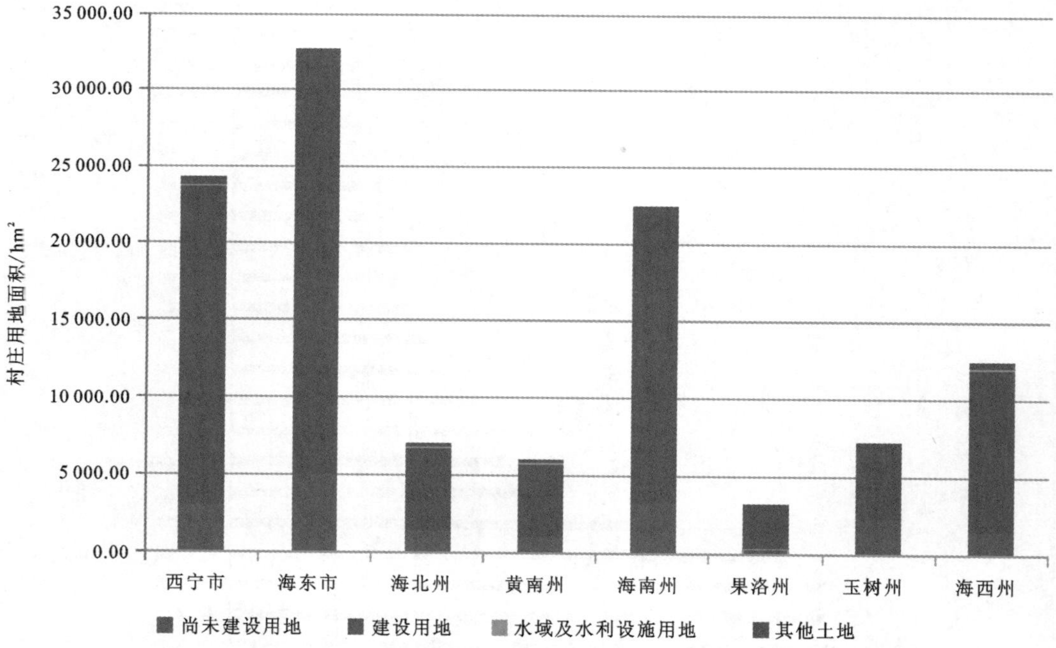

图 3-24　青海省各市(州)村庄用地类型及面积

从各县(区)分布来看,青海省村庄用地主要分布在共和县、湟中区、大通县、互助县、民和县、化隆县、乐都区,其村庄用地面积之和占全省村庄用地面积的 50.44%。

3.9 采矿用地

3.9.1 采矿用地现状与分布

青海省矿产资源丰富，分布地域特征明显，共有矿山 552 座。全省四大支柱产业中的三大产业（石油天然气、盐湖化工、有色金属冶炼）和四大优势产业中的两大产业（冶金和建材）均以矿产资源为依托，矿业开发已成为全省经济发展的重要动力。青海省共发现矿种 136 种，109 种查明资源储量，60 种保有资源储量排在全国前 10 位，其中锂矿、锶矿等 10 种矿产储量位于全国第一位。青海省大中型矿山占比 25%，生产矿山有 254 座。

青海省采矿用地面积为 185 122.99hm^2，占全国采矿用地面积的 7.58%，其中西宁市采矿用地面积为 1 453.96hm^2，占全省采矿用地面积的 0.79%；海东市采矿用地面积为 2 241.25hm^2，占全省采矿用地面积的 1.21%；海北州采矿用地面积为 2 577.24hm^2，占全省采矿用地面积的 1.39%；黄南州采矿用地面积为 337.95hm^2，占全省采矿用地面积的 0.18%；海南州采矿用地面积为 1 128.26hm^2，占全省采矿用地面积的 0.61%；果洛州采矿用地面积为 539.62hm^2，占全省采矿用地面积的 0.29%；玉树州采矿用地面积为 576.61hm^2，占全省采矿用地面积的 0.31%；海西州采矿用地面积为 176 268.10hm^2，占全省采矿用地面积的 95.22%（表 3－17）。

表 3－17 青海省各市（州）采矿用地面积分布统计

行政区	西宁市	海东市	海北州	黄南州
面积/hm^2	1 453.96	2 241.25	2 577.24	337.95
行政区	海南州	果洛州	玉树州	海西州
面积/hm^2	1 128.26	539.62	576.61	176 268.10

从青海省各市（州）采矿用地分布来看，青海省采矿用地主要分布在海西州，其面积占全省采矿用地面积的 95.22%，其他市（州）分布较少。

青海省各县（市、区）采矿用地分布不均衡。格尔木市采矿用地面积分布最多，为91 705.74hm^2，占全省采矿用地面积的 49.54%；其次是都兰县，采矿用地面积为 31 161.76hm^2，占全省采矿用地面积的 16.83%；茫崖市采矿用地面积为 26 532.32hm^2，占全省采矿用地面积的 14.33%；其他县采矿用地面积分布较少。

3.9.2 采矿用地类型

采矿用地指采矿、岩石、采砂（沙）场，盐田，砖瓦窑等地面生产用地及尾矿堆放地。采矿用地包括尚未建设用地、建设用地 2 个二级国土利用类型。

青海省采矿用地中尚未建设用地面积为160 694.48hm^2，占86.80%；建设用地面积为24 428.51hm^2，占13.20%。青海省尚未建设用地居多，主要分布在海西州，面积为160 673.65hm^2，占99.99%。

从各县(市、区)分布来看，青海省采矿用地主要分布在格尔木市、都兰县、茫崖市，分别占青海省采矿用地面积的49.54%、16.83%、14.33%。

从面积分布来看，大柴旦行政委员会、德令哈市、茫崖市、格尔木市、天峻县、都兰县、刚察县的建设用地面积比较多，分别占全省采矿用地中建设用地面积的16.10%、11.11%、10.38%、10.07%、9.40%、5.22%、4.95%。

3.10 风景名胜及特殊用地

风景名胜及特殊用地指城镇村用地以外用于军事设施、涉外、宗教、监教、殡葬等的土地，以及风景名胜(包括名胜古迹、旅游景点、革命遗址等)景点及管理机构的建筑用地，包括建设用地、其他土地2个二级国土利用类型。

青海省是陆上丝绸之路和唐蕃古道两条大动脉的交会处，有着悠久的历史、民族、宗教文化。自古以来这里就是多民族聚居区，汉族、藏族、回族、蒙古族、土族、撒拉族等在这里创造并继承各自民族文化。与此同时，青海省宗教文化也得到发展，佛教、伊斯兰教、道教、天主教、基督教五大宗教齐全，宗教场所主要包括佛教寺庙、伊斯兰教清真寺、道教道观、基督教教堂等，其中清真寺和佛教寺庙居多，分布范围广，共有宗教场所2000余处。青海省风景名胜及特殊用地面积为8 007.96hm^2，其中建设用地面积为8 006.15hm^2，占青海省风景名胜及特殊用地面积的99.98%；其他土地面积为0.96hm^2，占青海省风景名胜及特殊用地面积的0.02%。其中，西宁市风景名胜及特殊用地面积为1 377.20hm^2，占全省风景名胜及特殊用地面积的17.20%；海东市风景名胜及特殊用地面积为1 419.95hm^2，占全省风景名胜及特殊用地面积的17.73%；海北州风景名胜及特殊用地面积为618.84hm^2，占全省风景名胜及特殊用地面积的7.73%；黄南州风景名胜及特殊用地面积为218.42hm^2，占全省风景名胜及特殊用地面积的2.73%；海南州风景名胜及特殊用地面积为2 032.88hm^2，占全省风景名胜及特殊用地面积的25.38%；果洛州风景名胜及特殊用地面积为595.35hm^2，占全省风景名胜及特殊用地面积的7.43%；玉树州风景名胜及特殊用地面积为652.57hm^2，占全省风景名胜及特殊用地面积的8.15%；海西州风景名胜及特殊用地面积为1 092.75hm^2，占全省风景名胜及特殊用地面积的13.65%。

从青海省各市(州)风景名胜及特殊用地分布来看，青海省风景名胜及特殊用地主要分布在青海省东北部，主要集中在西宁市、海东市、海南州，其中海南州居于首位，面积占比达25.38%。

全省风景名胜区包括青海湖、贵德县域内黄河、黄南坎布拉、门源百里花海、互助县北山、都兰县热水、泽库县和日镇、贵南县直亥村、海西哈拉湖、互助县佑宁寺、天峻山、乐都县药草台、柴达木魔鬼城、昆仑野牛谷、天境祁连、德令哈柏树山、海晏金银滩、乌兰金子海、大通老爷山宝库峡鹞子沟等，已基本形成了地区分布合理、资源类型多样、保护价值高的风景名胜区格局。

3.11 交通运输用地

3.11.1 交通运输用地现状与分布

青海省交通运输用地面积为140 547.59hm²，占全国交通运输用地面积的1.47%。其中西宁市交通运输用地面积为8 714.67hm²，占全省交通运输用地面积的6.20%；海东市交通运输用地面积为13 523.22hm²，占全省交通运输用地面积的9.62%；海北州交通运输用地面积为11 680.65hm²，占全省交通运输用地面积的8.31%；黄南州交通运输用地面积为7 461.70hm²，占全省交通运输用地面积的5.31%；海南州交通运输用地面积为18 962.93hm²，占全省交通运输用地面积的13.49%；果洛州交通运输用地面积为16 255.68hm²，占全省交通运输用地面积的11.57%；玉树州交通运输用地面积为23 115.53hm²，占全省交通运输用地面积的16.45%；海西州交通运输用地面积为40 833.21hm²，占全省交通运输用地面积的29.05%（表3-18）。

表3-18 青海省各市(州)交通运输用地面积分布统计

行政区	西宁市	海东市	海北州	黄南州
面积/hm²	8 714.67	13 523.22	11 680.65	7 461.70
行政区	海南州	果洛州	玉树州	海西州
面积/hm²	18 962.93	16 255.68	23 115.53	40 833.21

青海省海西州交通运输用地面积最多，占全省交通运输用地面积的1/4以上。西宁市、海东市和海北州的交通运输用地面积之和为33 918.54hm²，少于海西州交通运输用地总面积。黄南州交通运输用地面积最少。

从各县(市、区)分布来看，格尔木市、共和县、都兰县、德令哈市、大柴旦行政委员会的交通运输用地面积为35 197.72hm²，占全省交通运输用地面积的25.04%。其中格尔木市交通运输用地面积最大，为11 162.49hm²，占全省交通运输用地面积的7.94%；其次是共和县，交通运输用地面积为7 009.67hm²，占全省交通运输用地面积的4.99%；城西区交通运输用地面积最少，为166.46hm²，占全省交通运输用地面积的0.12%。

青海省经过多年来铁路、公路、机场、管道的相继修建，基本构成了以省会西宁市为中心的综合交通网络体系，形成“两横三纵两枢纽”的分布格局。相继建成了西宁—平安、马场垣—平安、西宁—大通等高速公路。国道有G109京藏线（西宁—拉萨）、G214西澜线（西宁—澜沧）、G215柳格线（柳园—格尔木）、G227宁张线（西宁—张掖）、G315西喀线（西宁—喀什），它们连通了青海省内的大部分区域。青海省的公路发展逐渐形成了以高速公路、国道为主干道，省道以及数百条县乡道为支线的公路交通网络。铁路线主要包括青藏线（西宁—拉萨）青海段、兰青线（兰州—西宁）青海段、兰新高铁（兰州—西宁—乌鲁木齐）青海段、敦格线（敦煌—格尔木）青海段，以及木里、茶卡支线。至2019年底，青海省铁路运营里程为

2356km，其中高速铁路运营里程为218km，青海省的公路通车里程为83 761km。其中青海省铁路的运营里程从1990年的1095km增长到2019年的2356km，增加了2.15倍，线路密度也从1990年的15.21km/10^4km^{2}提升到2019年的32.65km/10^4km^2；高速公路通车里程为3451km，公路的通车里程从1990年的16 732km^{2}增长到2019年的83 761km，提高了5倍，线路密度也从1990年的232.49km/10^4km^{2}提升到2019年的11.61km/10^2km^2。同期全国平均公路网密度为52.21km/10^2km^2，西部平均公路网密度为29.91km/10^2km^2。建成并正式投入运营的机场包括西宁曹家堡机场、格尔木机场、玉树巴塘机场、德令哈机场、果洛玛沁机场、花土沟机场和祁连机场等。至2019年底，青海省全面实现了"两通"兜底性目标，交通脱贫攻坚成效明显，农村公路总里程为61 338km，位于全国第26位，等级公路比例、水泥沥青路面铺装率分别为89.66%、75.19%，群众出行问题得到基本解决。

3.11.2　交通运输用地类型与特点

交通运输用地是指用于运输通行的地面线路、场站等的土地。铁路、公路、航运、管道等交通设施，既是政治、经济活动及社会联系的纽带，又是国民经济的动脉。全国的交通运输用地包括铁路用地、轨道交通用地、公路用地、城镇村道路用地、交通服务场站用地、农村道路用地、机场用地、港口码头用地、管道运输用地9个二级国土利用类型。

青海省交通运输用地包含的二级国土利用类型与全国相同。

青海省交通运输用地中铁路用地面积为11 108.68hm^2，占全省交通运输用地面积的7.90%；轨道交通用地面积为18.52hm^2，占全省交通运输用地面积的0.01%；公路用地面积为65 069.69hm^2，占全省交通运输用地面积的46.30%；农村道路用地面积为62 259.67hm^2，占全省交通运输用地面积的44.30%；机场用地面积为1 964.75hm^2，占全省交通运输用地面积的1.40%；港口码头用地面积为12.29hm^2，占全省交通运输用地面积的0.01%；管道运输用地面积为113.99hm^2，占全省交通运输用地面积的0.08%(图3-25)。

从青海省交通运输用地构成来看，青海省交通运输用地主要是公路用地和农村道路用地，其面积之和占全省交通运输用地面积的90.60%，其中公路用地面积最多，主要分布在果洛州、玉树州、海西州；其次是农村道路用地，主要分布在海南州、玉树州、海西州；轨道交通用地和港口码头用地最少，其面积之和所占比例不足0.02%，全部分布在海西州。

青海省各市(州)交通运输用地构成类型及结构特征：以公路用地和农村道路用地为主，没有城镇村道路用地和交通服务场站用地。西宁市没有轨道交通用地和港口码头用地，公路用地面积占西宁市交通运输用地面积的50.01%，农村道路用地面积占比为39.29%，铁路用地面积占比为10.33%；海东市无轨道交通用地，公路用地面积占海东市交通运输用地面积的49.32%，农村道路用地面积占比为44.12%，；海北州无港口码头用地和轨道交通用地，农村道路用地面积占海北州交通运输用地面积的40.39%，公路用地面积占比为46.33%，铁路用地面积占比为11.43%；黄南州无铁路用地、轨道交通用地、机场用地、管道运输用地，农村道路用地面积占黄南州交通运输用地面积的52.73%，公路用地面积占比为47.26%；海南州无铁路用地和轨道交通用地，农村道路用地面积占海南州交通运输用地面积的61.08%，公路用地面积占比为38.39%；果洛州无铁路用地、轨道交通用地、港口码头用地、管道运输用地，公路用地面积占果洛州交通运输用地面积的62.04%，农村道路用地面积占比为36.77%；玉树州无轨道交通用地、港口码头用地、管道运输用地，农村道路用地面积占玉树州交通运输用地面积的51.84%，公路用地面积占比为42.84%；海西州铁路用地面积占海西州交通运输用地面积的18.25%，公路用地面积占比为43.67%，农村道路用地面积占比为35.93%(图3-26)。

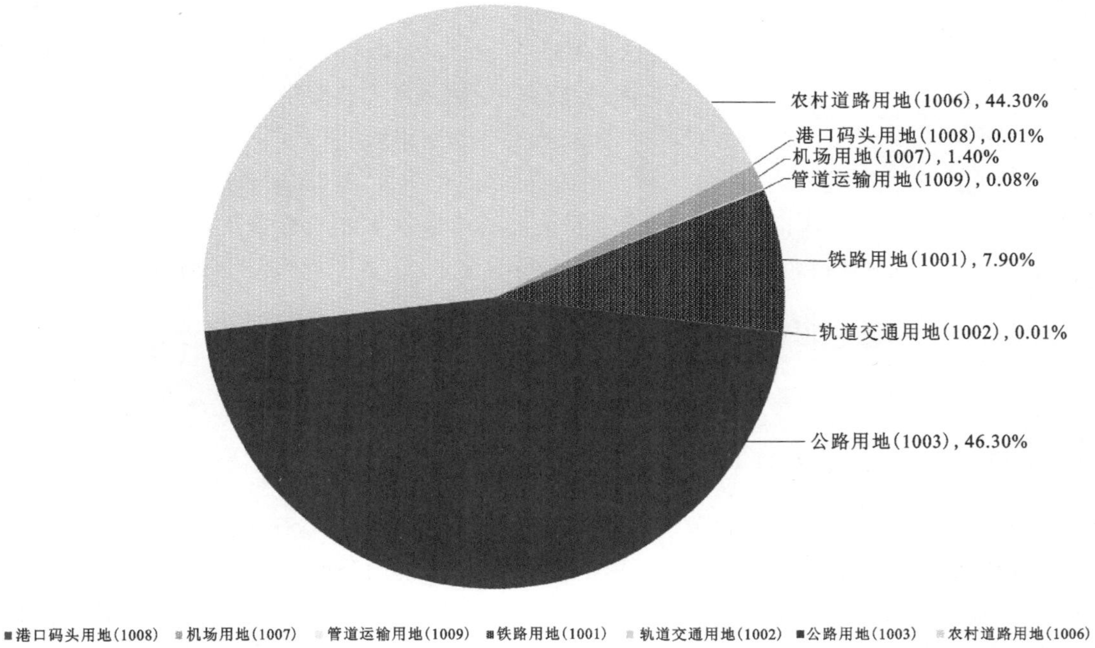

图3-25 青海省交通运输用地面积结构

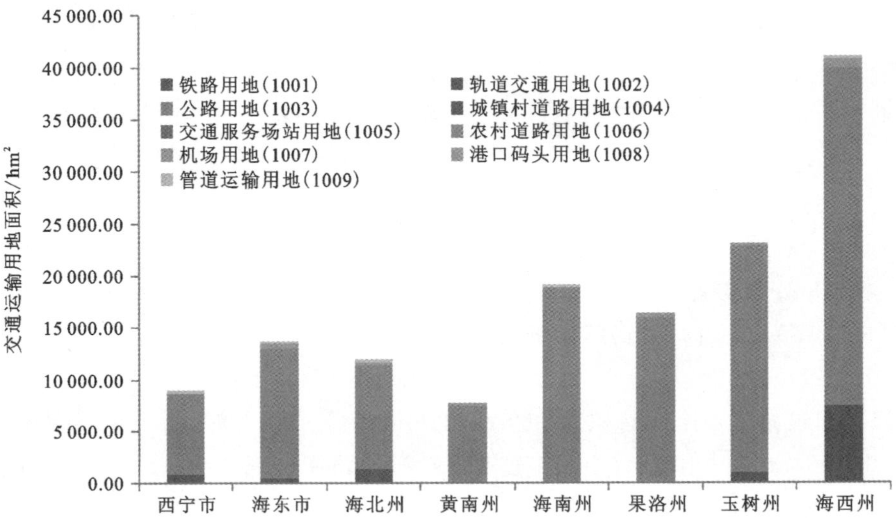

图3-26 青海省交通运输用地面积统计

各县(市、区)交通运输用地构成类型及结构特征:以公路用地和农村道路用地为主。格尔木市的交通运输用地面积最多,城西区的交通运输用地面积最少。城西区、城北区、湟中区的交通运输用地由铁路用地、公路用地、农村道路用地组成(图 3-27)。

3.11.2.1 铁路用地

从各市(州)分布来看,西宁市铁路用地面积为 900.00hm²,占全省铁路用地面积的 8.10%;海东市铁路用地面积为 437.46hm²,占比为 3.94%;海北州铁路用地面积为 1 334.78hm²,占比为 12.02%;玉树州铁路用地面积为 985.35hm²,占比为 8.87%;海西州铁路用地面积为 7 451.09hm²,占比为 67.07%;黄南州、海南州、果洛州无铁路用地。

从各县(市、区)分布来看,青海省 22 个县没有铁路用地,23 个县分布有铁路用地。铁路用地面积占全省铁路用地面积的 5%以上的县(市、区)共有 6 个,分别是刚察县、治多县、格尔木市、德令哈市、茫崖市、大柴旦行政委员会。其中格尔木市分布最多,其铁路用地面积占全省铁路用地面积的 23.59%;其次是大柴旦行政委员会,占全省铁路用地面积的 14.09%。

3.11.2.2 轨道交通用地

青海省轨道交通用地面积为 18.52hm²,只分布在海西州的德令哈市。

3.11.2.3 公路用地

从各市(州)分布来看,西宁市公路用地面积为 4 358.32hm²,占全省公路用地面积的 6.70%;海东市公路用地面积为 6 669.86hm²,占比为 10.25%;海北州公路用地面积为 5 417.74hm²,占比为 8.33%;黄南州公路用地面积为 3 526.75hm²,占比为 5.42%;海南州公路用地面积为 7 278.94hm²,占比为 11.19%;果洛州公路用地面积为 10 084.51hm²,占比为 15.50%;玉树州公路用地面积为 9 902.71hm²,占比为 15.22%;海西州公路用地面积为 17 830.86hm²,占比为 27.39%。

从各县(市、区)分布来看,青海省公路用地分布比较均匀,占全省公路用地面积的比例在 5%以上的县级市只有 1 个,是海西州的格尔木市。青海省公路用地面积在格尔木市分布最多,其面积占全省公路用地面积的 5.63%;在城西区分布最少,占全省公路用地面积的 0.14%。

3.11.2.4 农村道路用地

从各市(州)分布来看,西宁市农村道路用地面积为 3 424.22hm²,占全省农村道路用地面积的 5.50%;海东市农村道路用地面积为 5 967.02hm²,占比为 9.58%;海北州农村道路用地面积为 4 717.85hm²,占比为 7.58%;黄南州农村道路用地面积为 3 934.84hm²,占比为 6.32%;海南州农村道路用地面积为 11 582.32hm²,占比为 18.60%;果洛州农村道路用地面积为 5 977.64hm²,占比为 9.60%;玉树州农村道路用地面积为 11 982.92hm²,占比为 19.25%;海西州农村道路用地面积为 14 672.86hm²,占比为 23.57%。

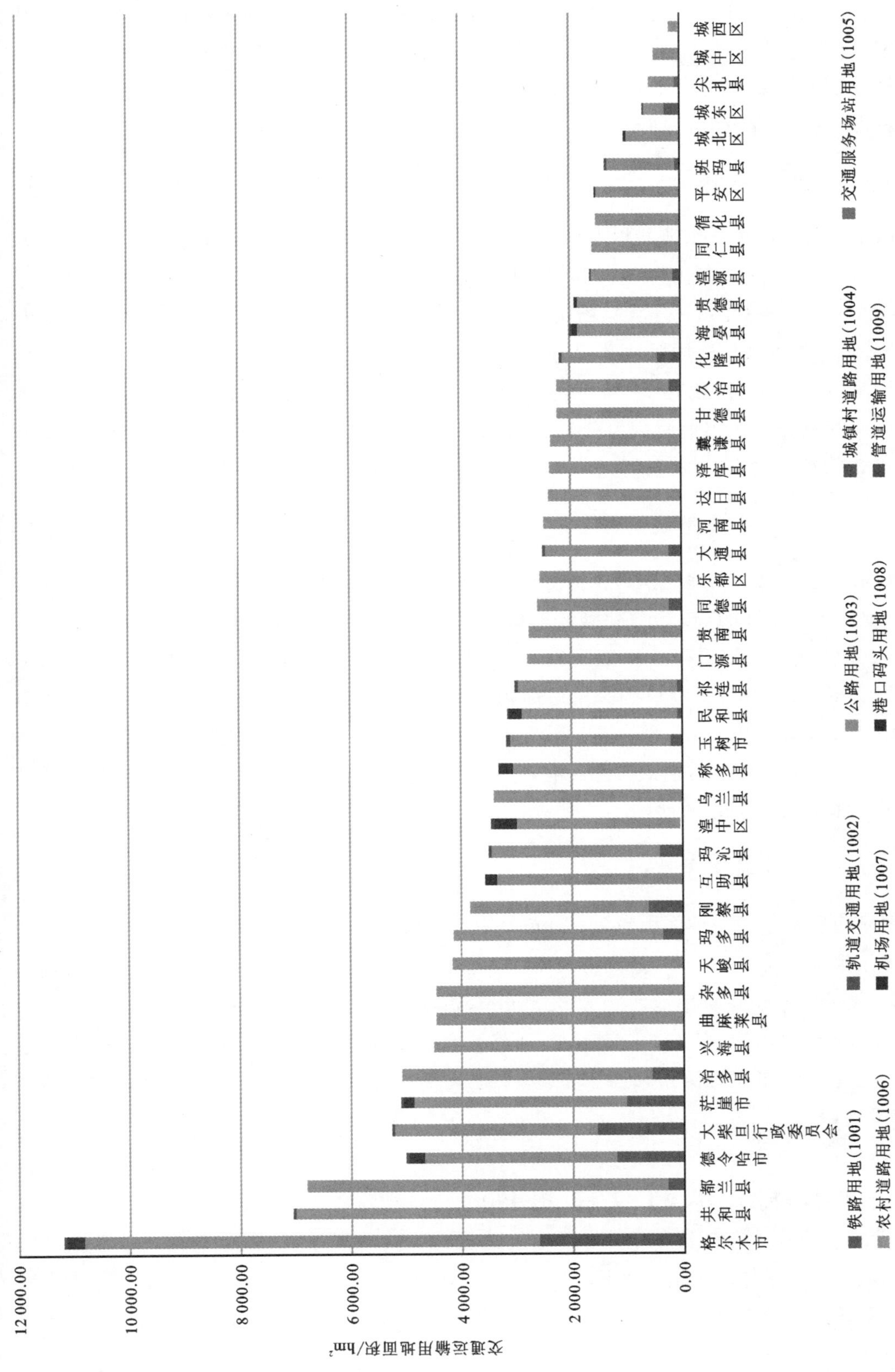

图 3-27 青海省各县(市、区)交通运输用地面积统计

从各县(市、区)分布来看,青海省农村道路用地面积分布比较均匀,占全省农村道路用地面积的比例在5%以上的县(市)共有4个,分别是共和县、杂多县、格尔木市、都兰县。其中在格尔木市分布最多,其农村道路用地面积占全省农村道路用地面积的7.28%;其次是共和县,占全省农村道路用地面积的6.75%。

3.11.2.5 机场用地

西宁市城东区机场用地面积为0.64hm²,占全省机场用地面积的0.03%;海东市机场用地面积为434.59hm²,占比为22.12%,包括平安区机场用地面积0.63hm²、互助县机场用地面积433.96hm²;海北州祁连县机场用地面积为210.09hm²,占比为10.69%;黄南州没有机场用地;海南州贵德县机场用地面积为88.20hm²,占比为4.49%;果洛州玛沁县机场用地面积为193.53hm²,占比为9.85%;玉树州玉树市机场用地面积为244.55hm²,占比为12.45%;海西州机场用地面积为793.15hm²,占比为40.37%,包括格尔木市机场用地面积340.82hm²、德令哈市机场用地面积270.83hm²、茫崖市机场用地面积181.50hm²。

3.11.2.6 港口码头用地

海东市港口码头用地面积为4.74hm²,占全省港口码头用地面积的38.57%,包括民和县港口码头用地面积1.49hm²、化隆县港口码头用地面积3.00hm²、循化县港口码头用地面积0.25hm²;黄南州港口码头用地面积为0.11hm²,占比为0.90%,即尖扎县港口码头用地面积0.11hm²;海南州港口码头用地面积为6.62hm²,占比为53.86%,包括共和县港口码头用地面积5.30hm²、贵德县港口码头用地面积1.32hm²;海西州港口码头用地面积为0.82hm²,占比为6.67%,包括乌兰县港口码头用地面积0.61hm²、大柴旦行政委员会港口码头用地面积0.21hm²。

3.11.2.7 管道运输用地

西宁市管道运输用地面积为31.49hm²,占全省管道运输用地面积的27.63%;海东市管道运输用地面积为9.55hm²,占比为8.38%;海北州管道运输用地面积为0.19hm²,占比为0.17%;海南州管道运输用地面积为6.85hm²,占比为6.01%;海西州管道运输用地面积为65.91hm²,占比为57.81%;黄南州、果洛州和玉树州没有管道运输用地。青海省管道运输用地主要分布在海西州和西宁市,其管道运输用地面积之和占全省管道运输用地面积的85.44%。

3.12 水域及水利设施用地

水域是承载水体的土地。水是自然环境的基本要素,是人类生活、生产的必要条件。合理开发和综合利用水域资源,对调节气候,改善生态环境,促进国民经济可持续发展具有重要的意义。

3.12.1 水域及水利设施用地现状与分布

青海省水域及水利设施用地面积为 2 444 113.69hm^2，占全国水域及水利设施用地面积的 6.89%。其中西宁市水域及水利设施用地面积为 4 601.57hm^2，占全省水域及水利设施用地面积的 0.20%；海东市水域及水利设施用地面积为 11 251.15hm^2，占全省水域及水利设施用地面积的 0.46%；海北州水域及水利设施用地面积为 261 265.77hm^2，占全省水域及水利设施用地面积的 10.69%；黄南州水域及水利设施用地面积为 14 264.76hm^2，占全省水域及水利设施用地面积的 0.58%；海南州水域及水利设施用地面积为 308 061.09hm^2，占全省水域及水利设施用地面积的 12.60%；果洛州水域及水利设施用地面积为 256 947.14hm^2，占全省水域及水利设施用地面积的 10.51%；玉树州水域及水利设施用地面积为 730 132.56hm^2，占全省水域及水利设施用地面积的 29.87%；海西州水域及水利设施用地面积为 857 589.65hm^2，占全省水域及水利设施用地面积的 35.09%(表 3－19)。

表 3－19 青海省各市(州)水域及水利设施用地面积分布统计

行政区	西宁市	海东市	海北州	黄南州
面积/hm^2	4 601.57	11 251.15	261 265.77	14 264.76
行政区	海南州	果洛州	玉树州	海西州
面积/hm^2	308 061.09	256 947.14	730 132.56	857 589.65

青海省水域及水利设施用地主要分布在海西州和玉树州，两州水域及水利设施用地面积之和占全省水域及水利设施用地面积的 64.96%。西宁市水域及水利设施用地面积最少。

青海省第一次水利普查显示如下。

(1)河流：流域面积为 50km^2 及以上的河流共有 3518 条(包括跨省界河流 144 条)，省内总长度为 11.41 万 km；流域面积为 100km^2 及以上的河流有 179 条，总长度为 8.2 万 km；流域面积为 1000km^2 及以上的河流有 200 条，总长度为 2.81 万 km；流域面积为 10 000km^2 及以上的河流有 27 条，总长度为 0.99 万 km。

(2)湖泊：常年水面面积为 1km^2 及以上的湖泊有 242 个(包括跨省界湖泊 3 个)，水面面积为 10km^2 及以上的湖泊有 88 个，水面面积为 100km^2 及以上的湖泊有 22 个，水面面积为 500km^2 及以上的湖泊有 5 个，水面面积为 1000km^2 及以上的湖泊有 1 个。另外，省内水面面积不足 1km^2 的特殊湖泊有 3 个。

(3)水库：共有 204 座水库，总库容达 370.03 亿 m^3。

(4)水电站：共有 254 座水电站，装机容量达 1 565.06 万 kW。

(5)农村供水：共有 5.5 万个农村供水工程，其中集中式供水工程有 0.21 万个，分散式供水工程有 5.29 万个。

青藏冰川变化与冰湖溃决灾害遥感综合调查显示，青海省有 3738 条冰川。青海省境内冰川主要分布在海西、玉树、海北、果洛和海南 5 个自治州，其中海西州冰川数量达 2239 条，其次是玉树州，冰川数量为1084条。海南州冰川规模最小，仅分布有6条小冰川。最大的冰川是发育在布喀达坂峰（又称新青峰）南坡的莫诺马哈冰川。中国的长江和黄河均发源于青海省的冰川区，冰川融水对补给江河上游径流具有重要意义，而环绕柴达木盆地山脉上的冰川对于该区农业和石油化工的发展具有重要的经济价值。

各县（市、区）水域及水利设施用地分布特征：格尔木市水域及水利设施用地面积最大，为551 400.98hm²，其次为治多县、共和县、玛多县、刚察县和德令哈市，面积分别为513 519.80hm²、269 351.87hm²、195 800.15hm²、165 939.94hm²和123 009.29hm²，分别占全省水域及水利设施用地面积的22.55%、20.99%、11.01%、8.00%、6.78%、5.03%，合计占全省水域及水利设施用地面积的74.36%。

3.12.2 水域及水利设施用地类型

水域及水利设施用地是指陆地水域、海涂、沟渠、水工建筑物等的用地。水域及水利设施用地包括河流水面、湖泊水面、水库水面、坑塘水面、沟渠、水工建筑用地、冰川及永久积雪7个二级国土利用类型，不包括滞洪区和已垦滩涂中的耕地、园地、林地、居民点、道路等用地。

青海省的水域及水利设施用地涵盖的二级国土利用类型与全国相同。

青海省水域及水利设施用地中河流水面面积为434 742.83hm²，占全省水域及水利设施用地面积的17.77%；湖泊水面面积为1 504 848.25hm²，占比为61.51%；水库水面面积为72 856.48hm²，占比为2.98%；坑塘水面面积为2 317.63hm²，占比为0.09%；沟渠面积为6 085.07hm²，占比为0.25%；水工建筑用地面积为2 505.58hm²，占比为0.10%；冰川及永久积雪面积为423 263.43hm²，占比为17.30%（图3-28）。青海省水域及水利设施用地类型主要是湖泊水面，其次是河流水面，第三为冰川及永久积雪。湖泊水面主要分布在玉树州、海西州，河流水面和冰川及永久积雪主要分布在玉树州、海西州。

青海省各市（州）水域及水利设施用地类型及比例结构差异比较大。西宁市、海东市和黄南州以河流水面为主，海北州、海南州、果洛州、玉树州和海西州以湖泊水面为主，海北州、果洛州、玉树州和海西州的冰川及永久积雪占有一定的比例。西宁市没有冰川及永久积雪，河流水面、水库水面和沟渠的面积分别占全市水域及水利设施用地面积的61.63%、16.88%和13.00%；海东市没有冰川及永久积雪，河流水面、水库水面的面积分别占全市水域及水利设施用地面积的53.17%、34.66%；海北州湖泊水面和河流水面的面积分别占全州水域及水利设施用地面积的81.79%、11.36%，黄南州没有冰川及永久积雪，河流水面和水库水面的面积分别占全州水域及水利设施用地面积的80.96%、17.08%；海南州湖泊水面和水库水面的面积分别占全州水域及水利设施用地面积的78.02%、13.86%；果洛州湖泊水面和河流水面的面积分别占全州水域及水利设施用地面积的70.80%、23.00%；玉树州湖泊水面、河流水面和冰川及永久积雪的面积分别占全州水域及水利设施用地面积的57.22%、25.97%、16.75%；海西州湖泊水面和冰川及永久积雪的面积分别占全州水域及水利设施用地面积的52.48%、31.98%（图3-29）。

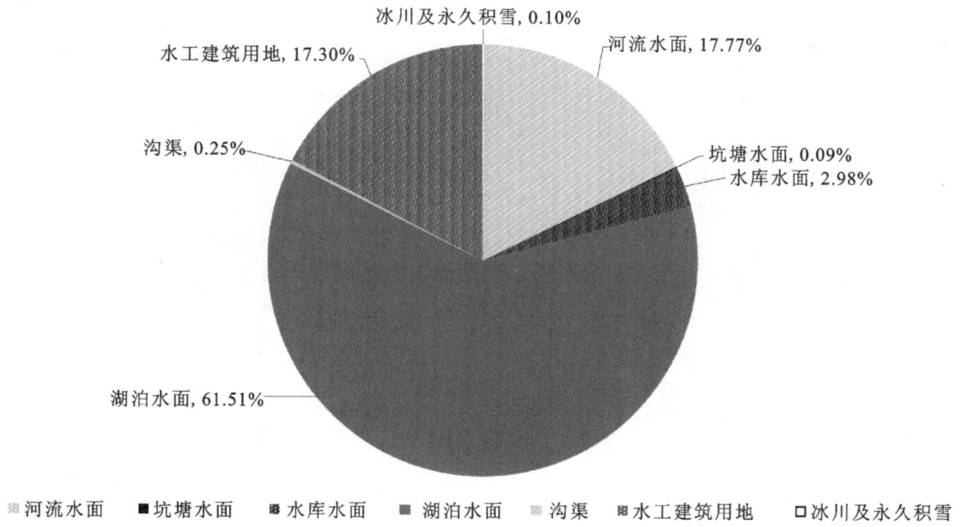

图 3-28 青海省水域及水利设施用地面积结构

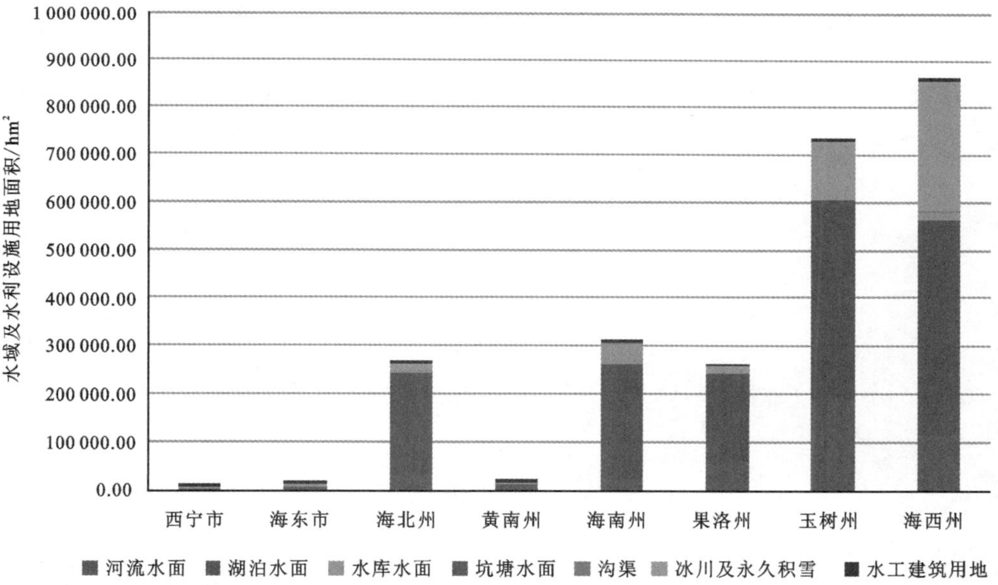

图 3-29 青海省各市(州)水域及水利设施用地面积结构

从各县(市、区)水域及水利设施用地类型及比例结构看,甘德县、泽库县、河南县、班玛县、达日县、同仁县、同德县、循化县、城东区、湟源县、城西区、乐都区、民和县、城北区、兴海县、久治县、玉树市、称多县、互助县、大通县、囊谦县、祁连县、平安区、曲麻莱县、贵德县、城中区的河流水面面积占全省水域及水利设施用地面积的比例在 50%以上;海晏县、刚察县、玛多县、乌兰县、共和县、茫崖市、大柴旦行政委员会、治多县、都兰县的湖泊水面面积占全省水域及水利设施用地面积的比例在 50%以上。门源县、海晏县、玛沁县、杂多县、治多县、囊谦县、格尔木市、天峻县的冰川及永久积雪面积较大(图 3-30)。

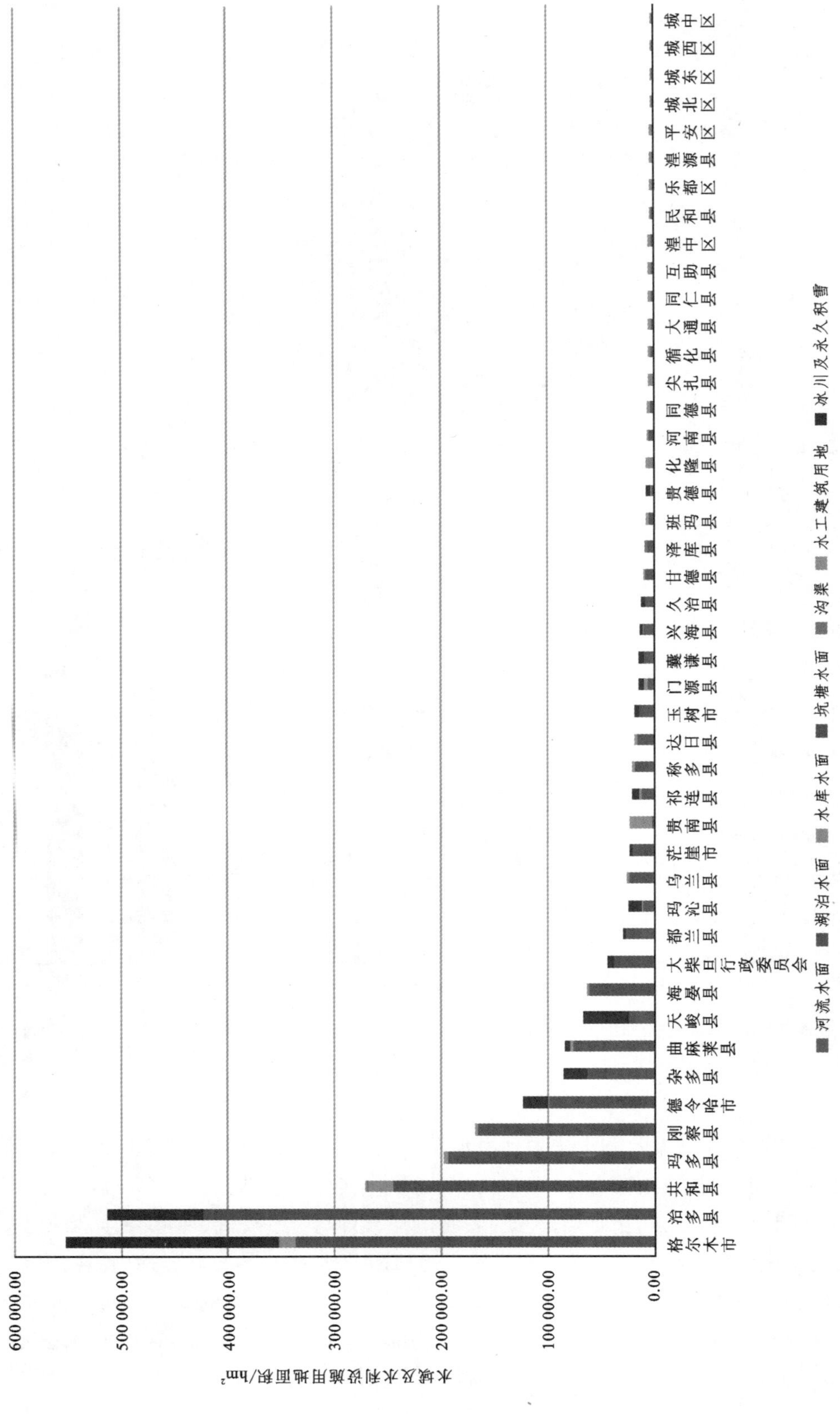

图 3－30　青海省各县(市、区)水域及水利设施用地面积结构

3.13 其他土地

其他土地是指除上述地类以外的其他类型的土地。其他土地具有重要的生态服务功能，对维护生物多样性、区域生态平衡及保持地球原生环境具有显著意义。同时，其他土地还是耕地后备资源和土地开发的潜力所在。

全国的其他土地包括空闲地、设施农用地、田坎、盐碱地、沙地、裸土地、裸岩石砾地 7 个二级国土利用类型。青海省其他土地的二级国土利用类型不包括空闲地。

青海省其他土地中盐碱地面积为 2 924 671.88hm^2，其中海东市盐碱地面积为 5.23hm^2，占全省盐碱地面积的比例不足 0.01%；海北州盐碱地面积为 1.09hm^2，占全省盐碱地面积的比例不足 0.01%；海南州盐碱地面积为 1 841.60hm^2，占全省盐碱地面积的 0.06%；玉树州盐碱地面积为 1 562.93hm^2，占全省盐碱地面积的 0.05%；海西州盐碱地面积为 2 921 261.02hm^2，占全省盐碱地面积的 99.87%。青海省盐碱地绝大部分分布在海西州，西宁市、黄南州和果洛州没有盐碱地分布。

从各县(市、区)分布来看，全省只有茫崖市、格尔木市、都兰县、大柴旦行政委员会、德令哈市、乌兰县、共和县、治多县、平安区和海晏县 10 个县(市)有盐碱地，其中 6 个县(市)都隶属于海西州。海西州有 4 个县(市)的盐碱地面积占全省盐碱地面积的比例在 10%以上，分别是茫崖市、格尔木市、都兰县、大柴旦行政委员会。其中茫崖市分布最多，其盐碱地面积占全省盐碱地面积的 35.18%；其次是格尔木市，占全省盐碱地面积的 28.87%。

4 国土利用权属状况

本章详细介绍了第三次全国国土调查结果中国有土地和集体土地的结构特点和变化。

4.1 权属总体情况

在青海省国土调查总面积中，国有土地面积为 68 413 953.03hm²，占国土调查总面积的 98.20%；集体土地面积为 1 251 931.39hm²，占国土调查总面积的 1.80%。

全国国有土地总面积为 52 333.8 万 hm²。其中国有建设用地面积为 1 760.6 万 hm²；国有耕地面积为 1 957.2 万 hm²，主要分布在黑龙江、新疆、内蒙古和吉林等地区；国有园地面积为 238.7 万 hm²，主要分布在海南、新疆、云南和广东等地区；国有林地面积为 11 284.1 万 hm²，主要分布在黑龙江、西藏、内蒙古、四川和新疆等地区；国有草地面积为 19 733.4 万 hm²，国有湿地面积为 2 182.7 万 hm²，主要分布在青海、西藏、黑龙江、内蒙古和新疆等地区。

4.2 国有土地

国有土地是指土地所有权归国家所有的土地，即全民所有的土地。《中华人民共和国土地管理法》规定："城市市区的土地属于国家所有。农村和城市郊区的土地，除由法律规定属于国家所有的以外，属于农民集体所有；宅基地和自留地、自留山，属于农民集体所有"。青海省的大部分土地都是国有土地。随着经济社会的快速发展，国有土地在地类构成和地区分布上也发生着变化，尤其是在工业化、城镇化快速推进条件下，国有建设用地规模不断扩张，国有耕地、林地比例也有所下降。

从各市（州）国有土地面积占全省国有国土面积的比例来看，海西州国有土地占比最大，面积为 30 052 997.14hm²，占比为 43.93%；其次是玉树州，面积为 20 478 017.45hm²，占比为 29.93%；再次是果洛州，面积为 7 424 485.06hm²，占比为 10.85%；最少的是西宁市，面积为 387 243.64hm²，占比仅为 0.57%（图 4－1）。

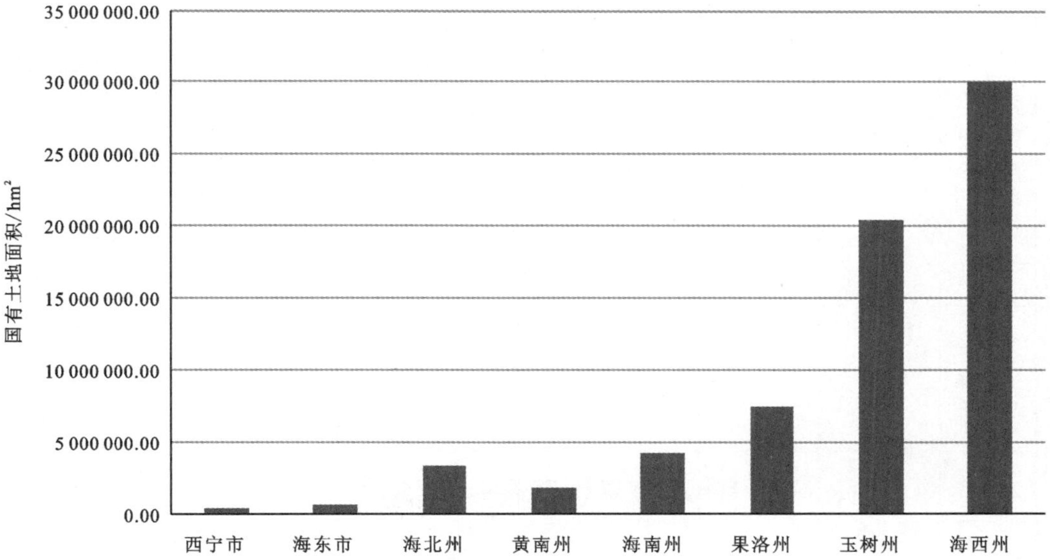

图 4-1 各市(州)国有土地面积柱状图

从国有土地面积占各市(州)总面积的比例来看,玉树州占比为 99.50%,几乎所有土地均为国有土地;其次是海西州和海北州,国有土地占比分别为 99.89%和 98.54%;最低的是海东市,国有土地占比为 52.92%。所有市(州)的国有土地所占比例均超过了青海省国土面积的 50%(表 4-1,图 4-2)。

(1)国有耕地。从各市(州)国有耕地面积占全省国有耕地面积的比例来看,海南州国有耕地面积最大,为 41 872.62hm²,占比为 36.01%;其次是海西州,面积为 28 768.92hm²,占比为 24.74%;再次是海北州,面积为 24 583.47hm²,占比为 21.14%;果洛州、西宁市和海东市的国有耕地面积最小,分别为 408.55hm²、1 791.92hm² 和 2 444.20hm²,占比分别为 0.34%、1.44%和 2.06%。

(2)国有园地。从各市(州)国有园地面积占全省国有园地面积的比例来看,海西州的占比最大,面积为 51 791.22hm²,占比为 96.09%,全省的园地几乎都分布于此;其次是海南州,面积为 1 869.66hm²,占比为 3.47%;而其他州、市的国有园地面积占比均小于 1%,其中西宁市、海北州和玉树州没有国有园地。

(3)国有林地。从各市(州)国有林地面积占全省国有林地面积的比例来看,果洛州的占比最大,面积为 972 843.18hm²,占比为 22.70%;其次是玉树州和海西州,面积分别为 796 767.55hm² 和 640 953.23hm²,占比分别为 18.59%和 14.95%;最少的是西宁市,面积为 222 452.12hm²,占比为 5.19%。

(4)国有草地。从各市(州)国有草地面积占全省国有草地面积的比例来看,玉树州国有草地面积最大,为 15 167 308.00hm²,占比为 38.70%;其次是海西州,面积为 12 102 956.02hm²,占比为 30.88%;最少的是西宁市和海东市,面积分别为 122 607.29hm² 和 332 572.64hm²,占比均低于 1%。

表 4－1　2020 年各市(州)各利用类型中国有土地占全省各类用地比例

单位：%

行政区	面积比例	湿地	耕地	种植园用地	林地	草地	城市用地	建制镇用地	村庄用地	采矿用地	风景名胜及特殊用地	交通运输用地	水域用地	其他土地
		各利用类型国有土地占比												
西宁市	0.57	0.03	1.44	0.00	5.19	0.31	48.27	15.09	5.36	0.30	8.49	3.65	0.13	0.09
海东市	1.00	0.08	2.06	0.41	7.22	0.85	6.05	8.88	5.47	0.47	5.37	8.65	0.44	0.07
海北州	4.95	5.15	21.14	0.00	12.25	4.69	0.00	8.39	6.91	1.39	8.47	8.95	10.70	2.71
黄南州	2.60	1.17	6.63	0.03	10.36	3.11	0.00	4.64	5.81	0.12	2.51	4.51	0.58	0.15
海南州	6.16	1.08	36.01	3.47	8.74	8.18	0.00	10.27	33.00	0.52	34.23	9.46	12.58	1.13
果洛州	10.85	13.96	0.34	0.00	22.70	13.27	0.00	6.55	6.86	0.30	10.62	14.05	10.53	1.54
玉树州	29.93	54.57	7.65	0.00	18.59	38.70	4.70	9.33	13.72	0.31	10.97	15.20	29.90	5.70
海西州	43.93	23.96	24.74	96.09	14.95	30.88	40.98	36.85	22.87	96.61	19.34	35.53	35.13	88.60
青海省	100.00	100.00	100.00	100.00	100.00	100.00	100.00	100.00	100.00	100.00	100.00	100.00	100.00	100.00

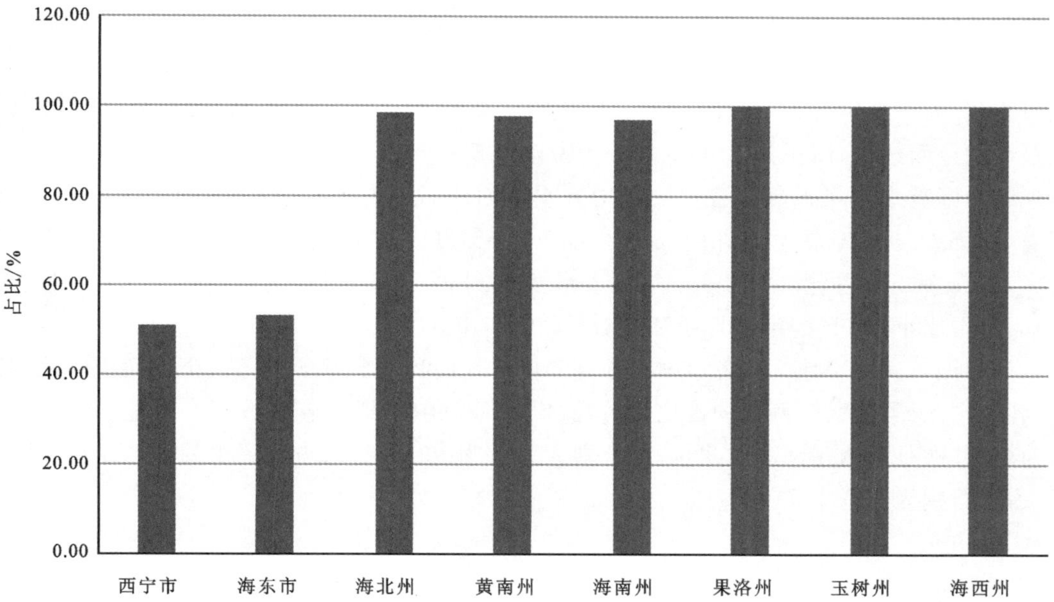

图 4-2　2020 年各市(州)国有土地面积占本行政区总面积的比例

(5)国有湿地。从各市(州)国有湿地面积占全省国有湿地面积的比例来看,玉树州国有湿地面积最大,面积为 2 781 738.99hm²,占比为 54.57%;其次是海西州,面积为 1 221 261.77hm²,占比为 23.96%;西宁市和海东市,国有湿地面积分别为 1 421.57hm² 和 3 972.55hm²,占比分别为 0.03%和 0.08%。

(6)国有城市用地。从各市(州)国有城市用地面积占全省国有城市用地面积的比例来看,西宁市的占比最大,面积为 9 335.98hm²,占比为 48.27%;其次是海西州,面积为 7 925.81hm²,占比为 40.98%;海北州、黄南州、海南州、果洛州没有城市用地。

(7)国有建制镇用地。从各市(州)国有建制镇用地面积占全省国有建制镇用地面积的比例来看,海西州的占比最大,面积为 12 024.85hm²,占比为 36.85%;其次是西宁市和海南州,面积分别为 492 513.00hm² 和 3 351.51hm²,占比分别为 15.09%和 10.27%;占比最少的是黄南州,面积为 1 514.45hm²,占比为 4.64%。

(8)国有村庄用地。从各市(州)国有村庄用地面积占全省国有村庄用地面积的比例来看,海南州的占比最大,占比为 33.00%;其次是海西州,面积为 10 309.84hm²,占比为 22.87%;占比最少的是西宁市,面积为 2 415.47hm²,占比为 5.36%。

(9)国有采矿用地。从各市(州)国有采矿用地面积占全省国有采矿用地面积的比例来看,海西州的占比最大,面积为 176 248.26hm²,占比为 96.61%;其次是海北州,面积为 2 541.10hm²,占比达 1.39%;其他各市(州)占比均小于 1%。

(10)国有风景名胜及特殊用地。从各市(州)国有风景名胜及特殊用地面积占全省国有风景名胜及特殊用地面积的比例来看,海南州的占比最大,面积为 1 918.33hm²,占比为 34.23%;其次是海西州,面积为 1 083.70hm²,占比为 19.34%;占比最少的是海东市和黄南州，面积分别为 300.85hm^2 和 140.65hm^2，占比分别为 5.37%和 2.51%。

(11)国有交通运输用地。从各市(州)国有交通运输用地面积占全省国有交通运输用地面积的比例来看，海西州的占比最大，面积为 25 981.25hm^2，占比为 35.53%；其次是玉树州和果洛州，面积分别为 11 114.73hm^2 和 10 278.06hm^2，占比分别为 15.20%和 14.05%；占比最少的是西宁市，面积为 5 006.24hm^2，占比为 3.65%。

(12)国有水域用地。从各市(州)国有水域用地面积占全省国有水域用地面积的比例来看，海西州的占比最大，面积为 857 222.84hm^2，占比为 35.13%；其次是玉树州，面积为 730 027.63hm^2，占比为 29.90%；占比最少的是西宁市，面积为 3 206.86hm^2，占比为 0.13%；占比小于 1%的市(州)还有黄南州和海东市。

(13)国有其他土地。从各市(州)国有其他土地面积占全省国有其他土地面积的比例来看，各地区差异很大，海西州的占比最大，占比为 88.60%，即全省多数国有其他土地分布在海西州；其次是玉树州和海北州，占比分别为 5.70%和 2.71%；占比最少的是西宁市和海东市，占比分别为 0.09%和 0.07%。

4.3 集体土地

集体土地是指土地所有权归集体所有的土地。总体上，我国集体土地面积比国有土地面积略少，但在广大传统农耕区，集体土地面积几乎超过国有土地面积。随着国民经济的快速发展，集体土地在地类结构和地区分布上也发生着变化，尤其是在城镇化的过程中，城市郊区的集体土地被征收为国有建设用地，这使得集体土地的比例逐年下降。

从各市(州)集体土地面积占全省集体土地面积的比例来看，海东市的占比最大，为 611 280.61hm^2，占全省集体土地面积的 48.83%；其次是西宁市，面积为 373 445.18hm^2，占全省集体土地面积的 29.83%；再次是海南州，面积为 131 706.45hm^2，占全省集体土地面积的 10.52%；集体土地最少的是果洛州，面积为 280.06hm^2，占全省集体土地面积的 0.02%(图 4-3)。

从集体土地面积占各行政区总面积的比例来看，占比均低于 50%。其中海东市的占比最高，为 49.98%；其次是西宁市，占比为 48.03%；除果洛州占比为 11.18%外，其他区域均低于 10%；占比最少的是玉树州和海西州，占比分别为 0.58%、0.61%(图 4-4，表 4-2)。

(1)集体湿地。从各市(州)集体湿地面积占全省集体湿地面积的比例来看，比例差异较大，其中海南州的占比最大，面积为 1 264.82hm^2，占比为 34.14%；其次是海东市，面积为 975.82hm^2，占比为 26.34%；果洛州没有集体湿地。

(2)集体耕地。从各市(州)集体耕地面积占全省集体耕地面积的比例来看，海东市的占比最大，面积为 194 096.89hm^2，占比为 43.35%；其次是西宁市，面积为 125 293.18hm^2，占比为 27.98%；再次是海南州，面积为 57 123.45hm^2，占比为 12.76%；最少的是果洛州、玉树州和黄南州，面积分别为 195.44hm^2、7 003.55hm^2、13 891.34hm^2，占比分别为 0.04%、1.56%和 3.10%。

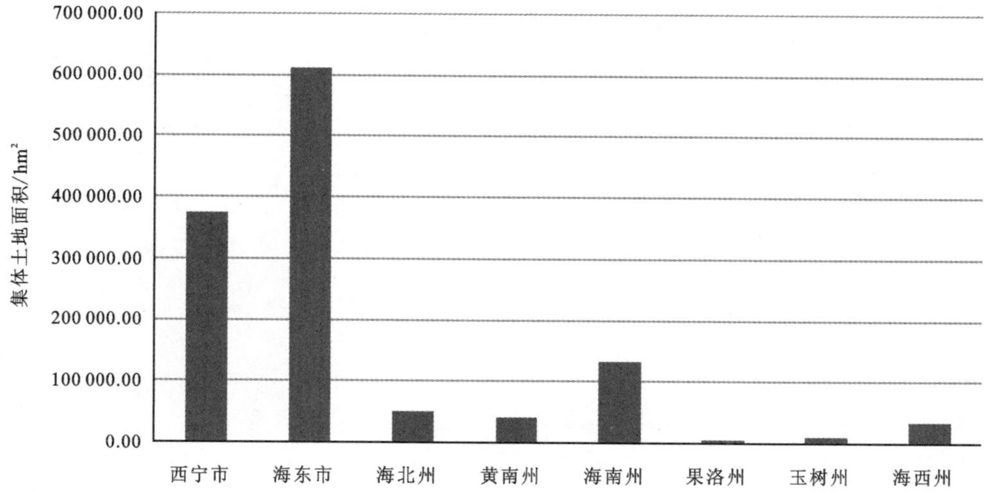

图 4-3 2020 年各市(州)集体土地面积占全省集体土地面积的比例情况

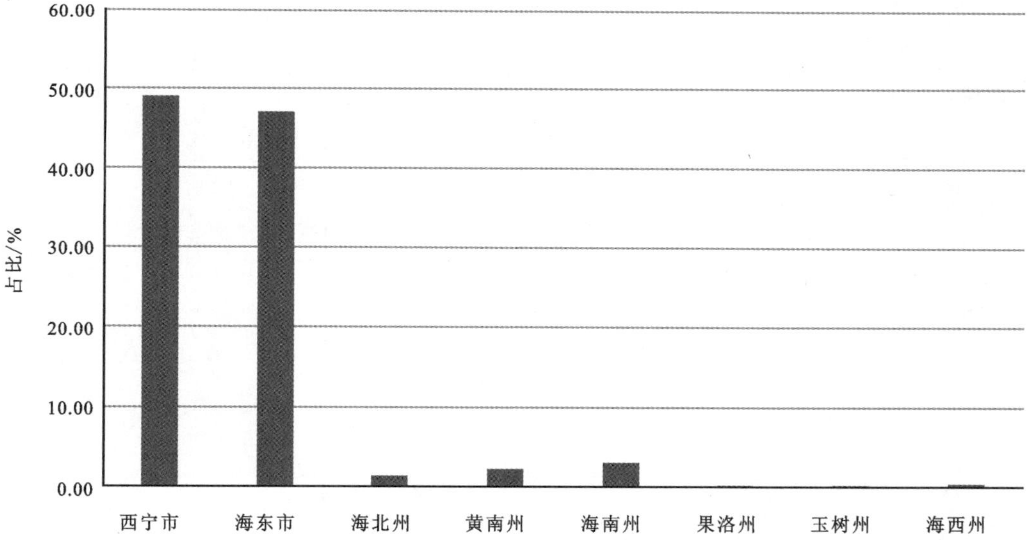

图 4-4 2020 年各市(州)集体土地面积占各行政区总面积的比例情况

(3)集体园地。从各市(州)集体园地面积占全省集体园地面积的比例来看,海西州的占比最大,面积为 4 591.42hm²,占比为 54.40%,全省一半的园地几乎都分布于此;其次是海东市和海南州,面积分别为 2 391.98hm² 和 1 057.41hm²,占比分别为 28.34%和 12.53%;而其他区域的占比较低,其中果洛州、海北州和玉树州没有集体园地。

(4)集体林地。从各市(州)集体林地面积占全省集体林地面积的比例来看,海东市的占比最大,面积为 157 445.73hm²,占比为 49.66%;其次是西宁市,面积为 135 104.18hm²,占比为 42.61%;最少的是果洛州,面积为 42.09hm²,占比为 0.01%。

表 4-2　2020 年全省及各市(州)集体土地利用现状分类面积占全省各类用地比例

单位:%

行政区	面积比例	湿地	耕地	种植园用地	林地	草地	城市用地	建制镇用地	村庄用地	采矿用地	风景名胜及特殊用地	交通运输用地	水域用地	其他土地
		各利用类型国有土地占比												
青海省	100.00	100.00	100.00	100.00	100.00	100.00	100.00	100.00	100.00	100.00	100.00	100.00	100.00	100.00
西宁市	29.83	11.80	27.98	0.13	42.61	15.75	33.48	25.50	31.17	33.91	37.50	50.81	34.06	39.00
海东市	48.83	26.34	43.35	28.34	49.66	60.25	57.44	44.49	43.32	51.92	46.56	23.91	23.21	47.23
海北州	4.01	3.80	7.49	0.00	1.11	1.21	0.00	6.77	5.66	1.35	6.00	8.15	4.04	4.67
黄南州	3.27	7.36	3.10	4.60	2.48	3.68	0.00	6.05	4.66	4.71	3.24	4.38	2.51	4.01
海南州	10.52	34.14	12.76	12.53	2.95	16.90	0.00	7.74	10.78	6.80	4.76	8.93	26.14	4.73
果洛州	0.02	0.00	0.04	0.00	0.01	0.00	0.00	0.38	0.00	0.00	0.01	0.00	0.22	0.00
玉树州	0.89	9.51	1.56	0.00	0.38	0.43	4.17	1.11	1.28	0.56	1.56	0.35	2.21	0.03
海西州	2.63	7.06	3.71	54.40	0.79	1.78	4.90	7.96	3.12	0.74	0.38	3.48	7.62	0.33

(5)集体草地。从各市(州)集体草地面积占全省集体草地面积的比例来看,面积最大的是海东市,面积为169 978.39hm²,占比为60.25%;其次是海南州,面积为47 666.45hm²,占比为16.90%;占比最少的是果洛州,面积仅为6.24hm²。

(6)集体城市用地。从各市(州)集体城市用地面积占全省集体城市用地面积的比例来看,海东市的占比最大,面积为1 224.30hm²,占比为57.44%;其次是西宁市,面积为713.67hm²,占比为33.48%。

(7)集体建制镇用地。从各市(州)集体建制镇用地面积占全省集体建制镇用地面积的比例来看,海东市的占比最大,面积为2 432.77hm²,占比为44.49%;其次是西宁市,面积为1 394.66hm²,占比为25.50%;占比最少的是果洛州,面积仅为21.04hm²。

(8)集体村庄用地。从各市(州)集体村庄用地面积占全省集体村庄用地面积的比例来看,海东市的占比最大,面积为30 335.25hm²,占比为43.32%;其次是西宁市和海南州,面积分别为21 827.98hm²和7 546.26hm²,占比分别为31.17%和10.78%;占比最少的是果洛州,面积为5.98hm²,占比为0.01%。

(9)集体采矿用地。从各市(州)集体采矿用地面积占全省集体采矿用地面积的比例来看,海东市的占比最大,面积为1 392.05hm²,占比为51.92%;其次是西宁市和海南州,面积分别为909.19hm²和182.21hm²,占比分别为33.91%和6.80%;果洛州没有集体采矿用地。

(10)集体风景名胜及特殊用地。从各市(州)集体风景名胜及特殊用地面积占全省集体风景名胜及特殊用地面积的比例来看,海东市的占比最大,面积为1 119.04hm²,占比为46.56%;其次是西宁市,面积为901.33hm²,占比为37.50%;果洛州没有集体风景名胜及特殊用地。

(11)集体交通运输用地。从各市(州)集体交通运输用地面积占全省集体交通运输用地面积的比例来看,西宁市的占比最大,面积为2 619.15hm²,占比为50.81%;其次是海东市,面积为1 232.69hm²,占比为23.91%;果洛州没有集体交通运输用地。

(12)集体水域用地。从各市(州)集体水域用地面积占全省集体水域用地面积的比例来看,西宁市的占比最大,面积为1 641.99hm²,占比为34.06%;其次是海南州,面积为1 260.32hm²,占比为26.14%和;占比最少的是果洛州,面积为10.45hm²,占比为0.22%。

(13)集体其他土地。从各市(州)集体其他土地面积占全省集体其他土地面积的比例来看,海东市的占比最大,占比为47.23%;其次是西宁市,占比为39.00%;果洛州和玉树州的占比最少。

4.4 国土利用土地权属结构

土地权属结构是指土地的所有权、使用权和他项权利的归属。第三次全国国土调查后,我国整体上已基本厘清土地的所有权结构,包括国有土地和集体土地。

本小节依据土地利用现状分类按十三大类分析土地权属结构(表4-3)。

表 4-3　2020 年全省及各市(州)十三大地类土地权属结构

单位:%

行政区	权属	合计	湿地	耕地	种植园用地	林地	草地	城市用地	建制镇用地	村庄用地	采矿用地	风景名胜及特殊用地	交通运输用地	水域用地	其他土地
		100.00	100.00	100.00	100.00	100.00	100.00	100.00	100.00	100.00	100.00	100.00	100.00	100.00	100.00
青海省	国有	98.20	99.93	20.62	86.46	93.11	99.29	90.07	85.65	39.17	98.55	69.98	93.42	99.82	99.46
	集体	1.80	0.07	79.38	13.54	6.89	0.71	9.93	14.35	60.83	1.45	30.02	6.58	0.18	0.54
西宁市	国有	50.91	76.48	1.32	17.73	62.21	73.40	92.90	77.93	9.96	37.47	34.55	50.49	66.77	29.91
	集体	49.09	23.52	98.68	82.27	37.79	26.60	7.10	22.07	90.04	62.53	65.45	49.51	33.23	70.09
海东市	国有	52.92	80.28	1.22	8.38	66.29	66.18	48.89	54.35	7.52	37.89	21.19	83.69	92.55	22.18
	集体	47.08	19.72	98.78	91.62	33.71	33.82	51.11	45.65	92.48	62.11	78.81	16.31	7.45	77.82
海北州	国有	98.54	99.95	42.28	0.00	99.33	99.81	0.00	88.09	44.02	98.60	76.69	93.96	99.94	99.07
	集体	1.46	0.05	57.72	0.00	0.67	0.19	0.00	11.91	55.98	1.40	23.31	6.04	0.06	0.93
黄南州	国有	97.76	99.55	35.68	3.51	98.26	99.16	0.00	82.07	44.53	62.61	64.39	93.60	99.34	87.57
	集体	2.24	0.45	64.32	96.49	1.74	0.84	0.00	17.93	55.47	37.39	35.61	6.40	0.66	12.43
海南州	国有	96.97	97.76	42.30	63.87	97.56	98.53	0.00	88.79	66.35	83.85	94.37	93.76	99.60	97.77
	集体	3.03	2.24	57.70	36.13	2.44	1.47	0.00	11.21	33.65	16.15	5.63	6.24	0.40	2.23
果洛州	国有	100.00	100.00	67.13	0.00	100.00	100.00	0.00	99.02	99.91	100.00	100.00	100.00	100.00	100.00
	集体	0.00	0.00	32.87	0.00	0.00	0.00	0.00	0.98	0.09	0.00	0.00	0.00	0.00	0.00
玉树州	国有	99.95	99.99	55.94	0.00	99.85	99.99	91.09	98.05	87.37	97.38	94.25	99.84	99.99	100.00
	集体	0.05	0.01	44.06	0.00	0.15	0.01	8.91	1.95	12.63	2.62	5.75	0.16	0.01	0.00
海西州	国有	99.89	99.98	63.37	91.86	99.61	99.96	98.70	96.51	82.50	99.99	99.16	99.32	99.96	100.00
	集体	0.11	0.02	36.63	8.14	0.39	0.04	1.30	3.49	17.50	0.01	0.84	0.68	0.04	0.00

4.4.1 耕地

全省国有耕地面积为116 287.64hm²，占耕地总面积的20.62%；集体耕地面积为447 790.20hm²，占耕地总面积的79.38%。

果洛州、海西州和玉树州国有耕地面积占该行政区域耕地总面积的比例分别为67.13%、63.37%和55.94%。国有耕地面积占比最少的是西宁市，占比为1.32%。

4.4.2 园地

全省国有园地面积为53 896.17hm²，占园地总面积的86.46%；集体园地面积为8 439.81hm²，占园地总面积的13.54%。

海西州和海南州的国有园地面积占本州园地总面积的比例分别为91.86%和63.87%，而海北州、果洛州和玉树州没有国有园地。

4.4.3 林地

全省国有林地面积为4 286 548.64hm²，占林地总面积的93.11%；集体林地面积为317 046.86hm²，占林地总面积的6.89%。

西宁市和海东市的国有林地面积占本市林地总面积的比例分别为62.21%和66.29%，其他各市(州)国有林地面积占比均大于90%。

4.4.4 草地

全省国有草地面积为39 188 368.47hm²，占草地总面积的99.29%；集体草地面积为282 128.91hm²，占草地总面积的0.71%。

西宁市和海东市的国有草地面积占本市草地总面积的比例分别为73.40%和66.18%，而其他行政区域的国有草地面积占比均大于90%。

4.4.5 湿地

全省国有湿地面积为5 097 482.75hm²，占湿地总面积的99.93%；集体湿地面积为3 705.33hm²，占湿地总面积的0.07%。

4.4.6 城市用地

全省国有城市用地面积为19 341.02hm²，占城市用地总面积的90.07%；集体城市用地面积为2 131.38hm²，占城市用地总面积的9.93%。

4.4.7 建制镇用地

全省国有建制镇用地面积为32 631.38hm²，占建制镇用地总面积的85.65%；集体建制镇用地面积为 5 468.62hm^2，占建制镇用地总面积的 14.35%。

4.4.8 村庄用地

全省国有村庄用地面积为 45 083.19hm^2，占村庄用地总面积的 39.17%；集体村庄用地面积为 70 020.82hm^2，占村庄用地总面积的 60.83%。

4.4.9 采矿用地

全省国有采矿用地面积为 182 442.09hm^2，占采矿用地总面积的 98.55%；集体采矿用地面积为 2 680.96hm^2，占采矿用地总面积的 1.45%。

4.4.10 风景名胜及特殊用地

全省国有风景名胜及特殊用地面积为 5 604.30hm^2，占风景名胜及特殊用地总面积的 69.98%；集体风景名胜及特殊用地面积为 2 403.58hm^2，占风景名胜及特殊用地总面积的 30.02%。

4.4.11 交通运输用地

全省国有交通运输用地面积为 73 133.18hm^2，占交通运输用地总面积的 93.42%；集体交通运输用地面积为 5 155.22hm^2，占交通运输用地总面积的 6.58%。

4.4.12 水域用地

全省国有水域用地面积为 2 439 815.58hm^2，占水域用地总面积的 99.82%；集体水域用地面积为 4 297.77hm^2，占水域用地总面积的 0.18%。

4.4.13 其他土地

全省其他土地面积占全省国土面积的 24.28%。其中，国有其他土地面积占其他土地总面积的 99.46%，集体其他土地面积仅占 0.54%。可以看出，青海省其他土地在权属类型上主要来源为国有其他土地。

从各市（州）十三大地类权属结构看，国有其他土地面积占该市（州）其他土地总面积的比例较小的市有西宁市和海东市，其面积占比分别为 29.91%、22.18%；其他各市（州）国有其他土地面积占比均大于 80%，其中占比最大的是果洛州。

5 各地市(州)国土利用

本章介绍了青海省西宁市、海东市、海北州、黄南州、海南州、果洛州、玉树州和海西州的自然地理和社会经济情况,分析了各市(州)耕地、园地、林地、草地、湿地、水域用地、建设用地的利用类型与空间分布。

5.1 西宁市

5.1.1 自然地理

西宁市东与海东市毗邻,北与海北州接壤,南与海南州相连,扼青藏高原东方之门户,因取“西陲安宁”之意而得名。市域地理位置介于东经100°52′04″—101°54′54″、北纬36°13′42″—37°28′11″之间,总面积0.76万km^2,占全省国土面积的1.09%。西宁市地处我国陆地地势第一级阶梯与第二级阶梯过渡带,市域三面被祁连山支脉环抱,北接大板山,与大通河相望;南接拉脊山,与黄河干流分水;西接日月山,与青海湖水系相邻。在地质历史时期,随着四周山体分期阶段性隆起,湟水河干支流冲刷切割地表,形成垂直差异十分明显的山地、低山丘陵、河谷冲积平原和沟谷地貌。市域最高点在湟源县野牛山,海拔4898m;最低点在城东区小峡口中部,海拔2165m,垂直高差2733m。

西宁市域位于湟水流域。发源于海晏县包呼图山的湟水,自西北向东南奔流,流经海晏、湟源、湟中、西宁、互助、平安、乐都和民和等地,所经之地峡谷与盆地相间分布,穿越了巴燕峡、湟源峡、小峡、大峡、老鸦峡等众多峡口,两岸山峦重叠、谷窄而深,沿途还串起了大通、西宁、平安、乐都、民和等多个沿河盆地。沿湟水流域,峡谷、宽谷与盆地相间分布、一束一放,形成串珠状的河谷地貌。湟水干流在西宁市以上称西川河,在西宁市小峡口以上,先后有药水河、西纳川、大南川、云谷川、小南川、盘道沟、康缠川、宝库河、黑林河、东峡河、北川河、沙塘川等支流呈羽毛状形态汇入。由于长期受河流侵蚀,湟水两岸形成了多级阶地。分布着一、二级阶地的河谷地区,地势平坦,土地肥沃,气候条件良好,是青海省重要的农业区。河湟地区海拔相差较大,形成了明显的气候差异。根据海拔及气候状况,当地人习惯将河湟地区分为脑山、浅山和川水3种地貌。海拔为1650～2650m的河谷区属川水地区。川水地区多为一级至四级阶地,区内地势相对平坦,主要土壤为灌溉栗钙土,河床附近分布着垫淤土及零星分布着沼泽土;河谷阶地和河滩土壤肥沃,水热条件好。川水地区年均气温在7.4～9.6℃之间,年降水量为230～360mm,具备较好的灌溉条件,适合种植春小麦、马铃薯、玉米、冬小麦等暖温带作物，并生长有冬果梨树、苹果树等经济林木，是青海省主要的农业生产基地。村庄、工厂、城镇、铁路、公路、农田等都坐落于二级至三级阶地上。分布在河谷两侧的、海拔在2000～2800m之间的丘陵和低山地带为浅山地区，坡度一般为5°～25°，地形相对较陡。本区古近纪、新近纪红土之上多数覆盖着厚达数米乃至数十米的第四纪黄土，又因大小河谷长期的雨水汇集冲切，沿山包向下有较多呈放射状的沟谷，形成支离破碎的地形，呈现出黄土高原中期侵蚀地貌特征。由于沟谷切割深度大，冲沟横断面多呈“V”字形，沟间形成狭长的梁峁地形，滑坡、崩塌等地质灾害经常发生，是现代侵蚀作用极为强烈的地段。这个区域土壤主要为山地栗钙土以及砂壤土，干旱少雨，多不具备灌溉条件。本区分布有大量的旱耕地，也是雨养农业生产的重要地区，可种植小麦、青稞、蚕豆、豌豆、马铃薯、油菜、蔬菜及瓜果等。海拔在2800m以上的分水岭山坡地或冲积扇地段带被称为脑山地区，坡度多在25°以上。此地带岩层属老地层中的片岩，板岩夹灰岩、局部夹大理石，火山岩普遍出露，超基性岩发育，岩石硬度大，水土流失轻。年平均气温在0～3℃之间，年降水量为500～600mm，土壤主要是山地黑钙土及部分山地棕褐土。由于地势高、气温低、降水量多，这里气候阴湿寒冷，霜冻灾害严重。此地带植被覆盖率在80%以上，且垂直分布明显，海拔在3300m以下的植被有云杉、山杨、桦树等，阴坡处有灌木林分布；海拔在3300～3800m之间的地带主要为牧场；海拔在3800m以上的地带多为峭石秃岭，风大严寒，有的常年积雪、植被稀疏；海拔在3000m以下的局部地段辟为耕地，气候相对凉爽湿润，适用于种植青稞、油菜等农作物，有利于农林牧综合发展，但生长期较短，粮食生产受到制约。

西宁市属大陆性高原半干旱气候，全年平均日照时数2 510.1h；年平均气温5.5℃，最高气温34.6℃，最低气温-18.9℃；年平均降水量在500mm左右，蒸发量为1 363.6mm。西宁市夏季平均气温17～19℃，气候宜人，是消夏避暑胜地，有“中国夏都”之称。青海省大通县北川河源区国家级自然保护区位于西宁市大通县境内，属于“自然生态系统”类别中的大型“森林生态系统类型”的自然保护区。

5.1.2 社会经济

西宁市现辖城东、城中、城西、城北和湟中5个区，大通、湟源2个县，另外设有西宁经济技术开发区、城南新区、生物科技产业园区、海湖新区。2019年末全市常住人口为238.71万人，城镇人口为173.90万人，乡村人口为64.81万人，常住人口城镇化率为72.85%。2019年末全市户籍人口为209.37万人，其中城镇户籍人口为131.62万人，乡村户籍人口为77.75万人，户籍人口城镇化率为62.90%，人口密度达275.23人/km^2。西宁市是青藏高原唯一人口超百万人的中心城市，在整个青海省的人口首位度高。

2019年西宁市全年完成地区生产总值1 327.82亿元，粮、油、蔬菜和肉类产量分别达27.39万t、9.84万t、69.19万t和5.7万t。全年完成社会消费品零售总额592.58亿元，按经营地分，城镇实现零售额534.51亿元，乡村实现零售额58.07亿元。按行业分，批发业实现零售额145.92亿元，零售业实现零售额417.72亿元，住宿业实现零售额9.06亿元，餐饮业实现零售额19.88亿元。2019年，西宁市以占青海省约39%的人口贡献了约45%的GDP，承载了全省90%的科研机构、83%的大专院校和所有三甲及以上的医院，是省内唯一的及青藏高原地区最大的综合服务型城市。西宁市以全省1%的地理空间承载着青海省近50%的人口。全市居民人均可支配收入为28 189元。按常住地分,城镇常住居民人均可支配收入为34 846元,农村常住居民人均可支配收入为12 577元。全市居民人均生活消费支出为20 222元。按常住地分,城镇常住居民人均消费支出为24 027元,农村常住居民人均消费支出为11 299元。

农业方面,2019年农作物播种面积为188.42万亩,其中粮食播种面积为88.03万亩,油料播种面积为48.97万亩,蔬菜播种面积为26.95万亩,中草药材播种面积为5.99万亩,其他农作物播种面积为18.48万亩。油料、蚕豆、马铃薯、蔬菜特色农作物播种面积达到109.60万亩,占总播种面积的58.14%。

5.1.3 国土利用

西宁市国土利用类型以林地、草地和耕地为主,其中林地面积占全市总面积的47.00%,草地面积占全市总面积的21.96%,耕地面积占全市总面积的16.69%。其余国土利用类型中,建设用地、水域用地以及湿地面积分别占全市总面积的6.44%、0.60%和0.24%,园地面积只有13.59hm²(表5-1)。

表5-1 西宁市国土利用类型及面积

类型	耕地	园地	林地	草地	湿地	水域用地	建设用地
面积/hm²	126 970.27	13.59	357 555.03	167 049.13	1 858.81	4 601.57	48 983.32
比例/%	16.69	0.00	47.00	21.96	0.24	0.60	6.44

西宁市总面积中农用地面积占90.22%,建设用地面积占全市总面积的6.44%,未利用地面积占全市总面积的3.35%。西宁市"九分农地半分城,七分林草二分田"的国土利用结构特征明显(表5-2)。西宁市地处湟水中游河谷盆地,自然条件相对较好,适宜发展农牧业,是青海省的天然粮仓。

表5-2 西宁市各地区国土利用类型及面积

类型	城东区	城中区	城西区	城北区	湟中区	大通县	湟源县
	面积/hm²						
湿地	13.12	6.00	0.34	2.52	303.60	881.03	652.20
耕地	129.62	1 534.78	69.71	1 068.32	58 623.84	45 621.31	19 922.69
园地	2.47	0.00	3.83	6.01	1.28	0.00	0.00
林地	4 294.45	6 486.79	2 533.74	5 674.72	119 988.80	167 405.60	51 170.97
草地	2 386.32	2 802.59	316.87	954.16	27 284.56	61 922.15	71 382.48
水域用地	109.35	64.33	61.39	222.59	1 623.75	1 920.87	599.29
建设用地	4 159.71	3 927.98	2 220.79	5 576.40	16 154.09	12 411.92	4 532.43

5.1.4 耕地

西宁市地处黄土高原向青藏高原过渡区，属于湟水谷地，是全省重点农业区。全市耕地中水浇地面积为 27 357.71hm²，占全市耕地面积的 21.55%；旱地面积为 99 612.56hm²，占全市耕地面积的 78.45%；无水田地类(表 5－3)。耕地类型以旱地为主。耕地主要分布在湟中区、大通县、湟源县，其中大通县耕地面积占全市耕地面积的 46.17%，湟中区耕地面积占全市耕地面积的 35.93%，湟源县耕地面积占全市耕地面积的 15.69%。

表 5－3 西宁市耕地类型及面积

行政区	耕地面积/hm²	占比/%	水浇地	旱地
			面积/hm²	
西宁市	126 970.27	100.00	27 357.71	99 612.56
城东区	129.62	0.10	68.38	61.24
城中区	1 534.78	1.21	475.66	1 059.12
城西区	69.71	0.06	17.79	51.92
城北区	1 068.32	0.84	933.70	134.62
湟中区	45 621.31	35.93	9 270.28	36 351.03
大通县	58 623.84	46.17	10 414.89	48 208.95
湟源县	19 922.69	15.69	6 177.01	13 745.68

全市水浇地主要分布在大通县、湟中区和湟源县，其中大通县水浇地面积占全市水浇地面积的 38.07%，湟中区水浇地面积占全市水浇地面积的 33.89%，湟源县水浇地面积占全市水浇地面积的 22.58%。旱地主要分布在大通县、湟中区和湟源县，分别占全市旱地面积的 48.40%、36.49%和 13.80%。

全市以坡度为 6°～15°的耕地为主，其耕地面积占全市耕地面积的 52.02%。全市坡度在 2°以下(含 2°)的耕地面积占全市耕地面积的 12.44%，坡度为 2°～6°的耕地面积占全市耕地面积的 13.44%，坡度为 15°～25°的耕地面积占全市耕地面积的 20.67%，坡度在 25°以上的耕地面积占全市耕地面积的 1.42%(表 5－4)。西宁市坡度大于 2°的坡耕地面积为 13 089.77hm²，占全市耕地面积的 11.77%；梯田面积为 98 081.47hm²，占全市耕地面积的 88.23%。

由于受土地利用的不同自然、经济、技术条件的综合影响，不同海拔地区，土地利用的方向、方式、利用程度、生产潜力等具有明显的垂直变化。河谷川水地，水源充足、灌溉便利、土壤肥沃、气候温和，是种植业最集约化的地带，主要以小麦与豆类、薯类、油菜、蔬菜等作物进行轮作；浅山地区坡度增加，干旱缺水，施肥较少，适合种植青稞、油菜、马铃薯、豌豆、胡麻等喜凉作物；脑山地区高寒阴湿，以种植青稞、油菜居多。如湟中区着力开展绿色有机农畜产品输出地建设，重点培育发展了蔬菜、马铃薯、青稞、油菜等特色农作物产业，形成纯脑山饲草种植带、浅脑山杂交油菜种植带、半浅半脑马铃薯种植带、川水蔬菜种植带，以及云谷川特色种植(马铃薯)产业园、西纳川果蔬休闲产业园等。

表 5-4 西宁市不同坡度耕地面积

行政区	坡度类型				
	≤2°	2°～6°	6°～15°	15°～25°	>25°
	面积/hm^2				
西宁市	15 799.03	17 067.46	66 055.93	26 247.24	1 800.61
城东区	15.73	34.35	67.33	11.21	1.00
城中区	226.82	254.90	551.55	438.48	63.03
城西区	14.35	10.44	33.78	11.04	0.10
城北区	606.53	257.88	116.31	60.45	27.15
湟中区	4 806.58	8 307.55	29 748.09	14 731.35	1 030.27
大通县	9 401.98	4 778.52	25 137.47	5 956.47	346.87
湟源县	727.04	3 423.82	10 401.40	5 038.24	332.19

5.1.5 园地

西宁市园地类型为果园和其他园地。其中果园面积为 7.82hm^2，占全市园地面积的 57.54%；其他园地面积为 5.77hm^2，占全市园地面积的 42.46%(表 5-5)。

表 5-5 西宁市园地类型及面积

行政区	园地面积/hm^2	占比%	果园	其他园地
			面积/hm^2	
西宁市	13.59	100.00	7.82	5.77
城东区	2.47	18.18	0.00	2.47
城西区	3.83	28.18	0.53	3.30
城北区	6.01	44.22	6.01	0.00
湟中区	1.28	9.42	1.28	0.00

由于受自然条件、栽培历史、经济条件等多种因素影响，果园仅分布在城东区、城西区、城北区和湟中区 4 个区。其中城北区园地面积最大，占全市园地面积的 44.22%。其他园地分布在城东区和城西区，城西区其他园地面积为 3.30hm^2，占全市其他园地面积的 57.19%。

5.1.6 林地

全市林地中乔木林地面积为36 636.55hm²，占全市林地面积的10.25%；灌木林地面积为265 150.06hm²，占全市林地面积的74.15%；其他林地面积为55 768.42hm²，占全市林地面积的15.60%（表5-6）。受气候、地质、地貌、水文等自然条件和经济社会条件诸多因素的影响，西宁市林地分布不均，林地主要分布在湟中区和大通县，其林地面积分别占全市林地面积的46.82%和33.56%。各利用类型的分布情况为：乔木林地主要分布在湟中区、大通县和湟源县，其乔木林地面积合计为33 879.83hm²，占全市乔木林地面积的92.48%；灌木林地主要分布在湟中区、大通县和湟源县，其灌木林地面积分别占全市灌木林地面积的51.81%、31.76%和14.63%；其他林地主要分布在湟中区、大通县和湟源县，其他林地面积分别占全市其他林地面积的37.83%、26.70%和14.96%。

表5-6 西宁市林地类型及面积

行政区	林地面积/hm²	占比/%	乔木林地	灌木林地	其他林地
			面积/hm²		
西宁市	357 555.03	100.00	36 636.55	265 150.06	55 768.42
城东区	4 294.45	1.20	1 211.40	486.53	2 596.52
城中区	6 486.79	1.81	697.03	2 459.56	3 330.20
城西区	2 533.74	0.71	462.59	148.61	1 922.54
城北区	5 674.72	1.59	385.70	1 698.78	3 590.24
湟中区	167 405.55	46.82	15 154.51	137 361.85	14 889.19
大通县	119 988.81	33.56	14 673.23	84 216.31	21 099.27
湟源县	51 170.97	14.31	4 052.09	38 778.42	8 340.46

西宁市植被类型有针叶林、阔叶林、针阔混交林、灌丛草甸、稀疏植被等。森林植被以北方暖温性落叶阔叶林、寒温性常绿针叶林为主。青海云杉、祁连圆柏、白桦、山杨为常见的乡土树种，华北落叶松、青杨为引进树种。在海拔2600～3100m的阴坡、半阴坡及半阳坡多分布有川滇柳（*Salix rehderiana*）、金露梅（*Potentilla fruticosa* L.）、短叶锦鸡儿（*Caragana brevifolia* Kom.）、鲜卑木（*Sibiraea angustata*）、中国沙棘（*Hippophae rhamnoides* subsp. *sinensis* Rousi.）、直穗小檗（*Berberis dasystachya*）等。分布在海拔3100m以上的阴坡、半阴坡和半阳坡，主要优势树种有山生柳（*Salix oritrepha*）、鬼箭锦鸡儿（*Caragana jubata* (Pall.) Poir.）、百里香杜鹃（*Rhododendron thymifolium* Maxim.）、陇蜀杜鹃（*Rhododendron przewalskii* Maxim.）、高山绣线菊（*Spiraea alpina* Pall.）等。

5.1.7 草地

西宁市的草地利用类型以天然牧草地为主。全市草地中天然牧草地面积为162 417.99hm²，占全市草地面积的97.23%;人工牧草地面积为475.83hm²,占全市草地面积的0.28%;其他草地面积为4 155.31hm²,占全市草地面积的2.49%(表5-7)。草地主要分布在湟源县和大通县,其草地面积分别占全市草地面积的42.73%和37.07%。天然牧草地主要分布在湟源县、大通县和湟中区,其天然牧草地面积分别占全市天然牧草地面积的43.67%、37.91%和15.47%;人工牧草地主要集中在湟中区和湟源县,其人工牧草地面积之和占全市人工牧草地面积的98.31%;其他草地主要分布在湟中区,面积为2 074.50hm²,占全市其他草地面积的49.92%。

表5-7 西宁市草地类型及面积

行政区	草地面积/hm²	占比/%	天然牧草地	人工牧草地	其他草地
			面积/hm²		
西宁市	167 049.13	100.00	162 417.99	475.83	4 155.31
城东区	2 386.32	1.43	2 014.01	1.46	370.85
城中区	2 802.59	1.68	2 097.02	0.54	705.03
城西区	316.87	0.19	169.96	0.00	146.91
城北区	954.16	0.57	507.81	0.48	445.87
湟中区	27 284.56	16.33	25 125.80	84.26	2 074.50
大通县	61 922.15	37.07	61 576.09	5.57	340.49
湟源县	71 382.48	42.73	70 927.30	383.52	71.66

湟水河流域孕育着丰富多样的草地类型,有高寒草原、高原草甸、山地草原、山地草甸和平原草甸等。如湟中区天然草地水平分布序列由南到北为高寒草甸类→山地草甸类→灌丛草甸类→山地草原类。草地的优良牧草有披碱草(*Elymus dahuricus* Turcz.)、老芒麦(*Elymus sibiricus* Linn.)、甘肃苔草(*Carex kansuensis* Nelmes)、长芒草(*Stipa bungeana* Trin.)、高山嵩草(*Kobresia pygmaea* C. B. Clarke)、黑褐苔草(*Carex atrofusca* subsp.)、青海早熟禾(*Poa pratensisl* L.)等。

5.1.8 湿地

西宁市湿地中森林沼泽面积为0.19hm²,占全市湿地面积的0.01%;沼泽草地面积为224.76hm²,占全市湿地面积的12.09%;内陆滩涂面积为1 633.86hm²,占全市湿地面积的87.90%(表5-8)。西宁市湿地以内陆滩涂为主。湿地主要分布在湟中区、大通县和湟源县,其湿地面积之和占全市湿地面积的98.82%。森林沼泽仅分布在湟中区。沼泽草地大部分分布在大通县,面积为223.60hm²,占全市沼泽草地面积的99.48%;内陆滩涂主要分布在大通县、湟中区、湟源县,其面积之和占全市内陆滩涂面积的98.65%。

表 5-8 西宁市湿地类型及面积

行政区	湿地面积/hm²	森林沼泽	沼泽草地	内陆滩涂
		面积/hm²		
西宁市	1 858.81	0.19	224.76	1 633.86
城东区	13.12	0.00	0.00	13.12
城中区	6.00	0.00	0.00	6.00
城西区	0.34	0.00	0.00	0.34
城北区	2.52	0.00	0.00	2.52
湟中区	303.60	0.19	1.16	302.25
大通县	881.03	0.00	223.60	657.43
湟源县	652.20	0.00	0.00	652.20

5.1.9 水域用地

西宁市水域类型以河流水面、水库水面和沟渠为主。河流水面面积占全市水域用地面积的 64.94%，湖泊水面面积占全市水域用地面积的 0.05%，水库水面面积占全市水域用地面积的 17.79%，坑塘水面面积占全市水域用地面积的 3.52%，沟渠面积占全市水域用地面积的 13.70%(表 5-9)。

表 5-9 西宁市水域用地类型及面积

行政区	水域用地面积/hm²	河流水面	湖泊水面	水库水面	坑塘水面	沟渠
		面积/hm²				
西宁市	4 601.57	2 988.38	2.28	818.60	161.98	630.33
城东区	109.35	98.73	0.00	0.00	5.12	5.50
城中区	64.33	41.09	0.00	0.00	12.23	11.01
城西区	61.39	53.39	0.00	0.00	2.16	5.84
城北区	222.59	179.24	0.00	0.00	17.93	25.42
湟中区	1 623.75	880.76	0.79	297.66	62.99	381.55
大通县	1 920.87	1 258.67	0.00	504.48	41.45	116.27
湟源县	599.29	476.5	1.49	16.46	20.10	84.74

河流水面主要分布在湟中区、大通县、湟源县，其河流水面面积之和占全市河流水面面积的 87.54%。湖泊水面仅分布在湟中区和湟源县 2 个地区；水库水面主要分布在湟中区和大通县，其水库水面面积之和占全市水库水面面积的 97.99%。西宁市主要有湟中县境内的

蚂蚁沟、盘道、大石门、西纳川、拦隆、小南川、黄滩、莫家沟等水库,大通县境内的黑泉、景阳、中岭等水库。

5.1.10 建设用地

西宁市建设用地面积占全市总面积的6.44%,比例远远超过全省0.64%的平均水平。全市城镇村(城市用地、建制镇用地、村庄用地)及工矿用地面积占全市建设用地面积的88.69%,交通运输用地面积占全市建设用地面积的10.81%,水工建筑用地面积占全市建设用地面积的0.50%,建设用地类型以城镇村及工矿用地为主(表5-10)。建设用地主要分布在湟中区和大通县,湟中区建设用地面积占全市建设用地面积的32.98%,大通县建设用地面积占全市建设用地面积的25.34%。传统的城东区、城中区、城西区和城北区的建设用地面积之和占全市建设用地面积的32.43%。

表5-10 西宁市建设用地类型及面积

行政区	建设用地面积/hm^2	城镇村及工矿用地						交通运输用地	水工建筑用地
		小计	城市用地	建制镇用地	村庄用地	工矿用地	风景名胜及特殊用地		
		面积/hm^2							
西宁市	48 983.32	43 445.66	10 049.67	6 319.89	24 244.94	1 453.96	1 377.20	5 290.45	247.21
城东区	4 159.71	3 648.51	2 581.60	622.71	343.71	0.10	100.39	503.14	8.06
城中区	3 927.98	3 606.08	1 709.87	474.00	1232.14	21.55	168.52	311.95	9.95
城西区	2 220.79	2 109.44	1 716.42	141.40	209.01	6.41	36.20	97.42	13.93
城北区	5 576.40	5 185.55	3 557.98	527.40	956.32	33.29	110.56	373.74	17.11
湟中区	16 154.09	14 425.68	483.80	2 422.78	10 300.61	777.13	441.36	1 652.35	76.06
大通县	12 411.92	11 003.26	0.00	1 614.58	8 661.28	439.16	288.24	1 324.09	84.57
湟源县	4 532.43	3 467.14	0.00	517.02	2 541.87	176.32	231.93	1 027.76	37.53

城镇村及工矿用地主要分布在湟中区、大通县和城北区,其中湟中区城镇村及工矿用地面积占全市城镇村及工矿用地面积的33.20%,大通县占25.33%,城北区占11.94%。交通运输用地主要分布在湟中区、大通县和湟源县,其交通运输用地面积分别占全市交通运输用地面积的31.23%、25.03%和19.43%。水工建筑用地主要分布在湟中区、大通县和湟源县,其水工建筑用地面积分别占全市水工建筑用地面积的30.77%、34.21%和15.18%。

全市城市用地面积占建设用地面积的20.52%,其中城东区、城中区、城西区、城北区4个城区城市用地面积占全市城市用地面积的95.19%,湟中区占4.81%。

全市建制镇用地面积占建设用地面积的12.90%,主要分布在湟中区和大通县,其建制镇用地面积分别占全市建制镇用地面积的38.34%和25.55%。村庄用地主要分布在湟中区、大通县和湟源县，其村庄用地面积分别占全市村庄用地面积的42.49%、35.72%和10.48%。采矿用地面积占全市建设用地面积的2.97%，主要分布在湟中区、大通县和湟源县，其采矿用地面积分别占全市采矿用地面积的53.45%、30.20%和12.13%。

全市村庄用地面积是建制镇用地面积的3.84倍，低于全国水平(4.28)倍，高于青海省水平(3.02倍)。其中城东区村庄用地面积是建制镇用地面积的0.56倍，城中区村庄用地面积是建制镇用地面积的2.60倍，湟中区村庄用地面积是建制镇用地面积的4.25倍，大通县村庄用地面积是建制镇用地面积的5.36倍，湟源县村庄用地面积是建制镇用地面积的4.92倍。

5.2 海东市

5.2.1 自然地理

海东市因地处我国最大的内陆咸水湖——青海湖东部而得名，位于西宁市与兰州市两个省会城市之间的河湟谷地，东与甘肃省为邻，向西环抱省会城市西宁，其他三面分别与本省的海北州、海南州和黄南州接壤，地理坐标为东经100°41′—103°04′，北纬35°25.9′—37°05′，东西长125km，南北宽180km，总面积1.30万km^2，占全省国土面积的1.86%。海东市大部分属于湟水流域，史称“湟中地”“三河间”“河湟地区”。早在4000多年前，人类就在这块土地上生息繁衍，农业开发历史悠久。

海东市地处祁连山支脉达坂山南麓和昆仑山系余脉日月山的东坡，属于黄土高原向青藏高原过渡的镶嵌地带，海拔1650～4636m，平均海拔为2700m，大部分地区处于2200～3000m之间。地形由一系列西北-东南走向山脉、谷地相间组成，自北向南有冷龙岭、大通河谷地、达坂山、湟水谷地、拉脊山、黄河谷地、达里加山等山脉。境内山峦起伏，沟壑纵横。由于受黄河、湟水河、大通河及诸多支流的不断侵蚀和切割，本区沟壑纵横，山势高耸，形成了黄墚状丘陵和侵蚀剥蚀残余山地地貌。受地质构造和河谷发育的影响，其河流又形成了峡谷与小型河谷盆地相间组合的河谷形态地貌，山地面积占境内总面积的80%以上。根据海拔、气候、土壤、植被、地貌和农业条件的不同，将流域分为湟水河谷地区(海拔1565～2200m)、浅山梁峁地区(海拔2200～2800m)、脑山湿凉地区(海拔2800～3200m)和石山林草水源涵养区(海拔3200～4400m)。全市北部和南部中高山区属凉湿半干旱半湿润农、牧、林气候区，中部湟水谷地和部分浅山地区属暖温干旱半干旱农、牧、林气候区。

海东市气候属半干旱大陆性气候，高寒、干旱，日照时间长，太阳辐射强，昼夜温差大，冬夏温差小，年平均气温7℃。气候地理分布差异大，垂直变化明显，气温随海拔增高而递减，降水量随海拔增高而递增。海拔在3000m以上的北部地区及山区较寒冷，海拔为1700～2500m的黄河、湟水河谷地带较温暖。年平均气温为3.2～8.6℃，最高气温为25.1～33.5℃，最低气温为－18.8～－25.1℃。年平均降水量达319.2～531.9mm，多集中在7—9月之间，相对湿度一般为57%～64%；蒸发量为1 275.6～1861.00mm，风速为1.9～2.5m/s，最大风力 8 级，多出现在冬末春初时期。年平均日照时数达 2708～3636h，无霜期约 90d。境内有孟达国家级自然保护区，该保护区以独特的高原森林生态系统和孟达天池为保护对象，为西北地区特有的植物地理、植物分类、植物生物学、森林生态学等方面的科学研究基地，在生物种源保护、生态系统和环境演变规律研究等方面具有重要的价值。

海东市属东祁连山地寒温性针叶林、草原区。由于境内地形复杂，局部小气候明显，因此植被种类较丰富。海东地区按植被类型可划分为 5 个植被带，从高海拔到低海拔分布，分别为高山流石坡稀疏植被带及高山草甸带、灌丛草甸带、山地草甸高原带、山地森林带、半干旱草原带。

(1)高山草甸植被：分布在海拔 3400m 以上的高山上，植被以莎草科植物、矮生蒿草和苔草为主，覆盖度为 70%～80%。

(2)灌丛草甸植被：分布在海拔 2700～3400m 之间，主要灌木为金露梅、锦鸡儿、山地柳、杜鹃、忍冬等；草本植物以苔草、蒿草、羊茅、早熟禾、披碱草等为主，覆盖度为 70%～90%，阴坡覆盖度明显高于阳坡。

(3)山地草甸高原植被：分布在海拔 2600～3200m 的脑山地区，阴坡覆盖度略低于阳坡，植被以早熟禾、羊茅、披碱草、蒿草、苔草为主。在阳坡尚有金露梅、黑刺出现，覆盖度在 70%左右。

(4)山地森林植被：主要分布在北山和南山森林区，海拔在 2500～3500m 之间，多为针阔叶混交次生林，树种以桦树、云杉、柏树、山杨为主。林内草本植物以三叶藓、早熟禾、马莲、苔草、蒿草为主，覆盖度达 60%～80%。

(5)半干旱草原植被：分布在 2500m 以下的浅山丘陵地区，因降水少，气候干旱，植被以干旱半干旱的芨芨草、针茅、冰草、蒿草、狼毒、赖草、柠条、白刺、锦鸡儿等灌木组成。覆盖度在 20%以下。

5.2.2 社会经济

海东市现辖两区四县，即乐都区、平安区，互助、循化、化隆和民和 4 个自治县，政府驻乐都区碾伯镇。现有 35 个镇 40 个乡 19 个民族乡，65 个居委会 1587 个村委会。2019 年末全市常住人口为 149.32 万人，人口密度为 132.95 人/km^2。按城乡分，城镇常住人口为 61.18 万人，常住人口城镇化率为 40.97%。2019 年末全市户籍人口为 172.61 万人，其中城镇户籍人口 47.17 万人、乡村户籍人口 125.44 万人，户籍人口城镇化率为 27.33%。

2019 年全市生产总值达 487.73 亿元。分产业看，第一产业增加值为 70.44 亿元，增长 5.20%；第二产业增加值为 184.92 亿元，增长 9.00%；第三产业增加值为 232.36 亿元，增长 4.70%。全年全市居民人均可支配收入为 18 889 元，全市城镇常住居民人均可支配收入为 31 962 元，全市农村常住居民人均可支配收入为 11 627 元。

海东市历史源远流长，在漫长的历史演进中，河湟地区由“逐水草而居”的原始游牧状态进入较发达的农耕文明。2019 年全年农作物总播种面积为 319.55 万亩。粮食作物播种面积为 192.96 万亩，其中，小麦播种面积为 66.19 万亩、马铃薯播种面积为 82.07 万亩、玉米播种面积为 27.92 万亩、豆类播种面积为 10.43 万亩。还有油料作物播种面积为 79.32 万亩，药材播种面积为8.60万亩，蔬菜播种面积为30.42万亩。农作物主要有小麦、青稞、大麦、玉米、荞麦、燕麦、谷子、油菜、蚕豆、豌豆、黄豆、扁豆、香豆、马铃薯、胡麻、红花、甜菜等。

5.2.3 国土利用

海东市国土利用类型以林地、草地和耕地为主，其中草地面积占全市总面积的38.71%，林地面积占全市总面积的35.98%，耕地面积占全市总面积的15.13%。其余土地类型中，建设用地、水域用地、湿地以及园地面积分别占全市总面积的4.04%、0.87%、0.38%、0.20%（表5-11）。

表5-11 海东市国土利用类型及面积

类型	耕地	园地	林地	草地	湿地	水域用地	建设用地
面积/hm^2	196 481.52	2 610.86	467 086.35	502 549.71	4 948.34	11 251.15	52 459.43
比例/%	15.13	0.20	35.98	38.71	0.38	0.87	4.04

海东市农用地面积占全市总面积的93.71%，建设用地面积占全市总面积的4.04%，未利用地面积占全市总面积的2.25%（表5-12）。海东市拥有悠久的农牧业文化，自然条件相对较好，是青海省的重要粮仓。海东市作为青海省的副省会城市，建设用地面积占比均超过全省平均水平。各区（县）以农用地为主，占比均超过90.00%。

表5-12 海东市国土利用分布及面积

地类	乐都区	平安区	民和县	互助县	化隆县	循化县
	面积/hm^2					
耕地	29 809.34	10 886.10	42 040.47	61 295.35	42 342.55	10 107.71
园地	259.99	23.84	1 200.10	23.55	339.54	763.84
林地	88 788.12	34 954.43	52 689.45	167 074.87	58 243.81	65 335.67
草地	109 348.04	18 648.64	66 518.85	72 852.59	144 998.49	90 183.10
湿地	348.39	180.31	823.08	1 207.27	1 782.35	606.94
水域用地	904.55	432.06	1 331.25	1 688.18	4 426.22	2 468.89
建设用地	9 074.21	5 162.42	11 793.97	12 714.28	8 995.96	4 718.59

5.2.4 耕地

海东市地处黄土高原向青藏高原过渡区，既是全省特色农牧业产业化基地，也是全省重点农业区，耕地面积较大。耕地主要分布在互助县、化隆县、民和县和乐都区。全市耕地中，水浇地面积为35 588.17hm^2，占全市耕地面积的18.11%；旱地面积为160 893.35hm^2，占全市耕地面积的 81.89%(表 5-13)。海东市耕地以旱地为主,无水田地类。

水浇地主要分布在乐都区、民和县、互助县,面积合计为 23 107.04hm²,占全市水浇地面积的 64.93%。旱地主要分布在民和县、互助县、化隆县,其面积之和占全市旱地面积的 77.07%。

表 5-13　海东市耕地类型及面积

行政区	耕地面积/hm²	占比/%	水浇地	旱地
			面积/hm²	
海东市	196 481.50	100.00	35 588.17	160 893.35
乐都区	29 809.34	15.17	7 000.00	22 809.34
平安区	10 886.10	5.54	2 149.52	8 736.58
民和县	42 040.47	21.40	7 703.75	34 336.72
互助县	61 295.35	31.20	8 403.29	52 892.06
化隆县	42 342.55	21.55	5 570.76	36 771.79
循化县	10 107.71	5.14	4 760.85	5 346.86

海东市耕地坡度主要集中在 6°~15°之间,在此坡度范围内的耕地面积占全市耕地面积的 47.39%。坡度小于或等于 2°的耕地面积占全市耕地面积的 9.27%,坡度在 2°~6°之间的耕地面积占全市耕地面积的 14.91%,坡度在 15°~25°之间的耕地面积占全市耕地面积的 26.75%,坡度大于 25°的耕地面积占全市耕地面积的 1.69%。海东市坡度大于 2°的耕地中坡地面积为 178 276.53hm²,占坡耕地面积的 90.73%,主要集中在互助县和化隆县;梯田面积为 36 530hm²,占坡耕地面积的 18.59%,主要集中在民和县(表 5-14)。化隆县和循化县无梯田分布。

表 5-14　海东市耕地坡度分级及面积

行政区	坡度分级				
	≤2°	2°~6°	6°~15°	15°~25°	>25°
	面积/hm²				
海东市	18 204.99	29 296.28	93 108.31	52 555.80	3 316.14
乐都区	1 777.24	3 608.27	13 726.60	10 004.11	693.12
平安区	356.68	1 422.71	6 600.64	2 233.58	272.49
民和县	2 691.82	6 430.84	16 553.92	15 316.71	1 047.18
互助县	10 084.17	6 810.26	29 168.32	14 846.73	385.87
化隆县	2 407.47	7 641.33	23 218.93	8 377.28	697.54
循化县	887.61	3 382.87	3 839.90	1 777.39	219.94

5.2.5 园地

海东市园地类型为果园和其他园地，果园面积占比较大。果园面积为 2 510.76hm²，占全市园地面积的 96.17%；其他园地面积为 100.10hm²，占全市园地面积的 3.83%(表 5-15)。

表 5-15 海东市园地类型及面积

行政区	园地面积/hm²	占比/%	果园	其他园地
			面积/hm²	
海东市	2 610.86	100.00	2 510.76	100.10
乐都区	259.99	9.96	248.62	11.37
平安区	23.84	0.91	18.72	5.12
民和县	1 200.10	45.97	1 162.18	37.92
互助县	23.55	0.90	18.63	4.92
化隆县	339.54	13.00	336.59	2.95
循化县	763.84	29.26	726.02	37.82

果园主要分布在民和县和循化县 2 个县，其果园面积之和占全市果园面积的 75.20%，其次乐都区和化隆县也有较大面积的果园分布。其他园地主要分布在民和县和循化县 2 个县，其他园地面积占全市其他园地面积的 75.66%，其余地区其他园地也有零星分布。

5.2.6 林地

全市林地中乔木林地面积为 128 614.65hm²，占全市林地面积的 27.54%；灌木林地面积为 251 287.35hm²，占全市林地面积的 53.79%；其他林地面积为 87 184.35hm²，占全市林地面积的 18.67%(表 5-16)。海东市林地类型以灌木林地为主。

表 5-16 海东市林地类型及面积

行政区	林地面积/hm²	占比/%	乔木林地	灌木林地	其他林地
			面积/hm²		
海东市	467 086.35	100.00	128 614.65	251 287.35	87 184.35
乐都区	88 788.12	19.01	15 592.20	45 360.33	27 835.59
平安区	34 954.43	7.48	2 371.85	19 489.09	13 093.49
民和县	52 689.45	11.28	22 132.75	13 516.89	17 039.81
互助县	167 074.87	35.77	66 780.32	84 430.08	15 864.47
化隆县	58 243.81	12.47	7 928.02	44 270.26	6 045.53
循化县	65 335.67	13.99	13 809.51	44 220.70	7 305.46

乔木林地主要分布在互助县、民和县以及循化县，3个县的乔木林地面积合计为102 722.58hm²，占全市乔木林地面积的79.86%。灌木林地主要分布在互助县、乐都区和化隆县，3个县(区)的灌木林地面积合计为174 060.67hm²，占全市灌木林地面积的69.27%。其他林地分布在乐都区、平安区、民和县和互助县。如互助县通过实施封山育林、人工造林、人工促进天然更新等措施，不断提高森林植被覆盖率，将生物措施、工程措施与技术措施相结合，对生态脆弱地区进行重点治理。浅山、川水地区建成以沙棘、柠条为主，其他树种为辅的生态防护林和水土保持林；脑山地区建成以桦树、云杉为主的水源涵养林。同时，全市全面实施退耕还林还草工程，林地面积、森林蓄积量、森林覆盖率等均有较大幅度的增长。

5.2.7 草地

海东市草地面积分布较大，以天然牧草地为主。全市天然牧草地面积为495 959.06hm²，占全市草地面积的98.69%；人工牧草地面积为2 454.39hm²，占全市草地面积的0.49%；其他草地面积为4 136.26hm²，占全市草地面积的0.82%(表5-17)。

表5-17 海东市草地类型及面积

行政区	草地面积/hm²	占比/%	天然牧草地	人工牧草地	其他草地
			面积/hm²		
海东市	502 549.71	100.00	495 959.06	2 454.39	4 136.26
乐都区	109 348.00	21.76	108 801.16	37.35	509.53
平安区	18 648.64	3.71	18 274.88	3.88	369.88
民和县	66 518.85	13.24	66 447.71	0.00	71.14
互助县	72 852.59	14.50	71 495.46	106.50	1 250.63
化隆县	144 998.50	28.84	142 295.93	2 264.90	437.66
循化县	90 183.10	17.95	88 643.92	41.76	1 497.42

天然牧草地在各区(县)中均有较大面积的分布，化隆县天然牧草地面积最大，占全市天然牧草地面积的28.69%；乐都区次之，占全市天然牧草地面积的21.94%。人工牧草地主要分布在化隆县，其人工牧草地面积占全市人工牧草地面积的92.28%，民和县无人工牧草地分布。其他草地主要分布在互助县和乐都区，其面积之和占全市其他草地面积的42.55%。该地区的地带性草地植被是温性草原类，主要分布在海拔1700～2000m的宽谷、阶地、滩地、干旱阳坡及坡麓地带。主要优势植物为克氏针茅、长芒草、芨芨草、冷蒿、蒙古蒿、灰木紫菀等。高寒草甸类草地主要分布在海拔3200m以上的山地，植物优势种为矮生嵩草、高山嵩草，以及少量的金露梅、毛枝山居柳等灌木。温性荒漠类草地也有分布，主要分布在海拔1800～2800m的浅山、丘陵沟壑地带，尤以贵德县黄河沿岸为多。植物优势种为红砂、盐爪爪、猪毛菜等。

5.2.8 湿地

海东市湿地面积较少，占全市总面积的0.38%，主要湿地类型以内陆滩涂为主。沼泽草地面积为457.20hm²，占全市湿地面积的0.01%；内陆滩涂面积为4 454.25hm²，占全市湿地面积的97.91%；沼泽地仅在乐都区和平安区有零星分布(表5－18)。

表5－18 海东市湿地类型及面积

行政区	湿地面积/hm²	占比/%	沼泽草地	内陆滩涂	沼泽地
				面积/hm²	
海东市	4 948.34	100.00	457.20	4 454.25	36.89
乐都区	348.39	7.04	0.00	317.55	30.84
平安区	180.31	3.64	0.00	174.26	6.05
民和县	823.08	16.63	0.00	823.08	0.00
互助县	1 207.27	24.40	440.75	766.52	0.00
化隆县	1 782.35	36.02	3.74	1 778.61	0.00
循化县	606.94	12.27	12.71	594.23	0.00

沼泽草地主要分布在互助县，面积为440.75hm²，占全市沼泽草地面积的96.40%；内陆滩涂主要分布在化隆县、民和县、互助县和循化县，这些地区的内陆滩涂面积为1 611.88hm²，占全市内陆滩涂面积的88.96%。沼泽地主要分布在乐都区，其面积占全市沼泽地面积的83.60%，平安区有少许沼泽地，其他地区均无沼泽地。

5.2.9 水域用地

海东市主要的水域用地类型以河流水面和水库水面为主。海东市河流密布，流经境内黄河、湟水、大通河三大水系，有大小河流120多条。水库水面主要有乐都区境内的李家、可什加岭、石门沟、盛家峡、大水滩、中坝水库等，平安区境内的法台、小干沟、古城、干沟、清泉、汪家沟、巴家和下星家水库等，互助县境内的南门峡、五峰寺、前头沟、小泥沟、杨徐、刘家沟、后尤沟、韭菜沟、卓扎、大菜子沟、昝扎、五龙山、魏坑沟、本坑沟、马家、红湾水库等，民和县境内的马家河、深巴沟、古鄯、麻子沟、浪塘、张铁水库等。全市河流水面面积占全市水域用地面积的56.55%，水库水面面积占全市水域用地面积的36.86%。其余水域用地类型中，沟渠面积占全市水域用地面积的3.34%，坑塘水面面积占全市水域用地面积的2.95%，湖泊水面面积占全市水域用地面积的0.30%(表5－19)。

河流水面主要分布在互助县、化隆县和循化县，3个县的河流水面面积占全市河流水面面积的66.65%；湖泊水面主要分布在互助县和化隆县2个地区，其面积之和占全市湖泊水面面积的98.48%，乐都区湖泊水面零星分布。水库水面主要分布在化隆县，其面积占全市水库水面面积的76.60%;坑塘水面主要分布在民和县、互助县和循化县,3个县的坑塘水面面积占全市河流水面面积的63.41%;沟渠主要分布在互助县和民和县,其面积之和占全市沟渠面积的60.69%。黄河和黄河上游重要支流湟水河、大通河都流经海东市境内,形成三大水系,黄河的市域长度达189km。

表5-19 海东市水域用地类型及面积

行政区	水域用地面积/hm²	占比/%	河流水面	湖泊水面	水库水面	坑塘水面	沟渠
			面积/hm²				
海东市	11 251.15	100.00	6 362.29	34.26	4 147.44	331.9	375.26
乐都区	904.55	8.04	759.13	0.52	61.86	34.57	48.47
平安区	432.06	3.85	287.15	0.00	91.20	31.98	21.73
民和县	1 331.25	11.83	1 075.27	0.00	114.82	68.80	72.36
互助县	1 688.18	15.00	1 253.90	12.31	196.36	70.24	155.37
化隆县	4 426.22	39.34	1 177.75	0.00	3 177.01	54.88	16.58
循化县	2 468.89	21.94	1 809.09	21.43	506.19	71.43	60.75

5.2.10 建设用地

海东市建设用地类型以城镇村及工矿用地为主。城镇村及工矿用地面积占全市建设用地面积的84.23%,交通运输用地面积占全市建设用地面积的14.40%,水工建筑用地面积占全市建设用地面积的1.36%(表5-20)。其中城镇村及工矿用地类型以村庄用地为主,其面积占全市城镇村及工矿用地面积的74.23%;交通运输用地类型以公路用地为主,其面积占全市交通运输用地面积的88.27%。建设用地主要分布在互助县、民和县、乐都区和化隆县,其中互助县建设用地面积占全市建设用地面积的24.24%,民和县建设用地面积占全市建设用地面积的22.48%,乐都区建设用地面积占全市建设用地面积的17.30%,化隆县建设用地面积占全市建设用地面积的17.15%,循化县建设用地面积占全市建设用地面积的8.99%。城镇村及工矿用地主要分布在乐都区、民和县、互助县和化隆县,4个地区城镇村及工矿用地面积之和占全市建设用地面积的82.18%。水工建筑用地面积较小,在各区(县)较均匀分布。

城市用地面积占全市建设用地面积的4.60%,分布在乐都区和平安区。

建制镇用地面积占全市建设用地面积的10.16%,主要分布在民和县和互助县,2个县的建制镇用地面积分别占全市建制镇用地面积的30.27%和28.74%,化隆县建制镇用地面积占全市建制镇用地面积的16.18%。村庄用地面积占全市建设用地面积的62.53%,主要分布在互助县、民和县和化隆县,3个县的村庄用地面积分别占全市村庄用地面积的26.29%、24.71%和19.95%。

表 5-20　海东市建设用地类型及面积

行政区	建设用地面积/hm²	城镇村及工矿用地						交通运输用地	水工建筑用地
		小计	城市用地	建制镇用地	村庄用地	工矿用地	风景名胜及特殊用地		
		面积/hm²							
海东市	52 459.43	44 188.83	2 395.31	5 328.81	32 803.51	2 241.25	1 419.95	7 556.20	714.40
乐都区	9 074.21	7 488.65	1 352.03	515.87	4 776.09	680.21	164.45	1 479.59	105.97
平安区	5 162.42	4 232.40	1 043.28	390.70	1 845.13	214.62	738.67	834.48	95.54
民和县	11 793.97	10 217.30	0.00	1 613.01	8 104.92	344.74	154.63	1 442.42	134.25
互助县	12 714.28	10 697.78	0.00	1 531.34	8 625.06	433.65	107.73	1 815.91	200.59
化隆县	8 995.96	7 914.18	0.00	862.37	6 544.09	327.74	179.98	1 007.34	74.44
循化县	4 718.59	3 638.52	0.00	415.52	2 908.22	240.29	74.49	976.46	103.61

全市村庄用地面积是建制镇用地面积的 6.16 倍，而全国村庄用地面积是建制镇用地面积的 4.28 倍，西部地区村庄用地面积是建制镇用地面积的 5.28 倍，青海省村庄用地面积是建制镇用地面积的 3.02 倍。其中乐都区户籍人口城镇化率为 33.59%，村庄用地面积是建制镇用地面积的 9.26 倍；平安区户籍人口城镇化率为 43.68%，村庄用地面积是建制镇用地面积的 4.72 倍；民和县户籍人口城镇化率为 26.75%，村庄用地面积是建制镇用地面积的 5.02 倍；互助县户籍人口城镇化率为 23.09%，村庄用地面积是建制镇用地面积的 5.63 倍；化隆县村庄用地面积是建制镇用地面积的 7.59 倍；循化县村庄用地面积是建制镇用地面积的 7 倍。

5.3　海北州

5.3.1　自然地理

海北州位于青海省东北部，北与甘肃省毗邻，南与西宁市的大通县、海东市的互助县、西宁市的湟中县和湟源县接壤，西与海西州的天峻县毗连，南与海南州的共和县隔湖相望，东北与甘肃省的天祝、山丹、民乐、永昌、张掖、肃南等市(县)毗邻。地理坐标为东经 98°05′—102°41′，北纬 36°44′—39°05′，东西长 413km，南北宽 261km，总面积 3.44 万 km²，占全省国土面积的 4.94%。

海北州地处祁连山区腹地，祁连山系的走廊南山(往东南向延伸称冷龙岭)、托勒山、托勒南山、大通山(往东南向延伸称达坂山)等由西北走向东南，峰峦起伏，巍峨绵延，构成海北高原的主要骨架，地势西高东低，大部分山峰海拔都在 4000m 左右，最高点位于托勒南山五个山东沟脑主峰，海拔 5287m，最低点位于祁连山黑河下游大子龙沟口南，海拔 2180m，相对高差 3100m，平均海拔 3654m，海拔超过 3000m 的面积占全州总面积的 85%以上。全州地势分为 3 个地貌区，祁连山高原地貌区，包括祁连全域和刚察、海晏县大通山分水岭以北广大地区，该地貌区的面积占海北州总面积的 49.8%；青海湖北部滨湖地貌区，是青海湖内陆盆地的一部分，包括海晏、刚察县大通山分水岭以南、青海湖以北及湟水上游谷地，该地貌区的面积占海北州总面积的 29.17%；浩门河河谷地貌区，包括门源全域，该地貌区的面积占海北州总面积的 21.03%。

海北州气候属高原大陆性气候，其特点是寒冷期长，温凉期短，光照充足，太阳辐射强，干湿季分明，雨热同季，多夜雨和大风。年平均气温在−1.9～2.5℃之间，最高气温为 33.3℃，最低气温为−36.3℃。年降水量在 273.0～479.7mm 之间。年日照时数在 2 428.2～2 943.0h 之间。年均辐射量为 6×10^5 J/m^2。无绝对无霜期。主要地质灾害性天气为暴雨、大雪、冰雹、大风、积雪、雾、扬沙等。

5.3.2 社会经济

海北州现辖门源县、海晏县、祁连县、刚察县和青海湖农场。全州有 11 个镇、19 个乡、214 个村民委员会(77 个牧业村民委员会)、25 个社区居委会。州府驻海晏县西海镇。2019 年全州生产总值为 91.7 亿元。从不同产业看，第一产业增加值为 25.62 亿元，增长 4.50%；第二产业增加值为 22 亿元，增长 7.60%；第三产业增加值为 44.08 亿元，增长 0.50%。2019 年末全州常住人口为 28.49 万人，是以藏族为主体的多民族聚居地区。按城乡分，城镇常住人口为 11.43 万人，常住人口城镇化率为 40.12%，2019 年末全州户籍人口为 29.56 万人，其中，城镇户籍人口为 8.05 万人，户籍人口城镇化率为 27.25%，人口密度为 8.59 人/km^2。全州居民人均可支配收入为 20 392 元。全州城镇常住居民人均可支配收入为 33 927 元，农村常住居民人均可支配收入为 13 914 元。全年全州农作物总播种面积为 84.05 万亩，其中粮食作物播种面积为 31.67 万亩、油料作物播种面积为 45.63 万亩、饲草料播种面积为 5.45 万亩、蔬菜及特种作物播种面积为 1.30 万亩。

海北州现有祁连山国家公园 1 处、自然保护区 2 处(青海湖国家级自然保护区、祁连山省级自然保护区)、森林公园 2 处(仙米国家森林公园、祁连黑河大峡谷省级森林公园)、湿地公园 2 处(青海祁连黑河源国家湿地公园、青海刚察沙柳河国家湿地公园)、草原自然公园 1 处(青海苏吉湾国家草原自然公园)、沙漠公园 1 处(青海海晏克土国家沙漠公园)。保护地保护范围基本覆盖黑河内流区、石羊河内流区、大通河流域、青海湖内流区等重要生态敏感区的森林、草地、湿地、沙漠等自然景观和生态系统类型。雪豹、野牦牛、普氏原羚、黑颈鹤、荒漠猫、裸果木、革苞菊等国家珍稀濒危野生动植物，中国特有鱼类青海湖裸鲤及其栖息地被纳入自然保护地重点保护对象，全州重要生态系统、自然景观的完整性、原真性和生物物种多样性得到有效保护。

5.3.3 国土利用

海北州国土利用类型以农用地为主，生态用地较多，适宜发展农牧业(表 5－21)。草地面积占全州总面积的53.57%，林地面积占全州总面积的15.37%，湿地面积占全州总面积的7.64%，耕地面积占全州总面积的1.69%。海北州农用地面积占比达77.17%，建设用地面积占比为0.60%。无园地利用类型。

表5-21 海北州国土利用类型及面积

类型	耕地	林地	草地	湿地	水域用地	建设用地
面积/hm^2	58 145.59	528 521.62	1 842 432.48	262 864.95	261 265.77	20 589.66
比例/%	1.69	15.37	53.57	7.64	7.60	0.60

海北州各县国土利用类型没有明显差异，呈现出农用地较多、建设用地少的特征。门源县建设用地比例较高，建设程度较高。刚察县建设用地比例较低，以山地、冰川等自然风貌为主（表5-22）。

表5-22 海北州国土利用分布及面积

地类	国土利用面积/hm^2	门源县	祁连县	海晏县	刚察县
		面积/hm^2			
耕地	58 145.59	41 365.90	2 547.48	4 783.53	9 448.68
林地	528 521.62	265 863.70	163 392.20	61 133.20	38 132.49
草地	1 842 432.48	168 683.70	858 943.90	251 126.30	563 678.6
湿地	262 864.95	7 614.61	88 052.74	23 426.83	143 770.77
水域用地	261 265.77	14 368.18	19 774.46	61 183.19	165 939.93
建设用地	20 598.66	7 441.84	4 421.57	3 499.53	5 235.72

5.3.4 耕地

海北州耕地中水浇地面积为16 135.74hm^2，占全州耕地面积的27.75%；旱地面积为42 009.85hm^2，占全州耕地面积的72.25%（表5-23）。无水田地类，耕地以旱地为主。耕地主要分布在门源县和刚察县，其中门源县耕地面积占全州耕地面积的71.14%，刚察县耕地面积占全州耕地面积的16.25%。

耕地利用类型中，刚察县水浇地分布面积最大，门源县旱地分布面积最大。刚察县水浇地面积为9 448.68hm^2，占全州水浇地面积的58.56%。门源县旱地面积为38 462.07hm^2，占全州旱地面积的91.55%。

海北州以坡度在2°以下（含2°）的耕地为主，其面积占全州耕地面积的51.07%。坡度为2°～6°的耕地面积占全州耕地面积的28.09%，坡度为6°～15°的耕地面积占全州耕地面积的16.16%，坡度为15°～25°的耕地面积占全州耕地面积的4.62%，坡度在25°以上的耕地面积占全州耕地面积的0.06%。在海北州坡度大于2°的坡耕地中,坡地面积为26 916.94hm²,占全州耕地面积的46.29%;梯田面积为1 533.29hm²,占全州耕地面积的2.64%。海北州的坡耕地以坡地为主,主要集中在门源县、祁连县、海晏县(表5-24)。

表5-23 海北州耕地类型及面积

行政区	耕地面积/hm²	占比/%	水浇地	旱地
			面积/hm²	
海北州	58 145.59	100.00	16 135.74	42 009.85
门源县	41 365.90	71.14	2 903.83	38 462.07
祁连县	2 547.48	4.38	1 104.20	1 443.28
海晏县	4 783.53	8.23	2 679.03	2 104.50
刚察县	9 448.68	16.25	9 448.68	0.00

表5-24 海北州不同坡度耕地面积

行政区	坡度类型				
	≤2°	2°~6°	6°~15°	15°~25°	>25°
	面积/hm²				
海北州	29 695.36	16 335.01	9 397.08	2 686.6	31.54
门源县	18 550.79	12 561.01	7 617.32	2 605.24	31.54
祁连县	256.03	1 171.27	1 101.89	18.29	0.00
海晏县	1 439.86	2 602.73	677.87	63.07	0.00
刚察县	9 448.68	0.00	0.00	0.00	0.00

门源县是北方白菜型小油菜发源地之一,油菜自农业垦殖以来就成为主要的经济作物,有"门源油,满街流"的美誉。在种植小油菜400多年的漫长过程中,门源人不断总结经验,不断提高产量和质量,特别是改革开放以来,将全县小油菜种植面积增加到十几万亩,形成了世界奇观——百里油菜花海。

5.3.5 林地

海北州林地中乔木林地面积为61 909.09hm²,占全州林地面积的11.71%;灌木林地面积为452 903.27hm²,占全州林地面积的85.69%;其他林地面积为13 709.26hm²,占全州林地面积的2.60%(表5-25)。林地主要分布在门源县和祁连县,分别占全州林地面积的50.30%和30.91%。

表 5-25 海北州林地类型及面积

行政区	林地面积/hm^2	占比/%	乔木林地	灌木林地	其他林地
			面积/hm^2		
海北州	528 521.62	100.00	61 909.09	452 903.27	13 709.26
门源县	265 863.74	50.30	43 738.95	219 067.49	3 057.3
祁连县	163 392.19	30.91	18 063.34	141 536.06	3 792.79
海晏县	61 133.2	11.57	106.23	59 705.83	1 321.14
刚察县	38 132.49	7.22	0.57	32 593.89	5 538.03

乔木林地主要分布在门源县和祁连县，其乔木林地面积合计为 61 802.29hm^2，占全州乔木林地面积的 99.83%；灌木林地主要分布在门源县和祁连县，其灌木林地面积合计为 260 356.58hm^2，占全州灌木林地面积的 79.62%；其他林地主要分布在门源县、祁连县和刚察县，其他林地面积合计为 44 328.92hm^2，占全州其他林地面积的 90.36%。

林地主要分布在祁连县黑河和门源县大通河中下游峡谷地区。八宝、扎麻什、黄藏寺林区为云杉原始森林；珠固、仙米、芒扎林区为云杉次生林，全林区地属国有水源涵养林。天然林类型主要以祁连山高山针叶林为主，仙米国家森林公园拥有青海省最大面积的天然林林区.主要的乔木有青海云杉（*Picea crassifolia*）、祁连圆柏（*Juniperus przewalskii*）、红桦（*Betula albosinensis*）、白桦（*Betula platyphylla*）、小叶杨（*Populus simonii* Carr.）等。青海云杉、祁连圆柏属于土生土长的青海乡土树种，主要分布在祁连山东段的祁连县祁连林区、门源县仙米林区，灌丛类型主要有河谷灌丛、温性灌丛以及高寒灌丛，灌木类型主要有金露梅（*Potentilla fruticosa* L.）、银露梅（*Potentilla glabra*）、沙棘（*Hippophae rhamnoides* L.）、柽柳（*Tamarix chinensis* Lour.）、杜鹃（*Rhododendron simsii* Planch.）、鬼箭锦鸡儿（*Caragana jubata*（Pall.）Poir.）等。

5.3.6 草地

海北州草地中，天然牧草地面积为 1 823 560.87hm^2，占全州草地面积的 98.98%；人工牧草地面积为 12 520.35hm^2，占全州草地面积的 0.68%；其他草地面积为 6 351.26hm^2，占全州草地面积的 0.34%（表 5-26）。草地主要分布在祁连县和刚察县。

海北州有辽阔的天然牧场，畜牧业较发达。草原有高寒草甸类、高寒草原类、温性草原类、高寒草甸草原类四大类，高寒草甸草原类是全州草场的精华。天然牧草地主要分布在祁连县和刚察县，其中祁连县天然牧草地面积占全州天然牧草地面积的 46.67%，刚察县天然牧草地面积占全州天然牧草地面积的 30.67%。人工牧草地主要集中在祁连县和门源县，其中祁连县人工牧草地面积占全州人工牧草地面积的 61.69%，门源县人工牧草地面积占全州人工牧草地面积的 18.54%。其他草地主要分布在门源县、海晏县和刚察县，其中刚察县其他草地面积占全州其他草地面积的 51.57%，门源县其他草地面积占全州其他草地面积的 29.38%，海晏县其他草地面积占全州其他草地面积的 16.76%。祁连县天然草场主要分布在托勒河中游、黑河中游及八宝河下游的滩地和山地阳坡,草地类型主要有高寒草甸、高寒草原、山地草甸、灌丛类等,分布具有明显的垂直地带性,其基带为温性草原类,随海拔升高依次为山地草甸类,疏林、灌丛草甸亚类和高寒草甸类。草地牧草优势种主要为小嵩草(*Kobresia parva*)、矮生嵩草(*Kobresia humilis*(C. A. Mey ex Trauvt.)Sergievskaya.)、线叶嵩草(*Kobresia capillifolia*(Decne.)C. B. Clarke)、披碱草(*Elymus dahuricus* Turcz.)、苔草(*Carcx* sp.)、早熟禾(*Poa annua* L.)、金露梅(*Potentilla fruticosa* L.)、高山柳(*Salix cupularis*)等。

表 5-26 海北州草地类型及面积

行政区	草地面积/hm²	占比/%	天然牧草地	人工牧草地	其他草地
			面积/hm²		
海北州	1 842 432.48	100.00	1 823 560.87	12 520.35	6 351.26
门源县	168 683.73	9.16	164 496.77	2 321.24	1 865.72
祁连县	858 943.85	46.62	851 074.10	7 724.20	145.55
海晏县	251 126.34	13.63	248 645.15	1 416.60	1 064.59
刚察县	563 678.56	30.59	559 344.85	1 058.31	3 275.40

5.3.7 湿地

海北州湿地面积较多,全州湿地面积为 262 864.95hm²,其中沼泽草地面积为 214 936.16hm²,占全州湿地面积的 81.77%;内陆滩涂面积为 47 928.79hm²,占全州湿地面积的 18.23%(表 5-27)。湿地主要分布在刚察县和祁连县。

表 5-27 海北州湿地类型及面积

行政区	湿地面积/hm²	占比/%	沼泽草地	内陆滩涂
			面积/hm²	
海北州	262 864.95	100.00	214 936.16	47 928.79
门源县	7 614.61	2.90	3 390.17	4 224.44
祁连县	88 052.74	33.50	60 583.61	27 469.13
海晏县	23 426.83	8.91	17 215.82	6 211.01
刚察县	143 770.77	54.69	133 746.56	10 024.21

海北州主要的湿地类型分别为沼泽草地、内陆滩涂。海北州湿地以沼泽草地为主。刚察县、祁连县的湿地分布较多,2 个地区的湿地面积之和占全州湿地面积的 88.19%。湿地分布情况为:沼泽草地主要分布在刚察县、祁连县、海晏县,面积为 211 545.99hm²,占全州沼

泽草地面积的 98.42%；还有少部分分布在门源县，面积为 3 390.17hm²。内陆滩涂主要分布在刚察县、祁连县，面积之和为 37 493.34hm²，占全州内陆滩涂面积的 78.23%。

5.3.8 水域用地

海北州紧抱青海湖，蕴藏着极为丰富的水利资源。青海省分黄河水系和内陆水系（祁连山内陆水系和青海湖内陆水系），其中外流水系河流有大通河、湟水河等 24 条，祁连山内陆水系河流有黑河、托勒河、黑河西岔、八宝河、脑尔墩河、宁缠河等 25 条，青海湖内陆水系河流有布哈河、吉尔孟河、乌哈阿兰河、沙柳河、哈尔盖河、察那河、甘子河等 12 条。青海湖是中国第一大咸水湖，位于州境内西南部。湖体外貌近菱形，湖面海拔 3196m，东西最长 104km，最宽 62km，最大湖深 31.4m。布哈河、沙柳河、乌哈阿兰河、哈尔盖河 4 条大河为重要补给来源。水库水面中，门源县水库水面主要是大通河梯级水电站库区，从门源县与互助县交界处寺沟口往上，分布有寺沟口、地久、东旭、玉龙滩、雪龙、多龙滩、雪龙滩、久干、仙河、克图等水电站，至苏吉滩乡和皇城蒙古族乡，有石头峡、纳子峡水电站；祁连县水库水面主要是位于门源县境内的纳子峡水电站库区；海晏县水库水面主要是位于县城东南 6km 处的金银滩大草原上的东大滩水库。

全州水域用地中，河流水面面积为 29 714.95hm²，占全州水域用地面积的 11.38%；湖泊水面面积为 213 884.50hm²，占全州水域用地面积的 81.86%；水库水面面积为 5 179.69hm²，占全州水域用地面积的 1.98%；坑塘水面面积为 175.05hm²，占全州水域用地面积的 0.07%；沟渠面积为 552.47hm²，占全州水域用地面积的 0.21%（表中未作统计）；冰川及永久积雪面积为 552.47hm²，占全州水域用地面积的 4.50%（表 5－28）。

表 5－28 海北州水域用地类型及面积

行政区	水域用地面积/hm²	河流水面	湖泊水面	水库水面	坑塘水面	冰川及永久积雪
		面积/hm²				
海北州	261 265.82	29 714.95	213 884.50	5 179.69	175.05	552.47
门源县	14 368.18	5 288.37	68.87	3 379.20	11.37	53.74
祁连县	19 774.46	11 966.80	32.28	1 520.07	39.92	22.86
海晏县	61 183.19	1 821.55	58 926.69	280.42	70.86	83.67
刚察县	165 939.93	10 638.23	154 856.60	0.00	52.90	392.20

海北州水域用地以湖泊水面、河流水面、水库水面和冰川及永久积雪为主。水域用地主要分布在刚察县，其面积占全州水域用地面积的 63.51%；门源县、祁连县的水域用地面积最少。河流水面主要分布在祁连县和刚察县，面积为 22 605.03hm²，占全州河流水面面积的 76.07%。湖泊水面主要分布在刚察县，面积为 154 856.61hm²，占全州湖泊水面面积的 72.40%；其次是海晏县，湖泊水面面积为 58 926.69hm²。水库水面主要分布在门源县，面积为 3 379.20hm²，占全州水库水面面积的 65.24%。沟渠主要分布在刚察县，面积为 392.20hm²，占全州沟渠面积的 70.99%。冰川及永久积雪仅分布在门源县、祁连县地区。其他地区没有冰川及永久积雪。

5.3.9 建设用地

海北州位于青藏高原东北部，城镇化水平较低，建设用地面积和比例均较小。全州建设用地面积占全州总面积的 0.60%，其中城镇村及工矿用地面积占全州建设用地面积的 64.98%，交通运输用地面积占全州建设用地面积的 33.80%，水工建筑用地面积占全州建设用地面积的 1.22%。门源县、祁连县、海晏县和刚察县建设用地面积分别占全州建设用地面积的 36.13%、21.47%、16.99%和 25.42%(表 5-29)。

表 5-29 海北州建设用地类型及面积

行政区	建设用地面积/hm²	城镇村及工矿用地					交通运输用地	水工建筑用地
		小计	建制镇用地	村庄用地	工矿用地	风景名胜及特殊用地		
		面积/hm²						
海北州	20 598.66	13 384.61	3 108.14	7 080.39	2 577.24	618.84	6 962.80	251.25
门源县	7 441.84	5 585.37	1 143.75	3 888.06	372.18	181.38	1 752.01	104.46
祁连县	4 421.57	2 530.51	563.08	1 013.55	875.91	77.97	1 826.34	64.72
海晏县	3 499.53	2 209.48	755.59	1 065.43	120.78	267.68	1 247.21	42.84
刚察县	5 235.72	3 059.25	645.72	1 113.35	1 208.37	91.81	2 137.24	39.23

建制镇用地面积占全州建设用地面积的 15.09%，其中门源县建制镇用地面积占全州建制镇用地面积的 36.80%，海晏县建制镇用地面积占全州建制镇用地面积的 24.31%，刚察县建制镇用地面积占全州建制镇用地面积的 20.78%，祁连县建制镇用地面积占全州建制镇用地面积的 18.12%。村庄用地面积占全州建设用地面积的 34.37%，主要分布在门源县，其面积占全州村庄用地面积的 54.91%；其次为刚察县，村庄用地面积占全州村庄用地面积的 15.72%。

海北州村庄用地面积是建制镇用地面积的 2.28 倍，其中门源县村庄用地面积是建制镇用地面积的 3.40 倍，祁连县村庄用地面积是建制镇用地面积的 1.80 倍，海晏县村庄用地面积是建制镇用地面积的 1.41 倍，刚察县村庄用地面积是建制镇用地面积的 1.72 倍。

5.4 黄南州

5.4.1 自然地理

黄南州位于青海省东南部的九曲黄河第一弯，因地处黄河之南而得名。东北部与海东市为邻，东南部与甘肃省甘南藏族自治州接壤，西北部和西南部与海南州以及果洛州相接。地理坐标为东经100°34′—102°23′,北纬34°03′—36°10′,州境东西宽175km,南北长235.3km,总面积1.82万km^2,占全省国土面积的2.62%。

黄南州地处青南高原,地形复杂,地貌多样,以中部麦秀山为分界,南高北低,南部为比较单一的东西构造带,发育着一系列东西走向的褶皱和断裂,向北东方向延伸并逐渐减弱,地貌起伏较小,坡度平缓,草原广阔,平均海拔为3800m,属古冰川以侵蚀作用为主的中高山构造区,是秦岭山系南支西倾山的西延部分,主要山脉有李恰如山、阿米莫尔藏山、达日宗喀恰山。北部山势陡峻,多中切割高山、峡谷、山间台地,主要山脉有申宝山、夏琼山等,峡谷有李家峡、隆务峡等,以北西构造占主导地位,广泛分布北西向褶皱和断裂,河流湍急,形成以流水侵蚀作用为主的侵蚀-构造中山区,是黄南州粮食、蔬菜、瓜果主产区。最高海拔点为泽库县境内的杂玛日岗山峰,海拔4971m,最低海拔为隆务河注入黄河处,海拔1960m。黄南州地貌以其形态可分为河谷阶地、中低山山地、高山山地、高原平地4类。

黄南州气候属高原大陆性气候,其气候特点:雨热同季,干湿季差别明显;热量不足,无霜期短,降水变率大,时空分布不均;光照时间长,太阳辐射强;冷季漫长干冷,暖季短促润凉;多灾害天气;年平均气温为6.6~8.5℃。南部气温偏高、幅度较大,年平均气温为−0.9~0.3℃。全州年平均气温为−0.9~8.5℃。降水时空分布不均,年际变率大,尖扎、河南地区略少,同仁、泽库地区略多。

5.4.2 社会经济

黄南州现辖同仁市、尖扎县、泽库县和河南县,泽库县境内有海南州贵南县飞地。全州有12个镇、21个乡、261个村民委员会、26个社区居委会。州府驻同仁县隆务镇。2019年末全州总人口为280 229人,人口密度为15.37人/km^2。在总人口中少数民族人口为262 972人,占总人口的93.84%。在少数民族人口中,藏族192 310人、蒙古族39 411人、回族18 110人。全州地区生产总值达100.95亿元,其中第一产业增加值为26.06亿元,增长4.5%;第二产业增加值为26.24亿元,增长9.7%;第三产业增加值为48.65亿元,增长8.2%。全州全体居民人均可支配收入为17 058元。

全年农作物总播种面积为15 725hm^2。其中粮食播种面积为7671hm^2,分别为小麦播种面积3823hm^2、青稞播种面积2201hm^2、豌豆播种面积292hm^2、马铃薯播种面积1003hm^2;油料播种面积为2915hm^2,分别为油菜播种面积2806hm^2、蔬菜播种面积442hm^2;其他作物播种面积为4696hm^2。

5.4.3 国土利用

黄南州耕地面积为21 596.23hm^2,占全州总面积的1.18%;园地面积为401.93hm^2,占全州总面积的0.02%;林地面积为452 004.69hm^2,占全州总面积的24.80%;草地面积为1 229 075.64hm^2,占全州总面积的67.43%;湿地面积为60 136.80hm^2,占全州总面积的3.30%;水域面积为14 375.43hm^2,占全州总面积的0.79%;建设用地面积为11 920.86hm^2,占全州总面积的0.67%(表5-30)。

表 5-30　黄南州国土利用类型及面积

类型	耕地	园地	林地	草地	湿地	水域用地	建设用地
面积/hm^2	21 596.23	401.93	452 004.69	1 229 075.64	60 136.80	14 375.43	11 920.86
比例/%	1.18	0.02	24.80	67.43	3.30	0.79	0.67

黄南州农用地面积占比为96.96%，建设用地面积占比为0.65%，未利用地面积占比为2.39%，黄南州的国土利用类型以农用地为主(表5-31)。黄南州位于黄河九曲，地势南高北低，是农牧业主要基地。黄南州各县农用地比例均在95%以上。

表 5-31　黄南州国土利用分布及面积

地类	黄南州	同仁市	尖扎县	泽库县	河南县
	面积/hm^2				
耕地	60 136.80	1 974.45	934.23	37 675.99	19 552.13
园地	21 596.23	8 623.28	5 717.34	7 255.61	0.00
林地	401.93	160.29	241.64	0.00	0.00
草地	452 004.69	109 605.37	56 047.56	103 913.41	182 438.35
湿地	1 229 075.64	188 237.2	83 025.73	507 343.79	450 468.92
水域用地	14 264.76	1 883.67	2 725.58	5 663.31	3 992.20
建设用地	11 920.86	3 976.39	2 849.32	2 723.27	2 371.88

5.4.4　耕地

黄南州耕地面积较小，全州耕地中水浇地面积为4 966.63hm^2，占全州耕地面积的23.00%；旱地面积为16 629.60hm^2，占全州耕地面积的77.00%。全州无水田地类，耕地以旱地为主。同仁市耕地面积占全州耕地面积的39.93%，泽库县耕地面积占全州耕地面积的33.60%，尖扎县耕地面积占全州耕地面积的26.47%，河南县无耕地分布(表5-32)。

表 5-32　黄南州耕地类型及面积

行政区	耕地面积/hm^2	占比/%	水田	水浇地	旱地
			面积/hm^2		
黄南州	21 596.23	100.00	0.00	4 966.63	16 629.60
同仁市	8 623.28	39.93	0.00	2 332.06	6 291.22
尖扎县	5 717.34	26.47	0.00	2 634.57	3 082.77
泽库县	7 255.61	33.60	0.00	0.00	7 255.61
河南县	0.00	0.00	0.00	0.00	0.00

耕地利用类型中，水浇地主要分布在尖扎县，面积为 2 634.57hm²，占全州水浇地面积的 53.05%；旱地主要分布在泽库县，面积为 7 255.61hm²，占全州旱地面积的 43.63%。

全州以坡度在 2°以下（含 2°）的耕地为主，其耕地面积占全州耕地面积的 42.83%；坡度为 2°～6°的耕地面积占全州耕地面积的 23.30%；坡度为 6°～15°的耕地面积占全州耕地面积的 34.93%；坡度为 15°～25°的耕地面积占全州耕地面积的 23.62%；坡度在 25°以上的耕地面积占全州耕地面积的 5.18%。在坡度大于 2°的坡耕地中，坡地面积为6 303.68hm²，占全州耕地面积的 29.19%；梯田面积为 8 169.57hm²，占全州耕地面积的 37.83%。坡耕地以梯田为主，主要集中在同仁市和尖扎县（表 5－33）。

表 5－33　黄南州不同坡度耕地面积

行政区	坡度类型				
	≤2°	2°～6°	6°～15°	15°～25°	>25°
	面积/hm²				
黄南州	7 122.98	3 874.98	5 809.11	3 927.76	861.40
同仁市	274.49	1 547.83	3 317.14	2 772.49	711.33
尖扎县	474.86	1 461.65	2 475.49	1 155.27	150.07
泽库县	6 373.63	865.50	16.48	0.00	0.00
河南县	0.00	0.00	0.00	0.00	0.00

5.4.5　园地

黄南州园地类型全部为果园，其果园面积共有 401.93hm²，主要分布在同仁市和尖扎县，泽库县和河南县无园地分布（表 5－34）。

表 5－34　黄南州园地类型及面积

行政区	园地面积/hm²	占比/%	果园面积/hm²
黄南州	401.93	100.00	401.93
同仁市	160.29	39.88	160.29
尖扎县	241.64	60.12	241.64
泽库县	0.00	0.00	0.00
河南县	0.00	0.00	0.00

同仁市园地面积占全州园地面积的 39.88%，尖扎县园地面积占全州园地面积的 60.12%。黄河、隆务河谷地气候温暖，适宜果树经济林木生长的主要品种有苹果、梨、杏、桃、花椒等，尖扎县的苹果、古浪堤的花椒和同仁县的黄果梨都是名品。

5.4.6　林地

全州林地中乔木林地面积为 68 695.37hm²，占全州林地面积的 15.20%；灌木林地面积为 373 589.06hm²，占全州林地面积的 82.65%；其他林地面积为 9 720.26hm²，占全州林地面积的 2.15%(表 3－35)。林地主要分布在河南县、同仁市和泽库县。

表 5－35　黄南州林地类型及面积

行政区	林地面积/hm²	占比/%	乔木林地	灌木林地	其他林地
			面积/hm²		
黄南州	452 004.69	100.00	68 695.37	373 589.06	9 720.26
同仁市	109 605.37	24.25	23 034.36	83 924.94	2 646.07
尖扎县	56 047.56	12.40	21 710.57	27 548.64	6 788.35
泽库县	103 913.41	22.99	18 355.23	85 453.93	104.25
河南县	182 438.35	40.36	5 595.21	176 661.55	181.59

黄南州乔木林地主要分布在同仁市、尖扎县和泽库县，面积合计为 63 100.16hm²，占全州乔木林地面积的 91.86%。灌木林地主要分布在河南县，灌木林地面积为 176 661.55hm²，占全州灌木林地面积的 47.29%。其他林地主要分布在尖扎县，其他林地面积为 6 788.35hm²，占全州其他林地面积的 69.84%。

黄南州境内森林资源较为丰富，其特点是林带长，分布面北起尖扎县的坎布拉地区，南至泽库县的麦秀山，再从麦秀山向东跨越隆务河折向北，延伸到尖扎县与循化县交界的洪汀沟，在黄南州北部和中部形成一条长 200 多千米，宽 10 多千米的环状林带。尖扎县有坎布拉、东果、洛哇 3 个天然林区和人工林。同仁县有兰采、双朋西、西卜沙 3 个天然林区和小片天然人工林，泽库县有麦秀、古德尕让、官秀 3 个天然林区和人工林，河南县有宁木特林区及林区外灌木林。黄南州森林树种主要有青海云杉、紫果云杉、祁连圆柏、桦树、山杨、青杨、大果榆、油松、榆和槐等，分布在黄河、隆务河流域等高山峡谷地带。其中以云杉居多，其次是圆柏。灌木林主要有高山柳、小叶杜鹃等。

5.4.7　草地

黄南州草地中天然牧草地面积为 1 225 807.51hm²，占全州草地面积的 99.73%；人工牧草地面积为 1 707.06hm²，占全州草地面积的 0.14%；其他草地面积为 1 561.07hm²，占全州草地面积的 0.13%(表 5－36)。草地主要分布在泽库县和河南县。

黄南州草地以天然牧草地为主，主要分布在黄南州的南部泽库县和河南县，其中泽库县天然牧草地面积占全州天然牧草地面积的 41.36%，河南县天然牧草地面积占全州天然牧草地面积的 36.75%。以泽库县为中心，草地呈现出南北差异的特点。人工牧草地主要集中在同仁市，其人工牧草地面积为 1 306.44hm²，占全州人工牧草地面积的 76.53%。河南县没有人工牧草地。其他草地主要分布在尖扎县、同仁市，面积分别为 1 024.96hm²、521.07hm²，其面积共占全州其他草地面积的 99.04%。

表 5-36　黄南州草地类型及面积

行政区	草地面积/hm²	占比/%	天然牧草地	人工牧草地	其他草地
			面积/hm²		
黄南州	1 229 075.64	100.00	1 225 807.51	1 707.06	1 561.07
同仁市	188 237.20	15.32	186 409.69	1 306.44	521.07
尖扎县	83 025.73	6.76	81 951.00	49.77	1 024.96
泽库县	507 343.79	41.27	506 983.02	350.85	9.92
河南县	450 468.92	36.65	450 463.80	0.00	5.12

5.4.8　湿地

黄南州湿地中沼泽草地面积为 55 142.50hm²，占全州湿地面积的 91.70%；内陆滩涂面积为 4 723.47hm²，占全州湿地面积的 7.85%；沼泽地面积为 270.83hm²，占全州湿地面积的 0.45%，主要分布在泽库县和河南县（表 5-37）。

表 5-37　黄南州湿地类型及面积

行政区	湿地面积/hm²	占比/%	沼泽草地	内陆滩涂	沼泽地
			面积/hm²		
黄南州	60 136.80	100.00	55 142.50	4 723.47	270.83
同仁市	1 974.45	3.28	652.88	1 321.57	0.00
尖扎县	934.23	1.56	64.81	671.90	197.52
泽库县	37 675.99	62.65	36 515.65	1 087.03	73.31
河南县	19 552.13	32.51	17 909.16	1 642.97	0.00

沼泽草地主要分布在泽库县、河南县，其面积合计为 54 424.81hm²，占全州沼泽草地面积的 98.70%。内陆滩涂主要分布在同仁市、泽库县和河南县地区，其面积合计为 4 051.57hm²，占全州内陆滩涂面积的 85.78%。沼泽地仅分布在尖扎县和泽库县，其面积合计为 270.83hm²。

5.4.9　水域用地

黄南州水域用地中河流水面面积为 11 637.89hm²，占全州水域用地面积的 81.58%；湖泊水面面积为 82.18hm^2，占全州水域用地面积的 0.58%；水库水面面积为 2 454.99hm^2，占全州水域用地面积的 17.21%；坑塘水面面积为 41.97hm^2，占全州水域用地面积的 0.29%；沟渠面积为 47.73hm^2，占全州水域用地面积的 0.34%(表中未作统计)(表 5-38)。水域用地主要分布在泽库县和河南县。

表 5-38 黄南州水域用地类型及面积

行政区	水域用地面积/hm^2	占比/%	河流水面	湖泊水面	水库水面	坑塘水面
			面积/hm^2			
黄南州	14 264.76	100.00	11 637.89	82.18	2 454.99	41.97
同仁市	1 883.67	13.21	1 766.79	0.00	86.63	12.84
尖扎县	2 725.58	19.11	332.64	0.00	2 368.36	14.58
泽库县	5 663.31	39.70	5 595.85	47.40	0.00	9.97
河南县	3 992.20	27.99	3 942.61	34.78	0.00	4.58

河流水面主要分布在泽库县和河南县，面积分别为 5 595.85hm^2、3 942.61hm^2，面积合计为河流水面面积的 81.96%。水库水面主要分布在尖扎县，面积为 2 368.36hm^2，占全州水库水面面积的 96.47%，李家峡水库位于尖扎县。

州境内有大小河流 140 余条，黄河为过境客水，主要河流均为黄河一级支流，较大的一级支流有洮河、隆务河、泽曲河、巴河等，二级支流有大南曼河等。河流发育以泽库县为中心呈放射状展布，构成了境内独特的水系网络。

5.4.10 建设用地

黄南州建设用地面积占全州总面积的 0.67%。其中城镇村及工矿用地面积占全州建设用地面积的 69.49%，交通运输用地面积占全州建设用地面积的 29.59%，水工建筑用地面积占全州建设用地面积的 0.93%。在空间分布上，同仁市建设用地面积占全州建设用地面积的 33.36%，尖扎县建设用地面积占全州建设用地面积的 23.90%，泽库县建设用地面积占全州建设用地面积的 22.84%，河南县建设用地面积占全州建设用地面积的 19.90%(表 5-39)。

建制镇用地面积占全州建设用地面积的 15.48%，主要分布在同仁市和河南县，其中同仁市建制镇用地面积占全州建制镇用地面积的 30.24%，河南县建制镇用地面积占全州建制镇用地面积的 29.15%。

村庄用地面积占全州建设用地面积的 49.34%，主要分布在同仁市和尖扎县，其中同仁市村庄用地面积占全州村庄用地面积的 38.10%，尖扎县村庄用地面积占全州村庄用地面积的 30.88%。

工矿用地主要分布在同仁市和尖扎县，其面积合计为 281.61hm^2。风景名胜及特殊用地主要分布在同仁市，其面积占全州风景名胜及特殊用地面积的 46.78%

表 5－39　黄南州建设用地类型及面积

行政区	建设用地面积/hm²	城镇村及工矿用地					交通运输用地	水工建筑用地
		小计	建制镇用地	村庄用地	工矿用地	风景名胜及特殊用地		
		面积/hm²						
黄南州	11 920.86	8 283.33	1 845.43	5 881.53	337.95	218.42	3 526.86	110.67
同仁市	3 976.39	3 051.10	558.00	2 240.92	150.01	102.17	891.08	34.21
尖扎县	2 849.32	2 349.88	327.19	1 816.51	131.6	74.58	446.19	53.25
泽库县	2 723.27	1 775.70	422.34	1 300.28	28.11	24.97	947.57	0.00
河南县	2 371.88	1 106.65	537.9	523.82	28.23	16.70	1 242.02	23.21

黄南州村庄用地面积是建制镇用地面积的 3.19 倍，青海省村庄用地面积是建制镇用地面积的 3.02 倍，两者数据相近。其中同仁市村庄用地面积是建制镇用地面积的 4.02 倍，尖扎县村庄用地面积是建制镇用地面积的 5.55 倍，泽库县村庄用地面积是建制镇用地面积的 3.08 倍，河南县村庄用地面积是建制镇用地面积的 0.97 倍。

5.5　海南州

5.5.1　自然地理

海南州位于青海省东部的青藏高原东北部，东邻西宁市、海东市和黄南州，南接果洛州，西连海西州，北隔青海湖与海北州相望，因地处青海湖南部，故名海南州。地理坐标为东经 98°55′—101°50′，北纬 34°38′—37°10′，全境南北长 270km，东西宽 260km，总面积为 4.35 万 km²，占全省总面积的 6.24%。全州境内地形以山地为主，四周环山，盆地居中，高原丘陵和河谷台地相间其中，地势起伏较大，复杂多样。全州平均海拔为 3000m，最高点虽根尔岗海拔为 5305m，最低海拔为 2168m。在地貌分区上属柴达木-湟中海拔盆地大区，青海东部中海拔盆地分区，青海湖-共和中海拔盆地小区。全州呈北西西-南东东向之盆地与山地相间的格局，由北向南依次为青海湖盆地、青海南山中起伏山地，共和-贵德盆地、河卡山中起伏山地、兴海-同德盆地、蘑菇山-桑赤岗大起伏山地。在这种近东西向起伏相间的格局两端，西为北北西—北西走向的鄂拉山大起伏山地，东为西山-扎马日岗中起伏山地。山地是海南州主要地貌类型，山地面积占全州陆地总面积的 42.3%，丘陵及残山面积占全州陆地总面积的 11%，中海拔平原和台地面积占全州陆地总面积的 46.7%，其中河谷阶地面积占比为 12.4%。

海南州属典型的高原大陆性气候，其特征是大气稀薄，干旱少雨，光照时间长，太阳辐射强，气候温凉寒冷，气温年较差小、日较差大。春季干旱多风，夏季短促凉爽，秋季阴湿多雨，冬季漫长干燥。由于境内地形复杂,高低悬殊,气候又显示出不同温度的差异,在低温少雨的共性基础上,又形成了形形色色的地方气候和小气候特点。境内平均气温随着海拔的升高而降低。年平均气温以黄河下段谷地为最高,达7℃;共和盆地气温约3℃;海拔3400m以上地区气温低于0℃;海拔4000m以上地区气温在-4℃以下。年较差为24~26℃。境内南部和青海湖湿地区年降水量为400~500mm,共和盆地和兴海子科滩等地年降水量在300~360mm之间。境内东部、北部及湖湿地区年平均日照时数为2900~3040h,中部和南部地区年平均日照时数为2690~2770h。

5.5.2 社会经济

海南州辖共和县、同德县、贵德县、兴海县和贵南县,州府驻共和县恰卜恰镇。2019年全州地区生产总值为174.66亿元,其中第一产业增加值为43.59亿元,增长4.6%;第二产业增加值为73.93亿元,增长10.2%;第三产业增加值为57.14亿元,增长3.6%。全州人均生产总值为36 605元,比上年增长6.4%。全州常住总人口为47.80万人,人口密度为10.85人/km^2。海南州是以藏族为主的多民族聚居区。按城乡分,城镇常住人口为21.09万人,乡村常住人口为26.71万人,常住人口城镇化率为44.1%。少数民族人口为37.51万人,占全州总人口的78.5%。2019年末全州户籍人口为47.15万人,其中城镇户籍人口10.7万人,户籍人口城镇化率为22.7%。全年全州居民人均可支配收入为19 655元,城镇常住居民人均可支配收入为33 075元,农村常住居民人均可支配收入为12 502元。

海南州种植的主要农作物有小麦、青稞、油菜、马铃薯、蚕豆、豌豆。还种植蔬菜、汉藏药材、青饲料、花卉农作物。全州农作物总播种面积为130.56万亩。粮食作物播种面积为79.63万亩,其中小麦播种面积为15.27万亩、青稞播种面积为57.54万亩、马铃薯播种面积为2.19万亩。油料作物播种面积为29.53万亩,中草药材播种面积为2.55万亩,蔬菜播种面积为4.56万亩。

5.5.3 国土利用

海南州耕地面积为99 123.51hm^2,占全州总面积的2.28%;园地面积为2 927.13hm^2,占全州总面积的0.07%;林地面积为384 101.24hm^2,占全州总面积的8.84%;草地面积为3 252 397.07hm^2,占全州总面积的74.85%;湿地面积为56 359.16hm^2,占全州总面积的1.30%;水域用地面积为308 495.32hm^2,占全州总面积的7.10%;建设用地面积为37 175.29hm^2,占全州总面积的0.86%(表5-40)。

表5-40 海南州国土利用类型及面积

类型	耕地	园地	林地	草地	湿地	水域用地	建设用地
面积/hm^2	99 123.51	2 927.13	384 101.24	3 252 397.07	56 359.16	308 495.32	37 175.29
比例/%	2.28	0.07	8.84	74.85	1.30	7.10	0.86

海南州农业用地面积占全州总面积的87.71%;建设用地面积占全州总面积的0.86%。总体特征是农业用地、林业用地面积比重小,牧业用地面积较大,难利用土地面积占有相当大的比例(表5-41)。

表5-41 海南州国土利用分布及面积

地类	海南州	共和县	同德县	贵德县	兴海县	贵南县
	面积/hm²					
耕地	99 123.51	30 534.31	12 814.22	14 493.69	17 469.96	23 811.33
园地	2 927.13	1 882.97	0.64	964.17	10.57	68.78
林地	384 101.20	49 344.46	101 370.10	34 668.49	144 499.70	54 218.42
草地	3 252 397.00	1 171 890.00	337 757.40	261 039.50	1 006 026	475 684.00
湿地	56 359.16	31 316.50	4 100.96	4 510.78	11 057.30	5 373.62
水域用地	308 495.30	269 415.70	3 171.81	4 601.73	10 487.82	20 818.24
建设用地	37 175.29	17 136.51	3 673.17	5 877.74	5 112.59	5 375.28

5.5.4 耕地

海南州耕地中水浇地面积为47 600.61hm²,占全州耕地面积的48.02%;旱地面积为51 522.90hm²,占全州耕地面积的51.98%(表5-42)。耕地以旱地为主,无水田地类。耕地主要分布在贵德县及贵南县的河沟、茫拉,同德县的巴沟地区,兴海县的大河坝、桑当沟,共和县、共和盆地的东部地区,其中共和县耕地面积占全州耕地面积的30.80%,贵南县耕地面积占全州耕地面积的24.02%。全州水浇地主要分布在共和县和兴海县,其中共和县水浇地面积占全州水浇地面积的38.32%,兴海县水浇地面积占全州水浇地面积的22.63%,贵德县水浇地面积占全州水浇地面积的22.04%。旱地主要分布在贵南县,其面积占全州旱地面积的37.50%;共和县旱地面积占全州旱地面积的23.86%。

表5-42 海南州耕地类型及面积

行政区	耕地面积/hm²	占比/%	水浇地	旱地
			面积/hm²	
海南州	99 123.51	100.00	47 600.61	51 522.90
共和县	30 534.31	30.80	18 242.84	12 291.47
同德县	12 814.22	12.94	3 605.23	9 208.99
贵德县	14 493.69	14.62	10 489.10	4 004.59
兴海县	17 469.96	17.62	10 774.08	6 695.88
贵南县	23 811.33	24.02	4 489.36	19 321.97

全州以坡度在2°以下(含2°)的耕地为主,其面积占全州耕地面积的72.91%。坡度为2°~6°的耕地面积占全州耕地面积的22.26%,坡度为6°~15°的耕地面积占全州耕地面积的4.20%,坡度为15°~25°的耕地面积占全州耕地面积的0.52%,坡度在25°以上的耕地面积占全州耕地面积的0.11%(表5-43)。海南州坡度大于2°的坡耕地中,坡地面积为13 562.25hm²,占全州耕地面积的50.51%;梯田面积为13 286.88hm²,占全州耕地面积的49.49%。

表5-43 海南州不同坡度耕地面积

行政区	坡度类型				
	≤2°	2°~6°	6°~15°	15°~25°	>25°
	面积/hm²				
海南州	72 274.38	22 060.02	4 162.79	515.49	110.83
共和县	24 897.38	5 140.60	490.76	5.57	0.00
同德县	7 969.11	4 099.43	629.35	22.67	93.66
贵德县	5 559.62	6 003.21	2 428.93	485.22	16.71
兴海县	15 244.12	1 750.9	472.92	1.56	0.46
贵南县	18 604.15	5 065.88	140.83	0.47	0.00

5.5.5 园地

海南州园地类型为果园和其他园地。共和县园地面积占全州园地面积的64.33%,贵德县园地面积占全州园地面积的32.94%(表5-44)。果园主要分布在贵德县,其他园地主要分布在共和县。

表5-44 海南州园地类型及面积

行政区	园地面积/hm²	占比/%	果园	其他园地
			面积/hm²	
海南州	2 927.13	100.00	991.92	1 935.21
共和县	1 882.97	64.33	2.39	1 880.58
同德县	0.64	0.02	0.64	0.00
贵德县	964.17	32.94	963.18	0.99
兴海县	10.57	0.36	10.57	0.00
贵南县	68.78	2.35	15.14	53.64

5.5.6 林地

全州林地中乔木林地面积为54 752.47hm²，占全州林地面积的14.25%；灌木林地面积为321 332.69hm²，占全州林地面积的83.66%；其他林地面积为8 016.08hm²，占全州林地面积的2.09%（表5-45）。林地主要分布在兴海县和同德县。

表5-45 海南州林地类型及面积

行政区	林地面积/hm²	占比/%	乔木林地	灌木林地	其他林地
			面积/hm²		
海南州	384 101.24	100.00	54 752.47	321 332.69	8 016.08
共和县	49 344.46	12.85	1 916.84	46 486.48	941.14
同德县	101 370.14	26.39	17 054.95	82 465.00	1 850.19
贵德县	34 668.49	9.03	8 621.33	23 068.48	2 978.68
兴海县	144 499.73	37.61	21 115.76	121 887.00	1 496.97
贵南县	54 218.42	14.12	6 043.59	47 425.73	749.10

自实施西部大开发战略以来，以退耕还林还草、天然林资源保护、国家重点公益林保护、三江源自然保护区建设、防沙治沙和"三北"防护林体系建设为重点的林业生态建设工程取得明显成效，逐步形成了造林、保护、封育整体推进的林业建设新格局，森林资源持续稳定增长，林业生态面貌明显改观。各林地利用类型的分布情况为：乔木林地主要分布在兴海县和同德县，其中兴海县乔木林地面积占全州乔木林地面积的38.57%，同德县乔木林地面积占全州乔木林地面积的31.15%。灌木林地主要分布在同德县和兴海县，其中兴海县灌木林地面积占全州灌木林地面积的37.93%，同德县灌木林地面积占全州灌木林地面积的25.66%。其他林地主要分布在贵德县，其面积占全州其他林地面积的37.16%。

5.5.7 草地

海南州位于青海省南部，草地所占比重最大，是青海省最大的牧业区，天然草场分布广泛，是青海省畜牧业主要生产基地之一。全州草地中，天然牧草地面积为3 181 905.69hm²，占全州草地面积的97.83%；人工牧草地面积为60 734.58hm²，占全州草地面积的1.87%；其他草地面积为9 756.80hm²，占全州草地面积的0.30%（表5-46）。草地以天然牧草地为主。草地主要分布在共和县和兴海县。

草地主要分布在海南州的西北部，共和县草地面积占全州草地面积的36.03%，兴海县草地面积占全州草地面积的30.93%。天然牧草地主要分布在共和县和兴海县，其中共和县天然牧草地面积占全州天然牧草地面积的36.62%，兴海县天然牧草地面积占全州天然牧草地面积的31.39%。人工牧草地主要分布在贵南县和同德县，其中贵南县人工牧草地面积占全州人工牧草地面积的57.00%，同德县人工牧草地面积占全州人工牧草地面积的23.07%。其他草地主要分布在共和县、贵德县、贵南县，共计占全州其他草地面积的96.96%。

表5-46 海南州草地类型及面积

行政区	草地面积/hm^2	占比/%	天然牧草地	人工牧草地	其他草地
			面积/hm^2		
海南州	3 252 397.07	100.00	3 181 905.69	60 734.58	9 756.80
共和县	1 171 890.19	36.03	1 165 214.91	4 865.31	1 809.97
同德县	337 757.38	10.38	323 649.61	14 011.93	95.84
贵德县	261 039.50	8.03	255 216.20	143.83	5 679.47
兴海县	1 006 025.96	30.93	998 731.10	7 094.38	200.48
贵南县	475 684.04	14.63	439 093.87	34 619.13	1 971.04

共和县天然草地共分布有高寒草原类、温性草原类、温性荒漠草原类、温性荒漠类、高寒草甸类、山地草甸类、低地草甸类7个草地类。高寒草甸类天然草地牧草优势种植物主要由高山嵩草、矮生嵩草、线叶嵩草(*Kobresia capillifolia* (Decne.)C. B. Clarke)、藏嵩草等莎草科植物构成，是物种最为丰富的草地类型，牧草营养价值也较高，是共和县畜牧业生产的物质基础；温性荒漠类天然草地优势种植物盐爪爪(*Kalidium foliatum* (Pall.)Moq.)、猪毛菜(*Salsola collina* Pall.)、驼绒藜(*Krascheninnikovia ceratoides*)等多为可食杂草，纤维素程度高、适口性差，主要用途为防风固沙、涵养水分。

5.5.8 湿地

全州湿地类型中，沼泽草地面积为19 192.96hm^2，占全州湿地面积的34.06%；内陆滩涂面积为37 143.39hm^2，占全州湿地面积的65.90%；沼泽地面积为22.81hm^2，占全州湿地面积的0.04%(表5-47)。湿地以内陆滩涂为主。湿地主要分布在共和县和兴海县，其中共和县湿地面积占全州湿地面积的55.57%，兴海县湿地面积占全州湿地面积的19.62%。

表5-47 海南州湿地类型及面积

行政区	湿地面积/hm^2	占比/%	沼泽草地	内陆滩涂	沼泽地
			面积/hm^2		
海南州	56 359.16	100.00	19 192.96	37 143.39	22.81
共和县	31 316.50	55.57	12 812.80	18 503.70	0.00
同德县	4 100.96	7.28	0.00	4 100.96	0.00
贵德县	4 510.78	8.00	212.78	4 275.19	22.81
兴海县	11 057.30	19.62	4 093.91	6 963.39	0.00
贵南县	5 373.62	9.53	2 073.47	3 300.15	0.00

沼泽草地主要分布在共和县，其面积占全州沼泽草地面积的66.76%。其次为兴海县，其面积占全州沼泽草地面积的21.33%。内陆滩涂主要分布在共和县和兴海县，其中共和县内陆滩涂面积占全州内陆滩涂面积的49.82%，兴海县内陆滩涂面积占全州内陆滩涂面积的18.74%。沼泽地仅分布在贵德县。

5.5.9 水域用地

全州水域用地中河流水面面积为20 449.97hm²，占全州水域用地面积的6.65%；湖泊水面面积为240 693.60hm²，占全州水域用地面积的78.30%；水库水面面积为42 747.32hm²，占全州水域用地面积的13.91%；坑塘水面面积为705.40hm²，占全州水域用地面积的0.23%；沟渠面积为2 382.93hm²，占全州水域用地面积的0.78%（未在表中统计）；冰川及永久积雪面积为434.23hm²，占全州水域用地面积的0.14%（表5-48）。水域主要分布在共和县，共和县水域用地面积占全州水域用地面积的87.64%，贵南县水域用地面积占全州水域用地面积的6.77%。

表5-48 海南州水域用地类型及面积

行政区	水域用地面积/hm²	河流水面	湖泊水面	水库水面	坑塘水面	冰川及永久积雪
		面积/hm²				
海南州	307 413.45	20 449.97	240 693.60	42 747.32	705.40	434.23
共和县	269 415.75	6 042.42	239 352.40	22 812.00	184.50	63.85
同德县	3 171.81	2 752.30	0.00	17.58	16.03	49.09
贵德县	3 570.23	2 455.57	0.00	521.95	333.57	119.49
兴海县	10 437.49	7 401.50	1 341.27	755.42	68.40	91.80
贵南县	20 818.24	1 798.18	0.00	18 640.37	102.90	110.00

河流水面主要分布在兴海县和共和县，兴海县河流水面面积占全州河流水面面积的36.19%，共和县河流水面面积占全州河流水面面积的29.55%。湖泊水面主要分布在共和县，共和县湖泊水面面积占全州湖泊水面面积的99.44%。水库水面主要分布在共和县和贵南县，其中共和县水库水面面积占全州水库水面面积的53.36%，贵南县水库水面面积占全州水库水面面积的43.61%。坑塘水面主要分布在贵德县，贵德县坑塘水面面积占全州坑塘水面面积的47.29%。沟渠主要分布在共和县和兴海县，两县沟渠面积之和占全州河流水面面积的73.01%。冰川及永久积雪主要分布在贵德县，贵德县冰川及永久积雪面积占全州冰川及永久积雪面积的95.35%。

海南州境内主要为黄河水系和青海湖水系河流。黄河在境内流长411.3km，流经5个县、20个乡，州境内汇入黄河的支流有101条，其中流域面积在1000km²以上的有7条，100km²以上的有18条，小沟(溪)有76条。青海湖水系有布哈河、黑马河、倒淌河。主要湖泊有青海湖、苦海、英德尔海、上更尕海、下更尕海、尕海、直亥英措湖和过哇英措湖。

5.5.10 建设用地

海南州建设用地总面积占全州国土调查总面积的0.67%。建设用地中,城镇村及工矿用地面积占全州建设用地面积的78.98%,交通运输用地面积占全州建设用地面积的19.85%,水工建筑用地面积占全州建设用地面积的1.17%(表5-49)。建设用地主要分布在共和县,共和县建设用地面积占全州建设用地面积的46.10%。

表5-49 海南州建设用地类型及面积

行政区	建设用地面积/hm^2	城镇村及工矿用地					交通运输用地	水工建筑用地
		小计	建制镇用地	村庄用地	工矿用地	风景名胜及特殊用地		
		面积/hm^2						
海南州	37 175.29	29 360.45	3 774.62	22 424.69	1 128.26	2 032.88	7 380.61	434.23
共和县	17 136.51	14 268.25	1 240.61	11 048.31	338.19	1 641.14	2 804.41	63.85
同德县	3 673.17	2 596.04	313.87	2 018.84	220.68	42.65	1 028.04	49.09
贵德县	5 877.74	4 921.43	818.44	3 743.97	186.62	172.40	836.82	119.49
兴海县	5 112.59	3 316.64	797.28	2 125.44	264.15	129.77	1 704.15	91.80
贵南县	5 375.28	4 258.09	604.42	3 488.13	118.62	46.92	1 007.19	110.00

建制镇用地主要分布在共和县、贵德县和兴海县,其中共和县建制镇用地面积占全州建制镇用地面积的32.87%,贵南县建制镇用地面积占全州建制镇用地面积的21.68%,兴海县建制镇用地面积占全州建制镇用地面积的21.12%。

村庄用地主要分布在共和县、贵德县和贵南县,其中共和县村庄用地面积占全州村庄用地面积的49.27%,贵德县村庄用地面积占全州村庄用地面积的16.70%,贵南县村庄用地面积占全州村庄用地面积的15.55%。

工矿用地主要分布在共和县、同德县和兴海县,面积总计为823.02hm^2。风景名胜及特殊用地主要分布在共和县,共和县风景名胜及特殊用地面积占全州风景名胜及特殊用地面积的80.73%。共和县交通运输用地面积占全州交通运输用地面积的38.00%,兴海县交通运输用地面积占全州交通运输用地面积的23.09%。

海南州村庄用地面积是建制镇用地面积的5.94倍,西部地区村庄用地面积是建制镇用地面积的5.27倍。其中共和县村庄用地面积是建制镇用地面积的8.90倍,同德县村庄用地面积是建制镇用地面积的6.43倍,贵德县村庄用地面积是建制镇用地面积的4.57倍,兴海县村庄用地面积是建制镇用地面积的2.64倍,贵南县村庄用地面积是建制镇用地面积的5.77倍。

5.6 果洛州

5.6.1 自然地理

果洛州位于青海省东南部，东临甘肃省甘南藏族自治州，南接四川省阿坝藏族羌族自治州和甘孜藏族自治州，西与玉树州毗连，北和海西州、海南州、黄南州相依，地理坐标为东经96°56′—101°45′，北纬32°24′—35°45′，东西长448km，南北宽334km，总面积为7.42万km^2，占青海省国土面积的10.66%。州内雪峰耸立，山脉交错，河流纵横，湖泊众多，素有“雪域净土、秘境果洛”的美誉，是黄河上游重要的水源涵养功能区，也是“中华水塔”的重要组成部分和国家重要生态安全屏障，还是青海绿色有机畜产品的重要产区之一。

果洛州地处青藏高原东部，以高山区为主，区内海拔4000～5000m的地区面积约占全区面积的80%，巴颜喀拉山绵亘在果洛州南部，阿尼玛卿山逶迤于果洛州北部，年宝叶什则山耸立于果洛州的东南部。山势均呈西北-东南走向，西北高而东南低，整个地形是由西北向东南倾斜。山间有川流河水，并有大小不等的山间小盆地，如小块平坦草地、沼泽地、沙地。州内西北部海拔多在4000～5000m之间，地形起伏不大，高差多在500～1000m之间，坡度较缓；东南部海拔在3500～4000m之间，但地形起伏大，高差一般在1000～2100m之间，坡度为45°～50°，最大在80°以上。

果洛州平均海拔为4200m，大气含氧量仅为海平面的60%，具有高寒缺氧、气温低、光辐射强、昼夜温差大等典型的高原大陆性气候特点，易受北方和西北方的寒流影响，日照时间长，降水(雪)量较多，蒸发量大，伴有多阵性大风。年均降水量为400～700mm，年均气温为－4℃，无绝对无霜期。一年无四季之分，只有冷暖之别，自然条件相对严酷。雨量分布不均.北部干旱寒冷，东南部较湿润的班玛县、久治县等地年平均降水量为655.8～759.8mm，年降水日数达175d左右，其中久治县为青海省降水量最多的地区。

5.6.2 社会经济

果洛州现辖玛沁、玛多、甘德、达日、班玛、久治6个县，36个乡、188个行政村(牧)委会，8个建制镇、18个社区。州府驻玛沁县大武镇。2019年全州地区生产总值为461 835万元，同比增长7.2%。其中第一产业增加值为83 965万元，同比增长3.8%；第二产业增加值为160 529万元，同比增长10.4%；第三产业增加值为217 341万元，同比增长6.5%。全州人均地区生产总值为21 990元，同比增长5.22%。全州总户数为61 127户，2019年末常住人口为211 588人，人口密度为2.75人/km^2。藏族人口194 237人，占总人口的91.80%；农牧业人口161 942人，占总人口的76.54%。全州常住人口城镇化率为28.02%。

果洛州是青海省的纯牧业区和重要牧业生产基地，利用高原独特的自然条件，发展以虫草、大黄、蕨麻等为代表的汉藏药材业。2019年全州农作物播种面积为4606亩，其中粮食作物播种面积为4050亩。境内三江源国家级自然保护区面积为2.85万km^2，占全州总面积的 38%,划分为玛多县境内的扎陵湖—鄂陵湖、星星海,玛沁县境内的阿尼玛卿雪山、中铁—军功,久治县境内的年宝玉则,班玛县境内的多柯河、玛柯河 7 个保护分区。

5.6.3 国土利用

果洛州国土利用类型以林地和草地为主,其中林地面积占全州总面积的 13.10%,草地面积占全州总面积的 70.04%,耕地面积占全州总面积的 0.01%,水域面积占全州总面积的 3.46%,建设用地面积占全州总面积的 0.23%(表 5-50)。果洛州无园地利用类型。

表 5-50 果洛州国土利用类型及面积

类型	耕地	林地	草地	湿地	水域用地	建设用地
面积/hm^2	594.58	972 885.23	5 200 485.51	711 405.26	256 947.14	16 763.16
比例/%	0.01	13.10	70.04	9.58	3.46	0.23

果洛州农用地面积占比为 90.32%,建设用地面积占比为 0.23%,未利用地面积占比为 9.46%。班玛县农用地面积占比最大,为 97.95%,未利用地面积占比最小,为 1.78%;玛沁县未利用地面积占比最大(表 5-51)。

表 5-51 果洛州各地区国土利用类型及面积

地类	玛沁县	班玛县	甘德县	达日县	久治县	玛多县
	面积/hm^2					
湿地	53 235.17	6 593.65	32 132.78	122 766.02	29 751.44	466 926.20
耕地	594.58	204.99	389.59	0.00	0.00	0.00
林地	279 876.51	250 176.04	117 706.22	113 816.56	190 247.88	21 062.02
草地	878 562.67	369 720.39	519 122.86	1 161 386.14	548 842.60	1 722 850.847
水域用地	23 895.42	4 751.63	7 655.15	15 861.66	8 983.13	195 800.15
建设用地	4 441.61	1 760.63	2 336.14	2 478.21	2 320.38	3 426.19

5.6.4 耕地

果洛州耕地类型包括旱地和水浇地。水浇地面积为 586.31hm^2,占耕地面积的 98.61%;旱地面积为 8.27hm^2,占耕地面积的 1.39%;无水田地类(表 5-52)。耕地分布在玛沁县和班玛县,其余县无耕地利用类型。玛沁县和班玛县耕地主要分布在黄河、长江中下游海拔 3147~3600m 的河谷地区,种植作物以青稞、小麦为主,兼种豌豆、洋芋、燕麦、油菜等。

表 5-52　果洛州耕地利用类型及面积

行政区	耕地面积/hm^2	占比/%	水浇地	旱地
			面积/hm^2	
果洛州	594.58	100.00	586.31	8.27
玛沁县	204.99	34.48	196.72	8.27
班玛县	389.59	65.52	389.59	0.00

耕地利用类型中，班玛县水浇地面积最大，为 389.59hm^2，占全州水浇地面积的 66.45%。旱地仅分布在玛沁县，面积为 8.27hm^2。

全州以坡度为 6°～15°的耕地为主，其面积占耕地面积的 44.87%。全州坡度在 2°以下(含 2°)的耕地面积占全州耕地面积的 13%，坡度为 2°～6°的耕地面积占全州耕地面积的 11.50%，坡度为 15°～25°的耕地面积占全州耕地面积的 28.91%，坡度在 25°以上的耕地面积占全州耕地面积的 1.98%(表 5-53)。无梯田分布，坡耕地主要集中在玛沁县和班玛县。

表 5-53　果洛州不同坡度耕地分布及面积

行政区	坡度类型				
	≤2°	2°～6°	6°～15°	15°～25°	>25°
	面积/hm^2				
果洛州	68.4	75.68	266.79	171.91	11.80
玛沁县	8.18	27.74	113.19	54.40	1.48
班玛县	60.22	47.94	153.6	117.51	10.32

5.6.5　林地

果洛州断续分布有较大面积的原始森林。全州乔木林地面积为 68 593.06hm^2，占全州林地面积的 7.05%；灌木林地面积为 899 043.61hm^2，占全州林地面积的 92.41%；其他林地面积为 5 248.56hm^2，占全州林地面积的 0.54%(表 5-54)。林地类型以灌木林地为主。林地主要分布在玛沁县、班玛县和久治县。

乔木树种有云杉、圆柏、桦树等。灌木树种有杜鹃、高山柳、高山绣线菊、金(银)露梅等。境内乔木林资源主要分布在长江水系的班玛县玛柯河、多柯河流域和黄河沿岸的玛沁县拉加、甘德县岗龙乡等乡镇。灌木林在全州各地广泛分布。森林资源由于海拔、坡度、坡向、水热等条件不同，呈规律性垂直分布。以川西云杉、青海云杉为主的优势树种占据阴坡和半阴坡，以塔枝圆柏为主的优势树种占据阳坡和半阳坡。从低到高依次分布桦树、柏树、云杉混交林、纯云杉林。

表 5-54 果洛州各地区林地类型及面积

行政区	林地面积/hm^2	乔木林地	灌木林地	其他林地
		面积/hm^2		
果洛州	972 885.23	68 593.06	899 043.61	5 248.56
玛沁县	279 876.51	30 367.60	244 862.07	4 646.84
班玛县	250 176.04	38 203.94	211 391.87	580.23
甘德县	117 706.22	19.14	117 686.63	0.45
达日县	113 816.56	0.00	113 816.56	0.00
久治县	190 247.88	2.38	190 224.46	21.04
玛多县	21 062.02	0.00	21 062.02	0.00

5.6.6 草地

果洛州天然牧草地面积为 5 079 155.42hm^2,占全州草地面积的 96.90%;人工牧草地面积为 7 550.71hm^2,占全州草地面积的 0.42%;其他草地面积为 113 779.38hm^2,占全州草地面积的 2.68%(表 5-55)。果洛州主要的草地类型以天然牧草地为主。草地类型以温性草原、高寒草甸、高寒草原为主。草原分布的水平地带不明显,从东南到西北表现为湿润、半湿润、半干旱的高寒草甸类和高寒干旱草原类。藏嵩草(*Kobresia tibetica*)、矮生嵩草(*Kobresia humilis*(C. A. Mey ex Trauvt.)Sergievskaya.)、高山嵩草(*Kobresia pygmuea* (C. B. Clarke)C. B. Clarke)、紫花针茅(*Stipa purpurea* Griseb.)等为常见优势种植物。高寒草甸草地不仅是青藏高原优良放牧草地,也是重要的绿色生态屏障。

表 5-55 果洛州各地区草地类型及面积

行政区	草地面积/hm^2	天然牧草地	人工牧草地	其他草地
		面积/hm^2		
果洛州	5 200 485.51	5 079 155.42	7 550.71	113 779.38
玛沁县	878 562.67	831 583.36	4 750.82	42 228.49
班玛县	369 720.39	369 397.95	70.25	252.19
甘德县	519 122.86	517 408.43	1 220.27	494.16
达日县	1 161 386.14	1 152 668.00	1 044.87	7 673.27
久治县	548 842.60	548 512.52	310.28	19.80
玛多县	1 722 850.85	1 659 585.16	154.22	63 111.47

5.6.7 湿地

果洛州沼泽草地面积为 637 243.16hm²，占全州湿地面积的 89.58%；内陆滩涂面积为 62 734.61hm²，占全州湿地面积的 8.82%；沼泽地面积为 11 427.49hm²，占全州湿地面积的 1.61%（表 5-56）。湿地以沼泽草地为主。达日县、玛多县的湿地面积之和占全州湿地面积的 82.89%。

表 5-56 果洛州各地区湿地类型及面积

行政区	湿地面积/hm²	沼泽草地	内陆滩涂	沼泽地
		面积/hm²		
果洛州	711 405.26	637 243.16	62 734.61	34.54
玛沁县	53 235.17	43 310.87	9 924.3	34.54
班玛县	6 593.65	5 723.87	869.78	0.00
甘德县	32 132.78	27 378.67	4 754.11	0.00
达日县	122 766.02	112 172.13	10 558.43	0.00
久治县	29 751.44	26 711.07	3 040.37	0.00
玛多县	466 926.2	421 946.55	33 587.62	0.00

沼泽草地主要分布在达日县和玛多县，两个县的沼泽草地面积之和占全州沼泽草地面积的 83.82%；内陆滩涂主要分布在玛多县和达日县，两个县的内陆滩涂面积之和占全州内陆滩涂面积的 70.37%。

5.6.8 水域用地

果洛州水域用地面积达到 256 947.14hm²，以湖泊水面和河流水面为主（表 5-57）。玛多县、玛沁县和达日县水域用地面积合计 235 557.23hm²，占全州水域用地面积的 91.68%。河流水面主要分布在玛多县、达日县和玛沁县，3 个县河流水面面积占全州河流水面面积的 68.63%。湖泊水面主要分布在玛多县，占全州湖泊水面面积的 98.33%。

果洛州境内雪峰林立，湖泊众多，河流纵横。主要分布有黄河和长江（支流）两大水系，巴颜喀拉山主脊南侧为长江水系（大渡河、雅江上游支流），巴颜喀拉山主脊北侧为黄河水系。流域面积在 50km² 以上的河流有 471 条。境内现有扎陵湖、鄂陵湖、冬格措纳湖、西姆措湖等湖泊，水域用地面积在 1km² 以上的湖泊有 40 个。黄河在果洛州境内由西向东横贯全境，果洛州内流长 785km，占黄河总长的 14%，占青海省境内黄河总长的 46%。冰川是区内重要的地形地貌特征之一。区内古冰川及现代冰川都有分布。州境内冻土分布较广泛，西部地区分布连续性较好，多为大面积片状多年冻土。东南部地区受河谷切割、海拔降低等影响，冻土区显得支离破碎，分布连续性差，表现为岛状多年冻土。

表 5-57 果洛州各地区水域用地类型及面积

行政区	水域用地面积/hm²	河流水面	湖泊水面	水库水面	冰川及永久积雪
		面积/hm²			
果洛州	256 947.14	59 121.80	181 974.92	2 045.86	13 678.42
玛沁县	23 895.42	10 285.79	687.38	16.38	12 901.44
班玛县	4 751.63	4 622.55	12.29	109.32	0.00
甘德县	7 655.15	7 603.18	34.36	0.00	0.00
达日县	15 861.66	15 173.11	674.35	0.00	0.00
久治县	8 983.13	6 322.73	1 624.71	235.41	776.98
玛多县	195 800.15	15 114.44	178 941.83	1 684.75	0.00

5.6.9 建设用地

果洛州建设用地类型中，城镇村及工矿用地面积占全州建设用地面积的 61.31%，交通运输用地面积占全州建设用地面积的 38.11%，水工建筑用地面积占全州建设用地面积的 0.58%。建设用地主要分布在玛沁县、玛多县、达日县。其中，玛沁县建设用地面积占全州建设用地面积的 26.50%，玛多县占 20.44%，达日县占 14.78%(表 5-58)。

表 5-58 果洛州各地区建设用地类型及面积

行政区	建设用地面积/hm²	城镇村及工矿用地					交通运输用地	水工建筑用地
		小计	建制镇用地	村庄用地	工矿用地	风景名胜及特殊用地		
		面积/hm²						
果洛州	16 763.16	6 388.65	2 157.63	3 096.05	539.62	595.35	10 278.04	96.47
玛沁县	4 441.61	2 050.98	1 026.79	570.51	393.25	60.43	2 346.85	43.78
班玛县	1 760.63	934.18	201.93	533.95	47.07	151.23	817.15	9.30
甘德县	2 336.14	1047.52	243.20	642.17	15.53	146.62	1 278.18	10.44
达日县	2 478.21	938.31	313.60	509.95	35.23	79.53	1 535.77	4.13
久治县	2 320.38	882.68	195.63	540.13	19.33	127.59	1 421.05	16.65
玛多县	3 426.19	534.98	176.48	299.34	29.21	29.95	2 879.04	12.17

建制镇用地面积占全州建设用地面积的 12.87%。建制镇用地主要分布在玛沁县，玛沁县建制镇用地面积占全州建制镇用地面积的 47.59%，达日县建制镇用地面积占全州建制镇用地面积的 14.53%。

村庄用地面积占全州建设用地面积的18.47%，各县村庄用地面积较相近，甘德县村庄用地面积占全州村庄用地面积的20.74%，玛沁县村庄用地面积占全州村庄用地面积的18.43%，久治县村庄用地面积占全州村庄用地面积的17.45%，班玛县村庄用地面积占全州村庄用地面积的17.25%，达日县村庄用地面积占全州村庄用地面积的16.47%，玛多县村庄用地面积占全州村庄用地面积的9.67%。

采矿用地面积占全州建设用地面积的3.22%，其中玛沁县分布最多，占全州采矿用地面积的72.88%。公路用地面积占全州建设用地面积的60.16%。

果洛州是青海省自然条件最为艰苦的地区之一，地广人稀。村庄用地面积是建制镇用地面积的1.43倍，其中玛沁县村庄用地面积是建制镇用地面积的0.56倍，班玛县村庄用地面积是建制镇用地面积的2.64倍，甘德县村庄用地面积是建制镇用地面积的2.64倍，达日县村庄用地面积是建制镇用地面积的1.63倍，久治县村庄用地面积是建制镇用地面积的2.76倍，玛多县村庄用地面积是建制镇用地面积的1.70倍。

5.7 玉树州

5.7.1 自然地理

玉树州位于全球海拔最高、面积最大、隆起时间最晚、地壳最厚的青藏高原腹地——青海省南部，北与本省海西州相连，西北角与新疆的巴音郭楞蒙古自治州接壤，东与本省果洛州互通，东南与四川省甘孜藏族自治州毗连，西南与西藏昌都专区和那曲专区交界，是青海、四川、西藏、新疆四省区交会地。地理位置大致介于东经89°27′—97°39′，北纬31°45′—36°10′，东西最长处达738km，南北最宽处达406km，总面积为20.49万km^2，占全省国土面积的29.41%。玉树州地处青藏高原腹地，是长江、黄河、澜沧江的发源地，是我国淡水资源的重要补给地和水源涵养区，是高原生物多样性最集中的地区，是亚洲、北半球乃至全球气候变化的敏感区和重要启动区，是我国重要的生态安全屏障。

玉树州北有昆仑山脉，南有唐古拉山脉，它们作为自治州南北的天然屏障和两条山脉的余支，由玉树绵延而去，曲折数千里，成为全国各地的名山。州域地貌从东南到西北按高山峡谷→高原山地→山原滩地→丘状谷地4级向上依次排列。中西部和北部的广大地区呈山原状，起伏不大，切割不深，多为宽阔而平坦的滩地。可可西里地区还有一些湖盆。由于地势平缓，冰期较长，排水不畅，形成了大面积的沼泽。在经历了第四纪冰期作用和现代冰川的影响之后，一些地区还发育或残留着冰川地貌。东南部高山峡谷地带，切割强烈，相对高差多在1000m以上，地形陡峭，坡度大部分在30°上下，地质条件相当复杂。区内地区大部分海拔在4000～5000m之间，最高为布喀达坂峰，海拔为6860m，最低为东南处玉树市东仲境内的金沙江江面，海拔为3335m，两者相差3525m，平均海拔为4200m。境内海拔在5000m以上的山峰有951座，大部分终年积雪，少数地方还有冰川地貌，如冰峰、冰脊、冰谷等。玉树州境内主要有高山寒漠土、高山草甸土、高山草原土、山地草甸土、灰褐土、栗钙土、草甸土、潮土、沼泽土、泥炭土 10 种土壤类型分布。境内雪山连绵、冰川耸立，河流纵横、草原广袤，素有“江河之源、名山之宗、中华水塔”之称，是长江、黄河和澜沧江的发源地。玉树州植被较好，人类活动对植被的影响较小。植被跨寒温性针叶林带、高温灌丛草甸带和高寒草甸带 3 个植被带，其海拔分布特点与土壤分布规律基本一致。

玉树州属典型的高原高寒气候，冷季时长有 7～8 个月，暖季只有 4～5 个月，长冬无夏、春秋相连；年降水量为 246.3～658.5mm，年蒸发量为 1 698.1～1 155.4mm；积雪期有 207～343d；年平均气温为 0℃，空气含氧量只有海平面的 60%～70%。

我国面积最大的三江源国家级自然保护区和第一批设立的三江源国家公园主要区域均在玉树州境内，可可西里是我国第 51 处世界自然遗产地，隆宝国家级自然保护区是我国的重要湿地。三江源国家级自然保护区以长江、黄河、澜沧江源区的高原湿地、山地森林、高寒草地三大生态系统和物种多样性为主要保护对象，它们构成我国第一个极具特色的自然保护区网络。保护区行政区域涉及玉树州、果洛州、黄南州、海南州、海西州。可可西里国家级自然保护区以高原精灵——藏羚羊及其栖息地为主要保护对象。隆宝国家级自然保护区位于玉树州玉树县境内，是以珍禽黑颈鹤及其栖息地为主要保护对象的野生动物自然保护区。

5.7.2 社会经济

玉树州现辖玉树市、称多县、囊谦县、杂多县、治多县、曲麻莱县，11 个镇、33 个乡、4 个街道办事处，以及 258 个村和 54 个社区，州首府驻玉树市结古镇①。

2019 年末全州常住总人口为 42.25 万人，人口密度为 2.03 人/km^2。按城乡分：城镇常住人口为 15.57 万人，乡村常住人口为 26.68 万人，常住人口城镇化率为 36.85%；全州户籍人口为 41.54 万人，其中城镇户籍人口为 7.12 万人，乡村户籍人口为 34.41 万人，占总人口的 82.8%；在户籍人口中少数民族人口为 41.08 万人，占户籍人口的 98.9%。玉树州是一个以藏族为主体民族的地区，在其民族构成中，藏族人口占的比例最大。

2019 年全州实现地区生产总值 59.82 亿元，同比增长 5.1%。分产业看，第一产业完成增加值 34.44 亿元，同比增长 3.7%；第二产业完成增加值 5.42 亿元，同比增长 4.0%；第三产业完成增加值 19.96 亿元，同比增长 7.7%。城镇居民人均可支配收入为 35 167 元，农村居民人均可支配收入为 9138 元。全年农作物总种植面积为 17.21 万亩，其中粮食种植面积为 11.57 万亩。在粮食作物中，马铃薯种植面积为 1.2 万亩，青稞种植面积为 10.06 万亩，豌豆种植面积为 0.31 万亩。油料种植面积为 0.48 万亩，蔬菜种植面积为 0.47 万亩，其他作物种植面积为 4.69 万亩。

5.7.3 国土利用

玉树州耕地面积为 15 895.35hm^2，占全州总面积的 0.08%；林地面积为 797 978.15hm^2，占

① 2013 年，省政府批复同意撤销结古镇。2014 年，省政府设立结古街道、西杭街道、扎西科街道、新寨街道。

全州总面积的3.89%；草地面积为15 168 515.88hm²，占全州总面积的74.03%；湿地面积为2 782 091.26hm²，占全州总面积的13.58%；水域用地面积为730 132.56hm²，占全州总面积的3.56%；建设用地面积为23 638.59hm²，占全州总面积的0.12%；无园地(表5-59)。

表5-59 玉树州国土利用类型及面积

地类	耕地	林地	草地	湿地	水域用地	建设用地
面积/hm^2	15 895.35	797 978.15	15 168 515.88	2 782 091.26	730 132.56	23 638.59
比例/%	0.08	3.89	74.03	13.58	3.56	0.12

玉树州农用地面积占全州总面积的89.62%，建设用地面积占全州总面积的0.12%，未利用地面积占全州总面积的10.27%(表5-60)。国土利用类型以农用地为主。

表5-60 玉树州各地区国土利用类型及面积

地类	玉树市	杂多县	称多县	治多县	囊谦县	曲麻莱县
	面积/hm^2					
湿地	49 038.00	572 506.40	413 593.90	905 544.17	14 156.57	827 252.15
耕地	2 747.66	2.04	2 803.63	0.00	10 342.02	0.00
林地	279 719.04	68 055.81	83 478.69	21 220.29	321 243.68	24 260.64
草地	1 100 505.01	2 551 887.51	876 419.40	6 279 959.69	763 811.17	3 595 933.10
水域用地	15 462.73	85 165.60	18 238.93	513 524.00	14 132.77	83 702.27
建设用地	5 263.61	2 264.81	3 932.30	4 450.36	4 492.35	3 235.16

5.7.4 耕地

玉树州耕地中旱地面积为15 860.13hm²，占耕地面积的99.78%；水浇地面积为35.22hm²，占耕地面积的0.22%；无水田地类(表5-61)。水浇地只分布在囊谦县。旱地主要分布在玉树市、称多县、囊谦县，其中玉树市旱地面积占全州旱地面积的17.32%，囊谦县旱地面积占全州旱地面积的64.99%，称多县旱地面积占全州旱地面积的17.68%。治多县和曲麻莱县无耕地。

全州以坡度为6°～15°的耕地为主，占全州耕地面积的49.94%；坡度在2°以下(含2°)的耕地面积占全州耕地面积的6.09%；坡度为2°～6°的耕地面积占全州耕地面积的21.10%；坡度为15°～25°的耕地面积占全州耕地面积的19.95%；坡度在25°以上的耕地面积占全州耕地面积的2.92%(表5-62)。

表 5-61 玉树州各地区耕地利用类型及面积

行政区	耕地面积/hm^2	水浇地	旱地
		面积/hm^2	
玉树州	15 895.35	35.22	15 860.13
玉树市	2 747.66	0.00	2 747.66
杂多县	2.04	0.00	2.04
称多县	2 803.63	0.00	2 803.63
囊谦县	10 342.02	35.22	10 306.80

表 5-62 玉树州耕地坡度分级及面积

行政区	坡度类型				
	≤2°	2°～6°	6°～15°	15°～25°	>25°
	面积/hm^2				
玉树州	968.6	3 353.98	7 938.54	3 170.54	463.69
玉树市	147.52	423.40	1 233.37	710.27	233.10
杂多县	0.00	2.04	0.00	0.00	0.00
称多县	120.60	554.03	1 584.32	444.25	100.43
囊谦县	700.48	2 374.51	5 120.85	2 016.02	130.16

5.7.5 林地

玉树州林地中乔木林地面积为 202 571.54hm^2，占全州林地面积的 25.39%；灌木林地面积为 580 631.18hm^2，占全州林地面积的 72.76%；其他林地面积为 14 775.43hm^2，占全州林地面积的 1.85%（表 5-63）。林地主要分布在囊谦县和玉树市，其中囊谦县林地面积占全州林地面积的 40.26%，玉树市林地面积占全州林地面积的 35.05%。乔木林地主要分布在囊谦县和玉树市，面积分别为 124 493.43hm^2 和 47 602.54hm^2，分别占全州乔木林地面积的 61.46%和 23.50%。灌木林地主要分布在玉树市和囊谦县，其中玉树市灌木林地面积占全州灌木林地面积的 39.82%，囊谦县灌木林地面积占全州灌木林地面积的 32.59%。其他林地主要分布在称多县和囊谦县，面积分别为 5 552.22hm^2 和 7 516.70hm^2，分别占全州其他林地面积的 50.87%和 37.58%。

天然林有两种分布形式。一是水平分布，在行政区域上主要分布在州境内东南部的玉树、囊谦两县。主要分为乔木林和灌木林两类。二是垂直分布，天然林分布的最低海拔为 3350m（玉树县东仲林场），最高海拔为 4750m。其中乔木林分布最高海拔为 4500m，集中分布在海拔 3340～4100m 之间。灌木林分布的最高海拔为 4750m。乔木林地以寒温性的针叶林为主，有江西林场、东仲林场和白扎林场三大原始林区。林地优势树种为云杉、圆柏、桦树、青杨、沙棘、高山柳、金露梅等。大果圆柏（*Sabina tibetica* Kom.）、密枝圆柏（*Sabina convallium*(Rend. et Wils) Cheng et W. T. Wang)和祁连圆柏(*Juniperus przewalskii* Kom.)因耐旱、耐寒，是三江源地区天然林的优势树种。天然灌丛的主要类型有杜鹃灌丛林、锦鸡儿灌丛林、细枝绣线菊灌丛林、水栒子灌丛林、沙棘灌丛林、柳属灌丛林、金露梅灌丛林、鲜卑木灌丛林、大果圆柏疏林等，其中杜鹃灌丛林分布面积最大。

表 5-63　玉树州各地区林地利用类型及面积

行政区	林地面积/hm²	乔木林地	灌木林地	其他林地
		面积/hm²		
玉树州	797 978.15	202 571.54	580 631.18	14 775.43
玉树市	279 719.04	47 602.54	231 179.90	936.60
杂多县	68 055.81	14 988.11	52 326.08	741.62
称多县	83 478.69	1 310.90	76 615.57	5 552.22
治多县	21 220.29	4 720.26	16 474.68	25.35
囊谦县	321 243.68	124 493.43	189 233.55	7 516.70
曲麻莱县	24 260.64	9 456.30	14 801.40	2.94

5.7.6　草地

玉树州位于三江源自然保护区，是青海省最大的牧业区，天然草场分布广泛。全州草地中天然牧草地面积为 15 166 609.88hm²，占全州草地面积的 99.99%；其他草地面积为 1 300.08hm²，占全州草地总面积的 0.01%(表 5-64)。天然牧草地主要分布在治多县、曲麻莱县和杂多县，3 个县的天然牧草地面积分别占全州天然牧草地面积的 41.40%、23.71%和 16.82%。人工牧草地分布在治多县和玉树市。其他草地主要分布在曲麻莱县，曲麻莱县其他草地面积占全州其他草地面积的 88.01%。

表 5-64　玉树州各地区草地利用类型及面积

行政区	草地面积/hm²	天然牧草地	人工牧草地	其他草地
		面积/hm²		
玉树州	15 168 515.88	15 166 609.88	605.92	1 300.08
玉树市	1 100 505.01	1 100 193.25	266.92	44.84
杂多县	2 551 887.51	2 551 867.82	0.00	19.69
称多县	876 419.4	876 348.72	0.55	70.13
治多县	6 279 959.69	6 279 619.22	334.37	6.10
囊谦县	763 811.17	763 791.91	4.08	15.18
曲麻莱县	3 595 933.1	3 594 788.96	0.00	1 144.14

境内草地类型包括温性草原类、温性荒漠草原类、高寒草原类、温性荒漠类、高寒荒漠类、低地草甸类、高寒草甸类和温性山地草甸类。优势物种为高山嵩草(*Kobresia pygmaea* (C. B. Clarke)C. B. Clarke)、短花针茅(*Stipa breviflora* Griseb.)、紫花针茅(*Stipa purpurea* Griseb.)、青海固沙草(*Orinus kokonorica*(K . S. Hao)Tzvelev),伴生种主要有二裂委陵菜(*Potentilla bifurca* L.)、早熟禾(*Poa annua* L.)、苔草(*Carex* sp.)、矮火绒草(*Leontopodium nanum*(Hook. f. et. Thoms.)Hand. - Mazz.)。

5.7.7 湿地

玉树州湿地中沼泽草地面积为 2 368 081.96hm^2,占全州湿地面积的 85.12%;内陆滩涂面积为 412 406.10hm^2,占全州湿地面积的 14.82%;沼泽地面积为 1 603.20hm^2,占全州湿地面积的 0.06%(表 6 - 65)。湿地主要分布在治多县、曲麻莱县、杂多县和称多县,4 个县的湿地面积分别占全州湿地面积的 32.55%、29.73%、20.58%和 14.87%。沼泽草地主要分布在曲麻莱县、治多县、杂多县和称多县,4 个县的沼泽草地面积分别占全州沼泽草地面积的 31.08%、26.39%、22.97%和 17.24%。内陆滩涂主要分布在治多县和曲麻莱县,2 个县的内陆滩涂面积分别占全州内陆滩涂面积的 68.03%和 22.11%。沼泽地只分布在玉树市。

表 5 - 65 玉树州各地区湿地利用类型及面积

行政区	湿地面积/hm^2	沼泽草地	内陆滩涂	沼泽地
		面积/hm^2		
玉树州	2 782 091.26	2 368 081.96	412 406.10	1 603.20
玉树市	49 038.00	45 012.32	2 422.48	1 603.20
杂多县	572 506.44	544 001.09	28 505.35	0.00
称多县	413 593.93	408 293.44	5 300.49	0.00
治多县	905 544.17	624 981.03	280 563.14	0.00
囊谦县	14 156.57	9 720.08	4 436.49	0.00
曲麻莱县	827 252.15	736 074.00	91 178.15	0.00

5.7.8 水域用地

玉树州河流水面面积占全州水域用地面积的 25.97%,湖泊水面面积占全州水域用地面积的 57.22%,冰川及永久积雪面积占全州水域用地面积的 16.75%。水域主要分布在治多县、杂多县和曲麻莱县,其中治多县水域用地面积较大,占全州水域用地面积的 70.33%,杂多县水域用地面积占全州水域用地面积的 11.66%,曲麻莱县水域用地面积占全州水域用地面积的 11.46%(表 5 - 66)。玉树州境内流域面积在 50km^2 以上的河流有 1137 条,水面面积在 1km^2 以上的湖泊有 108 个,冰川面积达 5000km^2。

表 5-66 玉树州各地区水域用地面积

行政区	水域用地面积/hm²	河流水面	湖泊水面	水库水面	坑塘水面	冰川及永久积雪
		面积/hm²				
玉树州	730 132.56	189 647.21	417 812.82	289.48	29.74	122 318.42
玉树市	15 411.71	10 648.65	3 496.61	289.48	27.55	945.75
杂多县	85 163.72	44 829.95	18 703.88	0.00	0.40	21 621.58
称多县	18 232.84	12 494.60	5 731.50	0.00	0.00	0.00
治多县	513 519.8	67 044.57	357 039.52	0.00	0.06	89 431.19
囊谦县	14 102.72	8 717.14	85.25	0.00	1.25	5 290.24
曲麻莱县	83 701.77	45 912.3	32 756.06	0.00	0.48	5 029.66

玉树州境内河流可分为外流水系和内陆水系。西北部为内陆水系，气候干旱少雨，河流小而分散，流程相对较短，由于自成体系，故又可划分为柴达木盆地和羌塘高原内陆区。外流水系由长江、黄河和澜沧江三大流域组成，具有降水量相对较多、水系发育、河网密集的特点。长江流域在玉树州境内流域面积为 11.53 万 km^2，黄河在玉树州境内流域面积为 1.29 万 km^2，澜沧江流域面积为 3.70 万 km^2。境内内陆水系中柴达木盆地第一、第二大河那棱格勒河、格尔木河分别发源于治多县和曲麻莱县；羌塘高原区河流水系集中分布在治多县西部地区，主要由海丁诺尔水系、库赛湖水系、霍通诺尔水系、可考湖水系、可可西里湖-饮马湖水系、勒斜武担湖水系、西金乌兰湖水系组成。

湖泊水面分布在治多县，主要有西金乌兰湖、可可西里湖、勒斜武担湖、霍通诺尔、多尔改错、库赛湖、错达日玛、饮马湖、明镜湖、月亮湖、永红湖、太阳湖、苟鲁山克湖、海丁诺尔、盐湖等；分布在曲麻莱县的湖泊水面主要是卡巴纽尔多、错坎巴昂日东、错拉巴鄂阿东、章江斗木错、龙日阿错以及扎陵湖西段部分；分布在杂多县的湖泊水面主要是尼日阿错改、扎木错；分布在称多县的湖泊水面主要是寇察错和阿木错；分布在玉树市的湖泊水面主要是年吉错、隆宝湖和赛永错。玉树州西北部分布着大面积的现代冰川，形成了巨大的冰库，是各江河径流补给的主要补给源之一。

5.7.9 建设用地

玉树州建设用地中城镇村及工矿用地面积为 12 412.24hm²，占全州建设用地面积的 52.51%；交通运输用地面积占全州建设用地面积的 47.10%；水工建筑用地面积占全州建设用地面积的 0.40%（表 5-67）。建设用地空间分布差异不明显，其中玉树市建设用地面积占全州建设用地面积的 22.27%，囊谦县建设用地面积占全州建设用地面积的 19.00%，治多县建设用地面积占全州建设用地面积的 18.83%，称多县建设用地面积占全州建设用地面积的 16.64%，曲麻莱县建设用地面积占全州建设用地面积的 13.69%，杂多县建设用地面积占全州建设用地面积的 9.58%。

表 5-67 玉树州各地区建设用地类型及面积

行政区	建设用地面积/hm²	城镇村及工矿用地						交通运输用地	水工建筑用地
		小计	城市用地	建制镇用地	村庄用地	工矿用地	风景名胜及特殊用地		
		面积/hm²							
玉树州	23 638.59	12 412.24	997.11	3 105.15	7 080.80	576.61	652.57	11 132.61	93.74
玉树市	5 263.61	3 261.71	997.11	145.56	1 819.26	81.35	218.43	1 950.88	51.02
杂多县	2 264.81	1 302.08	0.00	385.64	782.61	32.64	101.19	960.85	1.88
称多县	3 932.30	1 668.43	0.00	743.76	834.97	8.90	80.80	2 257.78	6.09
治多县	4 450.36	1 835.83	0.00	754.20	873.51	191.77	16.35	2 610.33	4.20
囊谦县	4 492.35	3 394.25	0.00	544.52	2 423.29	229.26	197.18	1 068.05	30.05
曲麻莱县	3 235.16	949.94	0.00	531.47	347.16	32.69	38.62	2 284.72	0.50

城镇村及工矿用地中城市用地面积为 997.11hm²,仅分布在玉树市。建制镇用地面积占全州建设用地面积的 13.14%,主要分布在治多县、称多县、囊谦县和曲麻莱县,分别占全州建制镇用地面积的 24.29%、23.95%、17.54%和 17.12%。玉树市建制镇用地分布最少,面积仅为 145.56hm²。村庄用地面积占全州建设用地面积的 29.96%,主要分布在囊谦县和玉树市,其村庄用地面积分别占全州村庄用地面积的 34.22%和 25.69%。曲麻莱县村庄用地面积分布最少,面积为 347.16hm²,占全州村庄用地面积的 4.90%。

玉树州是青海省自然条件最为艰苦的地区之一,地广人稀。村庄用地面积是建制镇用地面积的 2.28 倍,其中玉树市村庄用地面积是建制镇用地面积的 12.50 倍,杂多县村庄用地面积是建制镇用地面积的 2.03 倍,称多县村庄用地面积是建制镇用地面积的 1.12 倍,治多县村庄用地面积是建制镇用地面积的 1.16 倍。囊谦县村庄用地面积是建制镇用地面积的 4.45 倍,接近全国平均水平。曲麻莱县村庄用地面积是建制镇用地面积的 0.65 倍。在山川密布的自然生态地理环境中,通天河流域的传统聚落的藏族先民在尊重、适应、利用自然资源环境过程中形成了自己的生产生活方式和智慧。村庄用地在空间上表现为与天然牧场相适应的游牧聚落和与小块农田相适应的定居聚落,第一种是沿河流而居的石砌碉房聚落,呈现串珠状;第二种是生活在高山盆地处且以游牧生活方式为主的黑牦牛帐篷聚落。

5.8 海西州

5.8.1 自然地理

海西州位于青藏高原北部青海省西部,北部与甘肃省酒泉市相连,东部与海南州相接,南部与果洛州和玉树州分界,西部与新疆巴音郭楞蒙古自治州接壤,因居青海湖以西,故名海西。地理位置介于东经 96°06′—99°42′，北纬 35°01′—39°20′，海西州东西长 837km，南北宽 486km，总面积为 30.09 万 km^2，占全省国土面积的 43.19%，是全省面积最大的地区。海西州建于 1954 年，是全国唯一的蒙古族藏族自治州，是青海连接西藏、新疆、甘肃河西走廊的重要通道。

海西州由 3 个地理单元组成，从东北向西南斜向排列。东北部是青海湖盆地北延的天峻平原，中部是中国四大盆地之一的柴达木盆地，西南部则是临近西藏那曲的唐古拉地区。唐古拉原属玉树州，是代管地区，因此有人称它是海西州的一块“飞地”。地貌以柴达木盆地为核心，呈现四周高、中间低的形态。全州最高处为唐古拉山格拉丹东峰，海拔 6621m，最低处为达布逊和霍布逊湖区，海拔 2675m。盆地在昆仑山、祁连山和阿尔金山三大山系之间，从盆地四周边缘到盆地中央地貌依次为高山、戈壁、固定半固定沙丘和风蚀丘陵、细土平原带、沼泽、盐沼、湖泊等类型。州域主体为全国四大盆地之一的柴达木盆地（柴达木系蒙古语，意为“盐泽之地”），故柴达木又成为海西州的代称。

海西州具有典型高寒干燥大陆性气候特征，可以分为柴达木盆地干旱荒漠区和盆地四周高寒山区，2 个气候区的气候特征差异很大。柴达木干旱荒漠区由于地处大陆腹地，四周高山环绕，西南暖湿气流难以到达，因此有降水稀少、气候干燥、大气透明度高、日照时间长等特点。盆地四周高山山区则地势险峻且气候寒冷。地区年平均降水量为 15.5～363.6mm，年平均蒸发量为 1546～3008mm，平均空气含氧量仅为平原地区的 70%。全州日照时间长，阳光辐射强，光热资源充裕。年日照平均时数为 3000h，比青海东部同纬度地区的时数高出 700h 左右。其中，冷湖地区的年日照时数最长，达 3546h；天峻县新源乌兰县茶卡等地较少，但也有 2700～2800h。阳光辐射量达 162.60（都兰县香日德地区）～185kCal/cm^2（冷湖行政区），高于我国同一纬度的华北平原、黄土高原的阳光辐射量（每年多保持在 10～40kCal/cm^2 之间），仅次于青藏高原南段的西藏，居全国第二位。

青海柴达木梭梭林国家级自然保护区位于青海省柴达木盆地东部荒漠地区，分别由德令哈市、乌兰县、都兰县三大块相对独立的区域组成，德令哈市包括怀头他拉、可鲁克和杂海镇，乌兰县包括柯柯镇，都兰县包括宗加镇和巴隆乡。保护区植被以旱生、盐生荒漠植被为主，是以高原荒漠生态系统为主要保护对象的荒漠生态系统类型自然保护区。

5.8.2 社会经济

海西州现辖格尔木市、德令哈市、茫崖市，都兰县、乌兰县、天峻县和大柴旦行政委员会，共 46 个乡镇（街道）、370 个村（社区）。州府驻地为德令哈市。2019 年末全州常住人口为 52.07 万人，人口密度为 1.34 人/km^2。按城乡分，城镇人口为 37.6 万人，乡村人口为 14.47 万人，常住人口城镇化率为 72.22%；户籍人口为 40.38 万人，其中城镇人口 27.89 万人、乡村人口 12.49 万人，户籍人口城镇化率为 69.06%。人口自然增长率为 4.7‰。

中华人民共和国成立后，海西州尤其是柴达木盆地，成为青海建设的重点地区，我国资源开发的重要区域。2005 年柴达木循环经济试验区成为全国首批 13 个循环经济产业试点园区之一，以盐湖资源开发为核心，基本构建起了融合盐湖化工、油气化工、煤炭清洁利用、金属冶炼，以及新材料、新能源、特色生物多产业横向扩展、纵向延伸的循环型工业体系。

2018 年全州率先在全国“三区三州”[1]实现全域整体脱贫,2019 年全州生产总值达 666.11 亿元。分产业看,第一产业增加值为 37.5 亿元,同比增长 5.6%;第二产业增加值为 438.96 亿元,增长为 8.2%;第三产业增加值为 189.65 亿元,增长 6.2%。3 个产业对 GDP 的贡献率分别为 4.7%、72.5%和 22.8%。人均生产总值达 128 172 元。全年农作物种植面积为 89.46 万亩,其中小麦 9.46 万亩、青稞 12.82 万亩、豆类 0.19 万亩、马铃薯 0.64 万亩、藜麦 4.49 万亩、油菜籽 5.06 万亩、蔬菜瓜果 2.63 万亩、枸杞 49.09 万亩、其他 4.9 万亩。

柴达木盆地是我国著名的内陆山间盆地,被昆仑山、阿尔金山、祁连山等山脉环抱。盆地自西北向东南微缓倾斜,其地貌呈同心环状分布,从盆地边缘至中心分布有高山、戈壁、平原、盐沼、湖泊等。在干旱和强风的环境下,盆地内植被稀疏,风成地貌广布,使得柴达木盆地成为世界上最大的雅丹地貌分布区。盆地内主要河流有那陵格勒河、格尔木河、香日德河、巴音河、塔塔棱河,以及大、小哈尔腾河等;湖泊星罗棋布,主要有可鲁克湖、哈拉湖、茶卡盐湖、察尔汗盐湖、柯柯盐湖等;盆地内有格尔木、都兰、乌兰、德令哈、诺木洪、香日德、希里沟、察汉乌苏、夏日哈、塞什克、宗加、巴隆等十几个绿洲。柴达木盆地素有“聚宝盆”之称,已发现矿产 111 种(探明储量的矿产 90 种),矿产地 711 个,潜在经济价值在 188 万亿元以上,其中钾盐、镁盐、锂矿、锶矿、石棉等 8 种资源储量居全国首位,盐矿、溴矿、芒硝等 6 种资源储量居全国第二,镍矿、硼矿等 5 种资源储量居全国第三。盐湖资源尤其富集,共有大、小盐湖 33 个,其中察尔汗盐湖是中国最大、世界第二大的盐湖。青海省已建成全国最大的钾肥生产基地和重要的纯碱、镁系化合物、锂盐生产基地,是打造世界级盐湖产业基地的主战场。此外,柴达木盆地还拥有丰富的石油、天然气、煤炭、有色金属等资源。

海西州现有祁连山国家公园(海西片区)、德令哈市可鲁克湖-托素湖自然保护区、柴达木梭梭林自然保护区、格尔木市胡杨林自然保护区及哈里哈图国家森林公园等自然保护区。可鲁克湖-托素湖省级自然保护区植被以旱生、盐生荒漠植被为主;青海诺木洪省级自然保护区位于青海省海西州都兰县宗加镇,是以保护荒漠生态系统、盐沼湿地、地质遗迹和珍稀濒危野生动植物物种为宗旨,集生态系统保护、物种和水土保持、科学研究、科普宣传、生态旅游和可持续利用等多功能于一体的自然保护区;青海格尔木胡杨林省级自然保护区以特有的荒漠生态系统和胡杨林为保护对象。

5.8.3 国土利用

海西州耕地面积为 45 396.08hm^2,占全州总面积的 0.15%;园地面积为 56 382.66hm^2,占全州总面积的 0.19%;林地面积为 643 459.93hm^2,占全州总面积的 2.14%;草地面积为 12 108 313.83hm^2,占全州总面积的 40.25%;湿地面积为 1 221 523.29hm^2,占全州总面积的 4.06%;水域用地面积为 857 589.65hm^2,占全州总面积的 2.85%;建设用地面积为 237 067.02hm^2,占全州总面积的 0.79%(表 5-68)。

① “三区三州”是国家层面的深度贫困地区,其中“三区”是指西藏,新疆南疆四地州,青海、四川、甘肃、云南四省藏区;“三州”是指甘肃的临夏州、四川的凉山州和云南的怒江州。

表 5-68 海西州国土利用类型及面积

类型	耕地	园地	林地	草地	湿地	水域用地	建设用地
面积/hm²	45 396.08	56 382.66	643 459.93	12 108 313.83	1 221 523.29	857 589.65	237 067.02
比例/%	0.15	0.19	2.14	40.25	4.06	2.85	0.79

海西州农用地面积占比为36.50%，建设用地面积占比为0.79%，未利用地面积占比为62.71%。海西州未利用地面积所占比例较高(表5-69)。

表 5-69 海西州各县(市、区)国土利用类型及面积

类型	格尔木市	德令哈市	茫崖市	乌兰县	都兰县	天峻县	大柴旦行政委员会
	面积/hm²						
湿地	567 498.28	88 942.69	49 437.9	33 024.96	179 178.57	287 392.34	16 048.55
耕地	1 454.39	11 299.67	0.07	6 818.14	24 587.28	0.00	1 236.53
园地	13 876.51	14 440.13	0.00	2 845.30	23 998.28	0.00	1 222.44
林地	228 193.63	43 141.06	1 956.64	112 327.44	203 053.07	39 342.65	15 445.44
草地	3 880 314.61	1 586 319.53	1 396 221.06	800 605.91	2 541 511.66	1 733 947.24	169 393.83
水域	551 400.98	123 009.29	22 812.07	23 392.91	26 518.01	67 002.65	43 453.74
建设用地	114 709.30	13 645.38	31 516.12	12 397.74	38 083.58	5 922.05	20 792.85

5.8.4 耕地

海西州耕地只有水浇地，面积为45 396.08hm²，无水田、旱地地类(表5-70)。耕地主要分布在都兰县、德令哈市和乌兰县，其中都兰县耕地面积占全州耕地面积的54.16%，德令哈市耕地面积占全州耕地面积的24.89%，乌兰县耕地面积占全州耕地面积的15.02%。全州耕地坡度均小于2°，天峻县无耕地。

表 5-70 海西州及各县(市、区)耕地面积统计情况

地类	格尔木市	德令哈市	茫崖市	乌兰县	都兰县	大柴旦行政委员会
水浇地面积/hm²	1 454.39	11 299.67	0.07	6 818.14	24 587.28	1 236.53

柴达木盆地虽然处于干旱与极干旱气候区内，但因周围高大山体在低温条件下形成降水降雪，产生较丰富的高山冰川和高山径流，尤其是夏季大量的冰雪融水被输送至盆地，这

些水为绿洲的形成和发展提供了水源基础。中华人民共和国成立以来，海西州立足生态、增强基础，改善农业生产条件，促进绿洲农业发展。尤其是西部大开发以来，进一步加大了绿洲农业基础设施建设，先后建成了西台水库、黑石山水库、都兰河水库、怀头他拉水库，实施了乌兰县“3557”项目和都兰县、乌兰县商品粮基地建设、农业综合开发等重点工程。现已基本形成了希里沟、德令哈、察汉乌苏、香日德、诺木洪、格尔木等13个荒漠绿洲农业区。

5.8.5 园地

海西州园地中果园面积为11.13hm²，占全州园地面积的0.02%；其他园地面积为56 371.53hm²，占全州园地面积的99.98%。果园仅分布在德令哈市，其他园地分布在格尔木市、德令哈市、乌兰县、都兰县。

5.8.6 林地

海西州林地中乔木林地面积为52 687.67hm²，占全州林地面积的8.19%；灌木林地面积为550 060.26hm²，占全州林地面积的85.48%；其他林地面积为40 712.00hm²，占全州林地面积的6.33%(表5-71)。林地主要分布在格尔木市、都兰县，其林地面积之和占全州林地面积的31.56%，乌兰县林地面积占全州林地面积的17.46%。乔木林地主要分布在都兰县和德令哈市，其中都兰县乔木林地面积占全州乔木林地面积的66.09%，德令哈市乔木林地面积占全州乔木林地面积的30.00%。灌木林地主要分布在格尔木市和都兰县、乌兰县，其面积分别占全州灌木林地面积的41.13%、29.39%和15.12%。其他林地主要分布在乌兰县和都兰县，2个县的其他林地面积分别占全州其他林地面积的70.32%和16.16%。

表5-71 海西州各地区林地类型及面积

行政区	林地面积/hm²	乔木林地	灌木林地	其他林地
		面积/hm²		
海西州	643 459.93	52 687.67	550 060.26	40 712.00
格尔木市	228 193.63	266.22	226 215.58	1 711.83
德令哈市	43 141.06	15 806.78	25 671.21	1 663.07
茫崖市	1 956.64	254.15	1 002.71	699.78
乌兰县	112 327.44	506.13	83 191.99	28 629.32
都兰县	203 053.07	34 822.21	161 652.96	6 577.90
天峻县	39 342.65	1 008.20	37 044.50	1 289.95
大柴旦行政委员会	15 445.44	23.98	15 281.31	140.15

柴达木盆地森林主要分布在江河源森林生长极限地带，主要有常绿针叶林、落叶阔叶林和荒漠灌丛林3类。其中，常绿针叶林包括青海云杉林群系和祁连圆柏林群系，落叶阔叶林包括小叶杨林群系和胡杨群系，落叶阔叶灌丛包括山生柳群系、多花柽柳与长穗柽柳群系、梭梭群系和白刺群系。青海云杉（*Picea crassifolia* Kom.）林分布于乌兰县海拔在3450～3950m的山地阴坡。祁连圆柏（*Juniperus przewalskii* Kom.）耐旱、耐寒、耐瘠薄，分布在高山森林分布线的上限，常呈矮林和疏林分布，主要分布于盆地东北部海拔3200～3500m的阳坡和半阳坡，多为小面积稀疏纯林。灌木林树种主要为柽柳、沙棘、麻黄、白刺、猪毛菜。

5.8.7 草地

海西州草地中天然牧草地面积为9 528 506.32hm²，占全州草地面积的78.69%；人工牧草地面积为3 061.05hm²，占全州草地面积的0.03%；其他草地面积为2 576 746.46hm²，占全州草地面积的21.28%（表5－72）。草地主要分布在格尔木市、都兰县、天峻县和德令哈市等，其中格尔木市草地面积占全州草地面积的32.05%，都兰县草地面积占全州草地面积的20.99%，天峻县草地面积占全州草地面积的14.32%，德令哈市草地面积占全州草地面积的20.99%。

表5－72 海西州各地区草地类型及面积

行政区	草地面积/hm²	天然牧草地	人工牧草地	其他草地
		面积/hm²		
海西州	12 108 313.83	9 528 506.32	3 061.05	2 576 746.46
格尔木市	3 880 314.61	3 051 571.90	62.09	828 680.62
德令哈市	1 586 319.53	1 541 418.40	1 113.47	43 787.66
茫崖市	1 396 221.06	194 456.49	55.41	1 201 709.16
乌兰县	800 605.90	645 171.42	566.24	154 868.24
都兰县	2 541 511.66	2 475 275.75	269.84	65 966.07
天峻县	1 733 947.24	1 566 006.01	799.30	167 141.93
大柴旦行政委员会	169 393.83	54 606.35	194.70	114 592.78

柴达木盆地内草地以温性荒漠类为主，从四周山地到盆地，天然草地表现出明显的水平分布规律，四周高山还表现出明显的垂直分布规律。柴达木盆地受四周地形的影响，天然草地类型呈现向心形环状分布特点，即从边缘到中心依次分布着石质山坡→戈壁→温性荒漠类草地→盐化低地草甸亚类或沼泽化高寒草地亚类→盐沼盐湖。在茶卡、德令哈、察汗乌苏、香日德、乌兰一带，受暖湿气流余泽影响，年降水量较多，主要发育着以芨芨草（*Achnatherum splendens*（Trin.）Nevski）、短花针茅（*Stipa breviflora* Griseb.）为优势种的山地草原类草场；本带以西的柴达木中部地区，西伯利亚-蒙古高原干燥气流加强，降水减少，干

旱加剧，植被以超旱生荒漠小乔木梭梭(*Haloxylon ammodendron* Bunge)、灌木柽柳(*Tamarix chinensis* Laur.)、白刺(*Nitraria tangutorum* Bobr.)、驼绒藜(*Krascheninnikovia ceratoides*)、猪毛菜(*Salsola collina* Pall.)等为优势种，属于典型荒漠草场类型；柴达木盆地西北部常年受西伯利亚-蒙古高原干冷气流的控制，气候极为干旱，大部分地区寸草不生，分布着大面积的戈壁和流动沙丘，仅在湖泊周围和近水源地段分布有小片以芦苇、小蒿草为优势种的沼泽化草甸。垂直分布表现为东部的青海南山和鄂拉山植被变化比较明显，西坡受盆地气候的制约，由下而上依次发育荒漠、半荒漠、干旱草原、矮灌丛、山地草甸和高寒草甸植被。南部昆仑山中，西段北坡植被类型较简单，依次发育荒漠、半荒漠、干旱草原和草甸草原植被等。

5.8.8 湿地

海西州湿地中沼泽草地面积为670 448.14hm^2，占全州湿地面积的54.87%；内陆滩涂面积为470 215.10hm^2，占全州湿地面积的38.49%；沼泽地面积为80 860.05hm^2，占全州湿地面积的6.62%(表5-73)。湿地主要分布在格尔木市、天峻县和都兰县，其中格尔木市湿地面积占全州湿地面积的46.46%，天峻县湿地面积占全州湿地面积的23.53%，都兰县湿地面积占全州湿地面积的14.67%。

表5-73 海西州各地区湿地类型及面积

行政区	湿地面积/hm^2	沼泽草地	内陆滩涂	沼泽地
		面积/hm^2		
海西州	1 221 523.29	670 448.14	470 215.10	80 860.05
格尔木市	567 498.28	261 752.06	287 557.19	18 189.03
德令哈市	88 942.69	21 296.48	50 811.16	16 835.05
茫崖市	49 437.9	22 565.95	7 272.37	19 599.58
乌兰县	33 024.96	11 283.47	13 977.26	7 764.23
都兰县	179 178.57	126 087.55	38 101.53	14 989.49
天峻县	287 392.34	221 909.48	62 976.42	2 506.44
大柴旦行政委员会	16 048.55	5 553.15	9 519.17	976.23

海西州主要湿地有哈拉湖湖泊湿地、霍鲁逊湖湖泊湿地、巴音河流域湿地等。格尔木市沼泽草地主要分布在达布逊湖等湖滨地带和格尔木河、乌图美仁河、那陵格勒河等下游沿岸；天峻县沼泽草地主要分布在托勒南山南坡与疏勒南山北坡间河谷地带的疏勒河源头区域，布哈河上游龙门乡至木里镇之间河流两侧、峻河源头至布哈河交汇处的河流两侧都有大面积的沼泽草地分布；都兰县沼泽草地主要分布在南、北霍鲁逊湖湖滨地带和素棱郭勒河下游沿岸，巴隆乡北部香日德河沿岸铁奎、托海、沙日等定居点附近；德令哈市沼泽草地主要分

布在可鲁克湖与托素湖湖滨东部至尕海湖间的巴音郭勒河流两岸，尕海湖湖滨东部，巴罗根郭勒上游，阿让郭勒中下游沿岸，怀头他拉镇居洪图周边季节性河床以及哈拉湖湖滨东南部等地区；乌兰县沼泽草地主要分布在茶卡盐湖湖滨东部高伟河里沿岸，都兰湖湖滨，素棱郭勒河中游南岸草原上；茫崖市沼泽草地主要分布在尕斯库勒湖湖滨、铁木里克河沿岸和茫崖湖湖滨上；大柴旦行政委员会沼泽草地主要分布在巴仑马海湖湖滨至南八仙一带。

5.8.9 水域用地

海西州水域用地中湖泊水面面积占全州水域用地面积的52.52%，冰川及永久积雪面积占全州水域用地面积的32.08%，河流水面面积占全州水域用地面积的13.42%，水库水面面积占全州水域用地面积的1.77%(表5-74)。水域用地主要分布在格尔木市，格尔木市水域用地面积占全州水域用地面积的64.30%；德令哈市次之，占全州水域用地面积的14.37%。河流水面主要分布在格尔木市、天峻县和都兰县。其中格尔木市河流水面面积占全州水域用地面积的61.83%，天峻县占17.46%，都兰县占10.34%。湖泊水面主要分布在格尔木市和德令哈市，2个市的湖泊水面面积分别占全州湖泊水面面积的59.07%和20.49%。水库水面主要分布在格尔木市，格尔木市水库水面面积占全州水库水面面积的96.96%。冰川及永久积雪主要分布在格尔木市和天峻县，2个县(市)的冰川及永久积雪面积分别占全州冰川及永久积雪面积的72.43%和15.73%。

表5-74　海西州各地区水域用地类型及面积

行政区	水域用地面积/hm^2	河流水面	湖泊水面	水库水面	坑塘水面	冰川及永久积雪
		面积/hm^2				
海西州	857 589.65	114 820.34	450 363.70	15 173.10	777.64	274 425.60
格尔木市	551 400.98	70 998.06	266 041.40	14 712.18	194.99	198 765.58
德令哈市	123 009.29	6 384.29	92 269.17	208.72	132.13	23 573.24
茫崖市	22 812.07	1 050.42	19 345.56	1.73	26.23	2 380.95
乌兰县	23 392.91	2 175.50	20 833.59	62.45	117.67	0.00
都兰县	26 518.01	11 877.67	13 607.08	173.51	49.39	282.98
天峻县	67 002.65	20 044.21	3 587.83	14.51	183.94	43 160.03
大柴旦行政委员会	43 453.74	2 290.19	34 679.07	0.00	73.29	6 262.82

海西州的河流按地域划分为柴达木内陆水系、祁连山内陆水系、可可西里内陆水系和江河外流水系。据不完全统计，有大小河流160多条，其中流域面积大于500km^2并且常年有水的有49条，主要是柴达木河、格尔木河、那棱格勒河、巴音河、布哈河、沱沱河、疏勒河等。面积大于0.2km^2的湖泊有近500个，面积大于1km^2的湖泊有48个，其中淡水湖21个、咸

水湖和盐湖27个。这些湖中，从方位区分，有东西台吉乃尔湖、南北霍布逊湖；从面积划分，有大、小柴旦湖，大、小苏于湖；从关系相称来分，有姊妹湖即可鲁克和托素湖。冰川有2050条。

5.8.10 建设用地

海西州建设用地中城镇村及工矿用地面积最大，为210 349.06hm²，占全州建设用地面积的88.73%；交通运输用地面积占全州建设用地面积的11.04%(表5-75)。建设用地主要分布在格尔木市、都兰县、茫崖市等，其中格尔木市建设用地面积占全州建设用地面积的48.39%，都兰县建设用地面积占全州建设用地面积的16.06%，茫崖市建设用地面积占全州建设用地面积的13.29%，天峻县建设用地面积最少，占全州建设用地面积的2.50%。从建设用地类型来看，城市用地面积占全州建设用地面积的3.39%，仅分布在格尔木市、德令哈市和茫崖市。建制镇用地面积占全州建设用地面积的5.26%，格尔木市建制镇用地面积最大，为8 513.00hm²，占全州建制镇用地面积的68.32%；其次为都兰县，其建制镇用地面积占全州建制镇用地面积的7.78%。村庄用地面积占全州建设用地面积的5.27%，主要分布在德令哈市、都兰县、格尔木市、乌兰县和大柴旦行政委员会，其村庄用地面积分别占全州村庄用地面积的34.68%、19.72%、15.68%、15.80%和8.85%，天峻县和茫崖市村庄用地分布面积最少，面积分别为362.85hm² 和295.62hm²。采矿用地面积占全州建设用地面积的74.35%，主要分布在格尔木市、都兰县、茫崖市和大柴旦行政委员会。

表5-75 海西州各地区建设用地类型及面积

行政区	建设用地面积/hm²	城镇村及工矿用地						交通运输用地	水工建筑用地
		小计	城市用地	建制镇用地	村庄用地	采矿用地	风景名胜及特殊用地		
		面积/hm²							
海西州	237 067.02	210 349.06	8 030.31	12 460.33	12 497.57	176 268.1	1 092.75	26 160.35	557.61
格尔木市	114 709.30	107 763.61	4 912.20	8 513.00	1 959.47	91 705.74	673.20	6 627.90	317.79
德令哈市	13 645.38	10 086.68	2 192.09	742.04	4 334.50	2 714.96	103.09	3 457.26	101.44
茫崖市	31 516.12	28 271.49	926.02	504.56	295.62	26 532.32	12.97	3 240.92	3.71
乌兰县	12 397.74	9 818.51	0.00	702.63	1 974.47	7 049.97	91.44	2 513.36	65.87
都兰县	38 083.58	34 665.59	0.00	969.91	2 465.03	31 161.76	68.89	3 368.46	49.53
天峻县	5 922.05	3 162.35	0.00	476.45	362.85	2 297.13	25.92	2 752.24	7.46
大柴旦行政委员会	20 792.85	16 580.83	0.00	551.74	1 105.63	14 806.22	117.24	4 200.21	11.81

海西州地广人稀。村庄用地面积是建制镇用地面积的1.00倍，其中格尔木市村庄用地面积是建制镇用地面积的0.23倍，德令哈市村庄用地面积是建制镇用地面积的5.84倍，茫崖市村庄用地面积是建制镇用地面积的0.58倍，乌兰县村庄用地面积是建制镇用地面积的2.81倍，都兰县村庄用地面积是建制镇用地面积的2.54倍，天峻县村庄用地面积是建制镇用地面积的0.76倍，大柴旦行政委员会村庄用地面积是建制镇用地面积的2.00倍。

6 土地利用动态变化分析

本章基于2009—2018年土地变更数据分析结果，对青海省及各市州的地类面积变化和土地利用结构变化、13类国土利用结构和空间变化进行分析。

6.1 2009—2018年土地利用变化

6.1.1 全省国土利用变化

和2009年相比较，2018年全省耕地面积增加1700hm²，园地面积减少100hm²，林地面积减少5300hm²，草地面积减少49 900hm²，城镇村及工矿用地面积增加43 200hm²，交通运输用地面积增加22 700hm²，水域及水利设施用地面积增加200hm²（表6-1）。

表6-1 青海省2009—2018年土地利用面积

年份/年	耕地	园地	林地	草地	城镇村及工矿用地	交通运输用地	水域及水利设施用地
	面积/×10⁴ hm²						
2009	58.80	0.61	354.46	4 212.93	20.26	6.98	281.81
2010	58.79	0.61	354.46	4 212.33	20.59	7.29	281.83
2011	58.83	0.62	354.44	4 211.76	21.10	7.53	281.82
2012	58.85	0.61	354.39	4 211.11	21.83	7.64	281.82
2013	58.82	0.61	354.29	4 210.08	22.97	8.21	281.78
2014	58.57	0.61	354.24	4 210.19	22.61	8.61	281.74
2015	58.84	0.61	354.15	4 209.38	23.09	8.67	281.87
2016	58.94	0.61	354.04	4 208.62	23.80	9.00	281.84
2017	59.61	0.60	353.96	4 208.15	24.22	9.17	281.82
2018	58.97	0.60	353.93	4 207.94	24.58	9.25	281.83

6.1.2 各地区国土利用变化

西宁市2009—2018年期间各地类中面积变化最大的是耕地和城镇村及工矿用地。耕地持续减少,2014年面积减少最多,达1500hm²;与之相反,城镇村及工矿用地10年间持续增加,2014年增量最多,达1800hm²。园地面积保持稳定,几乎无变化。林地面积先增后减,自2012年开始减少,2010年增量最大,达600hm²。草地面积持续减少,2010年减少900hm²。交通运输用地面积持续增加,2010年增加最多,为200hm²。水域及水利设施用地面积在2018年之前表现为持续减少。与2009年土地利用情况对比,2018年耕地面积减少最多,共减少6700hm²,减幅为4.43%;园地面积基本不变;林地面积增加200hm²;草地面积减少2700hm²,减幅为1.25%;城镇村及工矿用地面积增加最多,共增加8400hm²,增幅为24.85%;交通运输用地面积增加900hm²,增幅为12.00%;水域及水利设施用地面积减少300hm²(表6-2)。

表6-2 西宁市2009—2018年土地利用面积

年份/年	耕地	园地	林地	草地	城镇村及工矿用地	交通运输用地	水域及水利设施用地
	面积/×10⁴hm²						
2009	15.13	0.01	29.80	21.56	3.38	0.75	0.63
2010	15.05	0.01	29.86	21.47	3.46	0.77	0.62
2011	14.94	0.01	29.90	21.40	3.59	0.78	0.62
2012	14.81	0.01	29.89	21.40	3.73	0.79	0.62
2013	14.70	0.01	29.87	21.38	3.87	0.80	0.62
2014	14.55	0.01	29.86	21.36	4.05	0.81	0.62
2015	14.53	0.01	29.85	21.35	4.10	0.81	0.61
2016	14.49	0.01	29.84	21.33	4.16	0.82	0.61
2017	14.47	0.01	29.83	21.32	4.19	0.83	0.60
2018	14.46	0.01	29.82	21.29	4.22	0.84	0.60

海东市2009—2018年期间土地利用面积变化最大的地类为耕地和城镇村及工矿用地。耕地持续减少,2012—2013年面积减少最多,为1500hm²;与之相反,城镇村及工矿用地10年间持续增加,2013年增量最多,为1700hm²。园地面积低速持续减少。林地面积同样持续减少,其中2016年减少200hm²。草地面积除2016年外持续减少,2017年比2016年减少300hm²。交通运输用地面积持续增加,2016年增量最多,为600hm²。水域及水利设施用地面积表现为持续减少,其中2010年增加100hm²。与2009年对比,2018年耕地面积减少最多,共减少5700hm²,减幅为2.52%;园地面积减少200hm²,减幅为13.33%;林地面积减少

1000hm²,减幅为 0.21%;草地面积减少 800hm²;城镇村及工矿用地面积增量最多,共增加 5700hm²,增幅为 18.33%;交通运输用地面积增加 2000hm²,增幅为 18.35%;水域及水利设施用地面积基本不变(表 6-3)。

表 6-3 海东市 2009—2018 年土地利用面积

年份/年	耕地	园地	林地	草地	城镇村及工矿用地	交通运输用地	水域及水利设施用地
	面积/$\times10^4$hm²						
2009	22.66	0.15	48.78	47.31	3.11	1.09	1.60
2010	22.61	0.15	48.76	47.30	3.14	1.13	1.61
2011	22.57	0.15	48.75	47.29	3.18	1.15	1.61
2012	22.47	0.14	48.74	47.29	3.29	1.15	1.61
2013	22.32	0.14	48.73	47.27	3.46	1.17	1.61
2014	22.24	0.14	48.72	47.26	3.55	1.18	1.60
2015	22.21	0.14	48.71	47.26	3.58	1.18	1.60
2016	22.16	0.14	48.69	47.26	3.60	1.24	1.60
2017	22.12	0.13	48.68	47.23	3.64	1.29	1.60
2018	22.09	0.13	48.68	47.23	3.68	1.29	1.60

海北州在 2009—2018 年期间,各地类中面积变化最大的为耕地和草地。耕地面积变化存在起伏,2010 年增加 1500hm²,2012 年增加 2300hm²;草地面积在 10 年间持续减少,与前一年的数据比较可知,2010 年、2012 年和 2015 年分别减少 2000hm²、2400hm² 和 1800hm²。园地面积保持不变。林地面积持续减少,与 2014 年数据相比,2015 年减少 200hm²。城镇村及工矿用地面积持续增加,与 2012 年数据相比,2013 年增加 500hm²。交通运输用地面积同样持续增加,2010 年和 2015 年均比上一年各增加 300hm²。水域及水利设施用地面积在 2015 年出现极快增长,增加面积为 1400hm²。与 2009 年各地类面积对比,2018 年耕地面积增加最多,为 4200hm²,增幅达 7.98%;园地面积保持不变;林地面积减少 400hm²;草地面积减少最多,为 8300hm²,减幅为 0.38%;城镇村及工矿用地面积增加 1700hm²,增幅为 18.89%;交通运输用地面积增加 1200hm²,增幅为 20.69%;水域及水利设施用地面积增加 1500hm²,增幅为 0.54%(表 6-4)。

黄南州在 2009—2018 年期间各地类面积变化较其他市州更稳定,变化最大的为草地和城镇村及工矿用地。草地面积 10 年间持续减少,2017 年减少最多,比上一年减少 300hm²;城镇村及工矿用地面积持续增加。耕地面积总体趋向于下降,仅在 2015 年、2016 年和 2018 年出现小幅增加。园地面积持续保持较低水平。林地面积持续缓慢减少。交通运输用地面积同样持续增加,2014 年和 2017 年均比上一年各增加 100hm²。与 2009 年相比,水域及水利设施用地面积在 2013 年增加 113.49hm²,此后保持不变。与 2009 年各地类面积相比,

2018年耕地面积减少200hm²，减幅为1.00%；园地面积保持不变；林地面积减少200hm²；草地面积减少最多，为1300hm²；城镇村及工矿用地面积增量最多，为1100hm²，增幅为22.00%；交通运输用地面积增加300hm²，增幅为6.82%；水域及水利设施用地面积增加80.34hm²，增幅为0.83%（表6-5）。

表6-4　海北州2009—2018年土地利用面积

年份/年	耕地	园地	林地	草地	城镇村及工矿用地	交通运输用地	水域及水利设施用地
	面积/$\times 10^4 hm^2$						
2009	5.26	0.01	41.87	220.98	0.90	0.58	27.62
2010	5.41	0.01	41.86	220.78	0.92	0.61	27.62
2011	5.43	0.01	41.86	220.73	0.94	0.61	27.62
2012	5.66	0.01	41.86	220.49	0.96	0.62	27.62
2013	5.65	0.01	41.86	220.44	1.01	0.62	27.62
2014	5.63	0.01	41.85	220.44	1.01	0.64	27.62
2015	5.63	0.01	41.83	220.26	1.04	0.67	27.76
2016	5.67	0.01	41.83	220.20	1.05	0.67	27.77
2017	5.68	0.01	41.83	220.16	1.06	0.69	27.77
2018	5.68	0.01	41.83	220.15	1.07	0.70	27.77

表6-5　黄南州2009—2018年土地利用面积

年份/年	耕地	园地	林地	草地	城镇村及工矿用地	交通运输用地	水域及水利设施用地
	面积/$\times 10^4 hm^2$						
2009	2.01	0.01	20.24	152.80	0.50	0.44	1.21
2010	2.01	0.01	20.23	152.78	0.51	0.44	1.22
2011	2.00	0.01	20.23	152.78	0.52	0.44	1.22
2012	2.00	0.01	20.23	152.76	0.54	0.44	1.22
2013	1.99	0.01	20.23	152.75	0.55	0.44	1.22
2014	1.98	0.01	20.23	152.75	0.55	0.45	1.22
2015	1.99	0.01	20.22	152.74	0.56	0.45	1.22
2016	1.99	0.01	20.22	152.72	0.57	0.46	1.22
2017	1.99	0.01	20.22	152.69	0.60	0.47	1.22
2018	1.99	0.01	20.22	152.67	0.61	0.47	1.22

海南州在2009—2018年期间各地类面积变化最大的为草地和城镇村及工矿用地，且两者均出现大幅度增减波动。与2013年数据相比，草地面积在2014年增加$2800hm^2$，与各自上一年数据相比，在2013年、2015年、2016年和2017年分别减少$3900hm^2$、$2400hm^2$、$2800hm^2$和$2200hm^2$；与各自上一年数据相比，城镇村及工矿用地面积在2011年、2015年和2016年分别增加$400hm^2$、$2200hm^2$和$2700hm^2$。耕地面积在总体上呈现增加趋势的同时伴有个别年份小幅下降，与上一年数据相比，2011年和2016年分别增加$600hm^2$和$500hm^2$。园地面积持续缓慢减少。林地面积同样持续减少，2016年相比2015年面积减少$300hm^2$。交通运输用地面积持续增加，2010年比2009年面积增加$900hm^2$。水域及水利设施用地面积先增加后减少，2010年增加$200hm^2$，2016年比2015年减少$200hm^2$。与2009年各地类面积相比，2018年耕地面积增加$1700hm^2$，增幅为2.06%；园地面积基本不变；林地面积减少$500hm^2$；草地面积减少最多，为12 300hm^2，减幅为0.36%；城镇村及工矿用地面积增加最多，为$9000hm^2$，增幅为59.60%；交通运输用地面积增加$2500hm^2$，增幅为25.51%；水域及水利设施用地面积减少$500hm^2$（表6-6）。

表6-6 海南州2009—2018土地利用面积

年份/年	耕地	园地	林地	草地	城镇村及工矿用地	交通运输用地	水域及水利设施用地
	面积/$\times 10^4 hm^2$						
2009	8.27	0.05	25.77	337.42	1.51	0.98	32.52
2010	8.27	0.05	25.77	337.32	1.53	1.07	32.54
2011	8.33	0.05	25.76	337.18	1.57	1.11	32.54
2012	8.33	0.05	25.76	337.13	1.61	1.12	32.54
2013	8.35	0.05	25.76	336.74	1.96	1.14	32.54
2014	8.35	0.05	25.76	337.02	1.67	1.18	32.51
2015	8.36	0.05	25.76	336.78	1.89	1.18	32.50
2016	8.41	0.05	25.73	336.50	2.16	1.19	32.48
2017	8.45	0.05	25.72	336.28	2.33	1.21	32.47
2018	8.44	0.05	25.72	336.19	2.41	1.23	32.47

果洛州在2009—2018年期间各地类面积变化最大的为草地和交通运输用地。草地面积持续减少，在2013年和2014年分别比上一年减少$800hm^2$和$1200hm^2$；交通运输用地面积持续增加，在2013年和2014年分别比上一年增加$700hm^2$和$1200hm^2$。耕地和林地面积亦持续缓慢减少，园地面积保持不变。城镇村及工矿用地面积持续增加，2017年比上一年增加$200hm^2$。水域及水利设施用地面积基本不变。相较于2009年各地类面积，2018年耕地、园地、林地和水域及水利设施用地面积基本不变。草地面积减少最多，为$3600hm^2$，减幅

为 0.06%；城镇村及工矿用地面积增加 1000hm²，增幅为 31.25%；交通运输用地面积增加最多，为 2700hm²，增幅为 62.79%(表 6－7)。

表 6－7 果洛州 2009—2018 年土地利用面积

年份/年	耕地	园地	林地	草地	城镇村及工矿用地	交通运输用地	水域及水利设施用地
	面积/$\times 10^4 hm^2$						
2009	0.13	0.01	32.42	619.41	0.32	0.43	28.05
2010	0.13	0.01	32.42	619.40	0.33	0.43	28.05
2011	0.13	0.01	32.42	619.37	0.33	0.45	28.05
2012	0.13	0.01	32.42	619.35	0.35	0.46	28.05
2013	0.13	0.01	32.42	619.27	0.36	0.53	28.05
2014	0.13	0.01	32.42	619.15	0.36	0.65	28.05
2015	0.13	0.01	32.42	619.14	0.37	0.65	28.05
2016	0.13	0.01	32.42	619.11	0.39	0.67	28.05
2017	0.13	0.01	32.42	619.06	0.41	0.70	28.05
2018	0.13	0.01	32.42	619.05	0.42	0.70	28.05

玉树州在 2009—2018 年期间各地类面积变化最大的为草地和城镇村及工矿用地。草地面积持续减少，在 2014 年和 2016 年分别比上一年减少 800hm² 和 700hm²；城镇村及工矿用地面积持续增加，2016 年比 2015 年增加 900hm²。耕地面积和林地面积持续减少，其中耕地在 2010 年减少 100hm²，园地面积几乎保持不变。交通运输用地面积持续增加，2014 年比 2013 年增加 500hm²。水域及水利设施用地面积除 2015 年减少 100hm² 外，基本不变。相较于 2009 年各地类面积，2018 年耕地面积减少 500hm²，减幅为 3.65%；园地面积基本不变；林地面积减少 200hm²；草地面积减少最多，为 4400hm²，减幅为 0.03%；城镇村及工矿用地面积增加最多，为 3300hm²，增幅为 41.25%；交通运输用地面积增加 2000hm²，增幅为 21.05%；水域及水利设施用地面积减少 100hm²(表 6－8)。

海西州在 2009—2018 年期间多个地类面积变化幅度较大。与上一年数据相比，耕地面积在 2013 年和 2015 年分别增加 2300hm² 和 3000hm²；草地面积除 2014 年比上一年增加 500hm² 外，均持续减少，与各自上一年数据相比，在 2013 年、2015 年和 2016 年分别减少 4300hm²、3100hm² 和 2800hm²；城镇村及工矿用地面积在 2014 年大幅减少，比上一年减少 3 875.09hm²，与上一年数据相比，在 2012 年和 2013 年分别增加 3300hm² 和 3900hm²；交通运输用地面积持续增加，2013 年比上一年增加 4000hm²；与上一年数据相比，园地面积在 2011 年增加 200hm²，其余年份小幅度减少；林地面积持续减少，2013 年比上一年减少 700hm²；水域及水利设施用地面积在 2018 年之前持续减少。相较于 2009 年各地类面积，2018 年耕地面积增加 9000hm²，增幅为 22.67%；园地面积增加 200hm²，增幅为 5.13%；林地面积减少 3100hm²;草地面积减少最多,为 16 500hm²,减幅为 0.15%;城镇村及工矿用地面积增加最多,为 13 100hm²,增幅为 13.45%;交通运输用地面积增加 11 200hm²,增幅为 63.64%;水域及水利设施用地面积减少 500hm²(表 6-9)。

表 6-8 玉树州 2009—2018 年土地利用面积

年份/年	耕地	园地	林地	草地	城镇村及工矿用地	交通运输用地	水域及水利设施用地
	面积/×10⁴ hm²						
2009	1.37	0.01	65.13	1 707.32	0.80	0.95	82.44
2010	1.36	0.01	65.12	1 707.27	0.86	0.96	82.44
2011	1.35	0.01	65.12	1 707.21	0.89	1.01	82.44
2012	1.35	0.01	65.12	1 707.15	0.95	1.02	82.44
2013	1.34	0.01	65.12	1 707.09	0.98	1.06	82.44
2014	1.34	0.01	65.12	1 707.01	1.01	1.11	82.44
2015	1.34	0.01	65.11	1 707.00	1.03	1.11	82.43
2016	1.32	0.01	65.11	1 706.93	1.12	1.12	82.43
2017	1.32	0.01	65.11	1 706.90	1.13	1.13	82.43
2018	1.32	0.01	65.11	1 706.88	1.13	1.15	82.43

表 6-9 海西州 2009—2018 年土地利用面积

年份/年	耕地	园地	林地	草地	城镇村及工矿用地	交通运输用地	水域及水利设施用地
	面积/×10⁴ hm²						
2009	3.97	0.39	90.44	1 106.12	9.74	1.76	107.74
2010	3.96	0.39	90.42	1 106.02	9.83	1.88	107.72
2011	4.07	0.41	90.38	1 105.80	10.07	1.98	107.71
2012	4.10	0.41	90.37	1 105.56	10.40	2.05	107.71
2013	4.33	0.41	90.30	1 105.13	10.79	2.45	107.69
2014	4.35	0.41	90.29	1 105.18	10.40	2.59	107.69
2015	4.65	0.41	90.24	1 104.87	10.53	2.61	107.68
2016	4.77	0.41	90.20	1 104.59	10.75	2.83	107.68
2017	4.87	0.41	90.14	1 104.50	10.87	2.85	107.68
2018	4.87	0.41	90.13	1 104.47	11.05	2.88	107.69

6.2 与第二次土地调查对比

6.2.1 全省变化情况

与青海省第二次全国土地调查结果对比，青海省第三次全国国土调查中湿地面积较“二调”增加 4 018 253.09hm²，增幅达到 371.05%；草地面积减少 2 615 723.101hm²，减幅为 6.22%。林地面积、水域及水利设施用地面积存在一定幅度变化，分别为增加 1 064 025.59hm²、减少 371 731.69hm²，从变化幅度上看，前者增幅为 30.06%，后者减幅为 13.19%。其他各地类面积均呈小幅度变化，与“二调”数据基本持平，具体表现为：耕地面积减少 27 721.45hm²，园地面积增加 56 311.05hm²，城市用地面积增加 5 471.53hm²，建制镇用地面积增加 1 892.43hm²，村庄用地面积增加 32 475.27hm²，采矿用地面积增加 93 575.19hm²，风景名胜及特殊用地面积增加 992.18hm²，交通运输用地面积增加 46 984.37hm²。从变化率上看，耕地面积减幅为 4.68%，园地面积增幅为 934.60%，城市用地面积增幅为 34.20%，建制镇用地面积增幅为 5.23%，村庄用地面积增幅为 39.30%，采矿用地面积增幅为 102.21%，风景名胜及特殊用地面积增幅为 14.14%，交通运输用地面积增幅为 50.22%（表 6－10，图 6－1）。

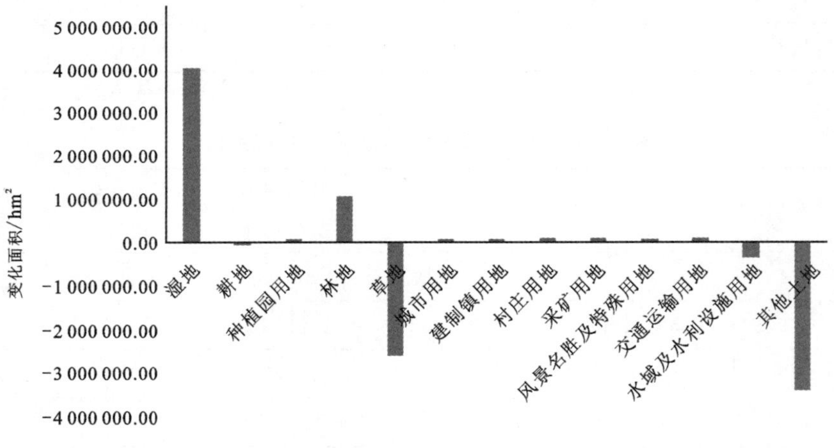

图 6－1　青海省第三次全国国土调查各地类面积变化

6.2.2 湿地面积变化

与青海省第二次全国土地调查结果对比，玉树州湿地面积占湿地总面积的比例大幅上升，由 30.61%增长为 54.54%；海西州湿地面积占比由 45.92%减少为 23.95%；果洛州湿地面积占比由 16.55%减少为 13.95%；海北州湿地面积占比由 4.02%增长为 5.15%；黄南州湿地面积占比由 0.30%增长为 1.18%；海南州湿地面积占比由 2.14%减少为 1.10%；海东市湿地面积占比由 0.43%减少为 0.10%；西宁市湿地面积占比保持为 0.04%（图 6－2）。

表 6-10 青海省第二次全国土地调查和第三次全国国土调查利用类型及面积

行政区	时间	湿地	耕地	种植园用地	林地	草地	城市用地	建制镇用地	村庄用地	采矿用地	风景名胜及特殊用地	交通运输用地	水域及水利设施用地
		面积/×10^4 hm^2											
青海省	二调	1 082 934.78	591 924.58	6 025.12	3 539 566.65	42 086 542.34	160 00.87	36 207.57	82 634.21	91 547.8	7 015.78	93 563.22	2 818 350.96
	三调	5 101 187.87	564 203.13	62 336.17	4 603 592.24	39 470 819.24	21 472.4	38 100	115 109.48	185 122.99	8 007.96	140 547.59	2 446 619.27
西宁市	二调	451.85	146 116.06	81.98	298 288.49	213 040.78	8 654.51	8 042.18	19 104.42	3 315.26	1 210.98	8 559.16	6 112.30
	三调	1 858.81	126 970.27	13.59	357 555.03	180 890.84	10 049.67	6 319.89	24 244.94	1 453.96	1 377.20	8 714.67	4 848.78
海东市	二调	4 611.87	221 343.02	1 333.03	486 776.67	472 324.77	45.98	7 027.49	25 946.51	1 442.02	1 753.88	13 364.97	16 004.71
	三调	4 948.34	196 481.52	2 610.86	467 086.35	514 955.33	2 395.31	5 328.81	32 803.51	2 241.25	1 419.95	13 523.22	11 965.55
海北州	二调	43 572.75	56 800.25	0.06	418 309.68	2 201 779.45	0.00	2 887.64	5 490.31	1 606.08	389.88	7 117.20	27 7671.03
	三调	262 864.95	58 145.59	0.00	528 521.62	1 905 366.03	0.00	3 108.14	7 080.39	2 577.24	618.84	11 680.65	261 517.02
黄南州	二调	3 270.69	19 883.19	74.52	202 225.37	1 526 791.96	0.00	1 360.19	4 415.05	107.40	132.43	4 715.51	12 188.96
	三调	60 136.8	21 596.23	401.93	452 004.69	1 242 494.22	0.00	1 845.43	5 881.53	337.95	218.42	7 461.70	14 375.43
海南州	二调	23 124.72	84 479.7	462.74	257 227.98	3 367 059.21	0.00	3 607.53	12 867.51	534.71	1 875.69	12 566.84	324 665.44
	三调	56 359.16	99 123.51	2 927.13	384 101.24	3 370 040.31	0.00	3 774.62	22 424.69	1 128.26	2 032.88	18 962.93	308 495.32
果洛州	二调	179 188.57	1 271.26	0.00	324 203.71	6 190 516.52	0.28	1 786.3	1 487.93	211.55	673.76	7 043.24	280 468.88
	三调	711 405.26	594.58	0.00	972 885.23	5 416 295.81	0.00	2 157.63	3 096.05	539.62	595.35	16 255.68	257 043.61
玉树州	二调	331 435.88	13 220.31	17.59	651 066.66	17 068 861.16	0.00	3 934.82	5 412.73	1 526.95	419.38	11 489.36	824 331.64
	三调	2 782 091.26	15 895.35	0.00	797 978.15	15 471 570	997.11	3 105.15	7 080.80	576.61	652.57	23 115.53	730 226.30
海西州	二调	497 278.45	48 810.79	4 055.2	901 468.09	11 046 168.49	7 300.10	7 561.42	7 909.75	82 803.83	559.78	28 706.94	1 076 908.00
	三调	1 221 523.29	45 396.08	56 382.66	643 459.93	10 099 161.32	8 030.31	12 460.33	12 497.57	176 268.10	1 092.75	40 833.21	858 147.26

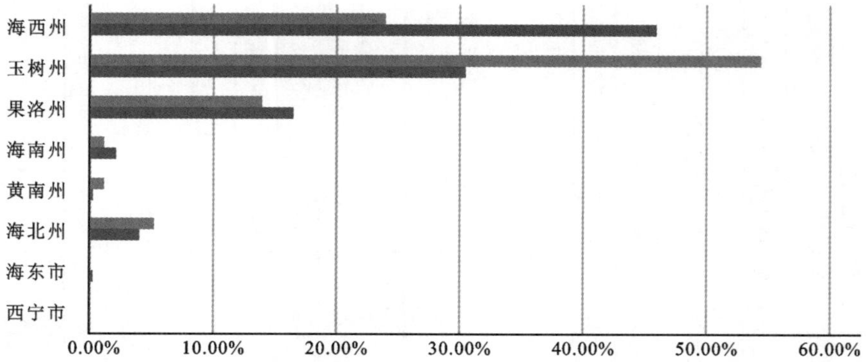

项目	西宁市	海东市	海北州	黄南州	海南州	果洛州	玉树州	海西州
	湿地面积占比/%							
■三调	0.04	0.10	5.15	1.18	1.10	13.95	54.54	23.95
■二调	0.04	0.43	4.02	0.30	2.14	16.55	30.61	45.92

图 6-2　湿地两次调查面积比例变化

与第二次全国土地调查结果对比，“三调”中湿地面积增加最多的 10 个县(市)为治多县、曲麻莱县、杂多县、称多县、格尔木市、玛多县、天峻县、刚察县、达日县和茫崖市。治多县湿地面积增加最多，为 732 826.87hm²；曲麻莱县湿地面积增加 681 225.26hm²；杂多县湿地面积增加 566 953.07hm²；称多县湿地面积增加 411 711.78hm²；格尔木市湿地面积增加 384 664.20hm²；玛多县湿地面积增加 317 222.44hm²；天峻县湿地面积增加 239 350.31hm²；刚察县湿地面积增加 139 211.98hm²；达日县湿地面积增加 117 586.79hm²；茫崖市湿地面积增加 65 390.37hm²。

6.2.3　耕地面积变化

海东市耕地面积占比由 37.39%减少为 34.82%，西宁市耕地面积占比由 24.68%减少为 22.50%，海南州耕地面积占比由 14.27%增长为 17.57%，海北州耕地面积占比由 9.60%增长为 10.31%，海西州耕地面积占比由 8.25%减少为 8.05%，黄南州耕地面积占比由 3.36%增长为 3.83%，玉树州耕地面积占比由 2.23%增长为 2.82%，果洛州耕地面积占比由 0.21%减少为 0.11%(图 6-3)。

与第二次全国土地调查结果对比，耕地面积增加最多的县为共和县、兴海县、泽库县、囊谦县和都兰县，其中共和县耕地面积增加最多，为 7 978.64hm²；兴海县耕地面积增加 5 983.85hm²；泽库县耕地面积增加 3 303.67hm²；囊谦县耕地面积增加 2 603.89hm²；都兰县耕地面积增加 2 533.29hm²。耕地面积减少最多的县(市、区)为大通县、互助县、湟中区、格尔木市和化隆县，其中大通县耕地面积减少最多，为 8 310.19hm²；互助县耕地面积减少 7 392.25hm²；湟中区耕地面积减少 6 254.91hm²；格尔木市耕地面积减少 5 335.63hm²；化隆县耕地面积减少 5 044.58hm²。

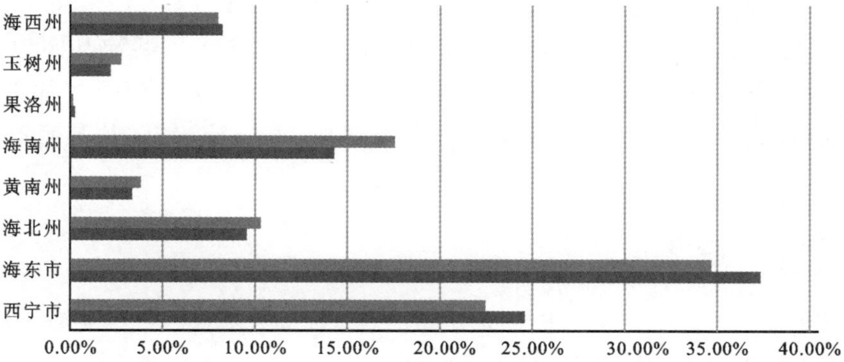

项目	西宁市	海东市	海北州	黄南州	海南州	果洛州	玉树州	海西州
	耕地面积占比/%							
■三调	22.50	34.82	10.31	3.83	17.57	0.11	2.82	8.05
■二调	24.68	37.39	9.60	3.36	14.27	0.21	2.23	8.25

图 6-3 耕地两次调查面积比例变化

6.2.4 园地面积变化

海西州园地面积占比最大且增长较多，由 67.30%增长为 90.45%；海南州园地面积占比由 7.68%减少为 4.70%；海东市园地面积由 22.12%减少为 4.19%；黄南州园地面积占比由 1.24%减少为 0.64%；西宁市园地面积占比由 1.36%减少为 0.02%；玉树州、果洛州和海北州园地面积占比均接近 0(图 6-4)。

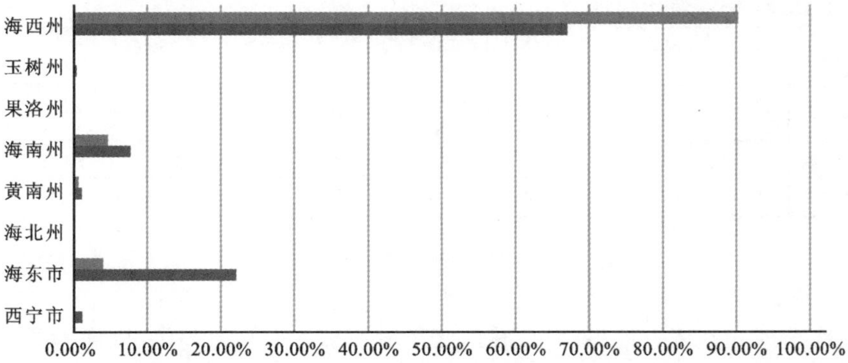

项目	西宁市	海东市	海北州	黄南州	海南州	果洛州	玉树州	海西州
	种植园用地面积占比/%							
■三调	0.02	4.19	0.00	0.64	4.70	0.00	0.00	90.45
■二调	1.36	22.12	0.00	0.24	7.68	0.00	0.29	67.30

图 6-4 园地两次调查面积比例变化

与第二次全国土地调查结果对比，园地面积增加最多的 10 个县(市、区)为都兰县、德令哈市、格尔木市、乌兰县、共和县、大柴旦行政委员会、民和县、贵德县、化隆县和尖扎县。都兰县园地面积增加最多，为 21 417.44hm²；德令哈市园地面积增加 14 218.75hm²；格尔木市园地面积增加 13 117.79hm²；乌兰县园地面积增加 2 624.95hm²；共和县园地面积增加 1 885.47hm²；大柴旦行政委员会园地面积增加 1 110.78hm²；民和县园地面积增加 679.95hm²；贵德县园地面积增加 619.45hm²；化隆县园地面积增加 330.51hm²；尖扎县园地面积增加 216.63hm²。

6.2.5 林地面积变化

果洛州林地面积占比由 9.16%增长为 21.13%；玉树州林地面积占比由 18.39%减少为 17.33%，海西州林地面积占比由 25.47%减少为 13.98%，海北州林地面积占比由 11.82%减少为 11.48%，海东市林地面积占比由 13.75%减少为 10.15%，黄南州林地面积占比由 5.71%增长为 9.82%，西宁市林地面积占比由 8.43%减少为 7.77%；海南州林地面积占比由 7.27%增长为 8.34%（图 6－5）。

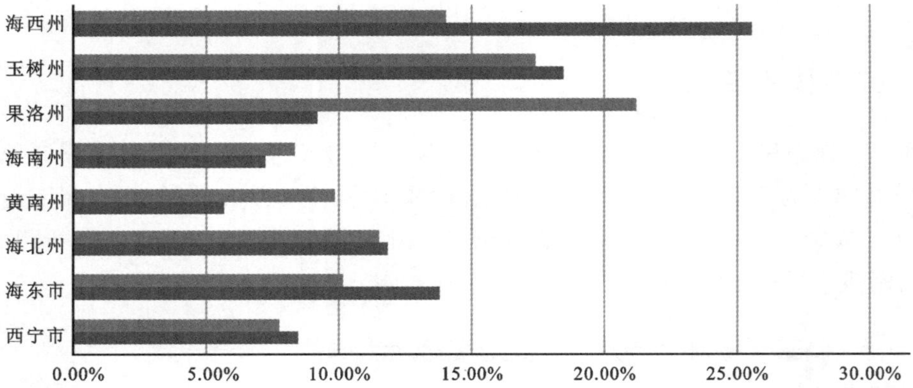

项目	西宁市	海东市	海北州	黄南州	海南州	果洛州	玉树州	海西州
	林地面积占比/%							
■三调	7.77	10.15	11.48	9.82	8.34	21.13	17.33	13.98
■二调	8.43	13.75	11.82	5.71	7.27	9.16	18.39	25.47

图 6－5　林地两次调查面积比例变化

与第二次全国土地调查结果对比，林地面积增加最多的县为玛沁县、河南县、久治县、班玛县和达日县，其中玛沁县林地面积增加最多，为 219 791.86hm²；河南县林地面积增加 158 490.33hm²；久治县林地面积增加 110 022.79hm²；班玛县林地面积增加 108 940.09hm²；达日县林地面积增加 96 422.91hm²。林地面积减少最多的县（市、区）为都兰县、乌兰县、乐都区、德令哈市和格尔木市。都兰县林地面积减少最多，为 149 231.84hm²；乌兰县林地面积减少 56 596.04hm²；乐都区林地面积减少 34 522.64hm²；德令哈市林地面积减少 20 322.99hm²；格尔木市林地面积减少 20 170.63hm²。

6.2.6 草地面积变化

玉树州草地面积占比由40.56%减少为40.50%，海西州草地面积占比由26.25%增长为26.44%，果洛州草地面积占比由14.71%减少为14.18%，海南州草地面积占比由8.00%增长为8.82%，海北州草地面积占比由5.23%减少为4.99%，黄南州草地面积占比由3.63%减少为3.25%，海东市草地面积占比由1.12%增长为1.35%，西宁市草地面积占比由0.51%减少为0.47%(图6-6)。

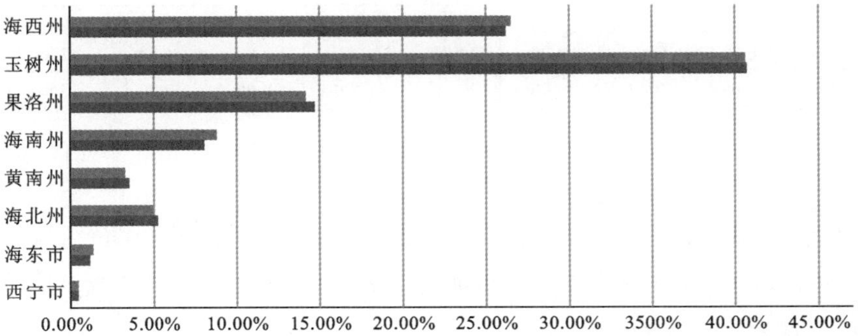

项目	西宁市	海东市	海北州	黄南州	海南州	果洛州	玉树州	海西州
	草地面积占比/%							
■三调	0.47	1.35	4.99	3.25	8.82	14.18	40.50	26.44
■二调	0.51	1.12	5.23	3.63	8.00	14.71	40.56	26.25

图6-6 草地两次调查面积比例变化

与第二次全国土地调查结果对比，草地面积增加最多的县(市、区)为茫崖市、乌兰县、大柴旦行政委员会、德令哈市和都兰县，茫崖市草地面积增加最多，为1 170 070.43hm²；乌兰县草地面积增加216 685.29hm²；大柴旦行政委员会草地面积增加101 903.40hm²；德令哈市草地面积增加95 623.59hm²；都兰县草地面积增加76 561.39hm²。草地面积减少最多的县(市)为杂多县、治多县、称多县、格尔木市和天峻县，其中杂多县草地面积减少最多，为625 259.99hm²；治多县草地面积减少521 771.32hm²；称多县草地面积减少460 607.95hm²；格尔木市草地面积减少305 568.10hm²；天峻县草地面积减少271 484.05hm²。

6.2.7 城市用地面积变化

西宁市城市用地面积占比由54.09%减少为46.80%，海西州城市用地面积占比由45.62%减少为37.40%，海东市城市用地面积占比由0.29%增长为11.16%，玉树州城市用地面积占比由0.00%增长为4.64%(图6-7)。

与第二次全国土地调查结果对比，城市用地面积增加最多的市(区)依次为乐都区、城北区、平安区、玉树市、茫崖市、城中区、格尔木市和湟中区。乐都区城市用地面积增加最多，为1 324.05hm²；城北区城市用地面积增加1 124.92hm²；平安区城市用地面积增加1 042.64hm²；

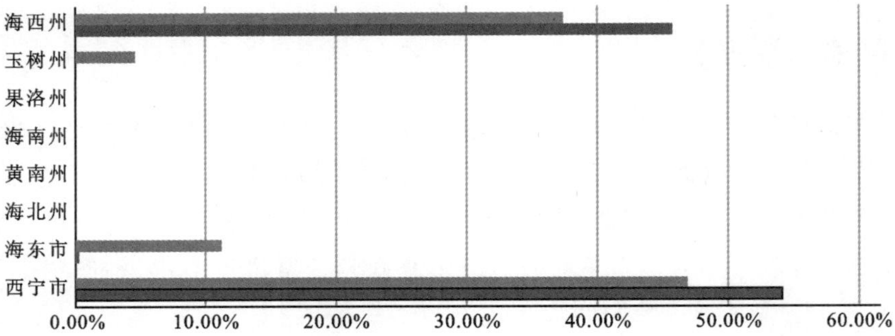

项目	西宁市	海东市	海北州	黄南州	海南州	果洛州	玉树州	海西州
	城市用地面积占比/%							
■三调	46.80	11.16	0.00	0.00	0.00	0.00	4.64	37.40
■二调	54.09	0.29	0.00	0.00	0.00	0.00	0.00	45.62

图 6-7　城市用地两次调查面积比例变化

玉树市城市用地面积增加 997.11hm²；茫崖市城市用地面积增加 926.02hm²；城中区城市用地面积增加 537.13hm²；格尔木市城市用地面积增加 491.08hm²；湟中区城市用地面积增加 483.25hm²。

6.2.8　建制镇用地面积变化

海西州建制镇用地面积占比由 20.88%增长为 32.70%，海南州建制镇用地面积占比由 9.96%减少为 9.91%，西宁市建制镇用地面积占比由 22.21%减少为 16.59%，海东市建制镇用地面积占比由 19.41%减少为 13.99%，海北州建制镇用地面积占比由 7.98%减少为 8.16%，果洛州建制镇用地面积占比由 4.93%增长为 5.66%，黄南州建制镇用地面积占比由 3.76%增长为 4.84%，玉树州建制镇用地面积占比由 10.87%减少为 8.15%(图 6-8)。

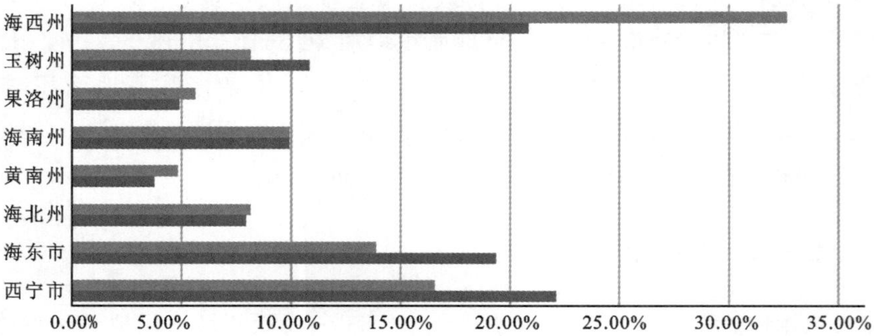

项目	西宁市	海东市	海北州	黄南州	海南州	果洛州	玉树州	海西州
	建制镇用地面积占比/%							
■三调	16.59	13.99	8.16	4.84	9.91	5.66	8.15	32.70
■二调	22.21	19.41	7.98	3.76	9.96	4.93	10.87	20.88

图 6-8　建制镇用地两次调查面积比例变化

与第二次全国土地调查结果对比，建制镇用地面积增加最多的县(市、区)为格尔木市、城东区、称多县、都兰县、刚察县、河南县、大柴旦行政委员会、玛沁县、化隆县和互助县。格尔木市建制镇用地面积增加最多，为 7 946.31hm²；互助县建制镇用地面积增加 618.04hm²；湟中区建制镇用地面积增加 417.78hm²；民和县建制镇用地面积增加 393.99hm²；城东区建制镇用地面积增加 238.93hm²；都兰县建制镇用地面积增加 219.42hm²；城中区建制镇用地面积增加 196.30hm²；门源县建制镇用地面积增加 164.56hm²；称多县建制镇用地面积增加 153.78hm²；化隆县建制镇用地面积增加 144.52hm²。

6.2.9 村庄用地面积变化

海东市村庄用地面积占比最大，由 31.40%减少为 28.60%；西宁市村庄用地面积占比由 23.12%减少为 21.06%；海南州村庄用地面积占比由 15.57%增长为 19.48%；海西州村庄用地面积占比由 9.57%增长为 10.86%；玉树州村庄用地面积占比由 6.55%减少为 6.15%；海北州村庄用地面积占比由 6.64%减少为 6.15%；黄南州村庄用地面积占比由 5.34%减少为 5.11%；果洛州村庄用地面积占比由 1.80%增长为 2.69%(图 6－9)。

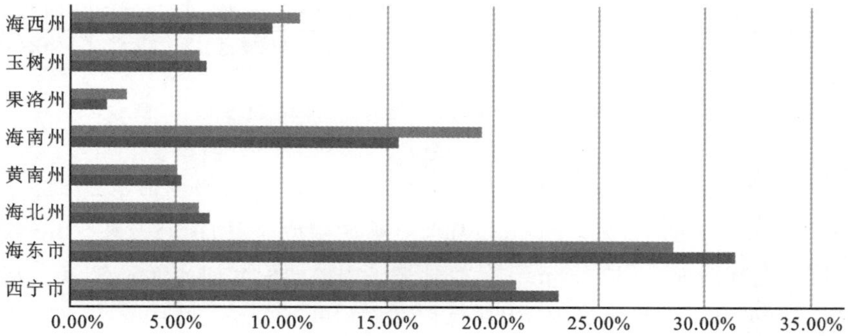

项目	西宁市	海东市	海北州	黄南州	海南州	果洛州	玉树州	海西州
	村庄用地面积占比/%							
■三调	21.60	28.60	6.15	5.11	19.48	2.69	6.15	10.86
■二调	23.12	31.40	6.64	5.34	15.57	1.80	6.55	9.57

图 6－9 村庄用地两次调查面积比例变化

与第二次全国土地调查结果对比，共和县村庄用地面积增加最多，为 6 665.38hm²；德令哈市村庄用地面积增加 2 894.67hm²；民和县村庄用地面积增加 2 322.65hm²；湟中区村庄用地面积增加 2 103.63hm²；大通县村庄用地面积增加 1 567.15hm²；互助县村庄用地面积增加 1 453.21hm²；化隆县村庄用地面积增加 1 252.34hm²；贵德县村庄用地面积增加1 020.38hm²；循化县村庄用地面积增加 905.29hm²；大柴旦行政委员会村庄用地面积增加 812.54hm²。

6.2.10 采矿用地面积变化

海西州采矿用地面积占比最大，由 90.45%增长为 95.22%；西宁市采矿用地面积占比由3.62%减少为0.79%；海东市采矿用地面积占比由1.58%减少为1.21%；海南州采矿用地面积占比由0.58%增长为0.61%；玉树州采矿用地面积占比由1.67%减少为0.31%；海北州采矿用地面积占比由1.75%减少为1.39%；果洛州采矿用地面积占比由0.23%增长为0.29%；黄南州采矿用地面积占比由0.12%增长为0.18%(图6-10)。

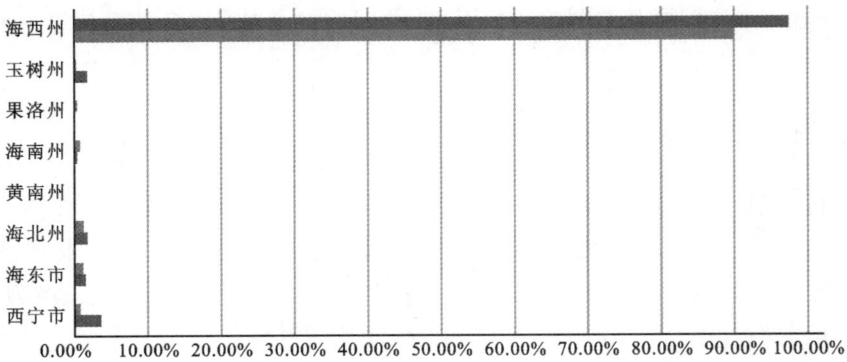

项目	西宁市	海东市	海北州	黄南州	海南州	果洛州	玉树州	海西州
	采矿用地面积占比/%							
■三调	0.79	1.21	1.39	0.18	0.61	0.29	0.31	95.22
■二调	3.62	1.58	1.75	0.12	0.58	0.23	1.67	90.45

图6-10 采矿用地两次调查面积比例变化

与第二次全国土地调查结果对比，格尔木市采矿用地面积增加最多，为58 358.66hm²；茫崖市采矿用地面积增加12 977.09hm²；都兰县采矿用地面积增加7 923.53hm²；大柴旦行政委员会采矿用地面积增加7 613.90hm²；乌兰县采矿用地面积增加3 906.32hm²；大通县采矿用地面积减少81.89hm²；城北区采矿用地面积减少193.59hm²；城中区采矿用地面积减少674.99hm²；湟中区采矿用地面积减少845.95hm²；曲麻莱县采矿用地面积减少1 251.44hm²。

6.2.11 风景名胜及特殊用地面积变化

与青海省第二次全国土地调查结果对比，各州(市)风景名胜及特殊用地面积占特殊用地总面积的比例变化较大。海南州风景名胜及特殊用地面积占比最大，由26.74%减少为25.39%；西宁市风景名胜及特殊用地面积占比由17.26%减少为17.20%；海东市风景名胜及特殊用地面积占比由25.00%减少为17.73%；海西州风景名胜及特殊用地面积占比由7.98%增长为13.65%；海北州风景名胜及特殊用地面积占比由5.56%增长为7.73%；玉树州风景名胜及特殊用地面积占比由5.98%增长为8.15%；果洛州风景名胜及特殊用地面积占比由9.60%减少为7.43%；黄南州风景名胜及特殊用地面积占比由1.89%增长为2.73%(图6-11)。

与第二次全国土地调查结果对比，格尔木市风景名胜及特殊用地面积增加最多，为547.92hm²；大通县风景名胜及特殊用地面积增加142.05hm²；海晏县风景名胜及特殊用地面积增加141.62hm²；兴海县风景名胜及特殊用地面积增加108.15hm²；化隆县风景名胜及

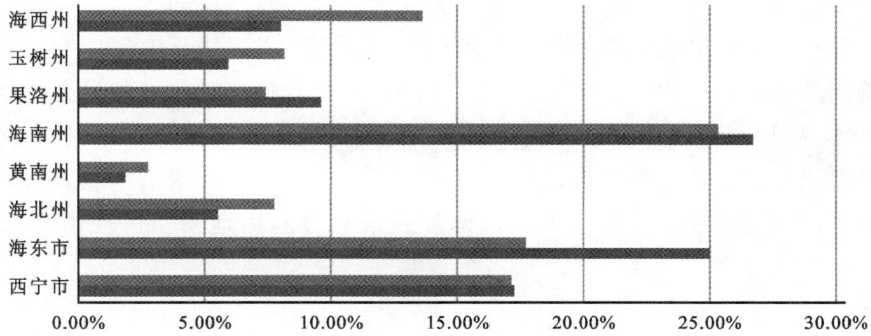

项目	西宁市	海东市	海北州	黄南州	海南州	果洛州	玉树州	海西州
	风景名胜及特殊用地面积占比/%							
■三调	17.20	17.73	7.73	2.73	25.39	7.43	8.15	13.65
■二调	17.26	25.00	5.56	1.89	26.74	9.60	5.98	7.98

图 6-11 风景名胜及特殊用地两次调查面积比例变化

特殊用地面积增加 105.03hm²；贵德县风景名胜及特殊用地面积减少 49.94hm²；久治县风景名胜及特殊用地面积减少 50.37hm²；城北区风景名胜及特殊用地面积减少 82.38hm²；德令哈市风景名胜及特殊用地面积减少 201.97hm²；乐都区风景名胜及特殊用地面积减少 323.28hm²。

6.1.12 交通运输用地

与青海省第二次全国土地调查结果对比，各州(市)交通运输用地面积占交通运输用地面积的比例变化较大。海西州交通运输用地面积占比最大，由 30.68%减少为 29.05%；玉树州交通运输用地面积占比由 12.28%增长为 16.45%；海南州交通运输用地面积占比由 13.43%增长为 13.49%；果洛州交通运输用地面积占比由 7.53%增长为 11.57%；海东市交通运输用地面积占比由 14.28%减少为 9.62%；海北州交通运输用地面积占比由 7.61%增长为 8.31%；西宁市交通运输用地面积占比由 9.15%减少为 6.20%；黄南州交通运输用地面积占比由 5.04%增长为 5.31%(图 6-12)。

与第二次全国土地调查结果对比，全部县(市、区)的交通运输用地面积均有所增加。格尔木市交通运输用地面积增加最多，为 4 144.19hm²；杂多县交通运输用地面积增加 3 092.61hm²；共和县交通运输用地面积增加 2 668.35hm²；天峻县交通运输用地面积增加 2 624.96hm²；曲麻莱县交通运输用地面积增加 2 541.76hm²；大柴旦行政委员会交通运输用地面积增加 2 064.85hm²；刚察县交通运输用地面积增加 1 999.08hm²；玉树市交通运输用地面积增加 1 942.77hm²；玛多县交通运输用地面积增加 1 837.08hm²；达日县交通运输用地面积增加 1 797.57hm²。

6.2.13 水域及水利设施用地

与青海省第二次全国土地调查结果对比，各州(市)水域及水利设施用地面积占水域及水利设施用地总面积的比例变化较大。海西州水域及水利设施用地面积占比最大，由 38.21%减少为 35.07%；玉树州水域及水利设施用地面积占比由 29.25%增长为 29.85%；海南州水域及水利设施用地面积占比由 11.52%增长为 12.61%；海北州水域及水利设施用地面积占比由 9.85%增长为 10.69%；果洛州水域及水利设施用地面积占比由 9.95%增长为 10.51%；黄南州水域及水利设施用地面积占比由 0.43%增长为 0.59%；海东市水域及水利设施用地面积占比由 0.57%减少为 0.49%；西宁市水域及水利设施用地面积占比由 0.22%减少为 0.20%(图 6-13)。

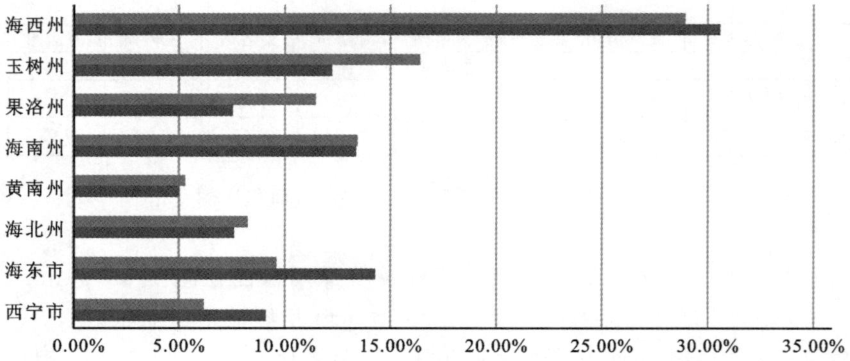

项目	西宁市	海东市	海北州	黄南州	海南州	果洛州	玉树州	海西州
	交通运输用地面积占比/%							
■三调	6.20	9.26	8.31	5.31	13.49	11.57	16.45	29.05
■二调	9.15	14.28	7.61	5.04	13.43	7.53	12.28	30.68

图 6-12　交通运输用地两次调查面积比例变化

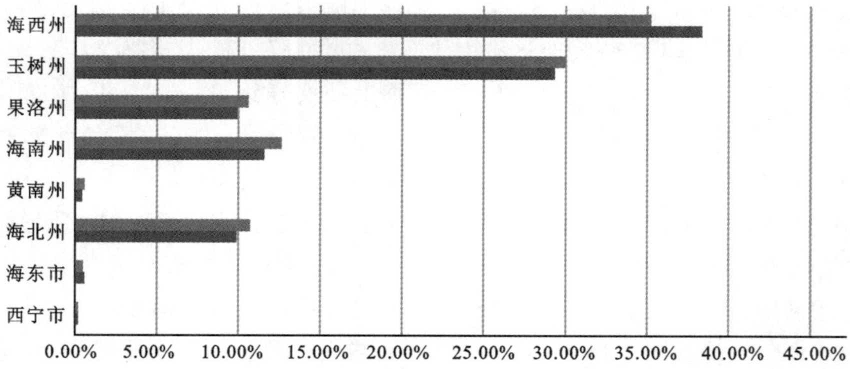

项目	西宁市	海东市	海北州	黄南州	海南州	果洛州	玉树州	海西州
	水域及水利设施用地面积占比/%							
■三调	0.20	0.49	10.69	0.59	12.61	10.51	29.85	35.07
■二调	0.22	0.57	9.85	0.43	11.52	9.95	29.25	38.21

图 6-13　水域及水利设施用地两次调查面积比例变化

与第二次全国土地调查结果对比，格尔木市水域及水利设施用地面积增加最多，为110 832.90hm²；治多县水域及水利设施用地面积增加 81 164.32hm²；曲麻莱县水域及水利设施用地面积增加 40 945.95hm²；大柴旦行政委员会水域及水利设施用地面积增加21 880.15hm²；杂多县水域及水利设施用地面积增加 18 992.88hm²；玛多县水域及水利设施用地面积增加16 633.31hm²；天峻县水域及水利设施用地面积增加 13 362.65hm²；达日县水域及水利设施用地面积增加 12 076.08hm²；共和县水域及水利设施用地面积增加10 917.60hm²；囊谦县水域及水利设施用地面积增加 10 327.22hm²。

7 青海省流域国土利用特征

本章按照黄河流域、长江流域、西南诸河流域和西北诸河流域四大流域，统计分析了青海省国土利用分布特点、组成结构，通过定性描述和数量结构分析，揭示了各流域的用地分布状况及其各支流的国土用地特征。

7.1 青海省流域概况

7.1.1 青海省流域分布情况

青海省是我国著名河流黄河、长江、澜沧江、黑河的发源地，按河川径流的循环形式，河流分外流水系和内陆水系(图 7 - 1)。南部和东部为外流水系，是黄河、长江、澜沧江三大江河的源头和上游段，降水相对较多，水系发达，河网密集。西北部为内陆水系，气候干旱少雨，河流少而分散，流程短。

青海省境内下辖的四大流域中，西北诸河流域面积最大，占青海省国土面积的 47.62%；长江流域面积次之，占青海省国土面积的 23.79%；黄河流域面积排第三位，占青海省国土面积的 23.28%；西南诸河流域面积最小，占青海省国土面积的 5.31%(图 7 - 2)。

青海省流域分区见表 7 - 1。

7.1.2 各流域国土利用总体特征

7.1.2.1 耕地

黄河流域是青海省四大流域中耕地面积最大的流域，其耕地总面积占全省耕地面积的 84.97%；长江流域耕地总面积占全省耕地面积的 1.02%；西北诸河流域耕地总面积占全省耕地面积的 12.11%；西南诸河流域耕地总面积占全省耕地面积的 1.87%。青海省各流域耕地面积如图 7 - 3 所示。

7.1.2.2 园地

黄河流域园地总面积占全省园地面积的 9.55%。西北诸河流域是青海省四大流域中园地面积最大的流域，其园地总面积占全省园地面积的 90.45%(图 7 - 4)。长江流域和西南诸河流域无园地地类。

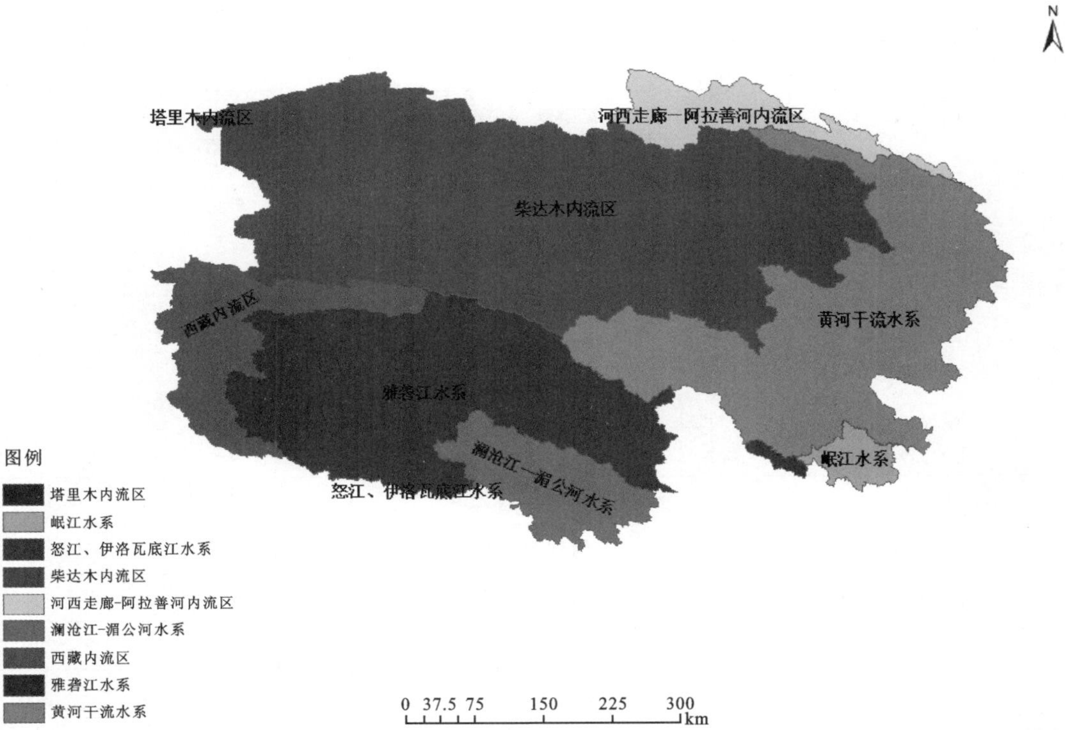

图 7-1 青海省流域示意图

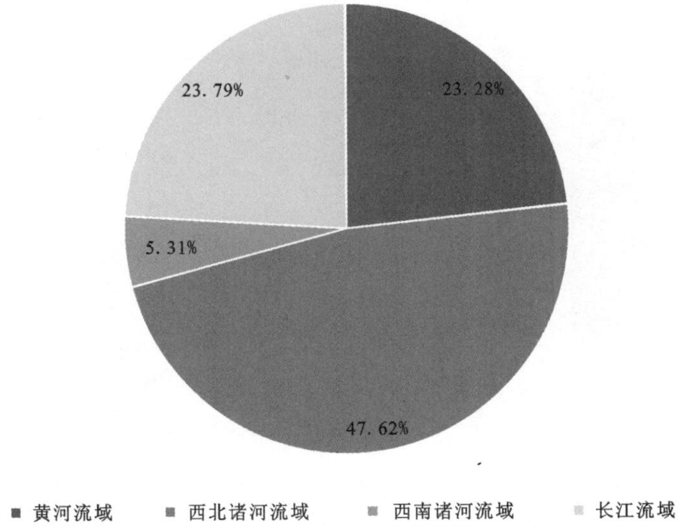

图 7-2 青海省四大流域面积比例

表 7-1　青海省流域分区

一级区	二级区	面积占比/%
黄河流域	龙羊峡以上	18.87
	龙羊峡至兰州	4.41
	合计	23.28
长江流域	金沙江石鼓以上	21.70
	金沙江石鼓以下	0.76
	岷沱江	1.33
	合计	23.79
西南诸河	澜沧江	5.31
	合计	5.31
西北诸河	柴达木盆地	34.99
	河西内陆河	2.85
	羌塘高原内陆区	4.83
	青海湖水系	4.94
	合计	47.62

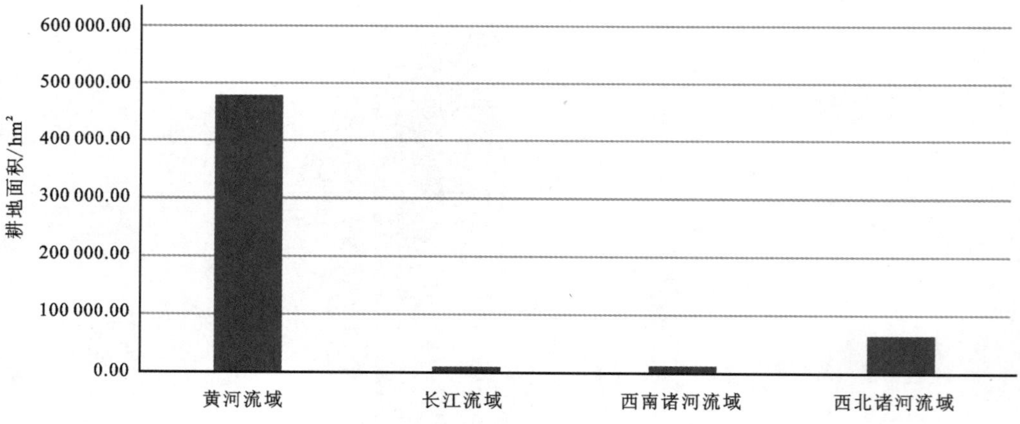

图 7-3　青海省各流域耕地面积

7.1.2.3　林地

黄河流域林地总面积占全省林地面积的 56.64%，长江流域林地总面积占全省林地面积的 12.18%，西北诸河流域林地总面积占全省林地面积的 19.43%，西南诸河流域林地总面积占全省林地面积的 11.75%(图 7-5)。

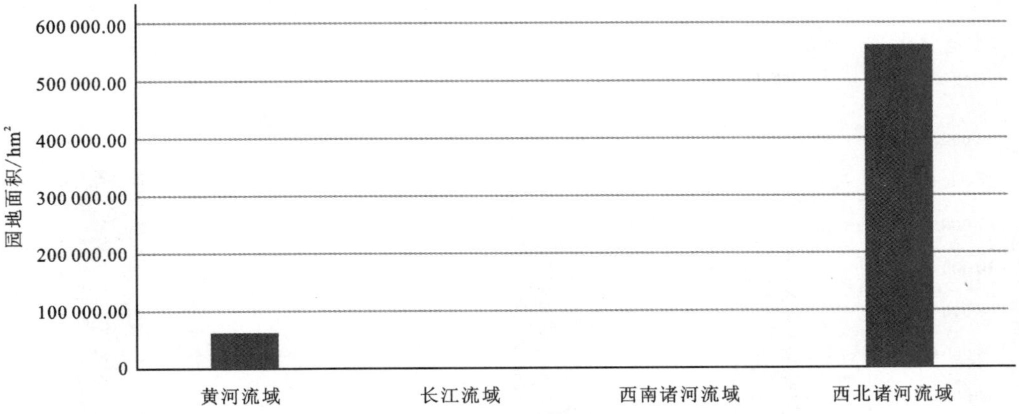

图 7-4 青海省各流域园地面积

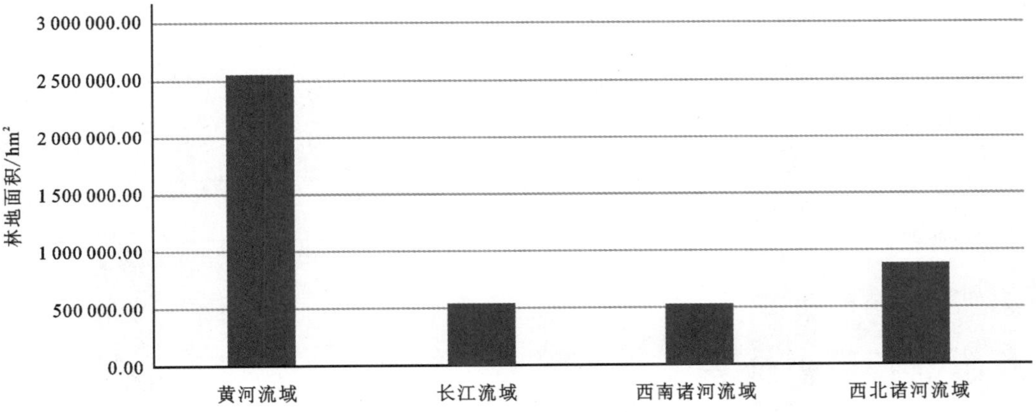

图 7-5 青海省各流域林地面积

7.1.2.4 草地

黄河流域草地总面积占全省草地面积的 26.33%；长江流域草地总面积占全省草地面积的 29.92%；西北诸河流域是青海省四大流域中草地面积最大的流域，其草地总面积占全省草地面积的 37.29%；西南诸河流域草地总面积占全省草地面积的 6.46%(图 7-6)。

7.1.2.5 湿地

根据青海省第三次全国国土调查的结果，长江流域湿地面积最大，黄河流域湿地面积居第二位，西北诸河流域湿地面积居第三位，西南诸河流域湿地面积最小。

7.1.2.6 交通运输用地

黄河流域交通运输用地总面积是青海省四大流域中交通运输用地面积最大的流域，占全省交通运输用地面积的 46.98%；长江流域交通运输用地总面积占全省交通运输用地面积的14.00%；西南诸河流域交通运输用地总面积占全省交通运输用地面积的4.56%；西北诸河流域交通运输用地总面积占全省交通运输用地面积的34.46%(图7-7)。

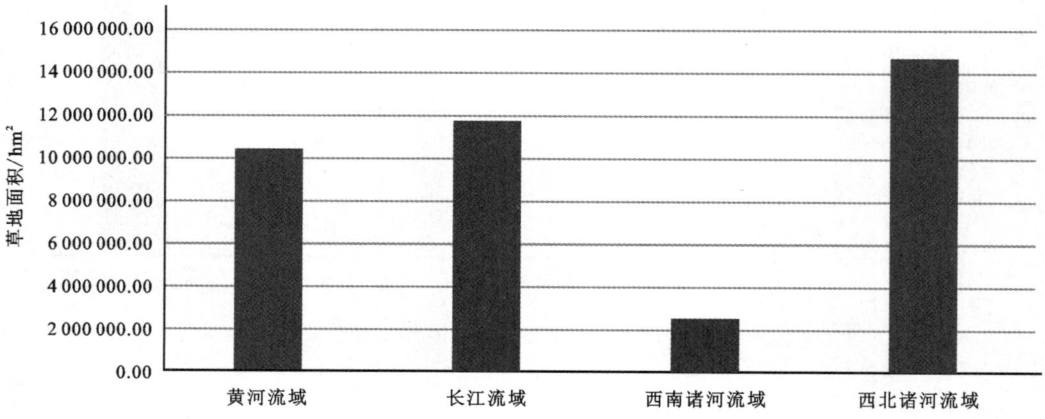

图7-6　青海省各流域草地面积

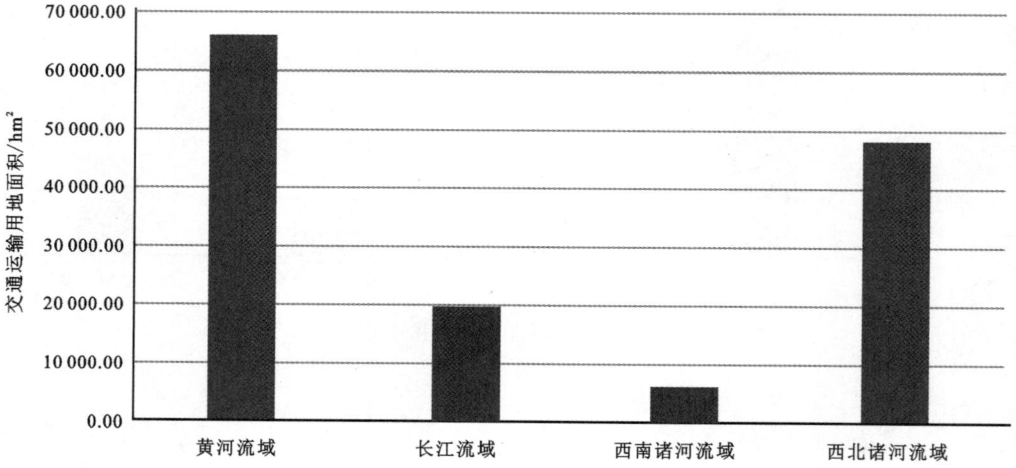

图7-7　青海省各流域交通运输用地面积

7.1.2.7　水域及水利设施用地

黄河流域水域及水利设施用地总面积占全省水域及水利设施用地面积的14.68%；长江流域水域及水利设施用地总面积占全省水域及水利设施用地面积的21.86%；西北诸河流域是青海省四大流域中水域及水利设施用地面积最大的流域，占全省水域及水利设施用地面积的61.36%；西南诸河流域水域及水利设施用地总面积占全省水域及水利设施用地面积的2.10%(图7-8)。

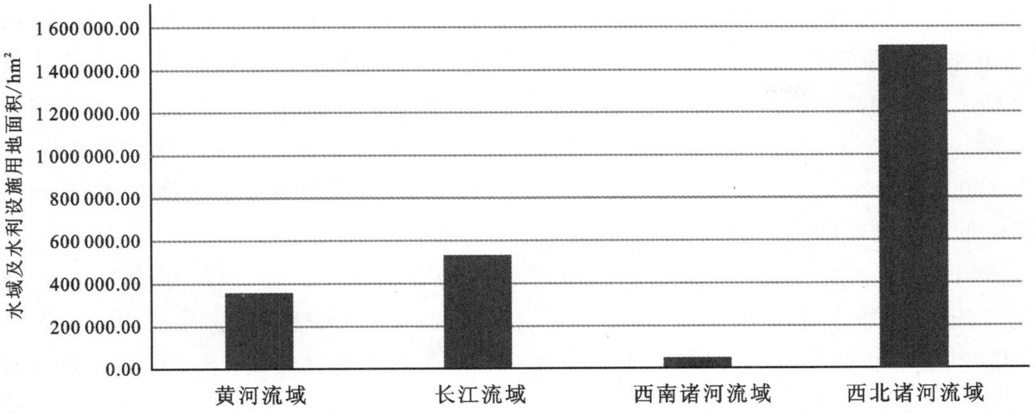

图 7-8　青海省各流域水域及水利设施用地面积

7.1.2.8　其他土地

黄河流域其他土地总面积占全省其他土地面积的 4.13%；长江流域其他土地总面积占全省其他土地面积的 9.03%；西北诸河流域是青海省四大流域中其他土地面积最大的流域，占全省其他土地面积的 84.60%；西南诸河流域其他土地总面积占全省其他土地面积的 2.24%(图 7-9)。

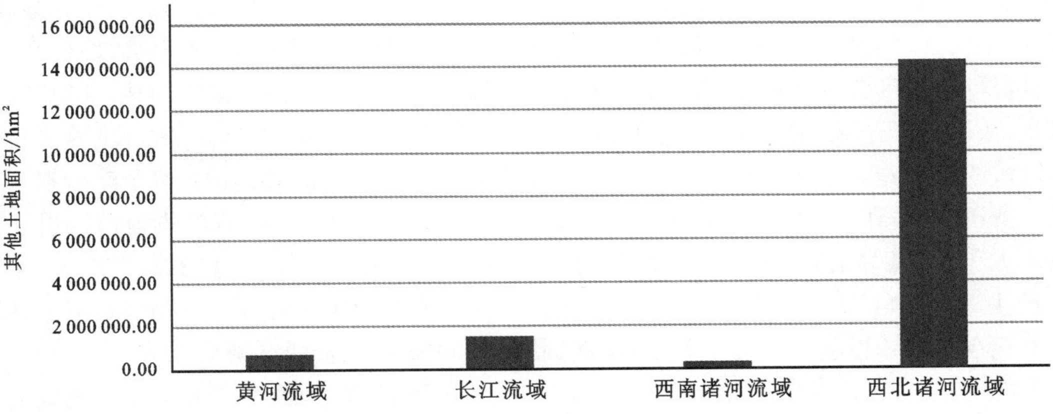

图 7-9　青海省各流域其他土地面积

7.2　黄河流域

7.2.1　黄河流域概况

黄河发源于青海省曲麻莱县境内巴颜喀拉山北麓约古宗列盆地西南隅卡日曲地区，区域流域地处青藏高原东北部，流经一系列西北-东南向山脉，包括南部的巴颜喀拉山和阿尼玛卿山，北部的拉脊山。平均海拔约 3500m，最高点为阿尼玛卿山主峰玛卿岗日，海拔为 6282m，最低点位于民和县大河家镇，海拔为 1650m。整体地貌以高原山区为主，在青海省内分别流经青南高原、河湟谷地和祁连山地三大地貌单元。上游区域河谷两岸的山脉海拔为 5500～6000m，相对高差达 1500～2000m。中游区域流经柴达木盆地东缘共和盆地，海拔多在 2200～3600m 之间，高原滩地，地势开阔平坦。下游是黄河谷地黄土高原、青藏高原和西秦岭的交错地带，谷地呈宽窄交替、盆峡相间的串珠式地貌形态。

黄河流域区域气候属于青藏高原气候区，为典型的高原大陆性气候，寒冷干燥，冷热两季交替，干湿两季分明，年温差小、日温差大，日照时间长，太阳辐射强。全区包含 3 个气候区，北部为高原温带半干旱气候区，中部为高原亚寒带半湿润气候区，南部为高原亚寒带湿润气候区。区域上游地区年平均气温为－4～－2℃，中游地区为－2～3℃，下游黄河谷地为 5～8℃；上游和中游山区太阳辐射总量在 6200MJ/m^2 以上，下游黄河谷地为低值区，总量在 5500～6000MJ/m^2 之间。全年日照时数由东南部和东北部向西北部逐渐增加，中游地区年日照时数在 2800h 以下，其中久治县最少，仅 2347h，上游地区年日照时数在 2600～2700h 之间。根据 1981—2010 年水文站累年降水数据，黄河干流流域多年年平均降水量为 612.2mm，降水量由西北向东南逐渐增加，降水量最少的区域集中在共和盆地附近，年均降水量在 180mm 左右，降水量最多的区域集中在久治县、玛沁县、河南县一带，年均降水量超过 600mm。降水量年内分布不均，降水主要集中在 5—9 月，此间降水量占年降水总量的 80%～90%。地表水资源量为 307.05 亿 m^3，地下水资源量为 133.69 亿 m^3。

青海省境内黄河主要流经城东区、城中区、城西区、城北区、湟中区、大通县、湟源县、乐都区、平安区、民和县、互助县、化隆县、循化县、门源县、祁连县、海晏县、刚察县、同仁县、尖扎县、泽库县、河南县、共和县、同德县、贵德县、兴海县、贵南县、玛沁县、班玛县、甘德县、达日县、久治县、玛多县、称多县、曲麻莱县、乌兰县、都兰县、天峻县 37 个县（区），境内涉及黄河流域的面积占全省国土面积的 23.28%。在青海省境内河道长 1694km，河源至出省境区域由黄河、鲜水河、湟水干流、洮河水系、大通河 5 个支流流域区组成，青海省境内河川径流以降水和冰雪融水补给为主，多年平均流量为 737m^3/s，年平均径流量为 232.42 亿 m^3，年平均输沙量为 8814 万 t，冰川储量为 191.95 亿 m^3，年融水量为 3.5 亿 m^3。青海省黄河流域集水面积在 50km^2 以上的各级支流有 894 条，其中在 500km^2 以上的支流有 82 条，在 1000km^2 以上的支流有 38 条，重要支流有隆务河、大通河、湟水河等；集水面积在 1km^2 以上的湖泊有 40 个，在 10km^2 以上的湖泊有 11 个，主要湖泊是扎陵湖和鄂陵湖。

青海省境内涉及黄河流域的土地面积占全省国土面积的 23.28%。其中草地面积最大，占全流域总面积的 64.13%；林地面积次之，占全流域总面积的 16.08%；园地面积最小，占地最少，占全流域总面积的 0.04%。

7.2.2 国土利用特征

青海省第三次全国国土调查结果显示，湿地面积占全流域总面积的 9.05%，耕地面积占全流域总面积的 2.96%，园地面积占全流域总面积的 0.04%，林地面积占全流域总面积的 16.08%，草地面积占全流域总面积的 64.09%，城市用地面积占全流域总面积的 0.08%，建制镇用地面积占全流域总面积的 0.13%，村庄用地面积占全流域总面积的 0.57%，采矿用地面积占全流域总面积的 0.06%，风景名胜及特殊用地面积占全流域总面积的 0.04%，交通运输用地面积占全流域总面积的 0.41%，水域面积占全流域总面积的 2.21%，其他土地面积占全流域总面积的 4.31%。黄河流域国土利用一级分类面积如图 7-10 所示。

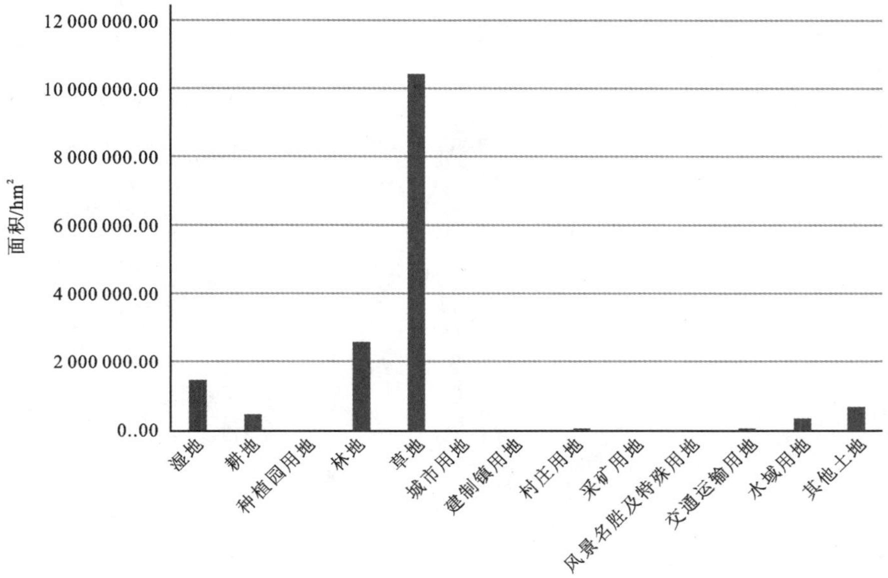

图 7-10 黄河流域国土利用一级分类面积

7.2.2.1 耕地

黄河流域耕地面积占全流域总面积的 2.96%，占全省耕地面积的 84.97%。从耕地的利用方式来看，以旱地为主，旱地面积占黄河流域耕地面积的 74.92%，水浇地面积占黄河流域耕地面积的 25.08%。

按照行政区划分(图 7-11)，互助县耕地面积最大，占全流域耕地面积的 12.79%；其次是湟中区，占全流域耕地面积的 12.23%；大通县耕地面积占全流域耕地面积的 9.52%，排第三位。

7.2.2.2 园地

黄河流域园地面积占全流域总面积的 0.05%。从园地的利用方式来看，以果园和其他园地为主。果园面积占黄河流域园地面积的 65.72%；其他园地面积占黄河流域园地面积的 34.28%。

按照行政区划分(图 7-12)，互助县园地面积最大，占全流域园地面积的 31.63%；其次是湟中区，园地面积占全流域园地面积的 20.16%；大通县园地面积占全流域园地面积的 16.19%，排第三位。

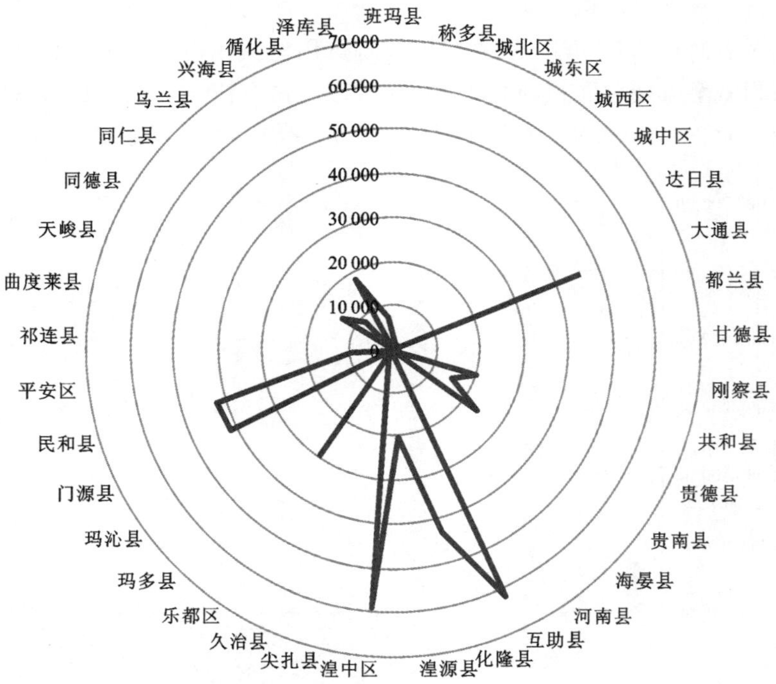

图 7－11　黄河流域各行政区耕地面积分布雷达图

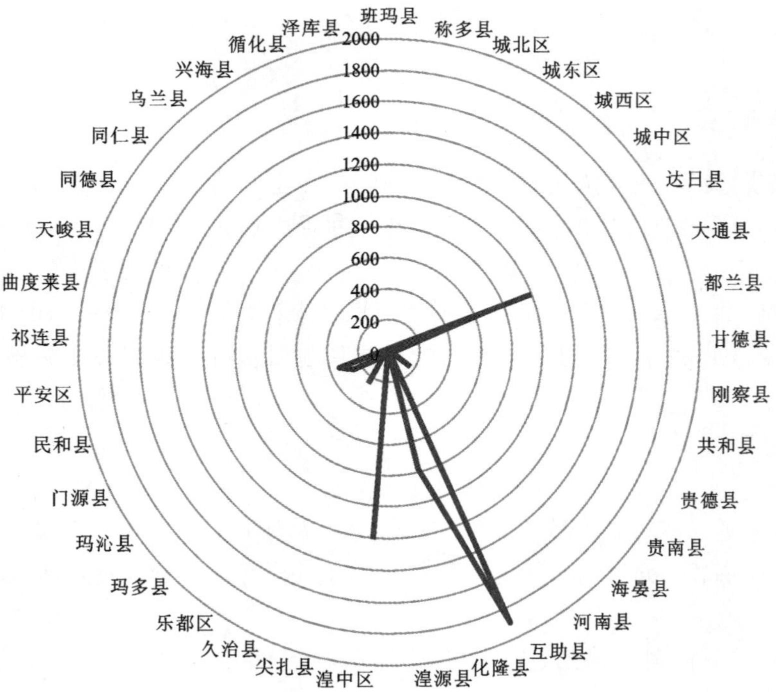

图 7－12　黄河流域各行政区园地面积分布雷达图

7.2.2.3 林地

黄河流域林地面积占全流域总面积的 16.08%，占全省林地面积的 56.64%。从林地的利用方式来看，以灌木林地和乔木林地为主，其他林地的数量最少。灌木林地面积占黄河流域林地面积的 79.72%，乔木林地面积占黄河流域林地面积的 13.79%，其他林地面积占黄河流域林地面积的 6.49%。

按照行政区划分(图 7－13)，城西区林地面积最大，占全流域林地面积的 10.73%；其次是海晏县，占全流域林地面积的 8.94%；河南县林地面积占全流域林地面积的 6.99%，排第三位。

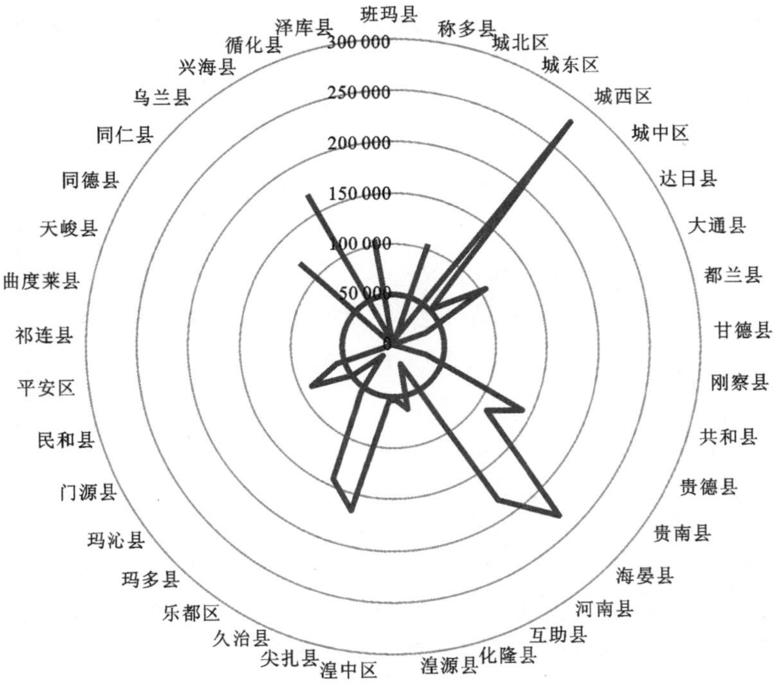

图 7－13 黄河流域各行政区林地面积分布雷达图

7.2.2.4 草地

黄河流域草地面积占全流域总面积的 64.09%，占全省草地面积的 26.33%。从草地的利用方式来看，以天然牧草地为主，其他草地和人工牧草地仅有零星分布。天然牧草地面积占黄河流域草地面积的 98.00%，其他草地面积占黄河流域草地面积的 1.27%，人工牧草地面积仅占黄河流域草地面积的 0.73%。

按照行政区划分(图 7－14)，玛多县草地面积最大，占全流域草地面积的 12.53%；其次是达日县，占全流域草地面积的 10.36%；贵德县草地面积占全流域草地面积的 9.55%，排第三位。

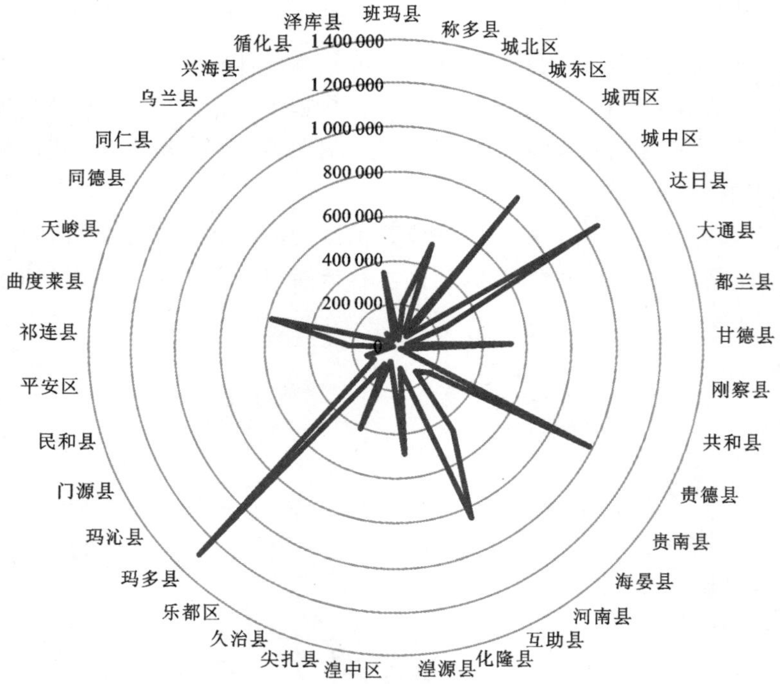

图 7 - 14　黄河流域各行政区草地面积分布雷达图

7.2.2.5　湿地

青海省第三次全国国土调查结果显示，黄河流域湿地面积占全流域总面积的 9.05%，黄河流域湿地利用类型中缺少水田、红树林地、森林沼泽、灌丛沼泽、沿海滩涂。沼泽草地面积占全流域湿地面积的 90.79%，内陆滩涂面积占全流域湿地面积的 8.28%，沼泽地面积占全流域湿地面积的 0.93%。湿地面积结构如图 7 - 15 所示。

按照行政区划分(图 7 - 16)，玛多县湿地面积最大，占全流域湿地面积的 29.32%；其次是称多县，占全流域湿地面积的 17.32%；曲麻莱县湿地面积占全流域湿地面积的 16.76%，排第三位。

7.2.2.6　交通运输用地

黄河流域交通运输用地占全流域总面积的 0.41%，占全省交通运输用地面积的 46.95%。从交通运输用地的利用方式来看，以公路用地和农村道路为主，其面积分别占黄河流域交通运输用地面积的 48.56%和 47.03%。

按照行政区划分(图 7 - 17)，共和县交通运输用地面积最大，占全流域交通运输用地面积的 7.09%；其次是民和县、都兰县，其交通运输用地面积之和占全流域交通运输用地面积的 6.88%；曲麻莱县交通运输用地面积占全流域交通运输用地面积的 4.56%，排第三位。

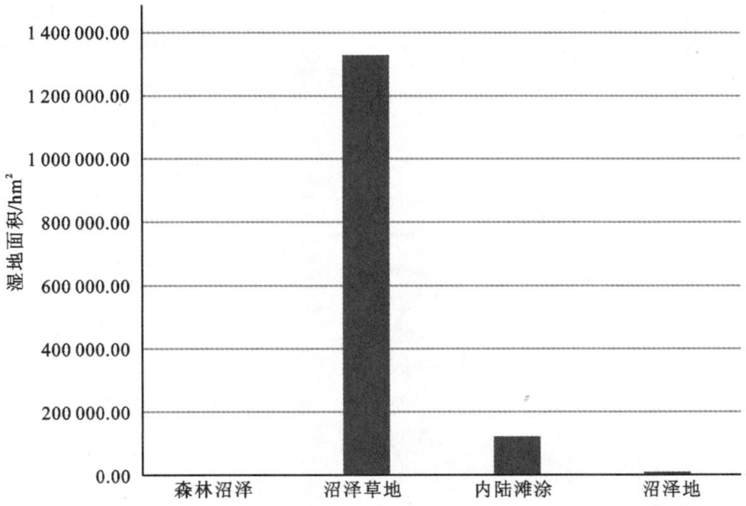

图 7-15　黄河流域湿地结构

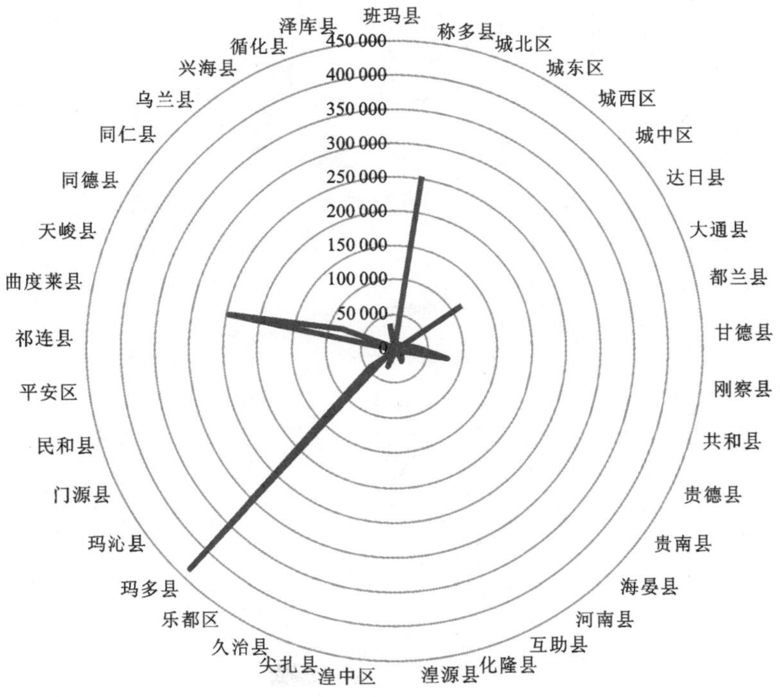

图 7-16　黄河流域各行政区湿地面积分布雷达图

7.2.2.7　水域用地

黄河流域水域用地面积占全流域总面积的 2.21%，占全省水域用地面积的 14.67%。从水域用地的利用方式来看，以湖泊水面为主，其面积占全流域水域用地面积的 47.21%；河流水面次之，占全流域水域用地面积的 30.19%；水库水面面积占全流域水域用地面积的 15.96%。

按照行政区划分(图 7－18),共和县水域面积最大,占全流域水域用地面积的 25.05%;其次是玛多县,占全流域水域用地面积的 18.21%;刚察县水域用地面积占全流域水域用地面积的 14.43%,排第三位。

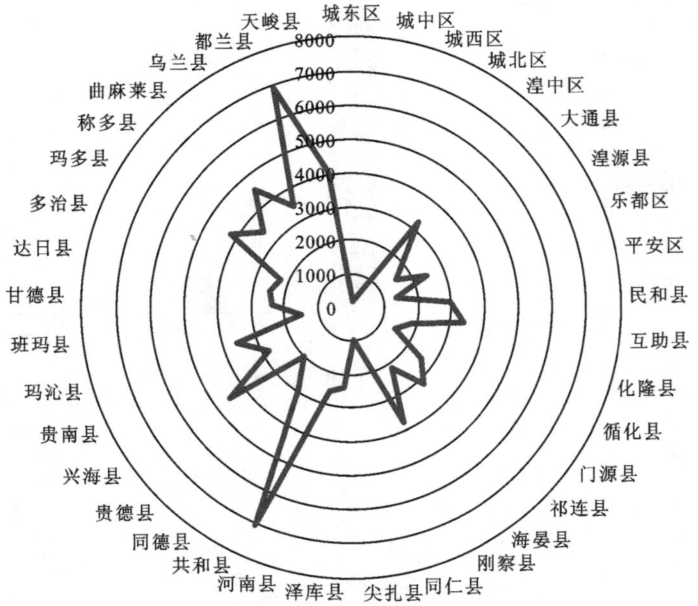

图 7－17　黄河流域各行政区交通运输用地面积分布雷达图

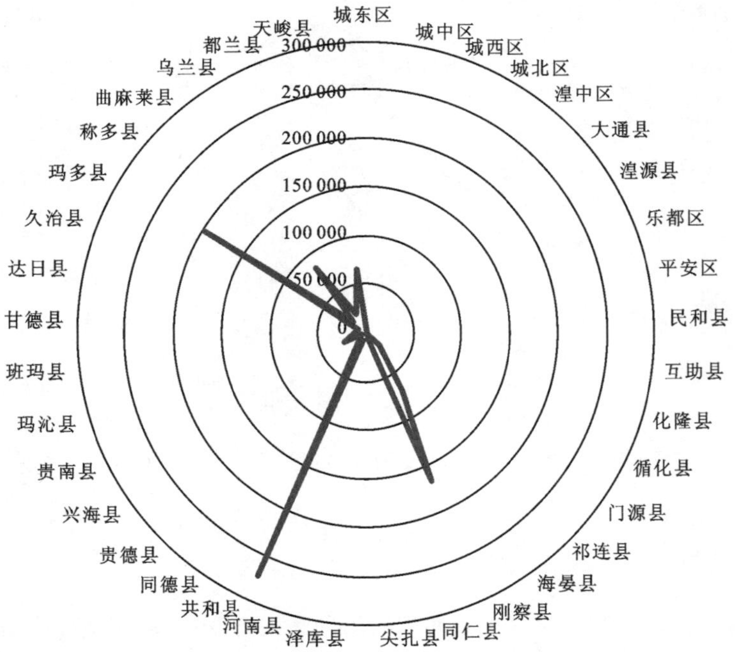

图 7－18　黄河流域各行政区水域用地面积分布雷达图

7.2.2.8　其他土地

黄河流域其他土地面积占全流域总面积的4.31%，占全省其他土地面积的4.13%。从其他土地的利用方式来看，以裸岩石砾地为主，其面积占黄河流域其他土地面积的56.54%；其次是沙地，占黄河流域其他土地面积的23.01%；裸土地、田坎面积相对较小；设施农用地、盐碱地仅有零星分布。

按照行政区划分(图7-19)，都兰县其他土地面积最大，占全流域其他土地面积的43.93%；其次是马兰县，占全流域其他土地面积的6.88%；门源县其他土地面积占全流域其他土地面积的3.9%，排第三位。

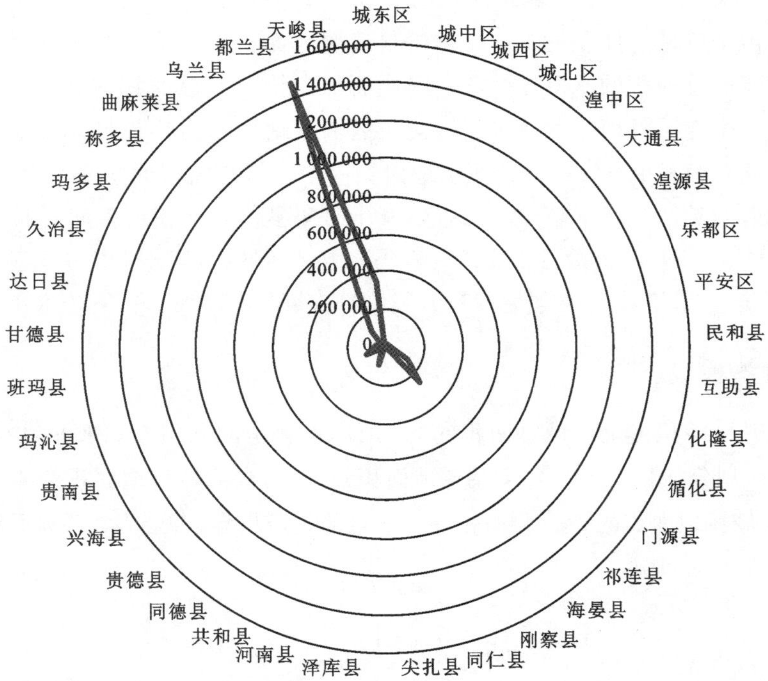

图7-19　黄河流域各行政区其他土地用地面积分布雷达图

7.3　长江流域

7.3.1　长江流域概况

长江流域横跨东经90°33′—122°25′，纵越北纬24°30′—35°45′。长江流域北临黄河流域和淮河流域，南至珠江流域、东南闽浙水系，流域内包含丰富的自然资源。长江流域西源起青藏高原唐古拉山脉，并自西向东穿越中国东部、中部、西部，主要经过西藏、青海省、四川省、贵州省、重庆市、湖北省、湖南省、安徽省、江西省、江苏省、上海市等19个主要省(市),最终于上海市汇入东海。

青海省境内的长江流域主要有三大支流,分别为金沙江石鼓以上流域、金沙江石鼓以下流域和岷沱江流域。省内长江流域贯穿班玛县、达日县、久治县、玛多县、玉树市、杂多县、称多县、治多县、曲麻莱县和格尔木市10个地区。青海省境内的长江流域草地面积最大,分布最广,占全流域总面积的71.24%;湿地面积次之,占全流域总面积的12.74%。

7.3.2 国土利用特征

第三次全国国土调查显示,湿地面积占全流域总面积的12.74%;耕地面积占全流域总面积的0.03%;林地面积占全流域总面积的3.38%;草地面积占全流域总面积的71.22%;城市用地面积占全流域总面积的0.01%;建制镇用地面积占全流域总面积的0.01%;村庄用地面积占全流域总面积的0.03%;采矿用地面积占全流域总面积的0.01%;风景名胜及特殊用地面积占全流域总面积的0.01%;交通运输用地面积占全流域总面积的0.12%;水域面积占全流域总面积的3.23%;其他土地面积占全流域总面积的9.21%。

青海省境内的长江流域下辖10个地区,其中班玛县流域面积占青海省长江流域面积的3.68%,达日县占0.59%,久治县占1.33%,玛多县占0.01%,玉树市占5.17%,杂多县占10.50%,称多县占6.03%,治多县占35.07%,曲麻莱县占18.64%,格尔木市占18.98%。

7.3.2.1 耕地

长江流域耕地面积占全流域总面积的0.03%,从耕地的利用方式来看,均为旱地。

按照行政区划分(图7-20),称多县耕地面积最大,占全流域耕地面积的48.78%;其次是玉树市,占全流域耕地面积的44.44%;排在第三位的是班玛县,占全流域耕地面积的6.78%。

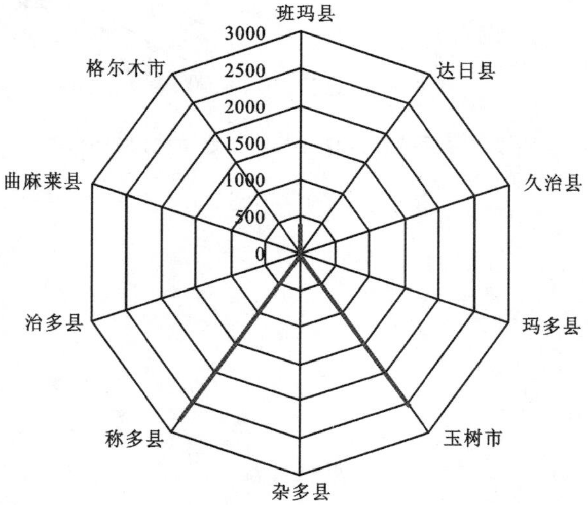

图7-20 长江流域各行政区耕地面积分布雷达图

7.3.2.2 林地

长江流域林地面积占全流域总面积的3.38%。从林地的利用方式来看，以灌木林地为主。灌木林地面积占长江流域林地面积的85.35%，乔木林地面积占长江流域林地面积的13.41%，其他林地面积占长江流域林地面积的1.24%。

按照行政区划分(图7-21)，班玛县林地面积最大，占全流域林地面积的44.62%；其次是玉树市，占全流域林地面积的22.80%；第三是称多县，占全流域林地面积的14.89%。

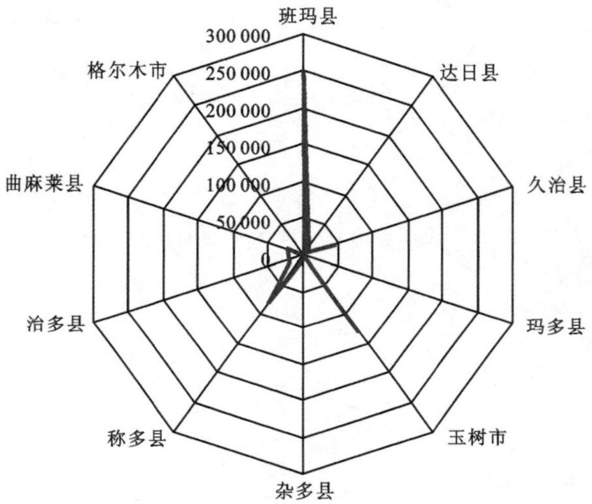

图7-21 长江流域各行政区林地面积分布雷达图

7.3.2.3 草地

长江流域草地面积占全流域总面积的71.24%。从草地的利用方式来看，以天然牧草地为主，其他草地和人工牧草地仅有零星分布。天然牧草地面积占长江流域草地面积的99.98%，其他草地面积占长江流域草地面积的0.01%，人工牧草地面积占长江流域草地面积的0.01%。

按照行政区划分(图7-22)，治多县草地面积最大，占全流域草地面积的38.12%；其次是曲麻莱县，占全流域草地面积的19.99%；第三是格尔木市，占全流域草地面积的15.47%。

7.3.2.4 湿地

长江流域湿地面积占全流域总面积的12.74%。其中，沼泽草地面积占全流域湿地面积的82.00%，内陆滩涂面积占17.67%，沼泽地面积占0.33%。

按照行政区划分(图7-23)，治多县湿地面积最大，占全流域湿地面积的36.75%；其次是曲麻莱县，占全流域湿地面积的25.53%；排在第三位的是杂多县，占全流域湿地面积的20.74%。

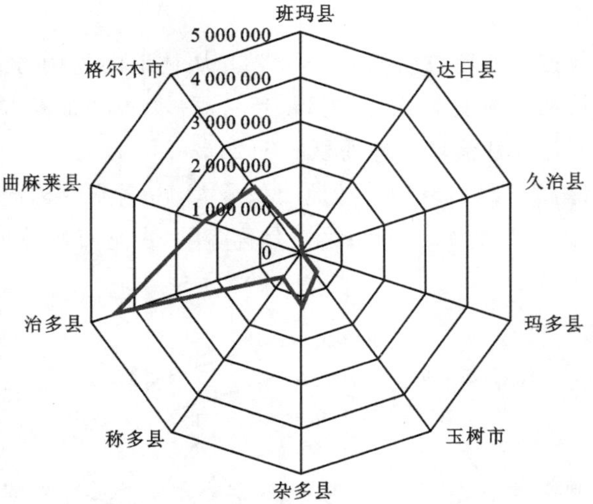

图 7-22 长江流域各行政区草地面积分布雷达图

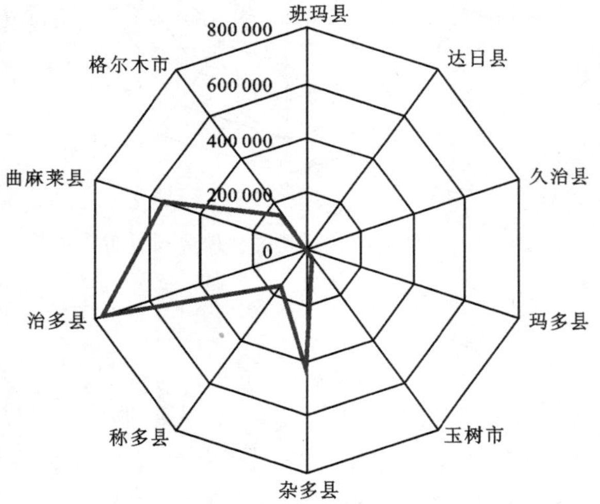

图 7-23 长江流域各行政区湿地面积分布雷达图

7.3.2.5 交通运输用地

长江流域交通运输用地面积占全流域总面积的 0.12%。从交通运输用地的利用方式来看，以公路用地和农村道路用地为主。农村道路用地面积占长江流域交通运输用地面积的 48.40%，公路用地面积占长江流域交通运输用地面积的 42.28%，铁路用地面积占长江流域交通运输用地面积的 8.07%，机场用地面积占长江流域交通运输用地面积的 1.25%。

按照行政区划分(图 7-24)，治多县交通运输用地面积最大，占全流域交通运输用地面积的 25.64%；其次是曲麻莱县，占全流域交通运输用地面积的 17.43%；排在第三位的是称多县，占全流域交通运输用地面积的 15.22%。

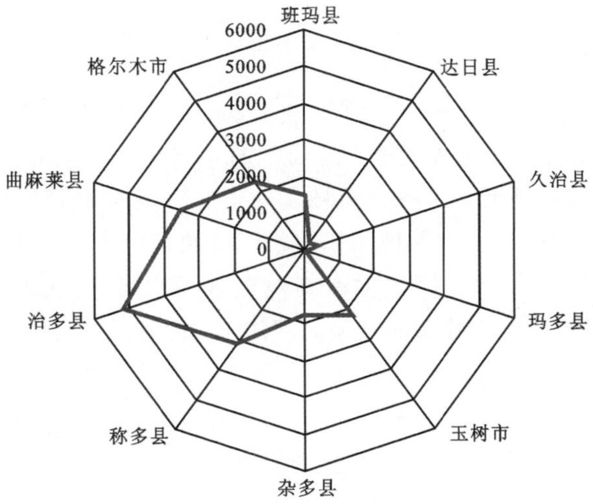

图 7-24　长江流域各行政区交通运输用地面积分布雷达图

7.3.2.6　水域用地

长江流域水域用地面积占全流域总面积的 3.23%。从水域用地的利用方式来看，以湖泊水面为主。湖泊水面面积占长江流域水域用地面积的 43.94%，河流水面面积占长江流域水域用地面积的 32.25%，冰川及永久积雪面积占长江流域水域用地面积的 23.75%，水库水面面积占长江流域水域用地面积的 0.03%，水工建筑用地面积占长江流域水域用地面积的 0.01%，沟渠用地面积占长江流域水域用地面积的 0.01%，坑塘水面面积占长江流域水域用地面积的 0.01%。

按照行政区划分(图 7-25)，治多县水域用地面积最大，占全流域水域用地面积的 42.90%；其次是格尔木市，占全流域水域用地面积的 31.58%；第三是曲麻莱县，占全流域水域用地面积的 10.39%。

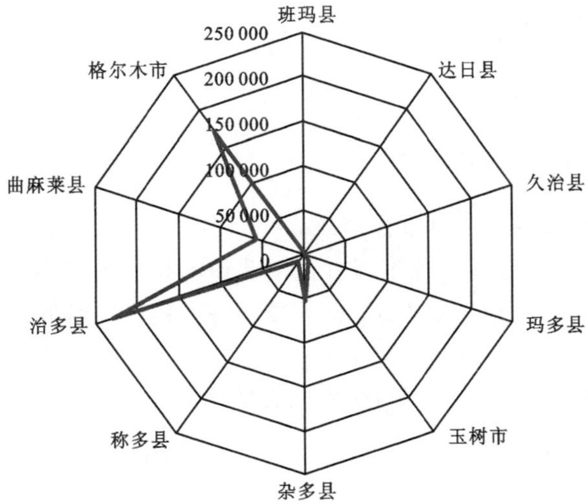

图 7-25　长江流域各行政区水域用地面积分布雷达图

7.3.2.7 其他土地

长江流域其他土地面积占全流域总面积的9.21%。从其他土地的利用方式来看,以裸土地为主。裸土地面积占长江流域其他土地面积的82.33%,裸岩石砾地面积占长江流域其他土地面积的11.79%,沙地面积占长江流域其他土地面积的5.77%,盐碱地面积占长江流域其他土地面积的0.10%,设施农用地面积占长江流域其他土地面积的0.01%。

按照行政区划分(图7-26),格尔木市其他土地面积最大,占全流域其他土地面积的65.62%;其次是治多县,占全流域其他土地面积的18.37%;第三是曲麻莱县,占全流域其他土地面积的6.95%。

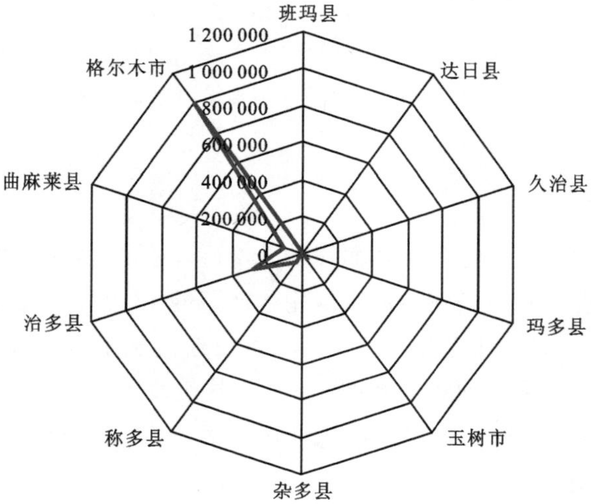

图7-26 长江流域各行政区其他土地面积分布雷达图

7.4 西南诸河流域

7.4.1 西南诸河流域概况

青海省西南诸河流域主要是澜沧江流域,水资源分区面积为3 700 952.52hm^2,主要支流有子曲、解曲和吉曲。澜沧江发源于唐古拉山北麓的拉宁查日山,河源海拔5388m,其干流在青海省境内,始称扎曲,经格尔木市、囊谦县、玉树市、杂多县和治多县流入西藏。西南诸河流域境内多年平均年降水量为591.7mm,地表水资源量为132.11亿m^3,地下水资源量为53.9亿m^3。西南诸河流域总面积占全省国土面积的5.31%。

7.4.2 国土利用特征

青海省第三次全国国土调查结果显示,湿地面积占全流域总面积的4.32%,耕地面积占全流域总面积的0.28%，林地面积占全流域总面积的14.62%，草地面积占全流域总面积的68.84%，建制镇用地面积占全流域总面积的0.03%，采矿用地面积占全流域总面积的0.01%，村庄用地面积占全流域总面积的0.10%，风景名胜及特殊用地面积占全流域总面积的0.01%，交通运输用地面积占全流域总面积的0.17%，水域及水利设施用地面积占全流域总面积的1.39%，其他土地面积占全流域总面积的10.23%。西南诸河流域国土利用一级分类面积见图7-27。

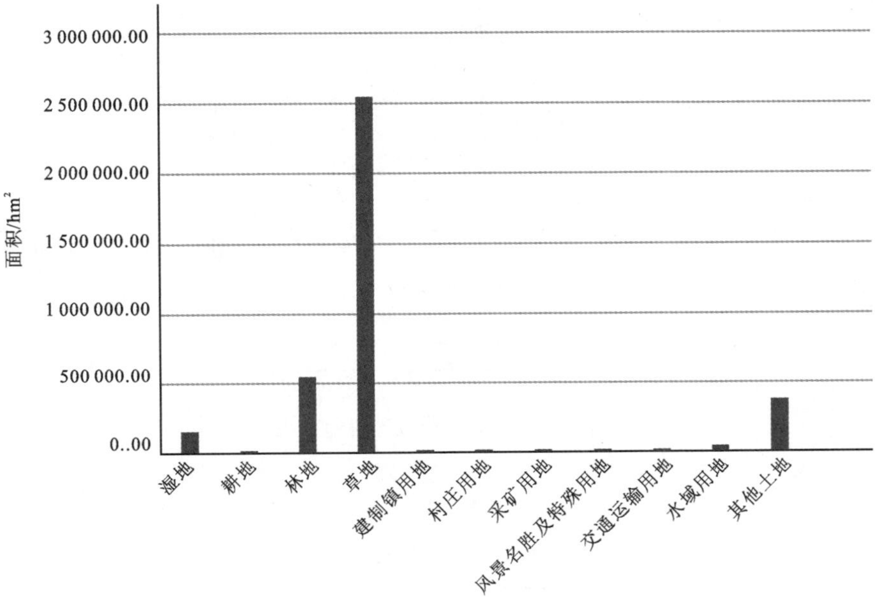

图7-27 西南诸河流域国土利用一级分类面积

西南诸河流域下辖5个县(市)，其中，格尔木市流域面积占西南诸河流域总面积的0.01%，玉树市占32.57%，杂多县占48.92%，治多县占0.02%，囊谦县占32.57%。

7.4.2.1 耕地

西南诸河流域耕地面积占全省耕地面积的1.87%。从耕地的利用方式来看，以旱地为主。旱地面积占西南诸河流域耕地面积的99.67%，水浇地面积占西南诸河流域耕地面积的0.33%。

按照行政区划分(图7-28)，囊谦县耕地面积最大，占全流域耕地面积的98.14%；其次是玉树市，占全流域耕地面积的1.84%；杂多县耕地面积占全流域耕地面积的0.02%，排第三位；格尔木市和治多县无耕地地类。

7.4.2.2 林地

西南诸河流域林地面积占全省林地面积的11.75%。从林地的利用方式来看，以灌木林地和乔木林地为主，其他林地的数量最少。灌木林地面积占西南诸河流域林地面积的67.86%，乔木林地面积占西南诸河流域林地面积的30.59%，其他林地面积占西南诸河流域林地面积的1.55%。

按照行政区划分(图7-29)，囊谦县林地面积最大，占全流域林地面积的59.36%；其次是玉树市，占全流域林地面积的28.07%；杂多县林地面积占全流域林地面积的12.57%，排第三位；格尔木市和治多县无林地地类。

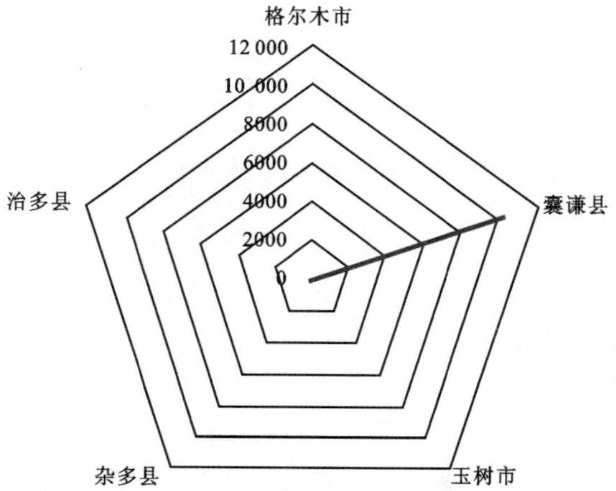

图7-28　西南诸河流域各行政区耕地面积分布雷达图

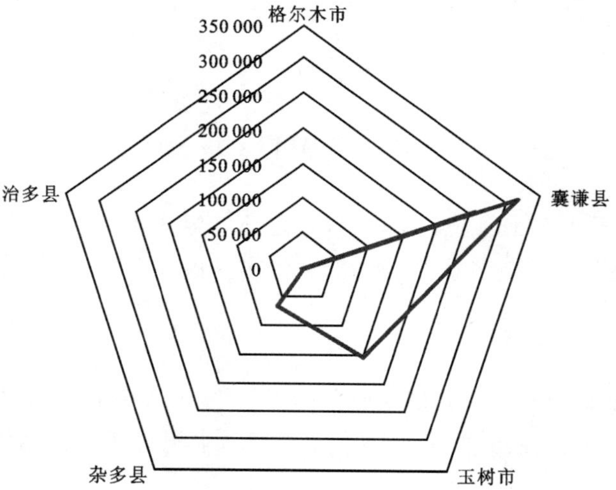

图7-29　西南诸河流域各行政区林地面积分布雷达图

7.4.2.3　草地

西南诸河流域草地面积占全省草地面积的6.46%。从草地的利用方式来看，以天然牧草地为主，其面积占西南诸河流域草地面积的99.99%，其他草地和人工牧草地仅有零星分布。

按照行政区划分(图 7 - 30),杂多县草地面积最大,占全流域草地面积的 51.30%;其次是囊谦县,占全流域草地面积的 29.97%;玉树市草地面积占全流域草地面积的 18.72%,排第三位;治多县草地面积占全流域草地面积的 0.01%;格尔木市草地仅零星分布。

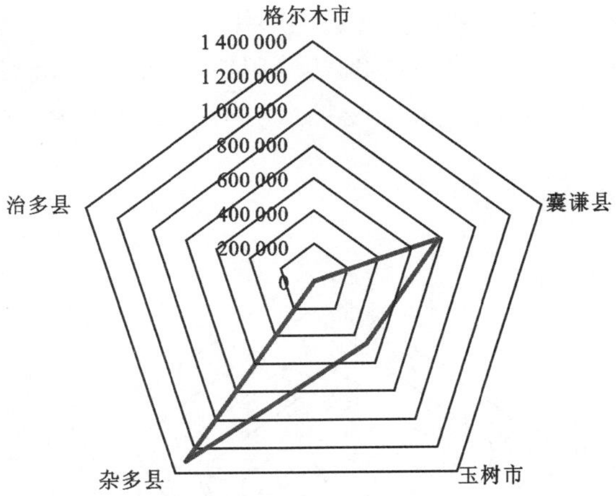

图 7 - 30　西南诸河流域各行政区草地面积分布雷达图

7.4.2.4　湿地

青海省第三次全国国土调查结果显示,西南诸河流域湿地利用类型中缺少红树林地、森林沼泽、灌丛沼泽、沿海滩涂、沼泽地。沼泽草地面积占全流域湿地面积的 90.69%,内陆滩涂面积占全流域湿地面积的 9.31%。湿地面积结构见图 7 - 31。

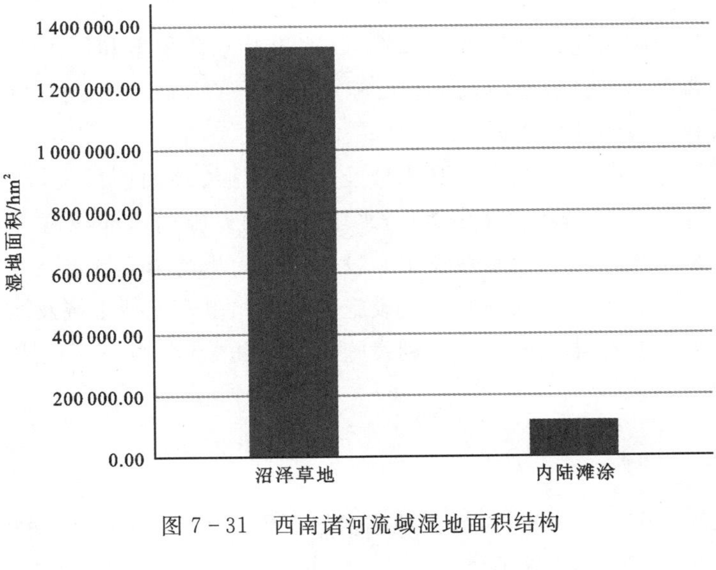

图 7 - 31　西南诸河流域湿地面积结构

7.4.2.5 交通运输用地

从交通运输用地的利用方式来看，以公路用地和农村道路用地为主，其面积分别占西南诸河流域交通运输用地面积的 41.20％和 58.80％。

按照行政区划分(图 7－32)，杂多县交通运输用地面积最大，占全流域交通运输用地面积的 41.85％；其次是囊谦县，占全流域交通运输用地面积的 37.36％；玉树市交通运输用地面积占全流域交通运输用地面积的 20.80％，排第三位；格尔木市和治多县在西南诸河流域中无交通运输用地分布。

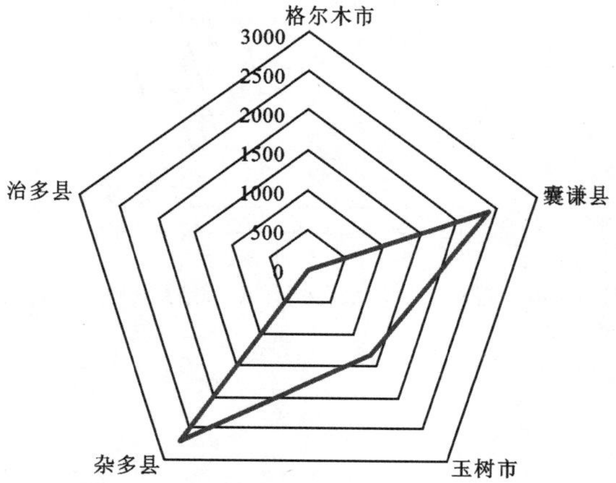

图 7－32 西南诸河流域各行政区交通运输用地面积分布雷达图

7.4.2.6 水域及水利设施用地

从水域及水利设施用地的利用方式来看，以冰川及永久积雪和河流水面为主。冰川及永久积雪面积占西南诸河流域水域及水利设施用地面积的 35.12％，河流水面面积占西南诸河流域水域及水利设施用地面积的 62.83％。

按照行政区划分(图 7－33)，杂多县水域及水利设施用地面积最大，占全流域水域及水利设施用地面积的 62.54％；其次是囊谦县，水域及水利设施用地面积占全流域水域及水利设施用地面积的 27.37％；玉树市水域及水利设施用地面积占全流域水域及水利设施用地面积的 9.84％，排第三位；治多县水域及水利设施用地面积占全流域水域及水利设施用地面积的 0.14％，排第四位；格尔木市水域及水利设施用地面积最少，占全流域水域及水利设施用地面积的 0.12％。

7.4.2.7 其他土地

从其他土地的利用方式来看，以裸土地和裸岩石砾地为主。裸土地面积最大，占全流域其他土地面积的 52.77％；裸岩石砾地面积次之，占全流域其他土地面积的 47.21％。

按照行政区划分(图 7-34),杂多县其他土地面积最大,占全流域其他土地面积的 69.89%;其次是囊谦县,占全流域其他土地面积的 20.22%;玉树市其他土地面积占全流域其他土地面积的 9.77%,排第三位;治多县其他土地面积占全流域其他土地面积的 0.12%,排第四位;格尔木市其他土地面积最小。

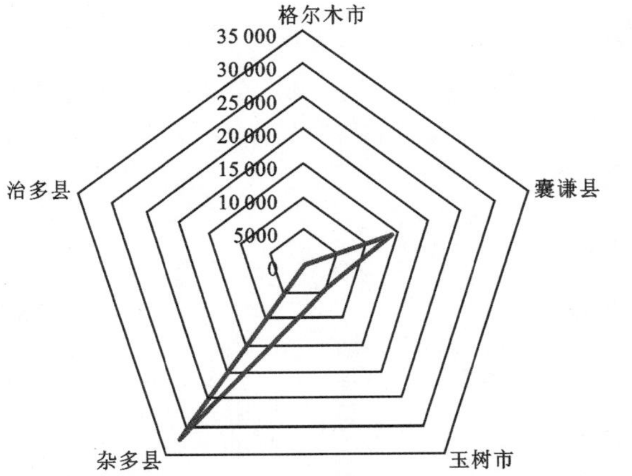

图 7-33　西南诸河流域各行政区水域及水利设施用地面积分布雷达图

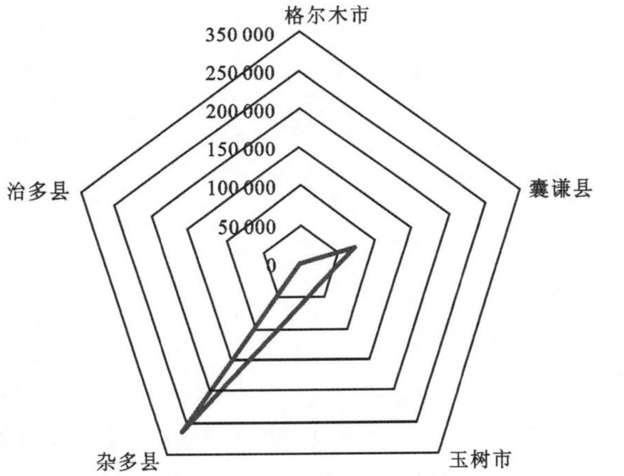

图 7-34　西南诸河流域各行政区其他土地面积分布雷达图

7.5　西北诸河流域

7.5.1　西北诸河流域概况

青海省境内西北诸河流域总面积占全省国土面积的 47.61%。西北诸河流域境内多年平均年降水量为 264.4mm,地表水资源量为 234.05 亿 m^3,地下水资源量为 133.69 亿 m^3。

青海省境内西北诸河流域主要有柴达木盆地地区、羌塘高原内陆区、河西内陆河区和青海湖水系4个支流。其中柴达木盆地地区面积最大，其次是青海湖水系，排名第三的是羌塘高原内陆区，面积最小的是河西内陆河区。

7.5.2 国土利用特征

青海省第三次全国国土调查结果显示，耕地面积占全流域总面积的0.21%，园地面积占0.17%，林地面积占2.70%，草地面积占44.38%，交通运输用地面积占0.15%，水域及水利设施用地面积占4.52%，其他土地面积占43.13%。西北诸河流域内国土利用一级分类面积如图7-35所示。

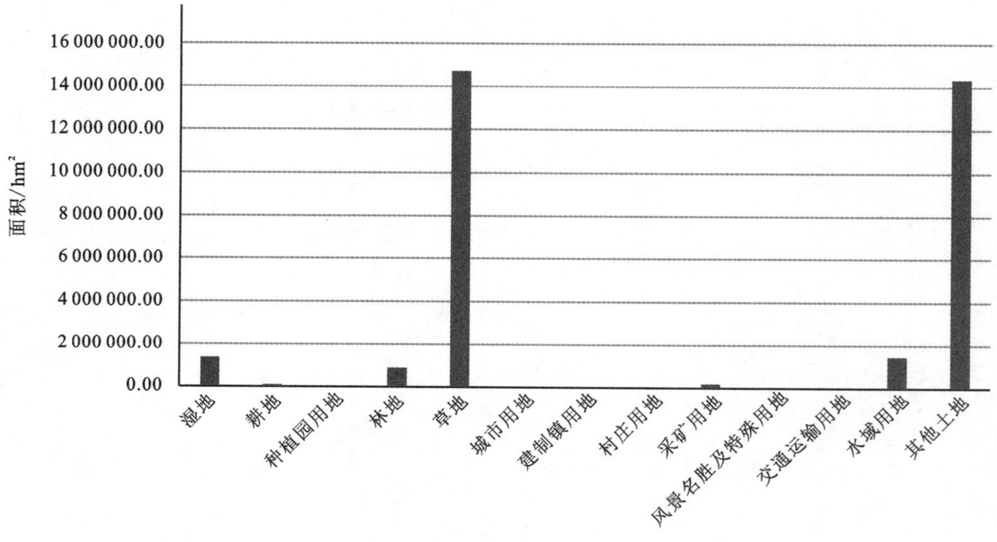

图7-35　西北诸河流域国土利用一级分类面积

西北诸河流域下辖19个市、县、行委，流经湟源县、大通县、门源县、祁连县、海晏县、刚察县、共和县、兴海县、玛沁县、玛多县、治多县、曲麻莱县、格尔木市、德令哈市、茫崖市、乌兰县、都兰县、天峻县和大柴旦行政委员会。其中格尔木市流域面积占地面积最大，占西北诸河流域总面积的26.45%；其次是茫崖市，占西北诸河流域总面积的15.04%；再次是都兰县，占西北诸河流域总面积的13.64%；大通县、玛沁县、湟源县流域面积较少，与西北诸河流域总面积之比为0，几乎可以忽略不计。

7.5.2.1 耕地

西北诸河流域耕地面积占全流域总面积的0.21%。从耕地的利用方式来看，以水浇地为主。水浇地面积占西北诸河流域耕地面积的82.95%，旱地面积占西北诸河流域耕地面积的17.05%。

按照行政区划分(图7-36)，都兰县耕地面积最大，占全流域耕地面积的35.98%；其次是德令哈市，占全流域耕地面积的 16.54%；共和县耕地面积占全流域耕地面积的 15.63%，排第三位；大通县、湟源县、兴海县、玛沁县、玛多县、治多县、曲麻莱县、天峻县无耕地地类。

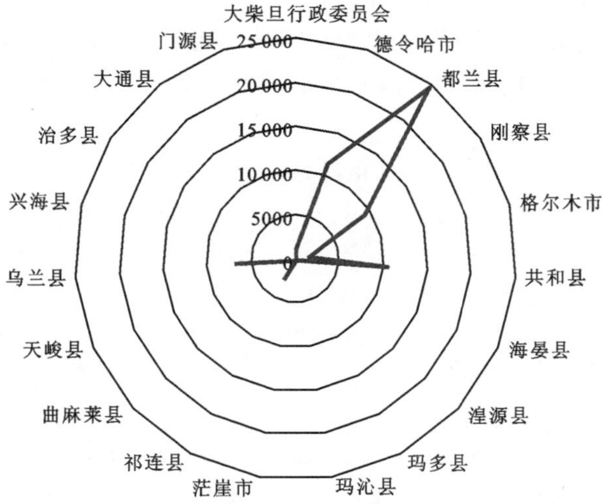

图 7-36　西北诸河流域各行政区耕地面积分布雷达图

7.5.2.2　园地

西北诸河流域园地面积占全流域总面积的 0.17%。从园地的利用方式来看，以其他园地为主，果园仅有零星分布。其他园地面积占西北诸河流域园地面积的 99.98%。

按照行政区划分(图 7-37)，都兰县园地面积最大，占全流域园地面积的 42.56%；其次是德令哈市，占全流域园地面积的 25.61%；格尔木市园地面积占全流域园地面积的 24.61%，排第三位；乌兰县园地面积占全流域园地面积的 5.05%；大柴旦行政委员会园地面积占全流域园地面积的 2.17%；西北诸河流域内其他县(市)无园地分布。

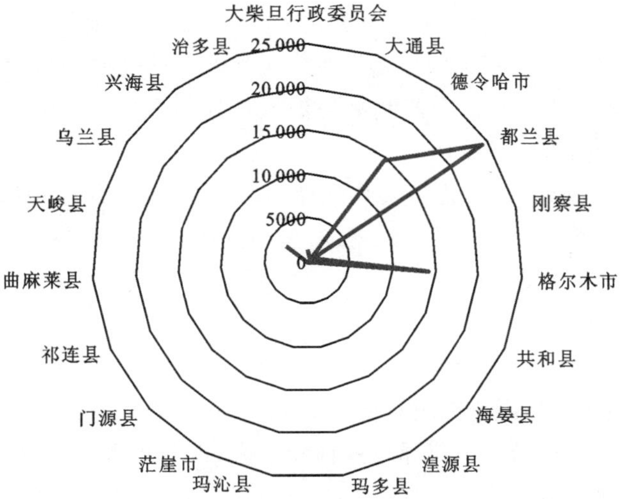

图 7-37　西北诸河流域各行政区园地面积分布雷达图

7.5.2.3 林地

西北诸河流域林地面积占全流域总面积的2.70％。从林地的利用方式来看，以灌木林地为主，乔木林地和其他林地的数量较少。灌木林地面积占西北诸河流域林地面积的86.06％，乔木林地面积占西北诸河流域林地面积的8.29％，其他林地面积占西北诸河流域林地面积的5.65％。

按照行政区划分(图7-38)，格尔木市林地面积最大，占全流域林地面积的25.52％；其次是都兰县，占全流域林地面积的22.71％；祁连县林地面积占全流域林地面积的14.62％。

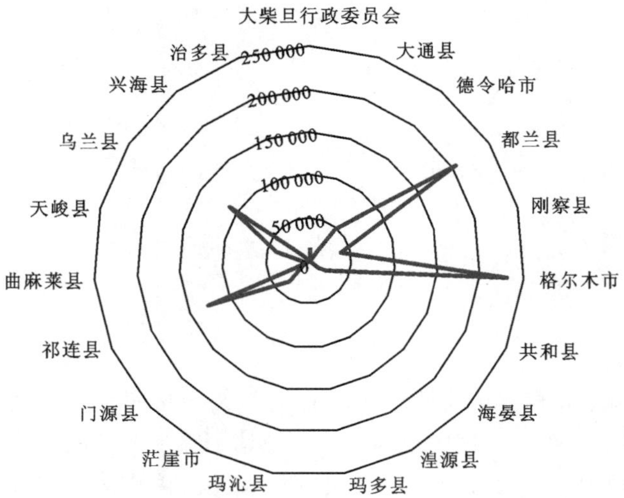

图7-38 西北诸河流域各行政区林地面积分布雷达图

7.5.2.4 草地

西北诸河流域草地面积占全流域总面积的44.38％。从草地的利用方式来看，以天然牧草地为主，其他草地和人工牧草地的数量最少。天然牧草地的面积最大，占西北诸河流域草地面积的82.36％；其他草地面积占西北诸河流域草地面积的17.56％；人工牧草地面积占西北诸河流域草地面积的0.08％。

按照行政区划分(图7-39)，都兰县草地面积最大，占全流域草地面积的17.26％；其次是格尔木市，占全流域草地面积的13.59％；治多县草地面积占全流域草地面积的12.09％，排第三位；大通县草地面积最少。

7.5.2.5 湿地

西北诸河流域湿地面积占全流域总面积的4.11％。从湿地的利用方式来看，以沼泽草地和内陆滩涂为主，沼泽地较少。沼泽草地面积最大，占西北诸河流域湿地面积的55.60％；其次是内陆滩涂，占西北诸河流域湿地面积的39.00％，沼泽地的面积最少，占西北诸河流域湿地面积的5.40％。

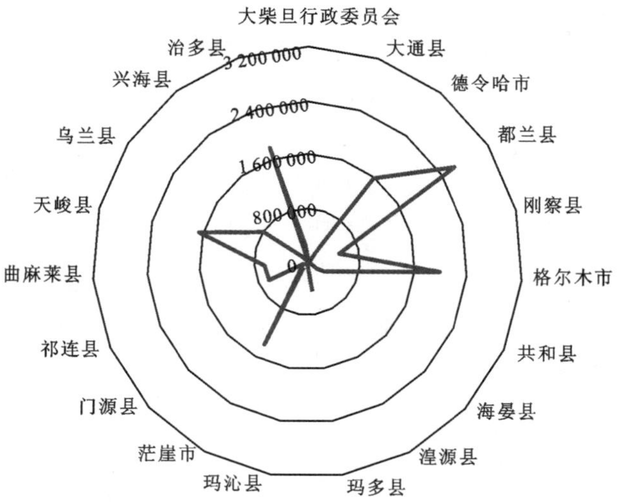

图 7-39　西北诸河流域各行政区草地面积分布雷达图

7.5.2.6　交通运输用地

西北诸河流域交通运输用地面积占全流域国土总面积的 0.15%。从交通运输用地的利用方式来看，以公路用地和农村道路为主。公路用地面积占西北诸河流域交通运输用地面积的 45.42%，农村道路面积占西北诸河流域交通运输用地面积的 37.07%，铁路用地面积占西北诸河流域交通运输用地面积的 15.24%，机场用地面积占西北诸河流域交通运输用地面积的 2.07%，港口码头用地、管道运输用地、轨道交通用地的面积较小。

按照行政区划分(图 7-40)，格尔木市交通运输用地面积最大，占全流域交通运输用地面积的 18.41%；其次是都兰县，占全流域交通运输用地面积的 14.06%；大柴旦行政委员会交通运输用地面积占全流域交通运输用地面积的 10.69%；排第三位；茫崖市交通运输用地面积占全流域交通运输用地面积的 10.39%；德令哈市交通运输用地面积占全流域交通运输用地面积的 10.32%。

7.5.2.7　水域及水利设施用地

西北诸河流域水域及水利设施用地面积占全流域总面积的 4.52%。从水域及水利设施用地的利用方式来看，以湖泊水面为主，冰川及永久积雪面积次之。湖泊水面面积最大，占西北诸河流域水域及水利设施用地面积的 73.28%；冰川及永久积雪面积占西北诸河流域水域及水利设施用地面积的 17.37%；河流水面面积占西北诸河流域水域及水利设施用地面积的 8.08%；水库水面面积占西北诸河流域水域及水利设施用地面积的 1.01%。坑塘水面、沟渠、水工建筑用地的面积较少。

按照行政区划分(图 7-41)，格尔木市水域及水利设施用地面积最大，占全流域水域及水利设施用地面积的 25.50%；其次是治多县，其水域及水利设施用地面积占全流域水域及水利设施用地面积的18.93%；共和县水域及水利设施用地面积占全流域水域及水利设施用地面积的16.09%，排第三位。

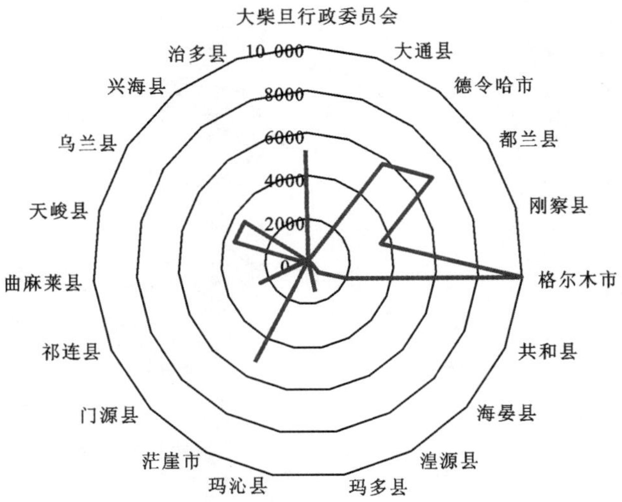

图7-40　西北诸河流域各行政区交通运输用地面积分布雷达图

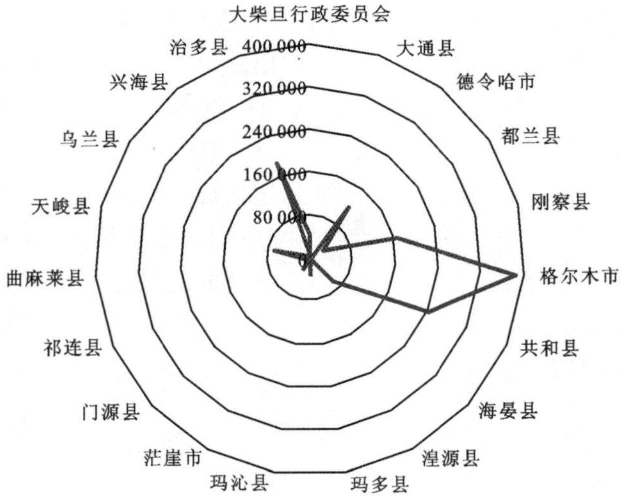

图7-41　西北诸河流域各行政区水域及水利设施用地面积分布雷达图

7.5.2.8　其他土地

西北诸河流域其他土地面积占全流域总面积的43.13%。从其他土地的利用方式来看，以裸土地为主，其次是裸岩石砾地，空闲地面积较小。裸土地面积最大，占西北诸河流域其他土地面积的41.50%；裸岩石砾地面积占西北诸河流域其他土地面积的22.61%；盐碱地面积占西北诸河流域其他土地面积的20.43%；沙地面积占西北诸河流域其他土地面积的15.41%。空闲地、设施农用地、田坎的面积较小。

按照行政区划分(图 7 - 42),格尔木市其他土地面积最大,占全流域其他土地面积的 38.83%;其次是茫崖市,占全流域其他土地面积的 24.36%;大柴旦行政委员会其他土地面积占全流域其他土地面积的 12.73%,排第三位。

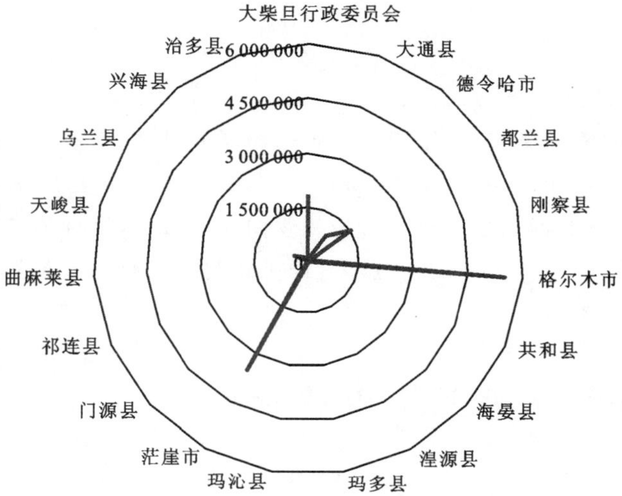

图 7 - 42　西北诸河流域各行政区其他土地面积分布雷达图

8 青海省典型地类利用空间分布特征

本章主要分析了青海省耕地、林地、草地和城镇建设用地，在海拔2000m以下、2000～2500m、2500～3000m、3000～3500m、3500m以上的垂直分异规律，其中按照传统的脑山、浅山、川水地貌对耕地进行了进一步细分。同时，分析了东部土地利用区、环青海湖土地利用区、柴达木土地利用区和青南土地利用区的国土资源利用特征。

8.1 青海省耕地垂直分布特征

8.1.1 耕地垂直分布特征

青海省海拔在2000m以下的耕地面积为10 843.31hm²，占青海省耕地总面积的1.92%；海拔在2000～2500m之间的耕地面积为112 820.12hm²，占耕地总面积的20.00%；海拔在2500～3000m之间的耕地面积为251 210.75hm²，占耕地总面积的44.53%；海拔在3000～3500m之间的耕地面积为172 133.77hm²，占耕地总面积的30.52%；海拔在3500m以上的耕地面积17 070.31hm²，占耕地总面积的3.03%(表8－1)。

表8－1 青海省不同海拔耕地面积分布统计

行政区	海拔/m					合计/hm²
	＜2000	2000～2500	2500～3000	3000～3500	＞3500	
	面积/hm²					
西宁市	0.00	29 157.52	84 035.88	13 776.24	0.00	126 969.64
海东市	10 833.27	73 339.61	97 543.57	14 771.11	0.00	196 487.56
海北州	0.00	35.90	26 052.92	32 053.75	0.00	58 142.57
黄南州	10.04	4 039.44	7 216.85	9 818.12	511.82	21 596.27
海南州	0.00	6 247.65	17 361.29	74 757.12	630.23	98 996.29
果洛州	0.00	0.00	0.00	522.31	72.25	594.56
玉树州	0.00	0.00	0.00	39.26	15 856.01	15 895.27
海西州	0.00	0.00	19 000.24	26 395.86	0.00	45 396.10
青海省	10 843.31	112 820.12	251 210.75	172 133.77	17 070.31	564 078.26

青海省的耕地主要分布在海拔2000～3500m之间的区域，其中海拔在2500～3000m区域的耕地分布最多，2000m以下和3500m以上的耕地分布很少(图8-1)。

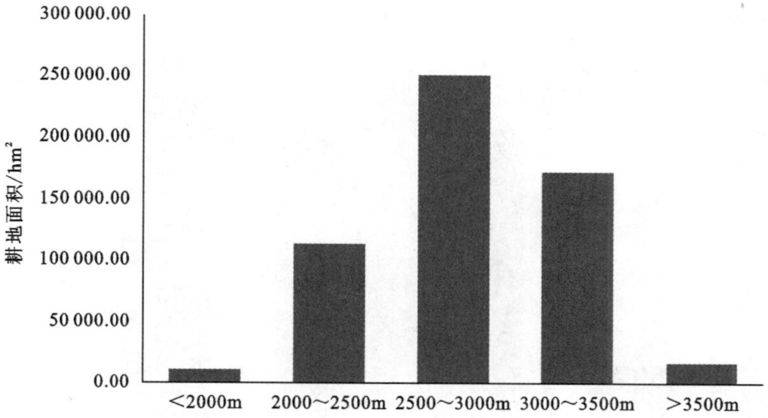

图8-1 青海省不同海拔耕地分布

8.1.2 水浇地垂直分布特征

海拔在2000m以下的水浇地面积为9 856.98hm²，占水浇地总面积的5.57%；海拔在2000～2500m之间的水浇地面积为50 359.45hm²，占水浇地总面积的28.46%；海拔在2500～3000m之间的水浇地面积为51 836.37hm²，占水浇地总面积的29.29%；海拔在3000～3500m之间的水浇地面积为64 858.63hm²，占水浇地总面积的36.65%；海拔在3500m以上的水浇地面积为39.54hm²，占水浇地总面积的0.03%(表8-2)。

表8-2 青海省不同海拔水浇地面积分布统计

行政区	海拔/m					合计/hm²
	<2000	2000～2500	2500～3000	3000～3500	>3500	
	面积/hm²					
西宁市	0.00	17 647.69	9 087.81	622.47	0.00	27 357.97
海东市	9 846.94	22 630.26	3 015.29	82.96	0.00	35 575.45
海北州	0.00	5.94	3 673.06	12 453.73	0.00	16 132.73
黄南州	10.04	3 911.94	1 044.44	0.18	0.00	4 966.60
海南州	0.00	6 163.62	16 015.53	25 299.32	0.16	47 478.63
果洛州	0.00	0.00	0.00	4.11	4.16	8.27
玉树州	0.00	0.00	0.00	0.00	35.22	35.22
海西州	0.00	0.00	19 000.24	26 395.86	0.00	45 396.10
青海省	9 856.98	50 359.45	51 836.37	64 858.63	39.54	176 950.97

青海省的水浇地主要分布在海拔在2000～3500m之间的区域，其中海拔在3000～3500m的水浇地分布最多，在2000m以下和3500m以上的水浇地分布很少(图8-2)。

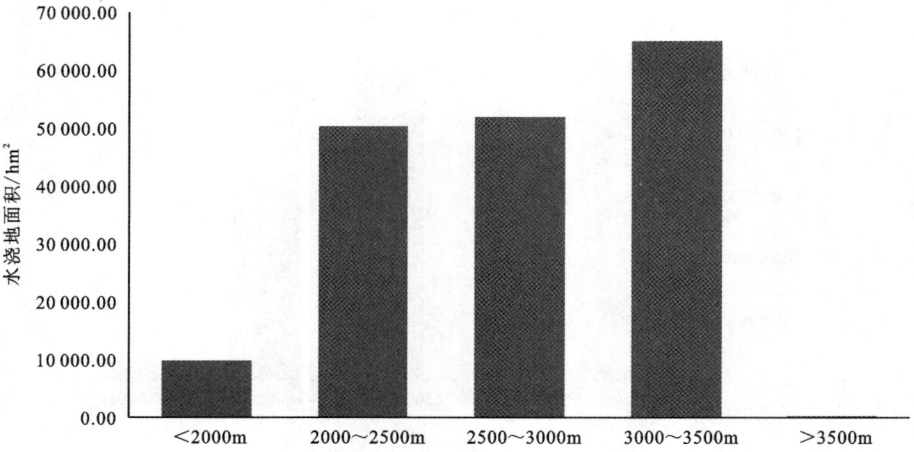

图8-2 青海省不同海拔水浇地分统计

8.1.3 旱地垂直分布特征

青海省的旱地总面积为387 127.29hm²，其中海拔在2000m以下的旱地面积为986.33hm²，占旱地总面积的0.26%；海拔在2000～2500m之间的旱地面积为62 460.67hm²，占旱地总面积的16.13%；海拔在2500～3000m之间的旱地面积为199 374.38hm²，占旱地总面积的51.50%；海拔在3000～3500m之间的旱地面积为107 275.14hm²，占旱地总面积的27.71%；海拔在3500m以上的旱地面积为17 030.77hm²，占旱地总面积的4.40%(表8-3)。

表8-3 青海省不同海拔旱地分布统计

行政区	海拔/m					合计/hm²
	<2000	2000～2500	2500～3000	3000～3500	>3500	
	面积/hm²					
西宁市	0.00	11 509.83	74 948.07	13 153.77	0.00	99 611.67
海东市	986.33	50 709.35	94 528.28	14 688.15	0.00	160 912.11
海北州	0.00	29.96	22 379.86	19 600.02	0.00	42 009.84
黄南州	0.00	127.50	6 172.41	9 817.94	511.82	16 629.67
海南州	0.00	84.03	1 345.76	49 457.80	630.07	51 517.66
果洛州	0.00	0.00	0.00	518.20	68.09	586.29
玉树州	0.00	0.00	0.00	39.26	15 820.79	15 860.05
海西州	0.00	0.00	0.00	0.00	0.00	0.00
青海省	986.33	62 460.67	199 374.38	107 275.14	17 030.77	387 127.29

青海省的旱地主要分布在海拔 2000～3500m 之间的区域，其中海拔在 2500～3000m 之间的旱地面积分布最多，占全省旱地总面积的一半以上；在 2000m 以下和 3500m 以上的旱地分布很少(图 8－3)。

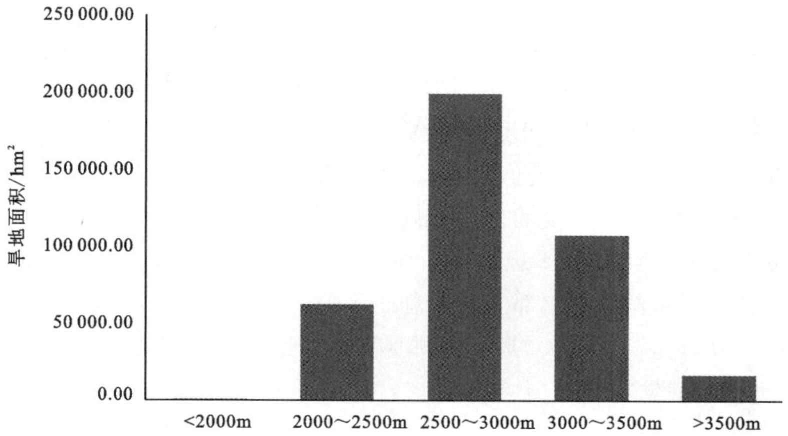

图 8－3 青海省不同海拔旱地分布

8.1.4 脑山地区耕地分布特征

黄河水利委员会 1954 年编制的《黄河流域规划技术报告》将青海东部的水土流失地区划分为黄土丘陵沟壑区第四副区、土石山区(含石质山岭林区)和高地草原区。1987 年完成的《青海省东部黄土高原区水土保持规划》仍按此划分，但将黄土丘陵沟壑区第四副区进一步划分为河谷川台(川水)、浅山丘陵和脑山 3 个亚区。

青海省分为西部牧业和东部农业两大区，东部农业区以 2.9％的土地面积，聚集了全省 73％的耕地，是青海农业发展主体区。青海省东部农业区指日月山以东的黄河十大主要支流流域的大部分地区，总面积为 3 523 456.46hm²。行政区划上包括西宁市的 7 个区(县)(城东区、城中区、城西区、城北区、湟中区、大通县、湟源县)、海东市的 6 个区(县)(乐都区、平安区、民和县、互助县、化隆县、循化撒县)以及海北州的门源县、黄南州的同仁县和尖扎县、海南州的贵德县等，共 17 个区(县)。青海省东部依海拔高程分为三大类地区，脑山地区(2800m 以上)、浅山地区(2000～2800m)和川水地区(1650～2000m)，其中脑山地区作为水源涵养区以占比 22％的土地整体发展生态林业；浅山地区以占比 68％的土地支撑着国家退耕还林还草生态战略发展需求，该地区清洁无污染的空气及水源保证了浅山地区基于农业本底、生态林草发展农林牧复合型农业产业；川水地区土地狭小、环境良好，以占比 10％的土地承载了城市区的发展空间。

8.1.4.1 脑山地区的特征

脑山多指地处气候较寒冷、农作物不易生长的地方，海拔在 2800m 以上。脑山地区总面积为 2 193 064.87hm²，占东部农业区总面积的 62.24％，主要分布在东部农业区的5 个市(州)、13 个区(县)，分别是西宁市的 3 个区(县)(湟中区、大通县、湟源县)、海东市的6 个区

(县)(乐都区、平安区、民和县、互助县、化隆县、循化县)以及海北州的门源县、黄南州的同仁县和尖扎县、海南州的贵德县。因海拔高能截留部分大气降水,气候冷湿,自然植被受人为影响小,保存尚好,水土流失轻微,局部有中度侵蚀。土壤中有机质因冷湿气候而分解缓慢,有机质含量高,土壤肥沃。但气温低,积温不高,大于或等于0℃期间的积温小于2000℃,无霜期短,作物生长期短,易受霜冻危害,畜牧业发展条件优越。

脑山地区地势较高,多为黑色、褐色土壤,土地肥沃。低缓零星分布的梁状丘,被宽浅沟谷(掌形地、杖形地等)分割,切割深度为250~400m,高出附近河面150~300m。在西宁盆地西南边缘,谷宽为500~800m,沟底平坦,谷坡坡度为10°~20°,山脊山梁坡度在5°左右,多垦为耕地。上覆黄土、谷宽沟浅的低山丘陵,山体浑圆,波状起伏,冲沟切割不深,沟谷横断面呈"U"形和半弧形。沟底较平坦,土壤、地形、气候均宜于农耕。其特点是:脑山地区为湟水支流源头地区,其面积约占东部农业区总面积的1/3,呈山地地貌,植被发育较好,局部山坡生长次生林,放牧草场占很大的比重,耕垦轻微,地广人稀,降水丰富,是流域地表水主要产流区和湟水支流的发源地。

8.1.4.2 脑山地区的耕地分布

脑山地区共有耕地面积128 028.91hm²(其中水浇地6 247.19hm²、旱地121 781.72hm²),占全省耕地面积的22.70%,占脑山地区总面积的5.84%,分布的高程范围在2800~3600m之间,大部分耕地分布在高程为2800~3000m之间的区域(表8-4)。

表8-4 脑山地区耕地面积分布统计

行政区	区(县)	高程分级/m	耕地(01)	水田(0101)	水浇地(0102)	旱地(0103)
			面积/hm²			
西宁市	湟中区	2800~3000	11 777.43	0.00	2.92	11 774.51
		3000~3200	1 166.53	0.00	0.00	1 166.53
		3200~3600	42.87	0.00	0.00	42.87
		小计	12 986.83	0.00	2.92	12 983.91
	大通县	2800~3000	12 262.14	0.00	1.18	12 260.96
		3000~3200	1 604.82	0.00	0.00	1 604.82
		3200~3600	11.93	0.00	0.00	11.93
		小计	13 878.89	0.00	1.18	13 877.71
	湟源县	2800~3000	7 101.62	0.00	3 976.86	3 124.76
		3000~3200	7 464.47	0.00	598.10	6 866.37
		3200~3600	3 485.62	0.00	24.37	3 461.25
		小计	18 051.71	0.00	4 599.33	13 452.38

续表 8-4

行政区	区(县)	高程分级/m	耕地(01)	水田(0101)	水浇地(0102)	旱地(0103)
			面积/hm^2			
海东市	乐都区	2800～3000	4 234.77	0.00	0.02	4 234.75
		3000～3200	125.80	0.00	0.35	125.45
		3200～3600	0.01	0.00	0.00	0.01
		小计	4 360.58	0.00	0.37	4 360.21
	平安区	2800～3000	3 081.46	0.00	0.00	3 081.46
		3000～3200	174.70	0.00	0.07	174.63
		3200～3600	11.42	0.00	0.00	11.42
		小计	3 267.58	0.00	0.07	3 267.51
	民和县	2800～3000	3.43	0.00	0.00	3.43
		小计	3.43	0.00	0.00	3.43
	互助县	2800～3000	18 185.20	0.00	2.66	18 182.54
		3000～3200	3 775.94	0.00	0.00	3 775.94
		3200～3600	117.31	0.00	0.00	117.31
		小计	22 078.45	0.00	2.66	22 075.79
	化隆县	2800～3000	17 101.71	0.00	231.75	16 869.96
		3000～3200	9 077.46	0.00	76.33	9 001.13
		3200～3600	1 205.27	0.00	4.75	1 200.52
		小计	27 384.44	0.00	312.83	27 071.61
	循化县	2800～3000	1 422.28	0.00	96.06	1 326.22
		3000～3200	283.20	0.00	1.46	281.74
		小计	1 705.48	0.00	97.52	1 607.96
海北州	门源县	3000～3500	17 905.50	0.00	711.29	17 194.21
		小计	17 905.50	0.00	711.29	17 194.21
黄南州	同仁县	3000～3500	2 634.32	0.00	0.03	2 634.29
		小计	2 634.32	0.00	0.03	2 634.29
	尖扎县	3000～3500	440.04	0.00	0.15	439.89
		小计	440.04	0.00	0.15	439.89
海南州	贵德县	3000～3500	3 331.66	0.00	518.84	2 812.82
		小计	3 331.66	0.00	518.84	2 812.82
总计			128 028.91	0.00	6 247.19	121 781.72

脑山地区的耕地共分布在5个市(州)、13个区(县),主要分布在西宁市的湟中区、大通县和湟源县,海东市的互助县和化隆县,海北州的门源县(图8-4)。

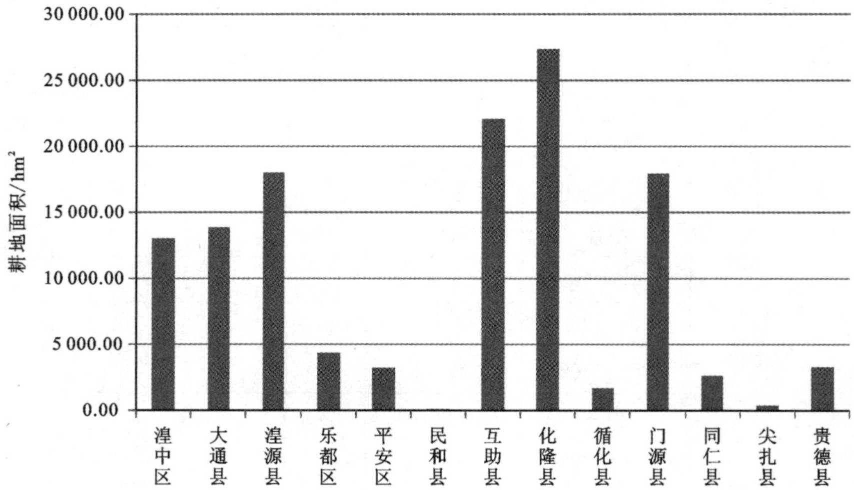

图8-4　脑山地区耕地分布

8.1.5　浅山地区耕地分布特征

8.1.5.1　浅山地区的特征

浅山多指缺水干旱的地方,海拔在2000～2800m之间。浅山地区在黄河、湟水流域两岸半干旱的黄土丘陵地带上,总面积为1 269 268.74hm²,占东部农业区总面积的36.02%,主要分布在东部农业区5个市(州)、17个区(县),分别是西宁市的7个区(县)(城东区、城中区、城西区、城北区、湟中区、大通县、湟源县)、海东市的6个区(县)(乐都区、平安区、民和县、互助县、化隆县、循化县)以及海北州的门源县、黄南州的同仁县和尖扎县、海南州的贵德县。从地形地势看,大体划分为3个亚区:低位浅山区(海拔2000～2300m)、中位浅山区(海拔2300～2600m)和高位浅山区(海拔2600～2800m)。

浅山地区黄土分布广泛,坡度较大,沟谷纵横,植被覆盖度低,属于物质迁移区,土壤主要是栗钙土、淡栗钙土、灰钙土,土层轻薄,距河谷较远,径流季节变化大,多干沟,灌溉条件差。该地区气候较温暖,生长季在180～220d以上,最暖月气温为14～18℃,年降水量为300～400mm,主要集中在6—9月,年蒸发量为1737～2224mm。主栽作物有小麦、青稞、豌豆、蚕豆、马铃薯、油菜。但该地区春旱频繁,降水量不能满足作物生长需要,粮食产量极不稳定,一般粮食产量约200kg/亩,油料产量约150km/亩。

8.1.5.2　浅山地区有利条件

1. 土地资源丰富

浅山地区土壤大部分为第四纪黄土母质发育形成的灰钙土、淡栗钙土、栗钙土和暗栗钙土，蓄水力强。深1m的土体贮水量为184.9～239.4mm，适合多种作物生长，生态类型多样，具有较大的生产潜力，有利于农林牧业生产。

浅山地区土地资源丰富，总面积为1 269 268.74hm^2，其中耕地面积为254 786.65hm^2，约占浅山地区总面积的20.07%。据粗略估计，坡度为0°～5°的耕地面积占9.00%，5°～25°的占60.00%，大于25°的占31.00%。此外，荒山荒坡面积大，有利于种草种树，发展畜牧业，进行多种产业经营。

2. 太阳辐射强，雨热同期

据省气象局资料，该地区年总辐射量为144～195$kCal/cm^2$，生育期内日照时数为1000～1100h，年平均温度为2～6℃，最热月平均气温在15℃左右，是我国辐射能源高值区之一，利于光合作用和物质形成以及糖分的积累。初霜一般出现在8月上、中旬，终霜出现在4月下旬、5月上旬，作物生长期达180～220d。4—9月降水量占全年降水量的90.50%，其中4—6月的占31.90%，7—9月的占58.6%，降水多集中在生长季，雨热同季对农业生产十分有利。

3. 有发展旱作农业的先进典型

各地区都有了一批发展旱作农业的先进典型，大搞综合治理，把生物措施与工程措施结合起来，坚持以肥调水，培肥土壤，蓄水保墒，秋雨春用，因地制宜推广了一整套旱作农业技术，促进了粮油增产和农业生产的发展。

8.1.5.3 浅山地区不利条件

1. 气候条件恶劣，灾害发生频繁

浅山地区自然灾害发生频繁，原因有以下几个方面：一是干旱，几乎是五年一大旱，三年一小旱，而且有越来越严重的趋势，对全省农业生产影响很大；二是霜冻；三是冰雹、大风等。浅山地区由于地形起伏，春季风蚀现象十分严重，有的表层细土吹失殆尽，沙化过程极为明显。因此，防旱防灾是浅山地区粮食生产过程中的一项长期而艰巨的任务。

2. 水土流失严重，生态状况差

浅山是青海省东部农业区条件较差的地方，95%的面积是山区，由于受自然条件和社会经济条件的限制，山区造林面积小，植被破坏严重，形成旱农区光山秃岭、沟壑纵横，下雨水流，雨停地干，空气干燥，蒸发量大的自然景观，水土流失面积达1 262 000hm^2（占全省水土流失面积的81.8%），每年因水土流失的土壤养分相当于20万t化肥用量，坡度在25°以上的坡地年流失表土3000～6000t/km^2。严重水土流失区年侵蚀模数为3000～5000t/km^2，每年输入黄河的泥沙平均为6000万t。水土流失造成农田破坏，每亩坡耕地平均流失表土2.6m^3，损失N、P、K肥28～56kg，土地支离破碎，既不保水保肥，又不保土，地力十分贫瘠。

3. 土壤瘠薄，耕作粗放

旱农区肥料缺乏，靠倒茬维持微薄地力，以秸秆、畜粪为燃料，加之大量焚烧野灰、广种薄收、掠夺经营，土壤有机质难以维持平衡。据测定，目前浅山旱农区农田有机质含量平均仅0.70%,70%的耕地土壤肥力在4级以下。常年亩产100～200kg的土壤有机质含量为0.399%～1.084%,土壤含N量为0.036%～0.046%,加之施肥量极少,作物营养严重不足,长期摆脱不了广种薄收的局面,因而粮食生产长期处于产量低且不稳定的状态。

4. 农林牧结构失调

浅山农业生产中存在着3个失调,即农林牧比例失调,粮食作物与经济作物的比例失调,粮食作物中各种作物比例失调。这是指导思想不正确造成的,主要表现在重农、轻牧、忽视林业,抓粮食、不抓牧林业的发展等方面。

8.1.5.4 浅山地区的耕地分布

浅山地区共有耕地面积254 786.65hm²(其中水浇地65 190.01hm²、旱地189 544.71hm²),占全省耕地面积的45.17%,占浅山地区总面积的20.32%。浅山地区高程范围在2000～2800m之间,大部分耕地分布在高程为2400～2800m之间的区域(表8-5)。

浅山地区的耕地共分布在5个市(州)、17个区(县),主要分布在西宁市的湟中区和大通县、海东市的民和县和互助县(图8-5)。

表8-5 浅山地区耕地面积分布统计

行政区	区(县)	高程分级/m	耕地(01)	水田(0101)	水浇地(0102)	旱地(0103)
			面积/hm²			
西宁市	城东区	2000～2200	8.65	0.00	8.20	0.45
		2200～2400	60.18	0.00	58.98	1.20
		2400～2600	2.28	0.00	1.15	1.13
		2600～2800	58.51	0.00	0.05	58.46
		小计	129.62	0.00	68.38	61.24
	城中区	2200～2400	63.91	0.00	49.90	14.01
		2400～2600	792.93	0.00	424.49	368.44
		2600～2800	675.18	0.00	1.28	673.90
		小计	1 532.02	0.00	475.67	1 056.35
	城西区	2200～2400	21.89	0.00	17.68	4.21
		2400～2600	21.03	0.00	0.11	20.92
		2600～2800	26.80	0.00	0.00	26.80
		小计	69.72	0.00	17.79	51.93

续表 8-5

行政区	区(县)	高程分级/m	耕地(01)	水田(0101)	水浇地(0102)	旱地(0103)
			面积/hm²			
西宁市	城北区	2200～2400	841.77	0.00	840.46	1.31
		2400～2600	153.66	0.00	93.20	60.46
		2600～2800	72.85	0.00	0.00	72.85
		小计	1 068.28	0.00	933.66	134.62
	湟中区	2200～2400	1 368.47	0.00	1 249.43	119.04
		2400～2600	13 771.73	0.00	6 949.51	6 822.22
		2600～2800	30 498.33	0.00	2 212.79	28 285.54
		小计	45 638.53	0.00	10 411.73	35 226.80
	大通县	2200～2400	2 709.07	0.00	2 639.09	69.98
		2400～2600	9 290.85	0.00	5 278.95	4 011.90
		2600～2800	19 742.45	0.00	1 351.04	18 391.41
		小计	31 742.37	0.00	9 269.08	22 473.29
	湟源县	2400～2600	51.10	0.00	36.54	14.56
		2600～2800	1 820.57	0.00	1 541.69	278.88
		小计	1 871.67	0.00	1 578.23	293.44
海东市	乐都区	2000～2200	2 900.92	0.00	2 375.79	525.13
		2200～2400	2 835.86	0.00	1 222.53	1 613.33
		2400～2600	8 142.92	0.00	1 097.79	7 045.13
		2600～2800	9 731.80	0.00	519.21	9 212.59
		小计	23 611.50	0.00	5 215.32	18 396.18
	平安区	2000～2200	551.27	0.00	521.87	29.40
		2200～2400	697.84	0.00	666.70	31.14
		2400～2600	1 416.84	0.00	851.83	565.01
		2600～2800	4 952.91	0.00	109.20	4 843.71
		小计	7 618.86	0.00	2 149.60	5 469.26
	民和县	2000～2200	6 573.50	0.00	2 013.41	4 560.09
		2200～2400	18 982.14	0.00	757.57	18 224.57
		2400～2600	9 923.38	0.00	16.15	9 907.23
		2600～2800	804.37	0.00	0.00	804.37
		小计	36 590.49	0.00	2 823.76	33 496.26

续表 8-5

行政区	区(县)	高程分级/m	耕地(01)	水田(0101)	水浇地(0102)	旱地(0103)
			面积/hm²			
海东市	互助县	2000～2200	383.76	0.00	353.81	29.95
		2200～2400	3 586.18	0.00	3 407.42	178.76
		2400～2600	7 887.61	0.00	3 525.98	4 361.63
		2600～2800	27 368.08	0.00	1 100.55	26 267.53
		小计	39 225.63	0.00	8 387.76	30 837.87
	化隆县	2000～2200	2 747.38	0.00	2 573.51	173.87
		2200～2400	677.61	0.00	230.97	446.64
		2400～2600	2 575.06	0.00	589.91	1 985.15
		2600～2800	7 357.44	0.00	307.87	7 049.57
		小计	13 357.49	0.00	3 702.26	9 655.23
	循化县	2000～2200	595.31	0.00	546.90	48.41
		2200～2400	1 067.24	0.00	960.08	107.16
		2400～2600	1 794.79	0.00	918.04	876.75
		2600～2800	3 300.12	0.00	647.97	2 652.15
		小计	6 757.46	0.00	3 072.99	3 684.47
海北州	门源县	2000～2500	35.90	0.00	5.94	29.96
		2500～3000	23 424.53	0.00	2 192.52	21 237.95
		小计	23 460.43	0.00	2 198.48	21 267.91
黄南州	同仁县	2000～2500	1 532.98	0.00	1 523.19	9.79
		2500～3000	4 455.94	0.00	808.78	3 647.16
		小计	5 988.92	0.00	2 331.97	3 656.95
	尖扎县	2000～2500	2 506.46	0.00	2 388.75	117.71
		2500～3000	2 760.91	0.00	235.66	2 525.25
		小计	5 267.37	0.00	2 624.41	2 642.96
海南州	贵德县	2000～2500	6 247.65	0.00	6 163.62	84.03
		2500～3000	4 915.74	0.00	3 807.89	1 107.85
		小计	11 163.39	0.00	9 971.51	1 191.88
总计			254 786.65	0.00	65 190.01	189 544.71

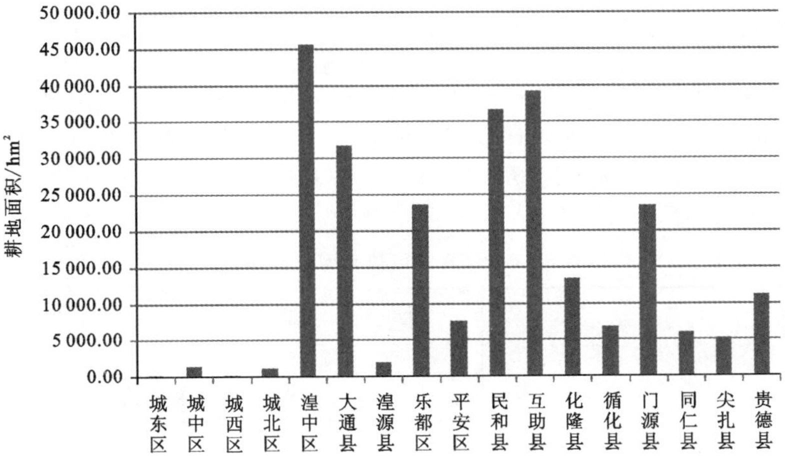

图 8-5 浅山地区耕地分布

8.1.6 川水地区耕地分布特征

8.1.6.1 川水地区的特征

川水地区总面积为 61 122.85hm²，占东部农业区总面积的 1.73%，海拔一般在 1650～2000m 之间，主要分布在东部农业区 2 个市(州)、5 个区(县)，分别是海东市的乐都区、民和县、化隆县、循化县以及黄南州的尖扎县。川水地区地势低平，有多级河谷阶地。以物质堆积为主，土层深厚。地表水和地下水都很丰富，水源条件好，容易设置排灌系统。该地区气候温暖，年平均气温除同仁市较低外，均高于 7°C，湟水谷地从东南向西北由 7.93°C(民和县)降至 2.7°C(大通县)。作物生长季除大通县和湟源县低于半年外，其他各地都在 7 个月以上。年降水量为 250～500mm，集中在暖季，满足不了农作物生长需要，有 60%的需水量来自河流灌溉。经多年耕种灌溉，地表形成了一层肥沃的淤灌土，已成为全省耕地高产稳产地。

川水地区分布在黄河干流、湟水及各主要支流两侧的多级阶地上，其中位于盆地中部的湟水河谷，东起湟水河谷口的兰州市西固区达川，西至湟源巴燕峡，东西长 200km 以上，气候温暖，水源充足，引湟水灌溉历史悠久，是青海省、甘肃省蔬菜、油料、果类的主要生产基地之一。川水地区为湟水干、支流的河谷地带，一般由多级阶地组成，村庄、工厂、城镇、铁路、公路、农田等都坐落于Ⅱ级和Ⅲ级阶地上，土壤以栗钙土为主，气候温和，人多地少，劳动力丰富，灌溉设施完善，灌溉保证率高。基础设施和工业最为集中。川水地区农垦历史久远，农田基本建设扎实，水土利用率高，流失轻微。

川水地区依附于水系呈树枝状分布在黄土低山丘陵之间。湟水干流及有较大支流的河谷平原，一般宽 2～5km，有些小支谷宽仅 200～300m。平原大都由Ⅲ、Ⅳ级阶地构成，Ⅴ级以上的高阶地，则多分布在现代河谷平原边缘，或低山丘陵的前缘，遭受强烈侵蚀切割，已不具平原形态。

8.1.6.2 川水地区的耕地分布

川水地区共有耕地面积 10 843.30hm²（其中水浇地 9 856.78hm²、旱地 986.33hm²），占全省耕地面积的 1.92%，占川水地区总面积的 17.74%，分布的高程范围在 2000m 以下，大部分耕地分布在高程为 1800～2000m 之间的区域（表 8－6）。

表 8－6　川水地区耕地面积分布统计

市（州）	区（县）	高程分级/m	耕地（01）	水田（0101）	水浇地（0102）	旱地（0103）
			面积/hm²			
海东市	乐都区	1800～2000	1 837.57	0.00	1 784.55	53.02
		<1800	1 661.72	0.00	1 606.24	55.48
	民和县	1800～2000	4 092.48	0.00	3 310.22	782.26
		小计	5 754.20	0.00	4 916.46	837.74
	化隆县	1800～2000	1 596.92	0.00	1 555.63	41.29
	循化县	1800～2000	1 644.58	0.00	1 590.30	54.28
黄南州	尖扎县	<2000	10.04	0.00	10.04	0.00
总计			10 843.30	0.00	9 856.78	986.33

川水地区的耕地共分布在 2 个市（州）、5 个区（县），分别是海东市的乐都区、民和县、化隆县、循化县以及黄南州的尖扎县，其中大部分耕地分布在海东市的民和县（图 8－6）。

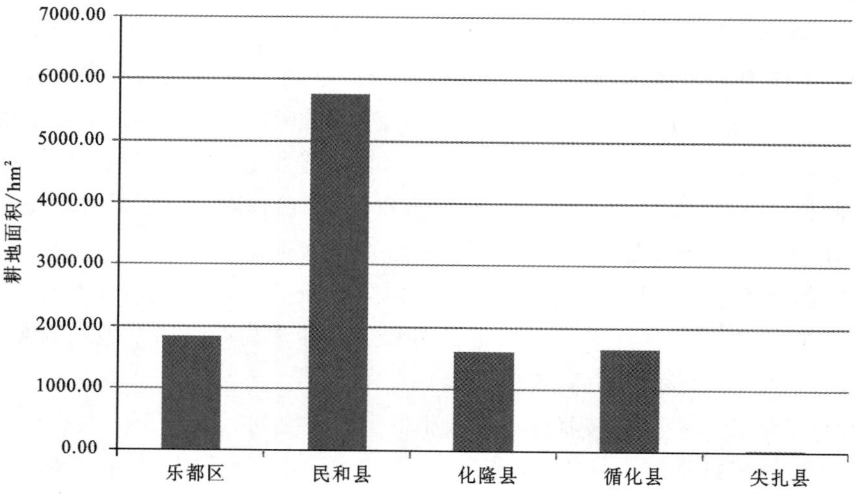

图 8－6　川水地区耕地分布

8.2 青海省林地垂直分布特征

8.2.1 林地垂直分布特征

青海省林地面积约 4 603 596.56hm²，省内多数林地分布在海拔 2000m 以上，海拔 2000m 的林地极少。据此将青海省林地按照海拔从低到高，划分 5 个梯度，分别为 2000m 以下、2000～2500m、2500～3000m、3000～3500m、3500m 以上。

青海省海拔在 2000m 以下的林地面积为 7 932.70hm²，占林地总面积的 0.17%；海拔在 2000～2500m 之间的林地面积为 150 317.69hm²，占林地总面积的 3.27%；海拔在 2500～3000m 之间的林地面积为 757 147.13hm²，占林地总面积的 16.45%；海拔在 3000～3500m 之间的林地面积为 840 232.28hm²，占林地总面积的 18.25%；海拔在 3500m 以上的林地面积为 2 847 966.76hm²，占林地总面积的 61.86%(表 8-7)。

表 8-7 青海省不同海拔林地面积分布统计

行政区	海拔/m					合计/hm²
	<2000	2000～2500	2500～3000	3000～3500	>3500	
	面积/hm²					
西宁市	0.00	37 277.23	71 543.04	189 482.91	59 253.75	357 556.93
海东市	7 920.77	100 623.38	129 631.03	189 005.49	39 907.88	467 088.55
海北州	0.00	294.16	37 199.83	360 993.38	230 034.70	528 522.07
黄南州	11.93	7 022.69	24 222.69	96 992.14	323 755.45	452 004.90
海南州	0.00	5 100.23	22 622.46	57 042.51	299 336.36.	384 101.56
果洛州	0.00	0.00	176.59	20 275.80	952 432.88	972 885.27
玉树州	0.00	0.00	0.00	833.01	797 144.43	798 211.31
海西州	0.00	0.00	471 751.49	25 607.04	146 101.31	643 764.07
青海省	7 932.70	150 317.69	757 147.13	840 232.28	2 847 966.76	4 603 596.56

青海省海拔在 3500m 以上范围内的林地分布最多，海拔在 2000m 以下的林地较少。

8.2.2 乔木林地垂直分布特征

青海省乔木林地面积约 674 461.09hm²，在海拔 2000m 以下的乔木林地面积为2 565.83hm²，占乔木林地总面积的 0.38%；海拔在 2000～2500m 之间的乔木林地面积为 36 791.97hm²，占乔木林地总面积的5.48%；海拔在 2500～3000m 之间的乔木林地面积为 126 250.44hm²，占乔木林地总面积的18.72%；海拔在3000～3500m之间的乔木林地面积为170 346.06hm²，占乔木林地总面积的25.26%；海拔在3500m以上的乔木林地面积为338 326.79hm²，约占乔木林地总面积的50.16%（表8-8）。青海省海拔在3500m以上范围的乔木林地分布最多，占半数以上。海拔在2000m以下的乔木林地分布较少（图8-7）。

表8-8 青海省乔木林地不同海拔高度分布表

行政区	海拔/m					合计/hm²
	<2000	2000～2500	2500～3000	3000～3500	>3500	
	面积/hm²					
西宁市	0.00	6 051.09	19 762.16	10 664.26	159.31	36 636.82
海东市	2 564.27	25 628.21	61 526.80	38 462.50	433.51	128 615.29
海北州	0.00	138.27	23 330.29	37 119.48	1 321.01	61 909.05
黄南州	1.56	1 763.59	12 120.77	44 907.78	9 901.62	68 695.32
海南州	0.00	3 390.81	6 489.91	22 095.85	22 775.88	54 752.45
果洛州	0.00	0.00	163.73	15 041.98	53 387.33	68 593.04
玉树州	0.00	0.00	0.00	613.84	201 957.69	202 571.53
海西州	0.00	0.00	2 856.78	1 440.37	48 390.44	52 687.59
青海省	2 565.83	36 971.97	126 250.44	170 346.06	338 326.79	674 461.09

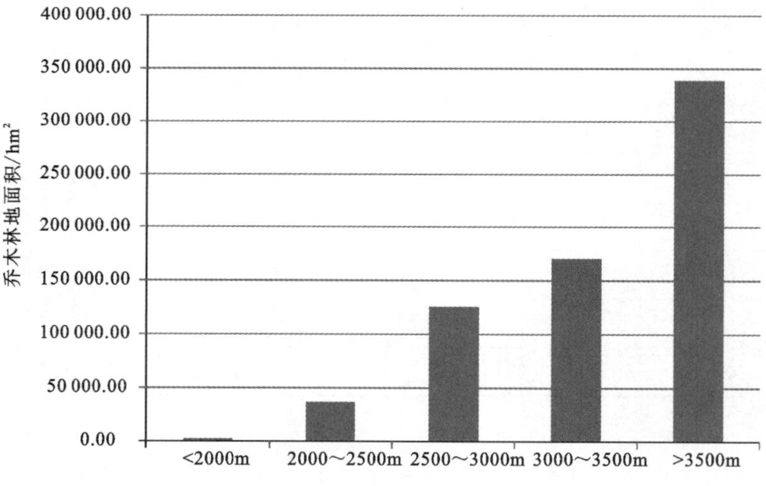

图8-7 青海省不同海拔乔木林地分布

8.2.3 灌木林地垂直分布特征

青海省灌木林地面积约3 694 000.21hm²，海拔在2000m以下的灌木林地面积为

695.09hm²，占灌木林地总面积的0.03%；海拔在2000～2500m之间的灌木林地面积为33 963.20hm²，占灌木林地总面积的0.92%；海拔在2500～3000m之间的灌木林地面积为567 925.20hm²，占灌木林地总面积的15.37%；海拔在3000～3500m之间的灌木林地面积为637 006.37hm²，占灌木林地总面积的17.24%；海拔在3500m以上的灌木林地面积为2 454 410.35hm²，约占灌木林地总面积的66.44%（表8-9）。

表8-9　青海省不同海拔灌木林地面积分布统计

行政区	海拔/m					合计/hm²
	<2000	2000～2500	2500～3000	3000～3500	>3500	
	面积/hm²					
西宁市	0.00	8 137.91	26 392.18	171 526.83	59 094.40	265 151.32
海东市	695.09	23 882.07	44 052.04	143 200.96	39 458.24	251 288.40
海北州	0.00	72.11	11 051.18	213 374.44	228 406.07	452 903.80
黄南州	0.00	1 259.94	7 637.15	51 060.08	313 632.07	373 589.24
海南州	0.00	611.17	13 572.77	32 305.30	274 843.72	321 332.96
果洛州	0.00	0.00	12.27	4 288.82	894 742.59	899 043.68
玉树州	0.00	0.00	0.00	181.03	580 449.49	580 630.52
海西州	0.00	0.00	465 207.61	21 068.91	63 783.77	550 060.29
青海省	695.09	33 963.20	567 925.20	637 006.37	2 454 410.35	3 694 000.21

青海省海拔在3500m以上的灌木林地分布最多，海拔在2500m以下的灌木林地分布较少（图8-8）。

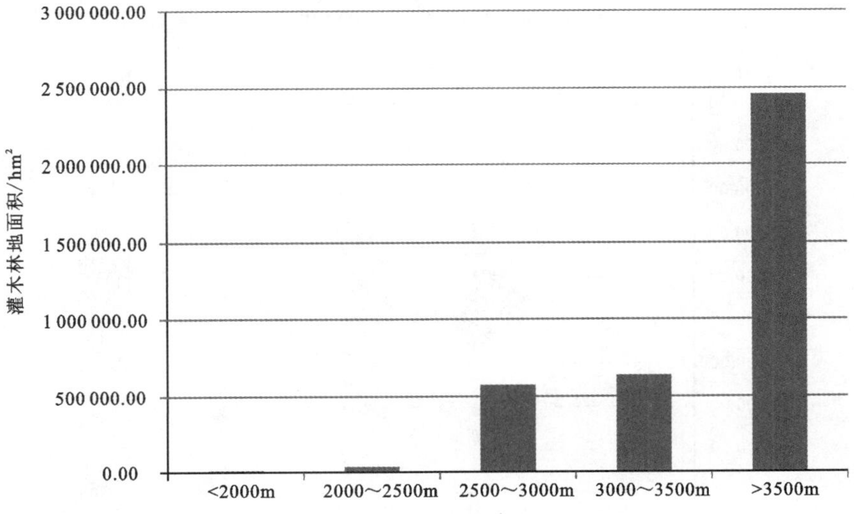

图8-8　青海省不同海拔灌木林地分布

8.2.4 其他林地垂直分布特征

青海省其他林地面积约 235 135.26hm²,海拔在 2000m 以下的其他林地面积为 4 671.78hm²,占其他林地总面积的 1.99%;海拔在 2000~2500m 之间的其他林地面积为 79 382.52hm²,占其他林地总面积的 33.76%;海拔在 2500~3000m 之间的其他林地面积为 62 971.49hm²,占其他林地总面积的 26.78%;海拔在 3000~3500m 之间的其他林地面积为 32 879.85hm²,占其他林地总面积的 13.98%;海拔在 3500m 以上的其他林地面积为 55 229.62hm²,约占其他林地总面积的 23.49%(表 8-10)。

表 8-10 青海省不同海拔其他林地面积分布统计

行政区	海拔/m					合计/hm²
	<2000	2000~2500	2500~3000	3000~3500	>3500	
	面积/hm²					
西宁市	0.00	23 088.23	25 388.70	7 291.82	0.04	55 768.79
海东市	4 661.41	51 113.10	24 052.19	7 342.03	16.13	87 184.86
海北州	0.00	83.78	2 818.36	10 499.46	307.62	13 709.22
黄南州	10.37	3 999.16	4 464.77	1 024.28	221.76	9 720.34
海南州	0.00	1 098.25	2 559.78	2 641.36	1 716.76	8 016.15
果洛州	0.00	0.00	0.59	945.00	4 302.96	5 248.55
玉树州	0.00	0.00	0.00	38.14	14 737.25	14 775.39
海西州	0.00	0.00	3 687.10	3 097.76	33 927.10	40 711.96
青海省	4 671.78	79 382.52	62 971.49	32 879.85	55 229.62	235 135.26

青海省海拔在 2000~2500m 范围内的其他林地分布最多,海拔在 2000m 以下的其他林地分布较少(图 8-9)。

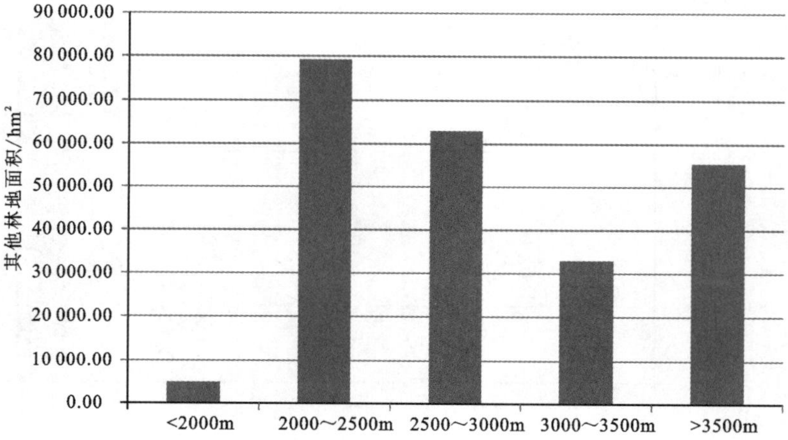

图 8-9 青海省不同海拔其他林地分布

8.3　青海省草地资源垂直分布特征

青海省位于青藏高原的东北部，土地辽阔，自然环境独特，境内群山绵延，山川壮丽，既有终年积雪的冰峰雪山，又有起伏不平的高原丘陵，几百条大小河流纵横交错，2000多个大小湖泊星罗棋布。昆仑山自西向东横贯全省，祁连山似一道天然屏障屹立于省境北方，唐古拉山雄踞在青海省南部，长江、黄河、澜沧江均发源于省内南部高原，故有“三江源”之称。全省复杂多样的地形地貌孕育了广袤的草地资源。青海省草地面积为39 470 489.96hm^2，仅次于新疆、内蒙古和西藏，居全国第四位，是重要的草地畜牧业区之一。草地不仅是青海省畜牧业的生产基地，还是青藏高原主要的生态屏障，在青海省内具有十分重要的生态和经济地位。

8.3.1　草地分布特征

青海省草地面积约39 470 489.96hm^2，多分布在海拔2000～5500m的区域，据此将青海省的草地按照海拔从低到高，分为9个梯度，分别为2000m以下、2000～2500m、2500～3000m、3000～3500m、3500～4000m、4000～4500m、4500～5000m、5000～5500m、5500m以上。

青海省海拔在2000m以下的草地面积为20 940.37hm^2，占草地总面积的0.05%；海拔在2000～2500m之间的草地面积为287 934.25hm^2，占草地总面积的0.73%；海拔在2500～3000m之间的草地面积为2 992 799.38hm^2，占草地总面积的7.58%；海拔在3000～3500m之间的草地面积为3 552 502.44hm^2，占草地总面积的9.00%；海拔在3500～4000m之间的草地面积为5 103 750.48hm^2，占草地总面积的12.93%；海拔在4000～4500m之间的草地面积为10 597 497.37hm^2，占草地总面积的26.85%；海拔在4500～5000m之间的草地面积为14 297 814.55hm^2，占草地总面积的36.22%；海拔在5000～5500m之间的草地面积为2 595 299.77hm^2，占草地总面积的6.58%；海拔在5500m以上的草地面积为21 951.35hm^2，占草地总面积的0.06%(表8-11)。

表8-11　青海省不同海拔草地面积分布统计

高程/m	草地面积/hm^2
<2000	20 940.37
2000～2500	287 934.25
2500～3000	2 992 799.38
3000～3500	3 552 502.44
3500～4000	5 103 750.48
4000～4500	10 597 497.37

续表 8-11

高程/m	草地面积/hm^2
4500～5000	14 297 814.55
5000～5500	2 595 299.77
>5500	21 951.35
小计	39 470 489.96

青海省的草地主要分布在海拔在 3500～5000m 之间的区域，2500m 以下和 5500m 以上区域分布很少(图 8-10)。

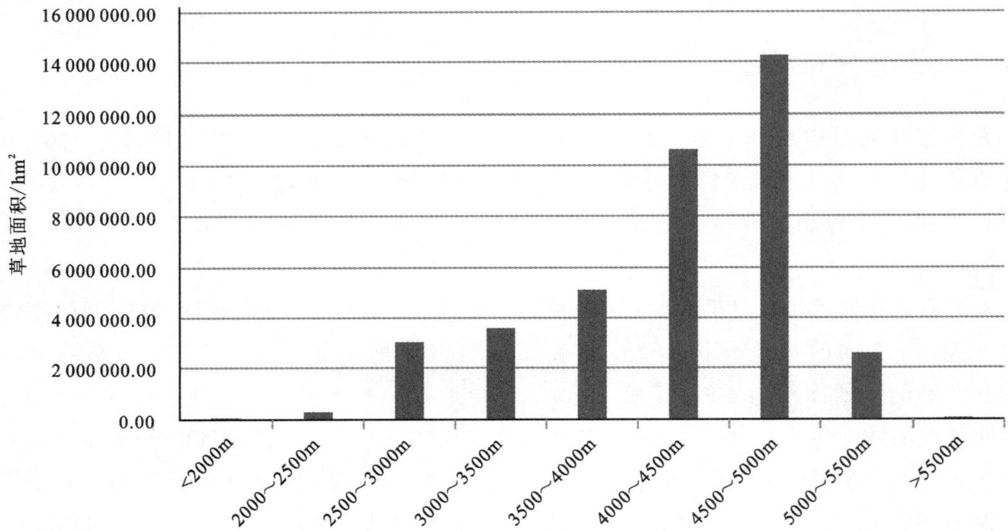

图 8-10　青海省不同海拔草地分布

8.3.2　天然牧草地分布特征

8.3.2.1　分布带的不连续性

由于数条山脉的阻隔和地势的抬升，季风的影响仅在青海省东部和东南部较为明显，在一些切割较深的峡谷地区出现具有亚热带或暖温带特点的疏林和灌丛，成为水平地带类型在局部适宜生态环境条件下向高原边缘地区的延伸，其分布区面积小，零星分散。

8.3.2.2　水平分布和垂直分布的叠加性

在青海省西部的高原面上，草地类型的水平分布与垂直分布并不能完全分开，在水平更替中叠加了垂直变化的深刻影响。如在可可西里、小唐古拉山等地区，宽阔的高原面上发育着以针茅为主的大面积高寒草原,但在山地的中上部又常发育有以嵩草植物为主的高寒草甸,高寒草甸成为山地垂直带谱的组成部分。

8.3.2.3 经向分布规律

东西经向分布规律在青海省北半部(不包括祁连山地)表现较为明显。从湟水流域向西,地势逐步抬升,经青海湖盆地、共和盆地到柴达木盆地,天然草地植被由温性草原向温性荒漠过渡。东部黄河流域的循化县孟达林区等地和湟水与大通河流域的民和县、乐都区等地,海拔一般为1750～1900m,这些地区下半年受东南季风和西南季风的微弱影响,年均降水量为350～500mm,年均温为2.8～7.9℃。因此,在湟水、大通河流域下游山地阴坡发育着以青海云杉为主的林地,特别是在黄河河谷的循化县孟达林区的山地下部还发育着较好的辽东栎林和华山松林,林地边缘和周边地区有疏林草地和山地疏灌丛草地。虽然它们的分布面积较小也比较分散,但它们是我国东部亚热带常绿阔叶林区和温带落叶阔叶林区的典型代表。河湟流域的河谷热效应加强了气候的干热程度,在河谷两侧的低山、丘陵分布着以长芒草、冷蒿、蒙古蒿为主的温性草原。

青海湖盆地由于地势明显抬升而具有特殊性。青海湖盆地地区海拔已升高为3000～3200m,四周山地的山脊线海拔一般都在4500m左右。受辽阔水域的影响,气候变得较为寒冷、半湿润。以芨芨草、克氏针茅、青海固沙草为主要优势种的温性草原类草地沿青海湖南、北两岸的湖滨滩地呈东西向带状分布。在青海湖东岸、东北岸的沙丘地带,则生长有以沙蒿、刺叶柄棘豆为优势种的温性荒漠;湖滨低湿地带,华扁穗草发育良好;布哈河、沙柳河入湖河流的中、下段具鳞水柏枝、肋果沙棘生长旺盛。草地在山地的垂直分布较为明显,在海拔3200～3400m的缓坡坡麓生长以紫花针茅、高山嵩草、矮生嵩草为优势种的高寒草甸草原类草地,在海拔3400～3800m之间的山地阳坡、低平坡麓发育着以紫花针茅、矮火绒草、细叶苔草为优势种的高寒草原类草地,在海拔3600～4200m之间的山地阴坡、浑圆山、缓坡地带发育以高山嵩草、矮生嵩草、线叶嵩草为优势种的高寒草甸类草地。在海拔3400～4000m之间的山地阴坡还生长以高山柳、金露梅为主的疏灌草地。

柴达木盆地深居内陆,东南季风到此已成强弩之末,盆地东部的都兰、乌兰地区年平均降水量为150～200mm,风蚀作用较弱,山地覆盖着较厚的黄土,持水性较好,土壤含有一定的盐分,芨芨草与盐爪爪、红砂混生或呈镶嵌状分布,成为温性草原向温性荒漠的过渡带;香日德—乌兰以西的中、西部地区,终年在高空西风急流的控制之下,来自北部西伯利亚——蒙古高原反气旋辐射场的干燥风,翻越西北部的当金山口进入盆地,同时盆地的热效应使大陆性气候得到加强,具有夏热冬寒、日温差和年温差大、降水稀少、风力强大、蒸发强烈等特点。温性草原已经绝迹,在山麓、戈壁、冲积-洪积平原上发育着以猪毛菜、盐爪爪、驼绒藜等小灌木为主的稀疏荒漠草地;盆地内部的盐沼外围和固定半固定沙丘上,则生长着以柽柳、白刺为主的盐化荒漠草地,它们成为亚非荒漠的不可分割的组成部分。再向西到茫崖等地,年平均降水量不足50mm,风力强大,除在少数湖盆的边缘滩地有少量隐域性草地出现,广泛分布着盐化戈壁、新月形流动沙丘和风蚀残丘等裸地。

8.3.2.4 纬向分布规律

青海草地的纬向分布规律在南半部较为明显，呈现出由东南向西北方向的变化。这里的草地水平分布是在海拔4000～4500m的高原面上展开的，随着海拔的增高，温度逐渐下降，降水量递减，草地类型大体呈山地疏林草甸—高寒疏灌草甸—高寒（嵩草）草甸—高寒（针茅）草原的演替序列。

从位于唐古拉山东部玉树州的囊谦县、玉树县，果洛州的班玛县、久治县，以及东北部的西倾山、拉脊山、大坂山和冷龙岭等地，沿黄河、长江、澜沧江及其支流等众多河谷地带，强烈切割形成高山峡谷地貌，各地海拔较低，呈横断山脉的南北走向，成为西南暖湿气流吹入高原的通道。因此，西南季风控制该地，气候温暖湿润，年平均温度为8℃，年降水量为500～600mm，为川西南和藏东北的亚高山针叶林沿沟谷挤入高原创造了适宜条件。在海拔4000m以下的山地中下部所分布的主要类型是周边毗邻地区的草地类型从低海拔沿温暖的河谷向高原指状延伸的部分，而且达到分布的最高界线。阴坡生长着以川西云杉为主的山地草甸类的亚高山疏林草地以及以头花杜鹃、百里香杜鹃、高山柳、金露梅为建群种的高寒草甸类的疏灌草地。而山地阳坡则发育着以大果圆柏为建群种的疏林草地。川西云杉为我国西南山地的特有种，大果圆柏为甘南、川西、青海省东南部和西藏的特有种。随着海拔逐渐抬升，青海高原中、西部地区的唐古拉山与昆仑山之间的广阔高原面已深踞青藏高原腹地，西南季风强度自南向北逐渐减弱，影响力较东南部大为逊色，大致到玛多县、曲麻莱县、杂多县、治多县一带，几乎海拔均在4200m以上。随着海拔的升高和气温的下降，疏林草地已经绝迹，疏灌草地也呈现零星分布。这些地区的年平均降水量为380～400mm，年平均温度在－2.5～0.2℃之间，土壤为高山草甸土，地下埋藏着不同深度的多年冻土。与此相适应，分布着以高山嵩草、矮生嵩草等莎草科植物为优势种的高寒草甸，在通天河以北或西北的广大地区，海拔逐渐上升到4500m以上，受西南季风影响更加微弱，而高空西风急流更加增强，故北部年降水量为250～300mm，年平均温度为－5.6～－2.5℃，土壤为高山草原土，多为粗砾质或砂砾质。此种生境生长发育着以耐寒、耐旱的紫花针茅为主的高寒草原，而在最西部的可可西里一带的山地，海拔多超过5000m，则发育高寒荒漠和高山流石滩植被。

8.3.2.5 垂直地带性分布

1. 影响因素

青海省地域辽阔，地形复杂，各地区都有不同海拔的山地，在山地的不同位置发育着不同类型的草地，具有较为明显的垂直分布特征。

影响草地垂直分布的因素包括山地的基带气候、山体高度、山脉走向、坡度、坡向、土壤基质条件等。但在这些条件中，最主要的是由水分、热因子再分配而形成的小生境气候。具体表现为随着海拔的升高而温度下降，其下降幅度一般是海拔每上升100m，气温降低0.5～0.6℃。因此，山地愈高温度愈低，牧草植物随之发生喜温性、喜凉性、耐寒性种类的替代，草地类型也就发生相应变化。随着海拔的升高，水分因子在山地高度的一定范围内，因受地形雨、蒸发量等因素的影响，降雨量和湿度逐渐增加，到一定高度极限后又有所下降，此时牧草和植物种类也发生变化。另外，由于坡向不同，所接受日照的时数大小和强度差异非常大，水热条件的再分配影响着草地类型的分布。因此，在上述诸因子的综合作用下，不同草地类型随海拔的变化而呈现出山地的垂直分布规律。但应强调的是，并不是每一处山地都有明显或完整的垂直分布规律。一般来讲，越干旱的地区，其垂直带谱越趋于简单；基带海拔低，山体的相对高差愈大，其垂直带谱越明显和复杂。

2. 祁连山东段

祁连山东段（门源县东部）山峰高耸，河谷切割较深，微弱的东南季风沿河谷而上，谷地气候显得温暖而湿润，山体上部因海拔升高，气温较低，水热条件差异明显。因此，草地的垂直分布特征比较明显。

（1）山地阳坡。2400～3000m 地段生长着以疏花针茅、克氏针茅等为优势种的温性草原草地，2450～3450m 的陡峻山坡还复合分布着圆柏山地草甸疏林草地，3000～3800m 地段发育了以高山嵩草、矮生嵩草为优势种的高寒草甸草地，3800m（4000m）以上地段出现了石山、冰雪带。

（2）山地阴坡。2450～3450m 地段分布以云杉为主的山地草甸疏林草地，3200～3700m 的地段分布着大量的以金露梅、杜鹃和山生柳为主的高寒草甸疏灌草地，3450～3850m 地段分布着以矮生嵩草、高山嵩草等为主的高寒草甸草地，3900m（4200m）以上地段出现了石山、冰雪带。

3. 唐古拉山东段

玉树州东南部囊谦县的娘拉、白扎等地，地处东经 96°40′、北纬 32°的扎曲、解曲的下游，为澜沧江水系出水口，河流切割作用强烈且断层发育，形成峡谷地形，几乎没有开阔的宽谷、盆地，山地相对高差较大，河谷底部最低海拔为 3500m，而山地顶部常在 5000m 左右，高差约 1500m。山地下部至上部温差悬殊，河谷年平均温度为 3.7℃，年降水量为 500mm 以上，而山地上部则常有积雪。因此，山地垂直分布规律十分明显，垂直带谱结构也较为复杂。

（1）山地阴坡。3500～4000m、3900～4200m 地段发育着以云杉为主的山地草甸疏林草地，3800～4400m、4100～4500m 的山坡分布着以常绿阔叶灌丛为主的疏灌高寒草甸，4400～4700m、4500～4800m 的地带分布着以高山嵩草等嵩草属植物为主的高寒草甸带，4700m（4800m）以上地段出现了流石坡和冰雪带。

（2）山地阳坡。3500～3800m（4100m）处生长着以圆柏为主的山地草甸疏林草地，3800～4400m 地段分布着以高山嵩草、异针茅、高山嵩草、圆穗蓼草地为主的高寒草甸带。再往上，由于海拔的升高，气候愈加寒冷，草地类型则与山地阴坡相同，以高山嵩草草甸为主。5000m 以上地段出现了石山、冰雪带。向北到地处北纬 35°左右、东经 95°的玛多县，已深踞青藏高原腹地。由于气候干燥寒冷，山地垂直带谱的基带不再是高寒灌丛和高寒草甸带，而被高寒草原带所代替，垂直带谱变得极其简单。山地阳坡海拔 4300～4500m 和山地阴坡海拔 4300～4600m 地段生长着以紫花针茅草地为代表的高寒草原带；4300～4600m（4700m）发育着以亚菊为优势种的垫状高寒荒漠；再往上则为石山（表 8－12）。

表 8-12 青海省天然牧草地类型分布

<table>
<tr><td colspan="5">高原温带</td><td colspan="4">高原亚寒带</td><td>高原寒带</td></tr>
<tr><td colspan="3">半湿润</td><td colspan="2">半干旱</td><td>干旱</td><td>半湿润</td><td colspan="2">半干旱</td><td>干旱</td></tr>
<tr><td>分布范围</td><td>东部黄河、湟水谷地北部</td><td>青南高原南部</td><td>东部黄河、湟水谷地</td><td>共和盆地、环青海湖东部和祁连山中段</td><td>柴达木盆地</td><td>青南高原东南部</td><td>祁连山西段、环青海湖北部</td><td>青南高原西部和北部</td><td>祁连山西段的高山带和哈拉湖周围</td></tr>
<tr><td>典型植被类型</td><td>山地草甸类、低地草甸类</td><td>山地草甸类、高寒草甸类</td><td>温性草原类、零星草地</td><td>温性草原类、高寒草甸类</td><td>温性荒漠草原类、温性荒漠类</td><td>高寒草甸类、高寒草甸草原类</td><td>高寒草甸类、高寒草甸草原类</td><td>高寒草甸类、高寒草甸草原类、高寒草原类</td><td>高寒荒漠草原类、高寒荒漠类</td></tr>
<tr><td>海拔/m</td><td>1800～3200</td><td>3600～4100</td><td>1700～3000</td><td>2800～3500</td><td>2600～3600</td><td>3500～4100</td><td>3200～4700</td><td>3400～4500</td><td>4800～5100</td></tr>
</table>

将青海省的天然牧草地按照海拔从低到高，划分为 9 个梯度，分别为 2000m 以下、2000～2500m、2500～3000m、3000～3500m、3500～4000m、4000～4500m、4500～5000m、5000～5500m、5500m 以上（表 8-13，图 8-11）。青海省天然牧草地主要分布在海拔 3500～5000m 之间的区域。

表 8-13 青海省不同海拔天然牧草地面积分布统计

高程/m	天然牧草地面积/hm^2
＜2000	20 591.38
2000～2500	278 722.03
2500～3000	1 225 092.13
3000～3500	3 163 364.30
3500～4000	4 856 199.93
4000～4500	10 309 824.94
4500～5000	14 196 869.69
5000～5500	2 591 303.22
＞5500	21 951.35
小计	36 663 918.97

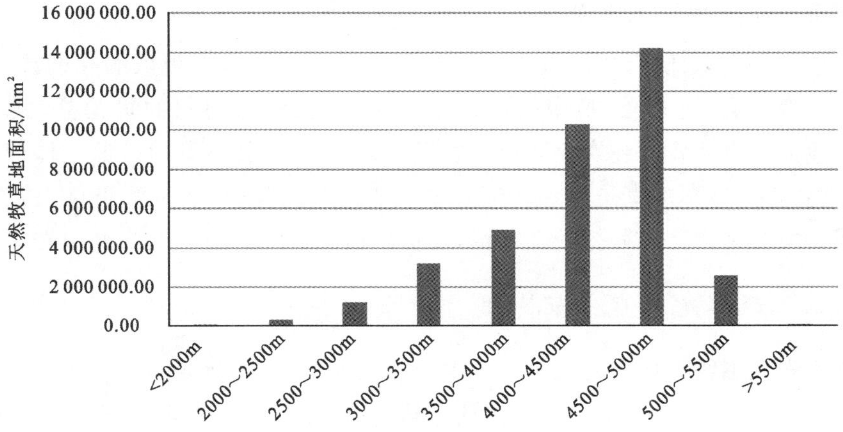

图 8－11　青海省不同海拔天然牧草地分布

8.3.3　人工牧草地分布特征

8.3.3.1　人工牧草地分区域概况

1. 祁连山地草甸、草原草地区

该区位于青海省中北部，现有人工牧草地面积 41 900hm²，占全区草地可利用面积的 0.92%。主要种植品种有一年生燕麦及多年生老芒麦、披碱草等。人工草地平均单产鲜草 17 355kg/hm²，可食饲草总产量为 6.54 亿 kg，相当于 44.13 万只羊单位一年的饲草量。

2. 青南高原草甸、草原草地区

该区位于青藏高原腹地，青海省南部，行政区域包括果洛州的玛多、玛沁、达日、甘德、久治、班玛 6 个县，玉树州的称多、杂多等 6 个县，黄南州的泽库、河南 2 个县，海南州的同德、共和等 4 个县以及海西州格尔木市的唐古拉山镇共计 19 个县(镇)。该草地区地处青藏高原腹地，种植业局限于河谷小气候地区及东部黄河河谷地带。该区人工牧草地可食鲜草产量为 11.84 亿 kg，理论为 73.65 万只羊单位一年的饲草量。该草地区内分布有 3 个国家级自然保护区，即三江源国家级自然保护区、隆宝国家级自然保护区和三江源国家公园可可西里保护区。

3. 柴达木盆地荒漠、草原草地区

该区位于青海省西北部，包括柴达木盆地和茶卡盆地的全部以及德令哈市北部的一部分山间盆地。行政区域包括海西州的都兰县、乌兰县、格尔木市、茫崖市、大柴旦行政委员会、德令哈市等。该草地区光能资源充足，地势平坦，加之水利基础设施日益完善，种植业发展迅速。目前，柴达木盆地草地主要分布在希里沟、察汗乌苏、香日德、德令哈、诺木洪、格尔木等地的山前冲积、洪积平原的开阔地带，沿上述河流两岸，形成荒漠绿洲，可引水灌溉。该草地区目前有人工草地面积 25 600hm²，主要种植一年生燕麦草和披碱草等。近年来，随着种植技术的改进和优良牧草的引进，盆地内紫花苜蓿的种植面积不断增加，成为主要的优良牧草品种。

4. 东部黄土高原草原、草甸草地区

该区位于青海省东部，行政区域包括西宁市的四区三线，海东地区的互助县、平安县、乐都县、民和县、循化县、化隆县，黄南州的同仁县、尖扎县和海南州的贵德县，共计16个县(区)。该草地区是青海省的纯农业区或半农半牧区，种植业是该草地区的主体产业，主要以种植粮食作物为主，种草一直是副业。随着种植业结构调整，该区开始引草入田，在草地上进行复种、间种、套种饲草和种植优良牧草，但仍未形成大面积的人工草地。

8.3.3.2 人工牧草地垂直分布特征

由于青海省人工牧草地在海拔2000m以下和5000m以上区域没有分布，4500～5000m区域分布很少，故将人工牧草地按照海拔从低到高，划分为5个梯度，分别为2000～2500m、2500～3000m、3000～3500m、3500～4000m、4000m以上。

青海省的人工牧草地主要分布在海拔3000～3500m之间区域，2500m以下和4000m以上区域分布较少(表8－14，图8－12)。

表8－14 青海省不同海拔人工牧草地面积分布统计

高程/m	人工牧草地面积/hm^2
2000～2500	661.89
2500～3000	5 903.92
3000～3500	67 901.01
3500～4000	12 361.16
＞4000	2 281.87
小计	89 109.85

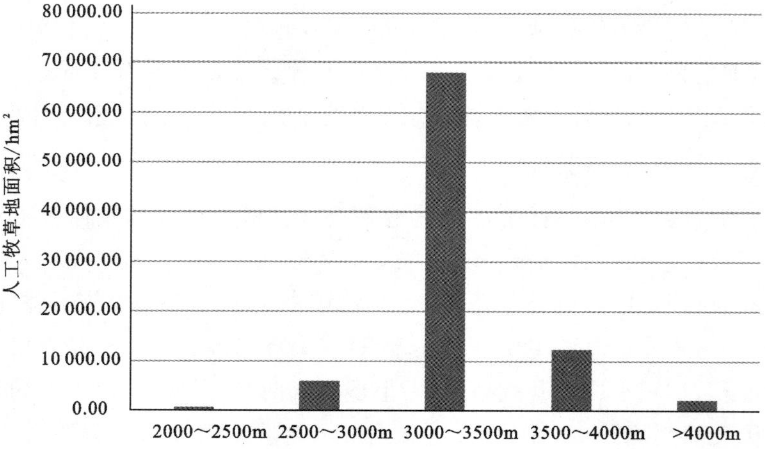

图8－12 青海省不同海拔人工牧草地分布

8.3.4 其他草地分布特征

由于青海省其他草地在海拔5500m以上区域没有分布，故将青海省其他草地按照海拔从低到高，划分为8个梯度，分别为2000m以下、2000～2500m、2500～3000m、3000～3500m、3500～4000m、4000～4500m、4500～5000m、5000～5500m。

青海省其他草地主要分布在海拔在2500～3000m之间的区域，在2500m以下、5000m以上区域分布很少(表8-15，图8-13)。

表8-15 青海省不同海拔其他草地面积分布统计

高程/m	人工牧草地面积/hm^2
<2000	348.99
2000～2500	8 550.33
2500～3000	1 761 803.33
3000～3500	321 237.13
3500～4000	235 189.39
4000～4500	285 390.67
4500～5000	100 944.75
5000～5500	3 996.55
小计	2 717 461.14

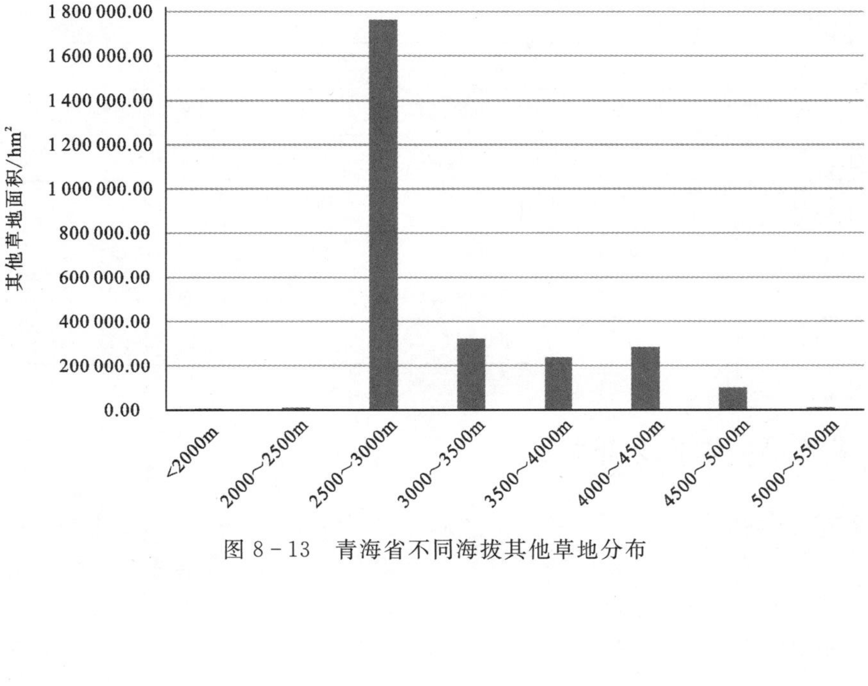

图8-13 青海省不同海拔其他草地分布

8.4 青海省建设用地垂直分布特征

8.4.1 建设用地垂直分布特征

将青海省的建设用地按照海拔从低到高，划分为 5 个梯度，分别为 2000m 以下、2000～2500m、2500～3000m、3000～3500m、3500m 以上。

青海省海拔在 2000m 以下建设用地面积为 10 736.11hm²，占建设用地总面积的 2.39%；海拔在 2000～2500m 之间的建设用地面积为 66 105.74hm²，占建设用地总面积的 14.74%；海拔在 2500～3000m 之间的建设用地面积为 250 825.63hm²，占建设用地总面积的 55.91%；海拔在 3000～3500m 之间的建设用地面积为 59 707.63hm²，占建设用地总面积的 13.31%；海拔在 3500m 以上的建设用地面积为 61 224.41hm²，占建设用地总面积的 13.65%(表 8-16)。

青海省建设用地主要分布在海拔 2500～3000m 之间区域，其他海拔区域的建设用地面积分布相对较少(图 8-14)。

表 8-16 青海省不同海拔建设用地面积分布统计

行政区	海拔/m					合计/hm²
	<2000	2000～2500	2500～3000	3000～3500	>3500	
	面积/hm²					
西宁市	0.00	31 944.48	15 105.73	1885.12	46.14	48 981.47
海东市	10 730.83	27 129.30	12 880.60	1 668.67	45.68	52 455.08
海北州	0.00	46.22	6 778.47	9 669.00	4 104.75	20 598.44
黄南州	5.28	3 136.43	1 981.96	3 050.22	3 746.59	3 136.43
海南州	0.00	3 849.31	14 712.23	15 972.95	2 640.59	37 175.08
果洛州	0.00	0.00	0.00	635.40	16 127.87	16 763.27
玉树州	0.00	0.00	0.00	23.46	23 615.12	23 638.58
海西州	0.00	0.00	199 366.64	26 802.81	10 897.67	237 067.12
青海省	10 736.11	66 105.74	250 825.63	59 707.63	61 224.41	448 599.52

8.4.2 城市用地垂直分布特征

青海省城市用地面积为 21 472.42hm²。海拔在 2000m 以下的建设用地面积为 889.51hm²，占城市用地总面积的 4.14%；海拔在 2000～2500m 之间的城市用地面积为 11 210.43hm²，占城市用地总面积的 52.21%；海拔在 2500～3000m 之间的城市用地面积为 8 330.93hm²，占城市用地总面积的 38.80%；海拔在 3000～3500m 之间的城市用地面积为 42.05hm²，占城市用地总面积的 0.20%；海拔在 3500m 以上的城市用地面积为 999.50hm²，占城市用地总面积的 4.65%（表 8-17）。

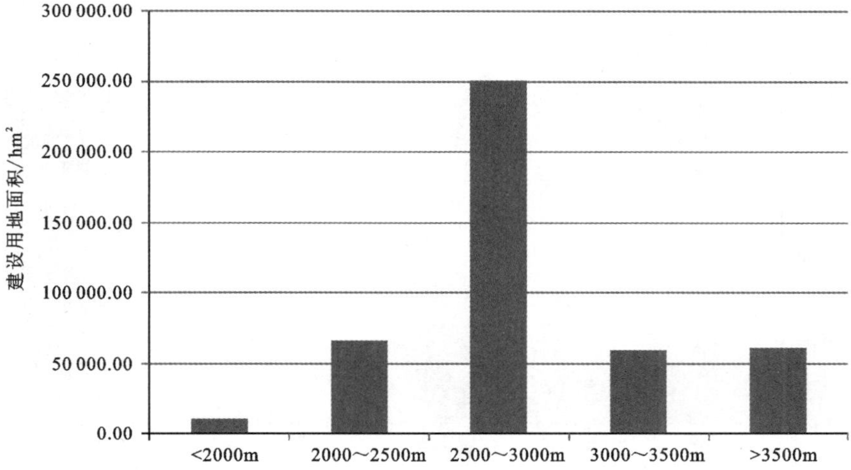

图 8-14 青海省不同海拔建设用地分布

表 8-17 青海省不同海拔城市用地面积分布统计

行政区	海拔/m					合计/hm²
	＜2000	2000～2500	2500～3000	3000～3500	＞3500	
	面积/hm²					
西宁市	0.00	9 704.67	345.04	0.04	0.00	10 049.71
海东市	889.51	1 505.76	0.00	0.00	0.00	2 395.27
玉树州	0.00	0.00	0.00	0.00	997.11	997.11
海西州	0.00	0.00	7 985.89	42.05	2.39	8 030.33
青海省	889.51	11 210.43	8 330.93	42.05	999.50	21 472.42

青海省海拔在 2000～2500m 和 2500～3000m 区域的城市用地分布最多，海拔在 3000～3500m 之间的城市用地分布最少（图 8-15）。

8.4.3 建制镇用地垂直分布特征

青海省建制镇用地面积为 38 100.00hm²。海拔在 2000m 以下的建制镇用地面积为 1 811.95hm²，占建制镇用地总面积的 4.76%；海拔在 2000～2500m 之间的建制镇用地面积为 9 510.80hm²，占建制镇用地总面积的 24.96%；海拔在 2500～3000m 之间的建制镇用地面积为 15 211.87hm²，占建制镇用地总面积的 39.92%；海拔在 3000～3500m 之间的建制镇用地面积为 5 398.73hm²，占建制镇用地总面积的 14.17%；海拔在 3500m 以上的建制镇用地面积为 6 166.65hm²，占建制镇用地总面积的 16.19%（表 8-18）。

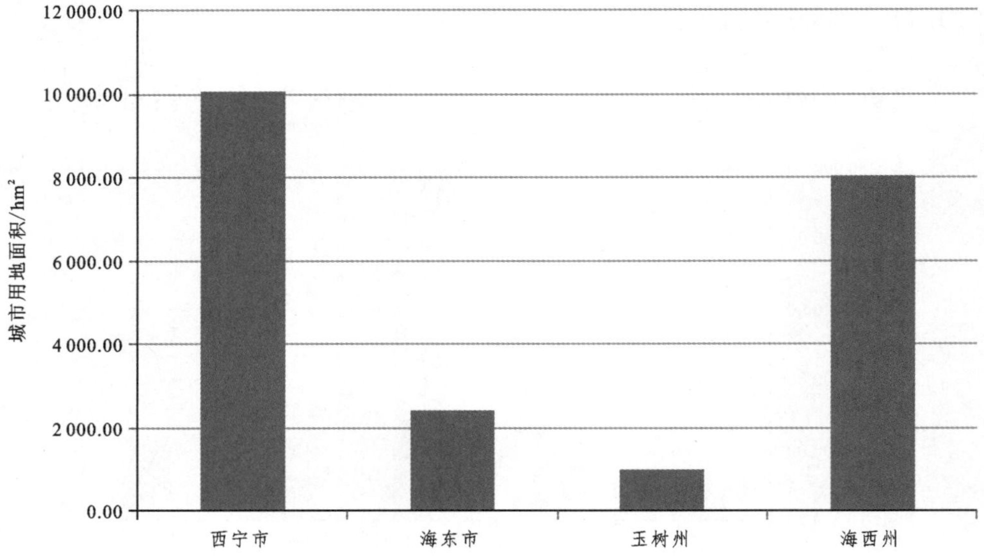

图 8－15　青海省不同海拔城市用地分布

表 8－18　青海省不同海拔建制镇用地面积分布统计

行政区	海拔/m					合计/hm²
	<2000	2000～2500	2500～3000	3000～3500	>3500	
	面积/hm²					
西宁市	0.00	5 012.85	1 306.75	0.23	0.00	6 319.83
海东市	1 811.64	3 056.24	460.92	0.00	0.00	5 328.80
海北州	0.00	0.00	1 627.62	1 244.08	236.48	3 108.18
黄南州	0.31	650.85	174.18	286.63	733.44	1 845.41
海南州	0.00	790.86	1 160.12	1 823.71	0.00	3 774.69
果洛州	0.00	0.00	0.00	120.34	2 037.29	2 157.63
玉树州	0.00	0.00	0.00	0.00	3 105.18	3 105.18
海西州	0.00	0.00	10 482.28	1 923.74	54.26	12 460.28
青海省	1 811.95	9 510.80	15 211.87	5 398.73	6 166.65	38 100.00

青海省海拔在 2000～2500m 和 2500～3000m 区域的建制镇用地分布最多，海拔在 2000m 以下的建制镇用地分布最少（图 8－16）。

8.4.4　村庄用地垂直分布特征

青海省村庄用地面积为 115 102.00hm²。海拔在 2000m 以下村庄用地面积为 5 615.18hm²，占村庄用地总面积的 4.89%；海拔在 2000～2500m 之间的村庄用地面积为 32 288.33hm²，占村庄用地总面积的28.05%；海拔在2500～3000m之间的村庄用地面积为44 110.87hm²，占村庄用地总面积的38.32%；海拔在3000～3500m之间的村庄用地面积为20 481.35hm²，占村庄用地总面积的17.79%；海拔在3500m以上的村庄用地面积为12 606.27hm²，占村庄用地总面积的10.95%(表8-19，图8-17)。

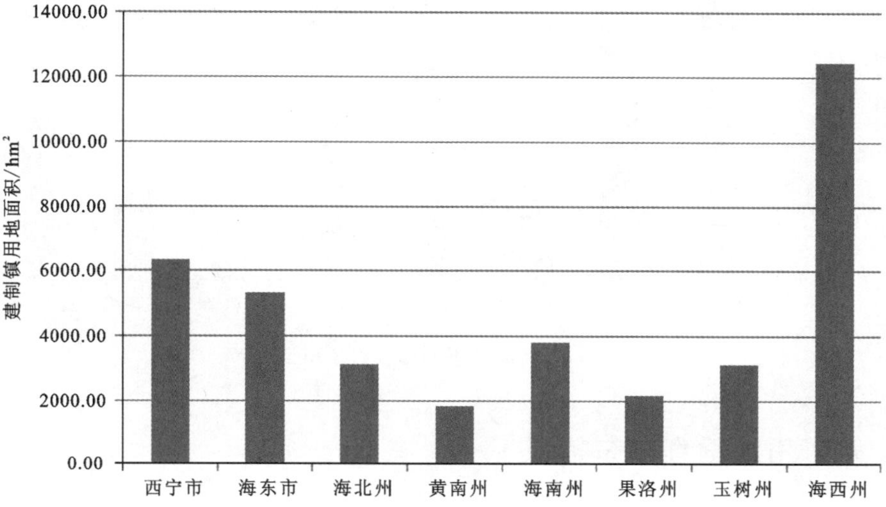

图8-16 青海省不同海拔建制镇用地分布

表8-19 青海省不同海拔村庄用地面积分布统计

行政区	海拔/m					合计/hm²
	<2000	2000～2500	2500～3000	3000～3500	>3500	
	面积/hm²					
西宁市	0.00	12 705.34	10 612.83	922.76	2.25	24 243.18
海东市	5 612.87	15 669.57	10 425.47	1 088.04	3.26	32 799.21
海北州	0.00	23.00	3 663.69	3 174.38	218.99	7 080.06
黄南州	2.31	1 704.31	1 299.31	1 808.24	1 067.06	5 881.23
海南州	0.00	2 186.11	11 882.00	7 520.18	835.86	22 424.15
果洛州	0.00	0.00	0.00	210.10	2 885.93	3 096.03
玉树州	0.00	0.00	0.00	6.93	7 073.71	7 080.64
海西州	0.00	0.00	6 227.57	5 750.72	519.21	12 497.50
青海省	5 615.18	32 288.33	44 110.87	20 481.35	12 606.27	115 102.00

青海省村庄用地在海拔2000～2500m和2500～3000m之间区域分布最多，海拔在2000m以下的村庄用地分布最少。

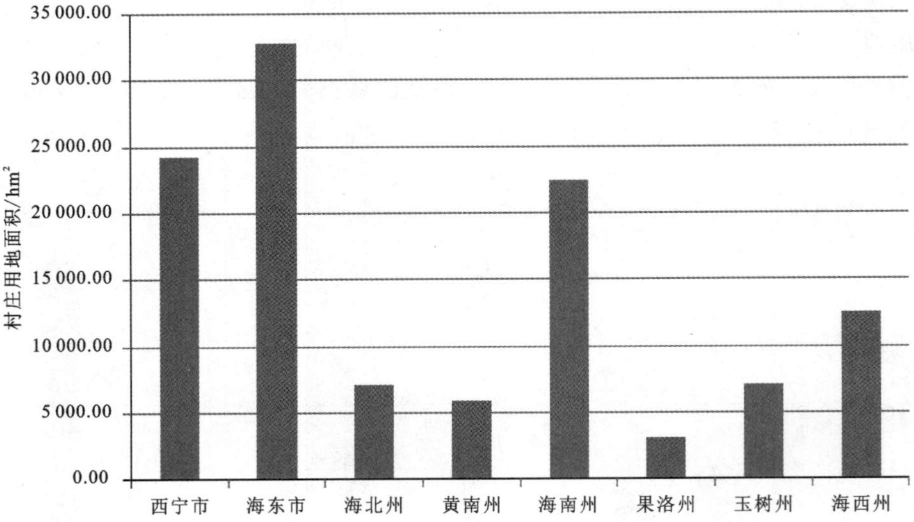

图 8-17　青海省不同海拔村庄用地分布

8.4.5　采矿用地垂直分布特征

青海省采矿用地面积为 185 123.19hm²。海拔在 2000m 以下采矿用地面积为 438.67hm²，占采矿用地总面积的 0.24%；海拔在 2000～2500m 之间的采矿用地面积为 2 306.87hm²，占采矿用地总面积的 1.25%；海拔在 2500～3000m 之间的采矿用地面积为 161 917.09hm²，占采矿用地总面积的 87.46%；海拔在 3000～3500m 之间的采矿用地面积为 12 055.39hm²，占采矿用地总面积的 6.51%；海拔在 3500m 以上的采矿用地面积为 8 405.17hm²，占采矿用地总面积的 4.54%(表 8-20)。

表 8-20　青海省不同海拔采矿用地面积分布统计

行政区	海拔/m					合计/hm²
	<2000	2000～2500	2500～3000	3000～3500	>3500	
	面积/hm²					
西宁市	0.00	530.72	443.28	456.91	23.02	1 453.93
海东市	438.63	1 396.93	216.44	189.25	0.00	2 241.25
海北州	0.00	0.00	131.05	603.14	1 843.08	2 577.27
黄南州	0.04	233.53	19.22	31.89	53.26	337.94
海南州	0.00	145.69	304.12	467.13	211.35	1 128.29
果洛州	0.00	0.00	0.00	0.06	539.61	539.67
玉树州	0.00	0.00	0.00	0.00	576.63	576.63
海西州	0.00	0.00	160 802.98	10 307.01	5 158.22	176 268.21
青海省	438.67	2 306.87	161 917.09	12 055.39	8 405.17	185 123.19

青海省采矿用地在海拔 2500～3000m 之间区域分布最多，海拔在 2000m 以下的采矿用地分布最少(图 8－18)。

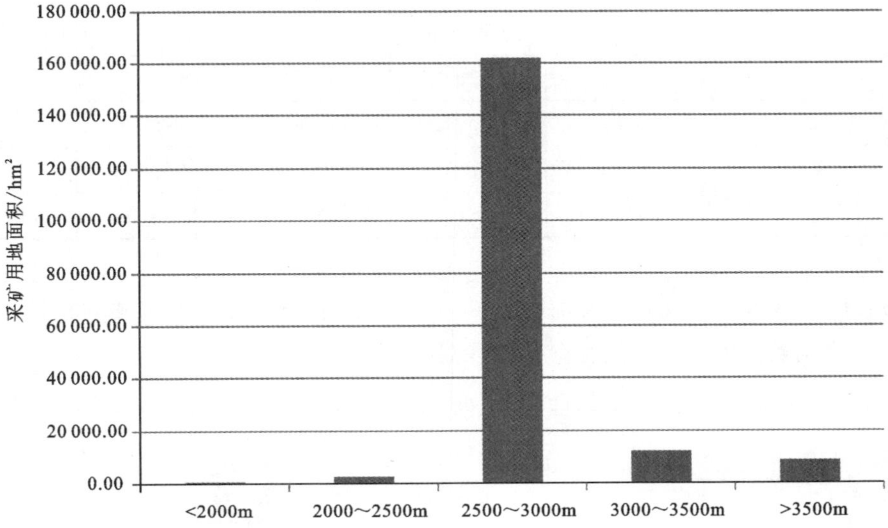

图 8－18 青海省不同海拔采矿用地分布

8.4.6 风景名胜及特殊用地垂直分布特征

青海省风景名胜及特殊用地面积为 8 008.06hm²。海拔在 2000m 以下的风景名胜及特殊用地面积为 149.18hm²，占风景名胜及特殊用地总面积的 1.86％；海拔在 2000～2500m 之间的风景名胜及特殊用地面积为 2 085.20hm²，占风景名胜及特殊用地总面积的 26.04％；海拔在 2500～3000m 之间的风景名胜及特殊用地面积为 1 764.64hm²，占风景名胜及特殊用地总面积的 22.04％；海拔在 3000～3500m 之间的风景名胜及特殊用地面积为 2 630.43hm²，占风景名胜及特殊用地总面积的 32.84％；海拔在 3500m 以上的风景名胜及特殊用地面积为 1 378.61hm²，占风景名胜及特殊用地总面积的 17.22％(表 8－21)。

表 8－21 青海省不同海拔风景名胜及特殊用地面积分布统计

行政区	海拔/m					合计/hm²
	＜2000	2000～2500	2500～3000	3000～3500	＞3500	
	面积/hm²					
西宁市	0.00	772.15	539.08	65.51	0.35	1 377.09
海东市	148.69	1 058.343	184.22	28.64	0.22	1 420.11
海北州	0.00	0.48	185.69	411.06	21.57	618.80
黄南州	0.49	112.56	49.23	29.06	27.06	218.40
海南州	0.00	141.67	89.04	1 738.15	63.98	2 032.84

续表 8-21

行政区	海拔/m					合计/hm²
	<2000	2000～2500	2500～3000	3000～3500	>3500	
	面积/hm²					
果洛州	0.00	0.00	0.00	52.74	542.69	595.43
玉树州	0.00	0.00	0.00	0.00	652.59	652.59
海西州	0.00	0.00	717.38	305.27	70.15	1 092.8
青海省	149.18	2 085.20	1 764.64	2 630.43	1 378.61	8 008.06

青海省风景名胜及特殊用地在海拔3000～3500m和3500m以上区域分布最多，海拔在2000m以下的风景名胜及特殊用地分布最少(图8-19)。

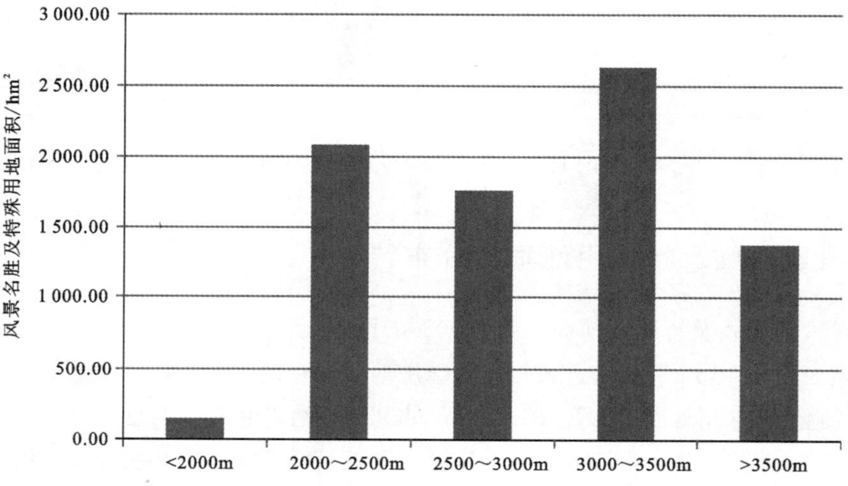

图8-19　青海省不同海拔风景名胜及特殊用地分布

8.4.7　交通运输用地垂直分布特征

将青海省交通运输用地按照海拔从低到高，划分为5个梯度，分别为2000m以下、2000～2500m、2500～3000m、3000～3500m、3500m以上。

青海省交通运输用地面积为78 288.5hm²。海拔在2000m以下的交通运输用地面积为1 628.94hm²，占交通运输用地总面积的2.08%；海拔在2000～2500m之间的交通运输用地面积为8 068.46hm²，占交通运输用地总面积的10.31%；海拔在2500～3000m之间的交通运输用地面积为18 530.56hm²，占交通运输用地总面积的23.67%；海拔在3000～3500m之间的交通运输用地面积为18 662.42hm²，占交通运输用地总面积的23.84%；海拔在3500m以上的交通运输用地面积为31 398.12hm²，占交通运输用地总面积的40.10%(表8-22)。

青海省交通运输用地在海拔3500m以上区域分布最多，海拔在2000m以下的交通运输用地分布最少(图8-20)。

表 8-22　青海省不同海拔交通运输用地面积分布统计

行政区	海拔/m					合计/hm²
	<2000	2000～2500	2500～3000	3000～3500	>3500	
	面积/hm²					
西宁市	0.00	3 132.13	1 711.19	426.70	20.52	5 290.54
海东市	1 626.95	4 073.20	1 455.52	358.41	42.20	7 556.28
海北州	0.00	18.07	1 035.34	4 130.22	1 779.19	6 962.82
黄南州	1.99	373.38	414.53	890.09	1 846.88	3 526.87
海南州	0.00	471.68	1 086.69	4 315.52	1 506.96	7 380.85
果洛州	0.00	0.00	0.00	218.01	10 060.03	10 278.04
玉树州	0.00	0.00	0.00	16.50	11 116.19	11 132.69
海西州	0.00	0.00	12 827.29	8 306.97	5 026.15	26 160.41
青海省	1 628.94	8 068.46	18 530.56	18 662.42	31 398.12	78 288.50

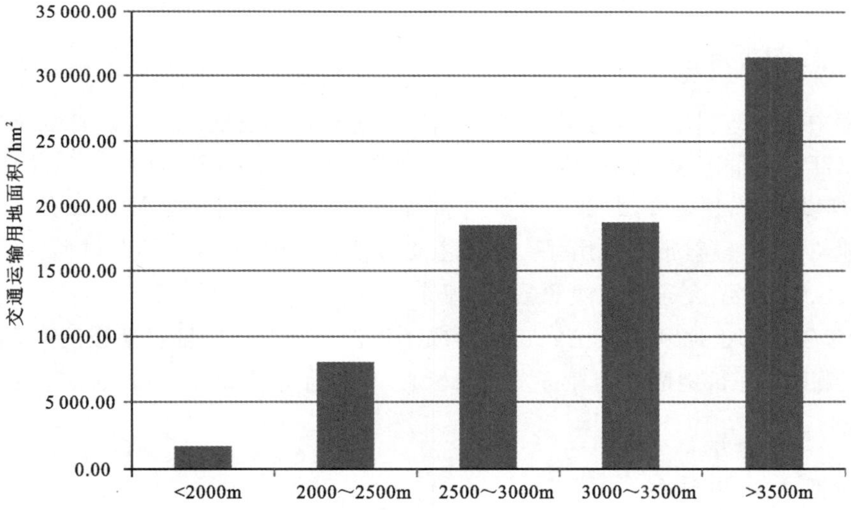

图 8-20　青海省不同海拔交通运输用地分布

8.5　不同利用分区国土资源利用特征

8.5.1　土地利用分区

《青海省土地利用总体规划》(2006—2020 年)将青海省土地利用分为东部土地利用区、环青海湖土地利用区、柴达木土地利用区和青南土地利用区。其中,东部土地利用区面积占青海省国土面积的 2.31%,以农用地为主;环青海湖土地利用区面积占青海省国土面积的

11.01%，以农用地为主；柴达木土地利用区面积占青海省国土面积的36.51%，以未利用地为主；青南土地利用区面积占青海省国土面积的48.92%，以农用地为主。

各地类在不同土地利用区中的分布存在较大差异。湿地主要集中分布在青南土地利用区，东部土地利用区的湿地面积最少；超过50%的耕地集中分布在东部土地利用区，柴达木土地利用区的耕地面积最少；近90%的园地集中分布在柴达木土地利用区；约60%的林地和草地位于青南土地利用区；近60%的城市用地集中分布在东部土地利用区；建制镇用地分布较为平衡，东部土地利用区、柴达木土地利用区和青南土地利用区的建制镇用地面积占比均在30%左右；超过70%的村庄用地位于东部土地利用区和青南土地利用区；采矿用地集中分布在柴达木土地利用区；青南土地利用区的风景名胜及特殊用地分布最多，柴达木土地利用区的最少；青南土地利用区的交通运输用地分布最多，其他3个土地利用区分布较为平均；半数水域位于青南土地利用区，柴达木土地利用区的水域用地面积略高于环青海湖土地利用区的水域用地面积，东部土地利用区水域用地面积最少；柴达木土地利用区的其他土地分布最多。

8.5.2 东部土地利用区

8.5.2.1 土地利用区概况

青海省东部土地利用区参考了《青海省国民经济和社会发展“十二五”计划纲要》中确定的青海省东部城市群范围。该区位于青海省东北部，东经100.88°—103.07°，北纬35.83°—37.39°。该区域东临甘肃省，北部和西部与青海省海北州相邻，南部与青海省海南州相接，社会经济地位重要，辐射带动作用强。该区主要包括西宁市“五区两县”（城西区、城中区、城东区、城北区、湟中区、大通县和湟源县）和海东市“两区两县”（平安区、乐都区、互助县和民和县）。青海省东部土地利用区已经初步形成了沿湟水河分布的轴线型城镇聚集区，成为青海省乃至青藏高原东部地区社会经济发展的核心，2019年末户籍总人口为380.01万人，占全省人口的64.77%。

8.5.2.2 国土利用特征

根据青海省第三次全国国土调查结果，青海省东部土地利用区耕地面积占全区总面积的16.87%，园地面积占全区总面积的0.09%，林地面积占全区总面积的43.63%，草地面积占全区总面积的27.04%，城市用地面积占全区总面积的0.77%，建制镇用地面积占全区总面积的0.65%，村庄用地面积占全区总面积的2.96%，采矿用地面积占全区总面积的0.19%，风景名胜及特殊用地面积占全区总面积的0.16%，交通运输用地面积占全区总面积的1.32%，水域及水利设施用地面积占全区总面积的1.03%，其他土地面积占全区总面积的6.51%。

青海省东部土地利用区土地类型以林地、草地、耕地为主。林地、草地、耕地面积共占青海省东部土地利用区总面积的87.54%（图8-21）。其中耕地主要集中分布在互助县、湟中区，林地主要集中分布在大通县、互助县、湟中区，草地主要集中分布在乐都区、互助县、湟源县。

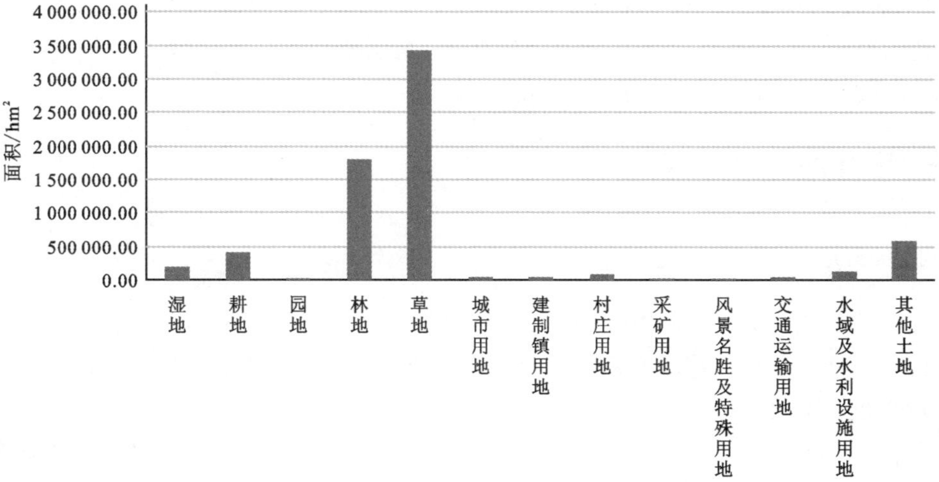

图 8-21 青海省东部土地利用区总利用面积

(1)耕地。东部土地利用区耕地面积占全区总面积的16.87%。主要的耕地类型为旱地和水浇地,从耕地的利用方式来看,以旱地为主。旱地面积占东部土地利用区总面积的13.59%,水浇地面积占东部土地利用区总面积的3.27%。

(2)园地。东部土地利用区中,果园面积占比为0.09%,其他园地面积占比为0.01%。

(3)林地。东部土地利用区林地面积占全区总面积的43.63%。主要的林地类型为灌木林地、乔木林地和其他林地,其中以灌木林地为主。灌木林地面积占东部土地利用区总面积的26.63%,乔木林地面积占东部土地利用区总面积的8.93%,其他林地面积占东部土地利用区总面积的8.07%。

(4)草地。东部土地利用区草地面积占全区总面积的27.04%。主要的草地类型为天然牧草地、人工牧草地和其他草地,其中以天然牧草地为主。天然牧草地面积占东部土地利用区总面积的26.60%,人工牧草地面积占东部土地利用区总面积的0.04%,其他草地面积占东部土地利用区总面积的0.40%。

(5)湿地。湿地包括森林沼泽、沼泽草地、内陆滩涂、沼泽地4个二级国土利用类型。东部土地利用区湿地面积占东部土地利用区总面积的0.27%。其中内陆滩涂面积占东部土地利用区总面积的0.23%,沼泽草地面积占东部土地利用区总面积的0.04%,沼泽地面积占东部土地利用区总面积的0.01%,森林沼泽面积占东部土地利用区总面积的0.01%。

(6)城镇村及工矿用地。东部土地利用区中,城市用地面积占比为0.77%,建制镇用地面积占比为0.65%,村庄用地面积占比为2.96%,采矿用地面积占比为0.19%,风景名胜及特殊用地面积占比为0.16%。

(7)交通运输用地。东部土地利用区中,铁路用地面积占比为0.08%,公路用地面积占比为0.56%,农村道路用地面积占比为0.50%,机场用地面积占比为0.03%,港口码头用地面积占比为0.01%,管道运输用地面积占比为0.01%。

(8)水域及水利设施用地。东部土地利用区中,河流水面面积占比为0.40%,湖泊水面面积占比为0.01%,水库水面面积占比为0.08%,坑塘水面面积占比为0.02%,沟渠面积占比为0.06%,水工建筑用地面积占比为0.05%。

8.5.3 环青海湖土地利用区

8.5.3.1 土地利用区概况

环青海湖土地利用区包括海北州祁连县、刚察县、海晏县,海南州共和县、贵南县,海西州天峻县,共6个县,行政辖区面积占全省总面积的11.01%。该区以青海南山为界,以北为高寒气候的祁连山地,以南属半干旱气候的海南台地。自然条件南北差异和垂直差异较大,水热条件悬殊。区内山地、盆地、河谷相间分布,海拔普遍高于3000m。该区是青海省天然林的主要分布区,是青藏高原东北部生态安全的天然屏障,是全省畜牧业基地,也是矿产资源重点开发区之一。

8.5.3.2 国土利用特征

根据青海省第三次全国国土调查结果,环青海湖土地利用区耕地面积占全区总面积的0.93%,园地面积占全区总面积的0.03%,林地面积占全区总面积的5.29%,草地面积占全区总面积的65.88%,城市用地面积占全区总面积的0,建制镇用地面积占全区总面积的0.06%,村庄用地面积占全区总面积的0.24%,采矿用地面积占全区总面积的0.06%,风景名胜及特殊用地面积占全区总面积的0.03%,交通运输用地面积占全区总面积的0.30%,水域及水利设施用地面积占全区总面积的7.88%,其他土地面积占全区总面积的11.77%(图8-22)。

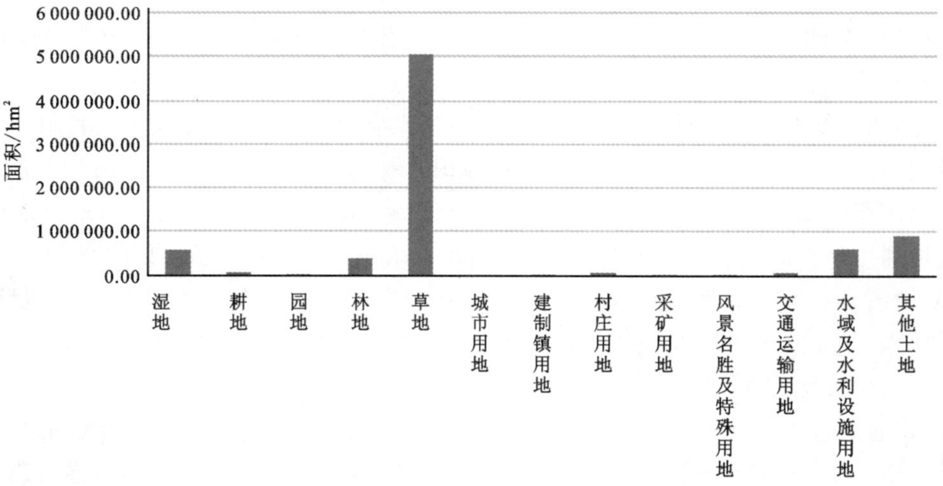

图8-22 环青海湖土地利用区土地利用一级分类面积

环青海湖土地利用区土地类型以草地、其他土地、水域及水利设施用地为主。草地、其他土地、水域及水利设施用地面积共占环青海湖土地利用区总面积的85.53%。其中草地主要集中分布在天峻县、共和县、祁连县,其他土地主要集中分布在共和县、贵南县、海晏县,水域及水利设施用地主要集中分布在共和县、刚察县、天峻县。

(1)耕地。环青海湖土地利用区耕地面积占全区总面积的0.93%。主要的耕地类型为旱地和水浇地,从耕地的利用方式来看,两种地类面积基本一致。旱地面积占环青海湖土地利用区总面积的0.46%,水浇地面积占环青海湖土地利用区总面积的0.47%。

(2)园地。环青海湖土地利用区中,果园面积占比为0.01%,其他园地面积占比为0.03%。

(3)林地。环青海湖土地利用区林地面积占全区总面积的5.29%。主要的林地类型有灌木林地、乔木林地和其他林地,其中以灌木林地为主。灌木林地面积占环青海湖土地利用区总面积的4.75%,乔木林地面积占环青海湖土地利用区总面积的0.35%,其他林地面积占环青海湖土地利用区总面积的0.18%。

(4)草地。环青海湖土地利用区草地面积占全区总面积的65.88%。主要的草地类型为天然牧草地、人工牧草地和其他草地,其中以天然牧草地为主。天然牧草地面积占环青海湖土地利用区总面积的62.94%,人工牧草地面积占环青海湖土地利用区总面积的0.66%,其他草地面积占环青海湖土地利用区总面积的2.29%。

(5)湿地。根据青海省第三次全国国土调查结果,环青海湖土地利用区湿地面积占环青海湖土地利用区总面积的7.55%。其中内陆滩涂面积占环青海湖土地利用区总面积的1.67%,沼泽草地面积占环青海湖土地利用区总面积的5.84%,沼泽地面积占环青海湖土地利用区总面积的0.03%。

(6)城镇村及工矿用地。环青海湖土地利用区中,建制镇用地面积占比为0.06%,村庄用地面积占比为0.24%,采矿用地面积占比为0.06%,风景名胜及特殊用地面积占比为0.03%。

(7)交通运输用地。环青海湖土地利用区中,铁路用地面积占比为0.02%,公路用地面积占比为0.13%,农村道路用地面积占比为0.15%,机场用地面积占比为0.01%,港口码头用地面积占比为0.01%,管道运输用地面积占比为0.01%。

(8)水域及水利设施用地。环青海湖土地利用区中,河流水面面积占比为0.68%,湖泊水面面积占比为5.95%,水库水面面积占比为0.56%,坑塘水面面积占比为0.01%,沟渠面积占比为0.02%,水工建筑用地面积占比为0.01%,冰川及永久积雪面积占比为0.64%。

8.5.4 柴达木土地利用区

8.5.4.1 土地利用区概况

柴达木土地利用区位于东经90°05′—99°45′,北纬35°02′—39°20′处,东北高,西南低,四周高,中间低,气候具有明显的垂直分布特征和经纬地带性,区域性差异大,包括海西州格尔木市、德令哈市、乌兰县、都兰县和冷湖市、茫崖市、大柴旦行政委员会,共7个市(县),行政辖区面积占全省总面积的39.51%。柴达木土地利用区是青海、甘肃、新疆、西藏四省区交会的中心地带，内陆进出西藏之咽喉，是巩固祖国西南边防的后勤保障基地，战略地位十分重要。海拔为2675～6860m，地貌形态主要由极高山、高山、中山、丘陵和盆地组成。光照充足，但干旱少雨，水资源分布不均，土地资源利用受水资源严重制约。该区是国务院批准的柴达木循环经济试验区与青海省海西统筹城乡一体化发展示范区。

8.5.4.2 国土利用特征

根据青海省第三次全国国土调查结果，柴达木土地利用区湿地面积占全区总面积的3.61%，耕地面积占全区总面积的0.17%，园地面积占全区总面积的0.22%，林地面积占全区总面积的2.31%，草地面积占全区总面积的40.12%，城市用地面积占全区总面积的0.03%，建制镇用地面积占全区总面积的0.04%，村庄用地面积占全区总面积的0.04%，采矿用地面积占全区总面积的0.63%，风景名胜及特殊用地面积占全区总面积的0.01%，交通运输用地面积占全区总面积的0.12%，水域及水利设施用地面积占全区总面积的2.94%，其他土地面积占全区总面积的49.75%(图8-23)。

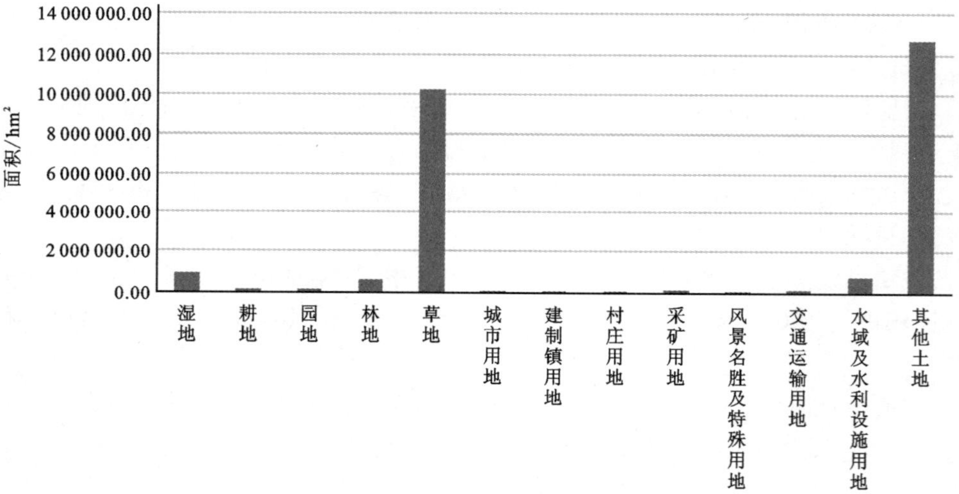

图8-23 柴达木土地利用区土地利用一级分类面积

柴达木土地利用区土地类型以其他土地、草地、湿地为主，其他土地、草地、湿地面积共占柴达木土地利用区总面积的93.48%。其他土地主要分布在格尔木市、茫崖市、都兰县，草地主要分布在格尔木市、都兰县、德令哈市，湿地主要分布在格尔木市、都兰县、德令哈市。

(1)耕地。柴达木土地利用区耕地面积占全区总面积的0.17%。主要的耕地类型为水浇地，无旱地。水浇地面积占柴达木土地利用区总面积的0.17%。

(2)园地。柴达木土地利用区中，果园面积占比为0.01%，其他园地面积占比为0.22%。

(3)林地。柴达木土地利用区林地面积占全区总面积的2.31%。主要的林地类型包括灌木林地、乔木林地和其他林地，其中以灌木林地为主。灌木林地面积占柴达木土地利用区总面积的1.96%，乔木林地面积占柴达木土地利用区总面积的0.20%，其他林地面积占柴达木土地利用区总面积的0.15%。

(4)草地。柴达木土地利用区草地面积占全区总面积的40.12%。主要的草地类型为天然牧草地、人工牧草地和其他草地，其中以天然牧草地为主。天然牧草地面积占柴达木土地利用区总面积的31.09%，人工牧草地面积占柴达木土地利用区总面积的0.01%，其他草地面积占柴达木土地利用区总面积的9.02%。

(5)湿地。湿地包括沼泽草地、内陆滩涂、沼泽地3个二级国土利用类型。根据青海省第三次全国国土调查结果，柴达木土地利用区湿地面积占全区总面积的3.60%。其中内陆滩涂面积占柴达木土地利用区总面积的1.56%，沼泽草地面积占柴达木土地利用区总面积的1.74%，沼泽地面积占柴达木土地利用区总面积的0.30%。

(6)城镇村及工矿用地。柴达木土地利用区中，城市用地面积占比为0.03%，建制镇用地面积占比为0.04%，村庄用地面积占比为0.04%，采矿用地面积占比为0.63%，风景名胜及特殊用地面积占比为0.01%。

(7)交通运输用地。柴达木土地利用区中，铁路用地面积占比为0.02%，公路用地面积占比为0.01%，农村道路用地面积占比为0.05%，机场用地面积占比为0.01%，港口码头用地面积占比为0.01%，管道运输用地面积占比为0.01%。

(8)水域及水利设施用地。柴达木土地利用区中，河流水面面积占比为0.36%，湖泊水面面积占比为1.62%，水库水面面积占比为0.06%，坑塘水面面积占比为0.01%，沟渠面积占比为0.01%，水工建筑用地面积占比为0.01%，冰川及永久积雪面积占比为0.88%。

8.5.5 青南土地利用区

8.5.5.1 土地利用区概况

青南地区地处昆仑山以南、唐古拉山以北，是青藏高原的组成部分。区内包括玉树州、海南州、果洛州和黄南州。青南地区总面积占全省国土面积的48.92%。该区位于青海省南部，地处青藏高原腹地，以山地地貌为主，山脉绵延、地势高耸、地形复杂，海拔为3335～6564m。该地区是青海省最大的牧业区，天然草场分布广泛，断续分布有较大面积的原始森林。大部分地区海拔为4000～5000m，地势由西向东逐渐降低。该地区年均气温为4.7℃，由于地势高，热量条件极差，西部年均气温低于－4℃，无绝对无霜期，冰川和永久冻土广泛分布，向东气温逐渐升高，南部一带年均气温为2～3℃。年降水量自东向西减少，在523.6～691.5mm之间。土壤发育年轻，粗骨性强，土层薄。植被具有耐寒性，生长季节短，生物积累缓慢。区内河流湖泊众多，是长江、黄河、澜沧江的发源地。由于生态环境脆弱，因此能否实现土地资源的持续利用，关系到该地区以及江河中下游地区的持续发展。

8.5.5.2 国土利用特征

根据青海省第三次全国国土调查结果，青南土地利用区湿地面积占全区总面积的10.59%，耕地面积占全区总面积的0.40%，园地面积占全区总面积的0.01%，林地面积占全区总面积的7.65%，草地面积占全区总面积的72.91%，城市用地面积占全区总面积的

0.01%,建制镇用地面积占全区总面积的0.03%,村庄用地面积占全区总面积的0.11%,采矿用地面积占全区总面积的0.01%,风景名胜及特殊用地面积占全区总面积的0.01%,交通运输用地面积占全区总面积的0.19%,水域及水利设施用地面积占全区总面积的3.84%,其他土地面积占全区总面积的4.23%(图8-24)。

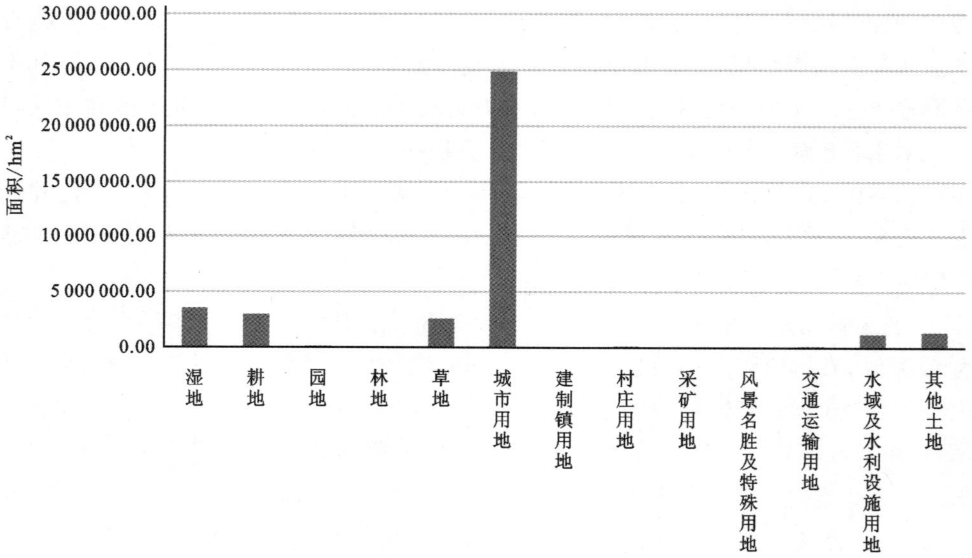

图8-24 青南土地利用区土地利用一级分类面积

青南土地利用区主要地类为草地、湿地、林地。草地、湿地、林地面积共占青南土地利用区面积的91.16%。草地主要分布在治多县、曲麻莱县、杂多县,湿地主要分布在治多县、曲麻莱县、杂多县,林地主要分布在囊谦县、玛沁县、玉树市。

(1)耕地。青南土地利用区耕地面积占全区总面积的0.40%。主要的耕地类型为旱地和水浇地,从耕地的利用方式来看,以旱地为主。旱地面积占青南土地利用区总面积的0.25%,水浇地面积占青南土地利用区总面积的0.15%。

(2)园地。青南土地利用区中,果园面积占比为0.01%,其他园地面积占比为0.01%。

(3)林地。青南土地利用区林地面积占全区总面积的7.65%。主要的林地类型为灌木林地、乔木林地和其他林地,其中以灌木林地为主。灌木林地面积占青南土地利用区总面积的6.38%,乔木林地面积占青南土地利用区总面积的1.16%,其他林地面积占青南土地利用区总面积的0.11%。

(4)草地。青南土地利用区草地面积占全区总面积的72.91%。主要的草地类型为天然牧草地、人工牧草地和其他草地,其中以天然牧草地为主。天然牧草地面积占青南土地利用区总面积的72.34%,人工牧草地面积占青南土地利用区总面积的0.21%,其他草地面积占青南土地利用区总面积的0.37%。

(5)湿地。湿地包括沼泽草地、内陆滩涂、沼泽地3个二级国土利用类型。青海省青南土地利用区湿地面积占青南土地利用区总面积的10.59%。其中内陆滩涂面积占青南土地利用区总面积的1.52%,沼泽草地面积占青南土地利用区总面积的9.04%,沼泽地面积占青南土地利用区总面积的0.04%。

(6)城镇村及工矿用地。青南土地利用区中,城市用地面积占比为0.01%,建制镇用地面积占比为0.03%,村庄用地面积占比为0.11%,采矿用地面积占比为0.01%,风景名胜及特殊用地面积占比为0.01%。

(7)交通运输用地。青南土地利用区中,铁路用地面积占比为0.01%,公路用地面积占比为0.09%,农村道路用地面积占比为0.10%,机场用地面积占比为0.01%,港口码头用地面积占比为0.01%,管道运输用地面积占比为0.01%。

(8)水域及水利设施用地。青南土地利用区中,河流水面面积占比为0.82%,湖泊水面面积占比为2.47%,水库水面面积占比为0.14%,坑塘水面面积占比为0.01%,沟渠面积占比为0.01%,水工建筑用地面积占比为0.01%,冰川及永久积雪面积占比为0.40%。

9 青海省经济发展与国土利用

本章主要介绍了青海省城镇化发展的时空特点、青海省城镇国土资源利用的特点、青海省城镇村国土资源节约集约利用潜力，分析了社会经济发展与国土资源利用之间的关系。

9.1 青海省城镇化发展

9.1.1 我国城镇化发展概述

中国城镇化是指城镇数量的增加和城镇规模的扩大，导致人口在一定时期内向城镇聚集，同时又在聚集过程中不断地将城市的物质文明和精神文明向周围扩散，并在区域产业结构不断演化的前提下衍生出崭新的空间形态和地理景观。其内涵包括人口城镇化、经济城镇化（主要是产业结构的城镇化）、地理空间城镇化和社会文明城镇化（包括生活方式、思想文化和社会组织关系等的城镇化）。城镇化过程与农业人口向城镇的聚集、生产生活方式由农耕文明向工业文明的转变、以城镇为空间载体的资源再配置和城镇功能的再完善相伴相生，由此形成了城镇化与经济发展之间的密切关系。城镇化是评价一个区域经济体发展程度的重要指标，在经济发展和现代化建设中起着重要的作用。

中华人民共和国成立之初，中国仅有 132 个城市，至 1978 年改革开放全国有 193 个城市。改革开放后，我国城市数量猛增，规模扩张。2019 年底全国城市数量达到 679 个，城市建成区面积从 7 438.0km^2（1981 年）增至 60 312.5km^2（图 9－1）。“十三五”时期以来中西部地区成为中国推进城镇化的“主战场”。2015 年到 2018 年，中西部地区城镇化率由 49.98％提高到 54.25％，年均提高 1.42％，年均增长速度比东部地区高约 0.41％，全国新增城镇人口中的 65.30％是由中西部地区贡献的。中国城镇化是人类历史上最大规模的城乡人口流动与迁移过程。中国城镇化的成功具有世界意义，创造了在农业人口占绝大多数的发展中大国实现低成本的城乡协调发展的城镇化道路，呈现出“超高速超大规模人口向城市集聚”的特征。2019 年末，我国城镇常住人口近 8.5 亿人，占总人口的比重已达 60.60％，户籍人口城镇化率达到 44.38％，其发展阶段处于城镇化中后期。

城市群各项经济、人口指标在全国具有举足轻重的地位，集聚效应越来越强，城镇化地区已经成为国家推进城镇化和经济发展的战略核心区。“十三五”时期，国家先后制定实施了京津冀、长三角、珠三角、哈长、辽中南、山西中部盆地、山东半岛、中原、长江中游、海峡西岸、北部湾、呼包鄂榆、宁夏沿黄、兰西、关中平原、成渝、黔中、滇中、天山北坡 19 个城市群发

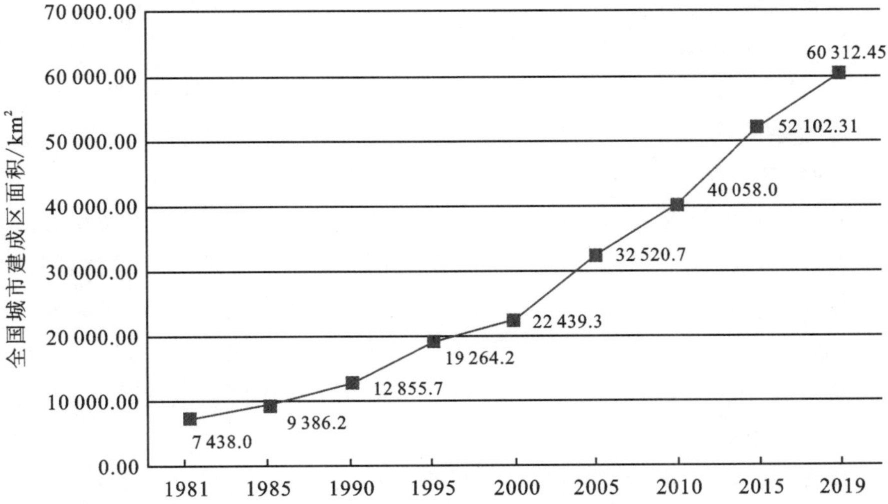

图 9－1 改革开放后全国城市建成区面积变化

数据来源：中华人民共和国住房和城乡建设部《建设统计年鉴》

展规划，划定了城市群范围，明确了发展重点，并建立相关协作机制，再加上新疆喀什和西藏拉萨城市圈，“19＋2”的城市群格局基本形成并稳步发展。仅京津冀、长三角、珠三角三大城市群就以不足7％的国土面积汇聚了全国28.7％的人口和41.9％的国内生产总值，城镇化地区的综合承载能力不断提升。

城镇化中后期城镇化增速放缓，人口流动也趋于平缓，我国将从“大流动”阶段逐步走向“质量提升”阶段。在这种背景下，需要通过国土空间规划体系的建立，落实主体功能区规划，守住生态安全底线，进而转变城市长期以来的高扩张、高消耗、高排放的粗放型发展方式，提高国土空间的利用效率与效能，实现生态文明下的高质量发展。一是坚守生态安全、粮食安全等安全底线，强化生态本底的整体保护。把握“生命共同体”理念，深刻认识当前生态安全及环境的突出问题，把守住底线放在规划的突出位置，推动生态修复，优化山水林田湖草的国土空间资源。二是依循我国地理特征多元化导致城镇化模式多样化的特点，突出差异化政策导向，注重上下位规划的纵向传导以及层级政府层级事权。既要加强对重要资源的管控和重点问题的协调，实现约束性，又要同时满足地方发展的弹性及差异化需求，提高指导性，保证地方城镇化活力，实现空间资源有限合理利用。三是转变城市规模扩张的空间发展旧模式，从重视规模扩张转向重视存量优化的资源集约型发展方式，合理划定并科学管控城市开发边界，重视存量用地改造及新增用地绩效提升。四是对全域全要素进行评价，按照生态文明价值对自然资源进行重新评估，使自然资源成为融入城乡高品质发展建设的重要因素。

9.1.2 青海省城镇化发展历程

9.1.2.1 中华人民共和国建立前

青海省域在大约6000年前的历史时期，开始出现人类聚居点。秦汉以前，当地生活的羌人构建了以畜牧狩猎业为主的游牧社会。青海省真正意义上城镇化的出现是从西汉时期开始的，早期青海省的城镇先从汉藏交会的、农耕经济与游牧经济接壤的黄河沿岸河湟地区发轫，然后逐步从农耕区向农牧交错区渗透，进而向游牧区拓展。河湟地区地处青藏高原与黄土高原的边缘地带，也是游牧经济与农耕经济的过渡地区。河湟地区的城镇发展历史悠久，直到明代的有效开发，其城镇体系才初步建立。

青海省城镇体系的形成和演变在各个历史时期均受民族、宗教、游牧文化和地理环境特征的综合影响，城镇发展动力的主体是中央行政建制和军事据点的设置，城镇的成长动力是民族宗教文化和农牧贸易的亲和关系。首先，在政治、军事上，中央政府和少数民族为了拓展与防御，设郡置县，这一措施直接推动了城镇的建设。其次，农、牧经济的互补性直接推动了商业城市的形成。茶马互市改变了城镇的性质，强化了城镇间的商业联系，推动省域城镇体系雏形的形成。第三，民族、宗教文化的聚合促使城镇形成了民族集会、庆典、祭祀，以及宗教活动的综合功能，寺院周围成为商贸活动聚集的市场，寺院的建设推动了城镇的发展。第四，地理环境对城镇体系的“型铸”作用明显。自然条件较好的地区人口数量多、城镇密度高，而海拔高、气候干旱、自然环境恶劣的地区城镇数量明显减少。

9.1.2.2 建国初期：城镇化起伏发展

中华人民共和国建立以后，全国城镇得到了空前的发展，青海省也在这个阶段大力推动全省的城镇化建设。1949—1952 年期间，我国正处于“经济恢复”和“第一个五年计划”（简称“一五”计划）建设时期。土地改革在全国实施，新型的社会主义生产关系让农村生产力得到了空前解放，城乡工农业生产获得了空前的大发展，城乡商貌也呈现空前的繁荣景象。伴随着行政建制的变动和地方政权的建立，这一时期青海省建成了一批以行政职能为主的城镇，在广大的牧区设置曲麻莱、河南、刚察、治多、天峻、达日、久治、班玛、玛沁等 16 个县，并调整了部分县（市）的行政区划。1952 年，青海省城镇化率为 5.19%。至 1957 年，青海省城镇数目增加到 40 个，初步形成了城镇网络。

1958—1978 年期间是青海省城镇化发展起伏阶段，我国在青海省设立了大中型建设项目，全面促进城镇发展。例如，在海东市、海西州、海北州相继建成了乐都区碾伯镇、格尔木县（市）、冷湖镇、大柴旦市（镇）、茫崖镇及海晏矿区等。在 1958—1962 年“第二个五年计划”（简称“二五”计划）期间，由于我国大办工业、大炼钢铁，大批农业人口涌入城市，外省人口进入青海省，增加了不少新的城镇和工矿点。1963—1965 年期间，城镇建设萎缩，城镇建设资金下降到建国初期水平。有的牧区因城镇选址不当，出现举城搬迁的情况。例如，化隆县城由巴燕镇迁至群科镇后又迁回，海西州府由大柴旦市迁到德令哈镇等。经过调整，青海城镇数量由 45 个压缩至 40 个，全省县级行政区中，设置了 4 个市、39 个县、3 个县级区和 4 个市辖区。1964 年撤销了格尔木市、大柴旦市、冷湖市 3 个市的建成制，改市为县或建制镇。

1965—1980 年期间，青海省以交通基础设施为先导，以机械、能源、化工和冶金工业为重点，掀起两次三线建设高潮，拉动了青海省的城镇建设，逐步形成了三大工业区：一是由西宁市及所辖大通县和海东地区所辖的乐都、民和、湟中等县组成的东部综合工业区，以国防、机械、冶金、化工、纺织工业为主，是青海省工业分布最密集的地区，工业生产门类较全。二是由格尔木县、乌兰县以及大柴旦镇、冷湖镇、茫崖镇等组成的柴达木盆地工业区，以化工、石油、建材和有色金属工业为主，兼有煤、铁、天然气等多个门类。三是由海北地区的刚察县、海晏县、门源县及海南地区的共和县等组成的环湖工业区，以有色冶金、能源、建材工业为主体。随着青藏铁路、省内干线公路的修筑和格尔木航线的开通，各工业城镇间的沟通变得更为便捷，青海省东西部之间的联系也得到了一定程度的强化。相较于“一五”计划和“二五”计划时期西宁市的“单极”发展，青海省在三线建设过程中已经形成了“三点一线”的格局，即西宁市、海东地区、格尔木县三点和兰青铁路、青藏铁路一线。西宁市形成了以钢铁、拖拉机、精密机床、机械加工为主的西川工业区，以机械制造、制药、能源工业为主的北川工业区，以冶炼、重型机床、轻工业为主的南川工业区，以纺织、化工、造纸、石棉企业为主的东川工业区，以数控机床、被服企业为主的南滩工业区的 5 个工业区。三线建设重塑了青海城镇的职能结构，促进了青海城镇体系地域结构的均衡化，拓展了青海省工业城镇的空间地理分布。西宁市巩固了在全省政治、经济、科教、交通等方面的中心地位，并发展为三线建设地区的中心城市之一；格尔木县从一个小城市成长为区域性中心城市，集交通枢纽、化工、能源于一身；西部小镇冷湖、花土沟等发展为石油开发基地和建材基地；原本人烟稀少的柯柯镇、茶卡镇发展为盐化工基地；锡铁山发展为有色金属开发基地；德令哈(1962 年并入乌兰县)、察汉乌苏(1968 年为察汉乌苏公社，1980 年恢复为察汉乌苏镇)、都兰县城发展为农副产品加工基地；等等。随着多种类型工业城镇的崛起，青海省城镇完成了从消费型向生产型转变的时代任务。

9.1.2.3 改革开放时期：城镇化快速发展

改革开放后，青海省的城镇化进入快速发展阶段，以 2000 年西部大开发战略实施为分界点，分为两个阶段。

改革开放后，农村生产力得到了极大的解放，小城镇重新成为农副产品加工和交易的场所，推动了城镇的建设和发展，城镇化的发展开始进入逐步与经济发展水平相适应的合理增长的轨道。经济建设成为这一时期的中心工作，城镇也得到了相应的发展。由于青海省的经济基础薄弱，改革开放以前城镇建设和城市化进程十分缓慢。根据统计数据，1978 年，青海省只有 1 座城市、7 个建制镇、34 个县城，城镇人口不足 50 万人。青海省是一个资源大省，拥有丰富的水、电、矿产等资源，对自然资源的开发利用极大地推动了青海省的城镇化建设。为配合矿产资源的开发，国务院于 1980 年批准设立了格尔木市，1988 年设立了德令哈市。同时，随着黄河上游水电资源开发，相应产生了龙羊峡、李家峡 2 个水电城镇。经过党和人民 20 多年的艰苦建设，到 1997 年底，全省城镇数量已增加到 60 个，其中城市 3 座、建制镇 36 个、未列入建制镇的县城 19 个、工矿型城镇 2 个，辖地面积为 16 万 km^2，其中建成区面积近 300km^2，市镇总人口近 172 万人，占全省总人口的 34.69%。当时的青海城镇按所在地区政治、经济、文化活动中的地位与职能分，大体有以下几种类型：一是综合型，包括西宁市、6 个自治州首府和海东行政公署驻地；二是农副产品集散地兼加工基地，包括海东地区各建制镇，海南州、海北州以及牧业区的一些小城镇；三是行政型，包括玉树、果洛两州各县及黄南州的河南县、泽库县，海南州的同德县、兴海县等的县政府驻地；四是工矿型，包括大通县桥头镇，海西州的茫崖行政委员会、冷湖行政委员会、大柴旦行政委员会、柯柯镇、茶卡镇、刚察县的热水矿区，共和县的龙羊峡等，此类城镇又可分为矿业开发型和开发加工混合型；五是其他类型，如格尔木市基本属于交通枢纽站，是青藏、青新、敦格等干线公路的交会点，成为进藏物资的最大转运站，有"汽车城"的美称。

西部大开发战略实施后阶段是青海省发展速度最快、发展质量最好、基础设施改善最明显、城乡面貌变化最大、人民得到实惠最多的时期。随着青海省经济建设的发展以及农牧区基层综合改革，其城镇数量迅速增加，经济发展迅速、经济总量大幅度提升。2000 年，青海省有城市 3 座，建制镇 49 个。截至 2009 年底，建制镇数量增至 137 个，平均每个县级行政单位拥有建制镇 2.97 个。这一时期，青海省人均 GDP 由 2000 年的 5105 元上升至 2012 年的 32 879 元，第二、第三产业增幅明显高于第一产业。2000 年，青海省 3 个产业占 GDP 比重分别为 15.2%、30.7%、54.1%，2012 年分别为 9.4%、57.9%、32.7%，第一产业比重下降，第二产业比重上升。随着经济的发展，2000—2012 年青海省城镇化率由 34.76%上升到 47.44%，共提高 12.68%，年均提高 1.06%。2007—2012 年是青海省城镇化率提高速度最快的时期，平均每年提高 1.47%，同期全国平均水平为 1.43%(图 9-2)。

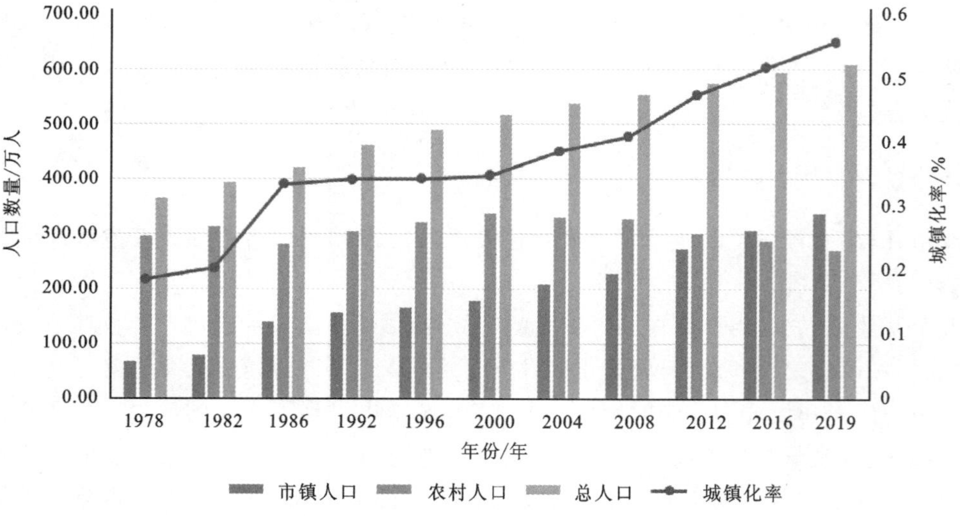

图 9-2 青海省 1978—2019 年主要年份人口及城镇化率变化示意图

9.1.2.4 党的十八大至今：新型城镇化

2012 年，党的十八大提出，要大力推进生态文明建设，努力建设美丽中国，实现中华民族永续发展。同年中央经济工作会议提出，要把生态文明理念和原则全面融入城镇化的全过程。党的十八大以来，在党中央、国务院的正确领导下，青海省委、省政府团结带领全省各族群众顽强拼搏、真抓实干、开拓创新，有力地推动了青海省城镇化快速发展。2013 年国务院批准海东撤地设市、玉树撤县设市，2018 年撤销茫崖行政委员会和冷湖行政委员会，合并设立县级茫崖市。至 2019 年底青海省拥有 2 个地级市、4 个县级市和 144 个建制镇，常住人口城镇化率达到55.52%，城镇规模结构逐渐合理。住房和城乡建设部(简称住建部)发布的城乡建设统计年鉴数据显示，在2012年后青海省城区面积和城市建成区面积都有显著增长(图9-3)。

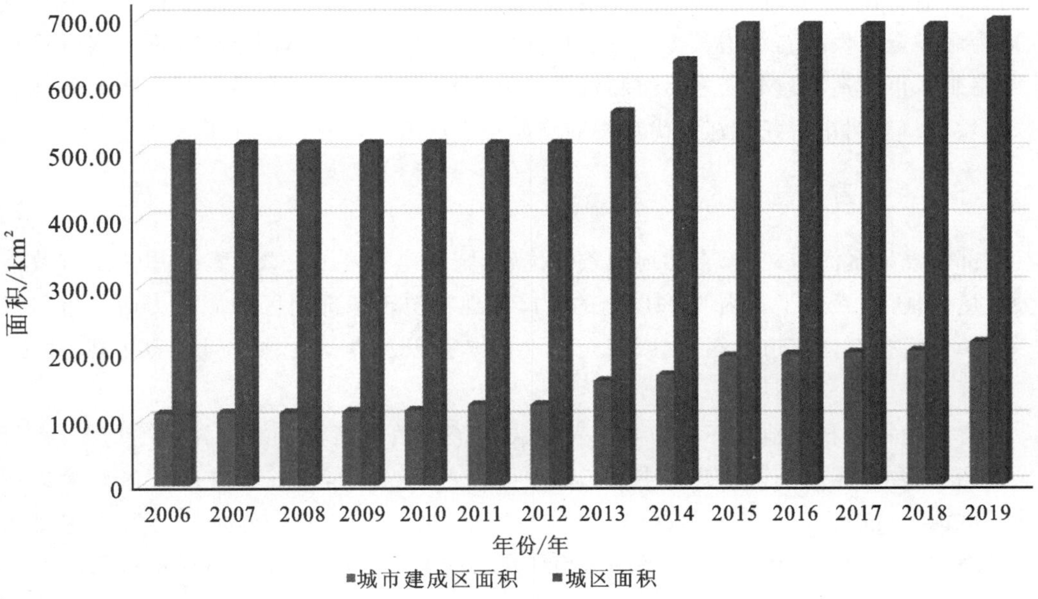

图9-3 2006—2019年青海省城市建设情况

伴随着人口的进一步集聚，工业化的加速推进，基础设施条件的显著改善，得益于国家区域发展政策的大力支持和省委、省政府的高度重视，城镇化步入高质量发展的新阶段，即新型城镇化。新型城镇化的目标就是将物质文明建设与生态文明建设、精神文明建设同步协调发展。在推动新型城镇化建设的道路上，青海省已经取得了令人瞩目的成绩，省内的城镇发展布局逐步优化，城镇数量和规模等级得到提升，体系不断完善，具有青海特色的城镇化格局已初步形成。城镇化建设过程中，基础设施条件持续改善，综合实力明显增强。全省城乡面貌得到极大改善，宜居水平显著提高，城镇生态环境持续向好，更多城乡群众体验到了城市生态之美。省会中心城市西宁市规模进一步扩大，区域综合竞争力、对外影响力持续增强，更加宜居宜业。海东地区城市架构逐渐成形，综合承载力持续增强，逐步成为青海省功能优化的重要城市。格尔木市、德令哈市、玉树市等区域性城市不断壮大，茫崖行政委员会、冷湖行政委员会撤并设市。兰西城市群建设开局起步，以城市群为重点，大城市带动小城市、州府县城和小城镇协调发展的格局逐步形成。

9.1.3 青海省城镇化空间格局

青海省内部自然条件复杂多样，地域差异十分明显，自然资源分布也不平衡。不同区域的人民对自然条件和自然资源的改造利用方式也因时地而异。根据自然地理、资源气候条件将青海省划分为四大区域，即东部河湟地区、柴达木地区、环青海湖地区、三江源地区。截至 2019 年底，青海省内共设立有 6 个城市，分别是省会西宁市、海西州首府德令哈市、有盐湖城之称的格尔木市，以及新兴城市玉树市、海东市和茫崖市。6 个城市所处的地理位置、经济条件和拥有的自然资源类型不同，城市的职能和发展定位也不同。各城市依托自身资源特色，产业特色分异。西宁市与海东市依托省会城市、兰西城市群优势引导高端产业入驻，成为服务全省发展新的增长极。海西州依托盐湖资源大力培育新能源、新材料等循环产业，将格尔木市打造为重要交通枢纽和资源转换中心，将德令哈市打造为特色产业基地和高原绿洲城市。玉树市依托三江源优势发展高原生态旅游及农牧产品加工等产业。

9.1.3.1 东部河湟地区

东部河湟地区海拔较低、自然地理条件优越，城镇化发展历史久远。这里是全省政治经济最发达的地区，聚集了省内 60%以上的人口。现在位于东部地区的城市为西宁市和海东市。城镇规模包括西宁市 5 区 2 县、海东市 2 区 4 县以及贵德县、同仁县、尖扎县，共 16 个县(市、区)。

青海省独特的自然地理环境和生态背景决定了城镇空间分布的差异和不均衡，人口规模大、具有综合功能的城镇主要集中在东部地区。近 20 年来，全省新增人口 90%聚集在东部地区城镇。目前人口在 100 万人以上的城市只有西宁市和海东市，城镇空间结构对区域经济发展的促进和带动作用较弱，龙头城市作用不明显，全省的城市网络还不够完善。

9.1.3.2 柴达木地区

柴达木地区是指位于青海省西北的柴达木盆地及周边地区。历史上这里主要分布的是“逐水草而居”的游牧民族，如蒙古族、藏族、羌族等，城镇化过程十分缓慢且历程很短。柴达木盆地蕴藏着极为丰富的盐湖、石油、天然气、铅锌、石棉、煤等资源，素有“聚宝盆”美誉。中华人民共和国成立以来，柴达木地区成为重要的资源开发基地，也是青海省主要经济增长极。从 20 世纪 50 年代至今，柴达木地区先后兴建了青海油田、青海钾肥厂、锡铁山铅锌矿、茫崖石棉矿等国家重点矿山企业，同时还发展了一大批州(市、县)办矿山企业。矿产资源开采为当地带来了经济发展和大量的人口流动，为当地的城镇化体系建设起到了关键作用。现今位于柴达木地区的城市有格尔木市、德令哈市和茫崖市。

格尔木市是一个典型的资源型地区，拥有丰富的矿产资源、生物资源和旅游资源，因柴达木盆地资源开发而迅速崛起，成为新兴的工业城市。因地理位置极占优势，青藏公路修建后格尔木市成为稳疆固藏和连通西藏、新疆、甘肃等省(自治区)的重要节点。德令哈市土地辽阔，水源便利，农牧兼有，是青海省海西州府所在地。1988 年 4 月经国务院批准建市成为青海省第三座城市，既是全州政治、科技、文化、教育中心，也是海西州东部经济区中心。2018 年 2 月，国务院批准撤销茫崖行政委员会和冷湖行政委员会，设立县级茫崖市。茫崖市的前身——茫崖行政委员会、冷湖行政委员会是 20 世纪 50 年代随着青海柴达木资源开发而相继兴起的一批资源型独立工矿城镇，也是当时支持国家建设、稳定西藏、巩固边疆的重要后勤保障基地，为国家能源供应和现代化建设做出了突出贡献。

“石油城——冷湖”“石棉城——茫崖”在形成城镇之前，没有任何工业基础和市场条件，完全依托矿产资源开发推动城镇化的兴起和发展，是“因油设镇”“因矿设区”的典范，属于典型的工业化带动城镇化。以茫崖市等为典型的青海省资源型工矿城镇发展中普遍存在社会事业与经济非协调发展的问题，具体表现如下：城镇基础设施条件较薄弱，教育、卫生、文化等方面还处于比较落后的状态；矿产资源发展难以有效带动城镇化进程，城镇及工矿区与所在区域经济联系不紧密，服务功能不完善；产业发展滞后，吸纳人口集聚的能力不强等问题，制约了城镇自身的发展壮大。资源型城市目前正面临城镇转型升级，城镇化发展需要拉动资源产业与经济发展、城镇建设的结合，将资源潜在优势转换为经济现实优势。随着资源开发向深度和广度发展，资源型城市应改造原有传统产业，发展接续替代产业，科学规划产业布局，构建多元复合型产业结构。例如，重视资源型城镇转型发展，统筹资源开发、产业培育、人口集聚与城镇建设，发展资源深加工产业，统筹非资源产业协调发展，高度重视发展就业带动能力强的生产性服务业，建设产业园区服务保障基地，不断拉大工矿城镇框架，使城镇功能不断完善，人口不断聚集，逐步打造新型工业化城镇。

9.1.3.3 环青海湖地区

环青海湖地区城镇规模包括海北州的祁连县、刚察县、海晏县、门源县，海南州的共和县、贵南县，海西州的天峻县，共7个县。全省应依托丰富的自然资源和优美的生态环境，将此区域建设为国家重要生态功能区、全省旅游和体育赛事黄金区、现代生态畜牧业示范区、特色能源资源开发区，逐步将共和县、海晏县、门源县打造成新兴城市，即集环青海湖综合服务型、文化旅游型、商贸服务型于一体的重点城镇，推进青海湖风景名胜区与城市、城镇协调互动发展。

9.1.3.4 三江源地区

青海省地处高原，在地理上可划分为农业区和牧业区两大区域，三江源地区处于西部牧业区。这里分布的藏族和蒙古族多以放牧为生，人们的居住地或沿水系统布置，或围绕泉水眼向外扩展，逐水草而居，路随水转，形成自然村落。由于这里的自然地理气候条件严峻，历代统治中央对此区域的政治、经济建设收效甚微，当地的城镇化发展远远落后于东部农业区。现今位于三江源地区的城市为玉树市，城镇规模包括玉树州的玉树市、杂多县、称多县、治多县、囊谦县、曲麻莱县，果洛州的玛沁县、班玛县、甘德县、达日县、久治县、玛多县，海南州的同德县、兴海县，黄南州的泽库县、河南县共16个县(市)，以及格尔木市唐古拉山镇。

2013年10月经国务院批准，玉树县撤县设市，玉树市正式挂牌成立。经过近7年的政治建设与经济发展，青海省玉树市已成为中国三江源地区人口最稠密、最具现代化气息的城市。未来玉树市将引导城镇与国家生态保护综合试验区建设相结合，统筹城镇化、生态保护、经济发展，加强城镇基础设施、公共服务能力建设，扶持发展后续产业，建设成为三江源区域中心城市，并成为全省生态旅游型城镇集中发展区。

9.1.4 城镇化发展战略目标

青海省城镇化水平不仅滞后于经济发展阶段，也滞后于非农化程度和工业化发展水平，仍有较大幅度提升的空间。当前经济社会发生深刻转型，资源环境要素约束趋紧，生态环境矛盾凸显，传统的土地利用模式越来越得不到可持续发展。推动青海省城镇化发展的同时，要注意保护当地的自然资源，尽量避免生态环境遭到破坏，实现可持续发展。根据党的十九大关于基本实现社会主义现代化的战略目标，按照省委、省政府“一优两高”决策部署，全省将从现在起到2035年分3个阶段安排实施城镇带动战略的目标。

9.1.4.1 城镇带动战略起步期

2020年随着城镇集聚区域人口功能进一步提升，全省常住人口城镇化率达到58%左右。兰西城市群青海部分引领全省区域协调发展战略重心的地位得到巩固和发展，西宁—海东都市圈建设稳步开局，区域综合经济实力显著增强，人均生产总值超过全国平均水平。“大西宁”城市发展空间有效拓展，发展品质和综合实力持续增强，基本建成绿色发展样板城市；“新海东”建设开创新局面，城市功能不断完善，河湟新区建设稳步推进；柴达木城镇带空间格局得到优化，开放型城市建设条件更趋成熟。重要河湖流域区域生态保护建设成效显著，美丽城镇、特色小(城)镇加快建设，城镇宜居宜业水平持续提升。

9.1.4.2 城镇带动战略攻坚期

到2025年，全省城镇化保持较快水平发展，常住人口城镇化率达到62%左右。城镇化空间发展布局持续优化，“一线两带两群(区)”城镇化格局更加完善，沿青藏—格库铁路城镇发展轴线的对外开放大通道功能和沿湟水生态城镇带的城市群发展中轴线功能得到增强，初步实现与沿黄河生态城镇带的互动发展。以1个中心城市、2个副中心城市、8个小城市和80个重点城镇为主体的城镇体系基本形成，各类城镇协调发展，规模结构更加合理。

(1)城市群发展开创新局面。兰西城市群青海部分在全国发展格局中的地位进一步提升，“一带一路”和长江经济带重要纽带功能明显增强，带动西北地区发展迈上新台阶。西宁—海东都市圈建设顺利推进，西宁—海东都市圈经济生态文脉共同体建设取得阶段性成效，基础设施一体化程度大幅提高，阻碍生产要素自由流动的行政壁垒和体制机制障碍基本消除，区域市场一体化步伐加快，交通基础设施互联互通、公共服务设施共建共享、生态环境联防联控联治、创新资源高效配置的机制不断完善，成本分担和利益共享机制不断创新，一体化发展格局基本成形，行政区经济向功能区经济加快转变。

(2)城镇对外开放呈现新格局。区域协调发展机制初步建立，西宁、兰州城市互动发展积极推进，协同协作体制机制逐步建立，与成渝、关中平原、宁夏沿黄、天山北坡城市群区域合作更加紧密，西宁—海东都市圈在全方位开放中的战略支撑作用进一步强化，兰西竞合、蓉宁携手、宁东共建的局面基本形成，商贸物流枢纽、重要产业和人文交流基地初步建成。格尔木市成为我国西部重要交通枢纽和独具特色的开放型城市，对西南边防战略支撑作用进一步巩固。千里城镇绿廊对外开放大通道基本形成，沿线城市开放合作的整体效应不断释放,成为全省面向“一带一路”的开放合作新轴线。

(3)城镇宜居宜业水平迈上新台阶。形成以主体功能区为基础的国土空间开发保护格局,绿河谷、绿屏障、绿城区生态体系不断完善,绿色生态城镇发展体系初步建立。城镇基础设施支撑和公共服务能力显著提升,公路铁路网总里程持续扩大,通用机场、通用航空服务覆盖大部分县和重要城镇,城镇化重点区域水资源供需矛盾得到缓解,城际交通更加高效便捷,“城市病”得到有效治理。以都市圈为重点的产业生态链、生态圈逐步形成,产业功能区向复合型进一步转型,现代服务业吸纳就业规模扩大,服务业集聚区加快建设,活力不断彰显。城镇功能融合趋向合理,个性化、绿色化、高质化的城镇空间肌理和街区环境,以及富有人文情怀的城镇公共活动空间加快重构。重点生态功能区生态型城镇建设成效明显,初步为全国同类地区生态保护与发展探出新路径,提供“青海方案”。

(4)城镇化制度保障取得新突破。城镇开发强度管控更加科学高效,城镇开发边界及城镇空间约束有效与农牧业转移人口市民化相关的人口、土地、住房等制度改革取得积极进展,进城落户新市民全面融入城市社会的障碍基本消除。生产要素自由流动和平等交换、公共资源均衡配置、产业协同联动发展,财税体制、投融资体制、生态文明制度等更加完善,优质宽松的营商环境和活跃高效的创新氛围基本形成,社会保障、城市治理等城镇化健康发展的体制机制更加健全。

(5)城乡协调发展展现新面貌。乡村振兴取得重要突破,制度框架和政策体系基本建立,城乡互促互进、协同发展的格局初步定型,全省10%以上的村庄基本实现农牧业农牧区现代化。县域经济振兴发展取得积极进展,县城和重点镇逐步成为城乡协调发展的重要功能区和战略支撑点。特色小镇创建工作取得积极成效,建成一批特色鲜明、优势突出的特色小镇,初步形成若干特色小镇群落,特色小镇群落成为实现乡村振兴和城乡统筹的新平台,美丽城镇、美丽乡村成为城乡空间格局优化的重要载体。

9.1.4.3 城镇带动战略提升期

到2035年,全省城镇化完成从数量增长、规模扩张向高质量发展的转变,城镇常住人口城镇化率稳定在65%左右。西宁—海东都市圈经济生态文脉共同体全面建立,空间结构清晰、城市功能互补、要素流动有序、产业分工协调、交通往来顺畅、公共服务均衡、环境和谐宜居的现代化西宁—海东都市圈全面建成,在全国都市圈总体布局中形成重要影响力。西宁市辐射服务西藏、新疆,连接川滇的战略支点功能更加突出,是具有一定影响力的现代化区域中心城市。海东市建设成为全省副中心城市、兰西城市群重要节点城市和具有河湟文化特色的高原生态旅游宜居城市。河湟新区建设成为青海省高质量发展的典范,“河湟模式”基本成熟并逐步推广,河湟竞争力成为推动全省在更宽领域、更广范围参与国内国际合作发展的新优势。格尔木市基本建设成为我国西部重要的交通枢纽,面向中亚、西亚、南亚周边国家开发开放的先行区,成为我国西部地区最具活力、最富竞争力的内陆开放新高地。重点生态功能区生态人文旅游共同体城镇成为彰显生态价值和具有鲜明地域文化内涵的城市品牌。

9.1.5 城镇化空间发展格局

青海省根据“两核一轴一高地”区域协调发展总体布局，统筹重点开发区城镇化发展与重点生态功能区城镇建设，依托青藏—格库铁路战略通道和纽带作用，发挥西成铁路南北串联支撑功能，打造以河湟谷地城市群为引领，以柴达木盆地城镇区、泛共和盆地城镇区为主体，以玉树县、玛沁县等重点生态功能区城镇为支点，空间时间人间统筹、保护发展民生协调、自身周边全局统揽的“一群两区多点”城镇化空间发展新格局。

9.1.5.1 建设河湟谷地城市群

坚持把融入兰西城市群作为撬动全省区域协调发展的战略方针，以“大西宁”建设为牵引，以西宁—海东都市圈一体化发展为目标，以沿湟水、沿黄河生态城镇带动发展为支撑，建设具有重大战略价值和鲜明地域特色的城市群，全力推动率先实现基本现代化。

(1)建设现代高原美丽幸福“大西宁”。坚持做大西宁、服务全省、辐射边疆，促进人口、产业及创新要素资源向中心城市、战略空间和城镇密集区集聚，增强中心城区核心带动功能，形成中心城区以服务经济为主导、周边区域功能性配套的都市区板块经济发展格局，建设绿色发展样板城市和现代化幸福西宁。构建战略性空间新格局。支持西宁扩容提质，推动平安、互助行政区划调整，整合多巴新城、海湖新区发展空间，构建综合性城市副中心，建设南川文化旅游商贸会展区、北川产学研融合发展创新区、鲁沙尔民族文化旅游产业园区，打造“一主两副、两翼并进、生态环抱、组团发展”的“大西宁”城市空间格局。提升城市创新发展能力。以国家创新型城市建设为引领，以青海省国家级高新区为支撑，加快创新资源集聚，加强科技创新前瞻布局和资源共享，建设培育一批产业技术创新平台、制造业创新中心和企业创新中心，形成具有区域影响力的科技创新和制造业研发高地。优化区域创新环境，加强跨区域双创合作，形成推动协同创新的强大合力，打造区域性创新创业资源汇聚、融合、对接的重要城市和全省最适宜新经济发育成长的城市。推动园区向复合功能区转型。推进城市发展从工业逻辑回归人文逻辑、从生产导向转为生活导向，促进“人城产”融合发展。加快西宁经济技术开发区转型升级，打造锂电、光伏光热、有色合金、特色化工、生物医药及高原动植物资源精深加工五大产业集群，布局建设新能源汽车零配件制造基地、人工智能创新发展试验区、数字经济产业集群等，推动产业园区向集生产、服务、消费等于一体的复合型城市经济转型，建设国家级产城融合示范。建设全省共享的幸福西宁。全面放开落户限制，建立西宁—海东都市圈户籍准入年限同城化累计互认机制，进一步推动人口结构与城市发展相适应。完善公共服务体系建设，创新基本公共服务供给方式，推进省市共建，增加义务教育、医疗卫生等公共服务有效供给，做好服务藏区的民生承接工程，提升保障全省乃至更广区域的公共服务水平。深入开展民族团结进步创建活动，加快培育独具特色的高原城市文化。统筹商业场景、消费场景、生态场景布局，大力引进前沿的时尚消费潮流和消费模式，加快建设具有国际范的消费型城市。建设最宜居高原美丽城市。深化全国水生态文明城市建设，加快推进“无废城市”建设，推动湟水河全流域生态治理，强化南北山生态屏障功能，加快园林博览园和西堡生态森林公园建设，推动森林盖城、绿水穿城、湿地绕城，构建“一轴两环，百廊千池”的高原生态水网体系，着力打造高原水城、花园城市新名片。

(2)建设城乡统筹“新海东”。完善城市功能，提升城市品质，推动乡村振兴和农业农村现代化，加快县域经济振兴发展，建设绿色低碳循环发展的现代产业体系，不断提升城市发展活力和综合竞争力。推动实现城镇乡村均衡发展。巩固提升有色金属深加工、特色轻工等领域的竞争力，着力打造高端装备制造、新能源、新材料、信息产业等领域的新优势，促进海东市融入全省资源循环利用、产业相互融合、园区错位发展的大循环体系。积极推动海东工业园区在符合条件的情况下升级为国家级经济技术开发区。做活小城市和镇的节点，发展“一镇一业”“一村一品”，走出一条小城市和城镇协同、城镇和乡村统筹的城镇化道路。建设特色高效农业发展“粮仓”。打造民和县、互助县、化隆县、循化县小麦国家粮食生产功能区，互助县、化隆县油菜国家重要农产品保护区。巩固百亩连片、千亩连片设施蔬菜生产集中区，构建蔬菜工厂化生产示范基地和绿色无公害畜禽产品生产基地，建设高原特色种养高效示范区。打造“黄河彩篮”现代农业产业园，着力培育一批区域品牌、企业品牌、产品品牌，建设干旱山区生态保护“林海”。以湟水河南北两山为重点，推进百万亩国有林场建设，加快黄河两岸南北山、主要道路两侧山体和主要景区周边造林绿化。加快发展现代高效林业，实施兴林富民行动，因地制宜发展林业经济。

(3)着力建设西宁—海东都市圈。优化都市圈生产力布局和城镇空间布局，打造经济生态文脉共同体，推动区域产业深度嵌套、通勤全面高效、商业延伸对接和以河湟文化为基础的社会文化认同，实现互联互通互助、交流交往交融，夯实都市圈建设基石。打造经济共同体。统筹布局一批重大基础设施建设工程，构建一体化支撑体系。推动产业协同发展，联合打造以创新创业为引领、以先进制造业和现代服务业为主体、以生态都市型农业为基础的现代化都市圈产业体系，充分发挥都市圈科技创新资源相对密集优势，推进西宁—海东都市圈创新创业走廊建设，推动产学研深度融合，打造全省创新驱动核心区，形成以科技创新为核心的全面创新格局。共同打造在全国具有重要影响力的新能源、新材料、生物医药、新一代信息产业集群。联合建设国家级承接产业转移示范区，与甘肃省共同打造我国面向中、西亚的出口加工和贸易基地。创新“农业＋服务”供给模式，建设全省农业现代化发展先导区、全产业链发展示范区。建设生态共同体。统筹重大生态保护建设与综合治理，加强区域性水源涵养区、缓冲隔离区、污染防控区、成片森林和湿地建设，共筑都市圈生态安全“绿屏障”。严格保护河湖水域、岸线水生态空间，共建都市圈“绿河谷”景观。建设“绿肺”“绿心”“绿岛”城市绿地系统，共享都市圈“绿城区”风貌。建设文脉共同体。强化“共享湟水、同属一脉”的河湟文脉认同，推动农文旅融合发展，推进互助县土族、循化县撒拉族省级文化生态保护试验区建设，注重保护并利用历史文化名城、名镇、名村，塑造“乐西宁、醉海东”河湟城市文化品牌，共同打造河湟文化产业带，不断提升面向“一带一路”国家的城市品牌价值。建设综合型现代化河湟新区。树立百年思维，着眼四季建设，打造内涵品牌，促进城市“精明增长”。大力发展现代服务业和新经济，建设引领全省城市转型发展的产业功能区，打造西宁—海东都市圈一体化发展战略平台和现代化新区建设典范。实施“优教河湟”“健康河湟”“休闲河湟”“幸福河湟”计划，构建均衡协调、一体高效的高品质生活服务圈。理顺河湟新区管理体制，探索行政区划调整、委托管理等方式，推动河湟新区规划建设和运营管理。

(4)建设沿湟水生态城镇带。统筹城镇建设、产业分工和综合交通线网布局,串起兰西城市群主体区域,推动流域沿线城镇协同发展,形成城乡统筹、山水相连、文脉相通、城乡守望、协调发展的城镇带。打造一体化综合交通轴,提高通达效率,推动同城化进程。打造协同发展产业轴,构建创新引领、布局合理、功能配套的现代化产业体系。打造共建共治生态轴,全面提升区域生态板块系统功能,形成拥水发展城市主轴线。打造同城共享民生轴,分层次、有重点推进区域基本公共服务均等化。打造文脉相通文化轴,串联现代文化元素与沿湟传统文化风情,延伸历史文脉,引领时代精神。

(5)建设沿黄河生态城镇带。坚持共抓大保护、不搞大开发,提升沿黄城镇综合承载力,积极培育沿黄特色新兴城市,创建一批特色小镇,打造沿黄明珠特色城镇集聚带。推进沿黄快速通道建设,提升城镇间的关联性和通达效率。建设沿黄河生态保护带。加强黄河两岸与沿黄公路沿线国土绿化,统筹推进水资源保护、水污染防治、水环境治理、水生态修复,加强水库、湖泊和湿地综合治理,全面落实黄河"河长制",推进沿黄生态环境监测网络一体化。因地制宜优化产业布局,着力打造国家重要的新型能源产业基地,建设一批绿色有机、无公害、无污染农畜产品加工园区和供给基地,构建以文化旅游、休闲度假、观光旅游为核心,以科考旅游、宗教旅游和其他特色专项旅游为补充的多元旅游产品体系,积极发展水上休闲旅游业,形成支撑沿黄带发展的绿色产业优势。

9.1.5.2 建设柴达木盆地城镇区

坚持将柴达木地区率先协调发展作为新时代青海省区域协调发展的战略重心,充分依托柴达木盆地区位优势、产业优势和城镇发展基础,着眼于全面融入"一带一路"建设的重大现实需求,从巩固国家国防安全、维护边疆繁荣稳定、推动国土空间均衡发展的战略高度,建设国家西部地区重要的新兴城镇区。

(1)优化空间发展格局。构建以重大铁路、公路干线为依托,以格尔木市为区域中心、德令哈市为区域副中心,以茫崖市、都兰县、乌兰县等为组成部分的"两心三带多节点"城镇区空间发展格局。强化格尔木盆地中心城市地位,建设全省副中心城市,提升区域服务和带动功能。提升德令哈区域副中心城市功能,建设新的柴达木循环经济试验区核心区、高原绿洲城市。充分发挥青藏铁路、库尔勒—格尔木—成都铁路、格敦铁路的基础保障作用,建设青海西部新兴门户城市茫崖市,提升重要节点城镇功能和集聚能力,打通核心城市与节点城镇之间高效便捷的交通网络,强化对柴达木盆地城镇区的榜样作用。

(2)建设格尔木国家物流枢纽承载城市。高水平推进"盐湖""风光""枸杞""旅游"等优势资源综合开发利用,提升产业发展层次和水平,加强产业链分工延伸及业态创新,促进存量传统产业转型升级,集聚增量新兴产业,打造千万千瓦级新能源产业集群和千万吨级原油储备及油气化工产业集群。发挥格尔木市的战略要冲地位,加快构建面向六大国际经济合作走廊的丝绸之路铁路枢纽,打造西部地区同中亚地区航空一体化网络建设的重要节点,建设向西接通瓜达尔港"新出海通道"的战略支点型城市。提升格尔木市陆港型国家物流枢纽承载城市功能,建设综合信息服务平台和物流资源交易平台,逐步引进会展、配送组装产业,叠加商贸结算功能,发展航空、铁路、公路多式联运物流,形成面向"一带一路"中国西部"孟非斯"国际物流集散地。

(3)着力打造全国重要的循环经济试验区。建设现代化盐湖产业体系,推动盐湖资源开发上升为国家战略,做大做强锂电产业,推进盐湖产业向新材料领域拓展,全力推进金属镁一体化、一里坪盐湖资源综合利用等项目,提升全产业链竞争力,加快建设全国乃至世界最具影响力的盐湖资源综合利用产业集群。运用新技术、新工艺、新材料和新设备改造提升有色冶金、能源化工等传统产业,培育发展下游精深加工及高附加值产品,建设重要的有色金属及下游加工产业集群。以格尔木、德令哈、乌兰、大柴旦、冷湖工业园区为依托,着力延伸产业链条,打造核心企业,培育产业集群。加快整合全省军地资源,实施一批重大军民融合项目。

(4)打造内陆自由贸易开放区。夯实自贸区发展基础,建立口岸体系和多式联运体系,开拓境外集结分拨点,不断完善连通国际、国内市场的硬件条件。推动综合保税区申报,创新内陆加工贸易发展新模式,加快外贸转型升级示范基地、贸易平台和国际营销网络建设,发展跨境电子商务,积极开展技术贸易、文化贸易、服务外包贸易。引导外资参与盐湖化工、油气化工、新能源、新材料等领域合作,培育形成新的外商投资热点。

9.1.5.3 建设泛共和盆地城镇区

立足区域资源禀赋、区位优势、特色文化和产业基础,以推动绿色发展、服务青藏腹地为重心,着力建设绿色有机农畜产品供给地、清洁能源保障供应地、全域旅游集散地和多元文化并济融合地,奋力将泛共和盆地城镇区打造成为支撑青海省中部崛起的新增长极。

(1)构建区域城镇化新布局。依托国省道干线、铁路干线、通用航空和水运等交通运输网络,建设以共和县为区域中心城市,同仁市、海晏县为区域副中心城市,贵德县、尖扎县、贵南县、兴海县、同德县、刚察县、乌兰县等为重点县,环湖、沿黄重点镇和集镇为组成部分的"一心两翼多节点"泛共和盆地城镇区空间布局。提升节点城镇承载功能,强化区域中心城市与重点城镇以及城镇间的交通网络建设,串联区域优质旅游线路,有效支撑城镇区建设。

(2)增强盆地新兴城市发展实力。充分发挥共和县城承载力强、产业集聚、人口集中、资源富集的优势,提升向东联通河湟谷地城市群、向西连接柴达木盆地城镇区的战略支撑作用,强化维护藏区繁荣稳定的战略要地功能,建成服务青藏高原腹地的高原新兴城市、兰西城市群重要节点城市和全省承东启西、连南接北的区域中心城市。依托同仁国家级文化产业示范基地、国家级热贡文化生态保护试验区建设和唐卡省级特色小镇创建,大力发展民族文化产业、旅游业和特色农牧业,打造民族风情浓郁、人文特色突出的高原民族文化旅游名城。海晏县充分发挥区位和人文优势,重点发展旅游业和生态畜牧业,打造产业优势突出、生态旅游发达、民族特色鲜明的最美草原新城。贵德县充分发挥地处西宁1小时交通圈优势,依托良好的自然条件和景观资源,建设旅游综合开发示范区,建成全省休闲度假旅游名城。

(3)加快重点城镇发展步伐。推进撤乡建镇,加快集镇发展,补齐基础设施和公共服务短板,推动以镇带村、以村促镇、镇村联动发展。分类打造旅游商贸型城镇、综合型城镇,高标准推进龙羊峡特色小镇建设,积极打造倒淌河、黑马河、茶卡等文化旅游型精品城镇,提升过马营、河卡等沿线城镇的服务功能。做活主要集镇节点,加快美丽城镇、特色小(城)镇建设,探索县城和城镇协同、城镇和乡村互动的城乡融合发展道路。

(4)打造泛共和盆地绿色产业集聚区。发挥国家生态畜牧业可持续发展实验区、海南国家农业科技园区、河卡有机畜牧业科技示范园区等平台的功能,发展壮大绿色农畜产品加工业,打造牦牛、藏羊、青稞、油菜产业联盟。加快光电园区和风电园区建设,打造千万千瓦级新能源基地,将共和县建成亚洲最大的光伏厂、工业基地。推动共和—龙羊峡水光互补发电基地建设。开展地热发电技术的前期研究,实施地热发电示范工程。加快海南州大数据产业园建设,开发藏语大数据库,建设绿色清洁能源发展大数据中心,积极推进区域旅游联合发展,大力发展青海湖环线和黄河旅游环线。

9.1.5.4 建设重点生态功能区生态人文旅游共同体城镇

依托国家公园示范省建设,合理挖掘祁连山、青海湖、三江源等自然景观和人文生态体验价值,探索国家公园地区城镇建设新路,统一规划、整体打造、集约建设,串联形成星罗棋布、规模适度、特色鲜明的生态人文旅游共同体城镇,提升重点生态功能区城镇品牌影响力,维系自然和人文生态系统的持续性,实现人与自然和谐共生。

(1)打造祁连山生态人文旅游城镇廊道。建设祁连、天峻等具有地域民族特色的高原生态旅游型城镇,适时推动门源撤县设市,打造以旅游、商贸、农牧业为主的新兴城市。适度发展生态旅游和高原有机畜牧业,打造绿色、生态、有机区域品牌,建成全省生态旅游、现代畜牧业发展示范区。完整保护高寒典型山地生态系统、水源涵养功能和生物多样性。

(2)打造环湖生态人文旅游城镇廊道。以环湖旅游线路为串联,提升区域城镇关联度,融合红色文化、安多藏文化等多元文化,打响青海湖国际旅游目的地品牌。建设一批旅游商贸型特色镇和特色小镇。加强环湖地区生态保护与环境综合治理,加大沙漠化防治力度,构建青海湖草地湿地生态带,阻止西部荒漠化地区向东蔓延。

(3)打造三江源生态人文旅游城镇廊道。发挥好区域人文生态的独特性和大尺度景观价值,推动历史文化与现代文明交融,适度发展生态旅游、生态畜牧业等生态型产业,促进发展和保护协同共生,实现自然资本增值。打造玉树高原生态型商贸文化旅游城市和三江源地区中心城市。推动玛沁撤县设市,建设高原雪域新城。加快高海拔、环境恶劣地区人口向条件适中的城镇集中,发挥节点城镇对生态保护的基础性支撑作用,探索自然和生态敏感地区绿色发展新路径,建设国家重要生态安全屏障、绿色生态产品供给地、特色文化体验旅游目的地。

9.2 农村居民点用地节约集约利用

9.2.1 农村居民点用地节约集约利用状况评价

青海省第三次全国国土调查成果显示,青海省农村宅基地用地面积为 63 035.11hm^2。其中,西宁市 15 027.24hm^2、海东市 22 848.50hm^2、海北州 3 763.13hm^2、黄南州 3 629.04hm^2、海南州 8 854.30hm^2、果洛州 1 904.38hm^2、玉树州 3 480.83hm^2、海西州 3 527.69hm^2。

9.2.2 人均农村居民点用地面积现状

2019年青海省人均农村居民点用地面积为181.99m²,大于村镇规划标准的限值(150.00m²)(表9-1)。果洛州、玉树州人均农村居民点用地面积低于规定上限值,用地集约程度较高,其余各地均超过各地上限,海西州与海南州人均农村居民点用地面积大大高于规定的上限值,其中海西州人均农村居民点用地面积高达282.35m²,即将达到规定上限值的2倍。海西州与海南州农村居民点用地节约集约利用的潜力最大。

表9-1 青海省各地区农村居民点用地节约集约利用状况

行政区	农村居民点用地面积/hm^2	农村人口/人	人均农村居民点用地面积/(m^2·人$^{-1}$)	人均值超出规定上限的面积/(m^2·人$^{-1}$)
青海省	63 035.11	3 463 581.00	181.99	31.99
西宁市	15 027.24	777 462.00	193.29	43.29
海东市	22 848.50	1 257 934.00	181.64	31.64
海北州	3 763.13	215 031.00	175.00	25.00
黄南州	3 629.04	209 173.00	173.49	23.49
海南州	8 854.30	364 526.00	242.90	92.90
果洛州	1 904.38	170 379.00	111.77	−38.23
玉树市	1 053.83	79 937.00	131.83	−18.17
海西州	3 527.69	124 939.00	282.35	132.35

西宁市中城中区、城北区、湟中区人均农村居民点用地面积大大高于规定上限值,城中区人均农村居民点用地面积高达365.07m²,达到规定上限值的2倍多,城北区为255.48m²,湟中区为234.64m²。因此,西宁市中这3个区的农村居民点用地节约集约利用的潜力最大,其余区(县)虽超过规定上限值,但超出数值不大。海东市各区(县)农村居民点用地节约集约利用水平相当,虽均超出规定上限值,但超出数值不大。海北州门源县、海晏县人均农村居民点用地面积分别为204.38m²、155.41m²,其农村居民点用地节约集约利用的潜力最大,刚察县人均农村居民点用地面积为99.50m²,节约集约利用程度最高,低于规定上限值(50.50m²)。黄南州农村居民点用地节约集约利用程度分化较大,同仁县、尖扎县人均农村居民点用地面积分别为231.29m²、236.85m²,均超出规定上限值,其农村居民点用地节约集约利用的潜力最大,而泽库县、河南县农村居民点用地节约集约利用程度较高,均低于规定上限值。海南州中各县的农村居民点用地节约集约利用程度都较低,其中同德县、贵南县、贵德县的人均农村居民点用地面积分别为238.71m²、274.24m²、330.37m²,这3个县农村居民点用地节约集约利用的潜力最大。海西州的农村居民点用地节约集约利用程度较低,其中格尔木市人均农村居民点用地面积高达684.45m²,已达规定上限值的4倍多,德令哈

市为 348.87m²，达到规定上限值的2倍多，海西州2个市的农村居民点用地节约集约利用的潜力最大，天峻县的农村居民点用地节约集约利用程度最高，其人均农村居民点用地面积为65.16m²。果洛州与玉树州各区（县）农村居民点用地节约集约利用程度均较高，但均低于规定上限值，不同地区人均农村建设用地面积存在很大差异。

9.2.3 农村居民点用地变化弹性指数

青海省农村居民点用地变化弹性指数为－0.06（表9－2），人地增减变化关系为农村人口增加而农村居民点用地面积减少。农村居民点用地变化弹性指数大部分为负值。农村居民点用地变化弹性指数为负，说明农村人口与建设用地出现“异向”变化。即表现为农村人口增加，人均居民点用地面积减少，出现农村“人增地减”的现象，农村居民点用地方式虽较为粗放，但人地变化趋势有改善。

表9－2 青海省各地区农村居民点用地变化弹性指数

行政区	农村人口变化率/%	农村居民点变化率/%	弹性指数
青海省	0.013 8	－0.25	－0.06
西宁市	0.002 1	－0.22	－0.01
海东市	0.013 7	－0.11	－0.12
海北州	0.030 5	－0.31	－0.10
黄南州	0.021 4	－0.12	－0.17
海南州	0.018 5	－0.35	－0.05
果洛州	0.015 4	0.44	0.03
玉树州	0.024 4	－0.35	－0.07
海西州	0.002 2	－0.61	0.00

西宁市、海东市、海北州、黄南州、海南州、海西州、玉树州农村居民点用地变化弹性指数均为负值，且都表现为农村人口增加而农村居民点用地面积减少，说明农村居民点用地节约集约利用程度不断增强。45个市、县（区）中只有果洛州的达日县出现农村人口减少而农村居民点用地面积增加的现象。

9.3 城镇建设用地节约集约利用

9.3.1 城镇建设用地节约集约利用水平

人类活动与城镇建设用地节约集约利用程度紧密相关，且主要体现在以下两个方面。第一，人口迁移理论下的人口-建设用地节约集约。随着城镇化的不断发展，人口逐渐向城镇聚集，随之而来的是城镇人口规模的扩大及城镇扩张。在城镇人口规模、生活方式及人文需求的综合影响下，建设用地节约集约利用的空间特征日趋明显。第二，经济增长理念下的经济-建设用地节约集约。城镇建设发展需要建设用地的有力支撑，相应的，不同的经济发展模式、经济增速又会对建设用地开发程度、利用强度存在不同的需求，进而直接影响建设用地开发利用的集约度。

城镇建设用地节约集约利用是一种通过降低建设用地消耗、增加对土地的投入，不断提高土地利用效率和经济效益的土地开发经营模式，其本质在于实现人类社会经济的增长与耗地量减少并重，促进建设用地节约、集约、高效利用。笔者以人均城镇建设用地指标值表征城镇建设用地节约集约利用状况，对青海省各市(州)2019 年的人均城镇建设用地面积进行统计计算。

青海省人均城镇建设用地面积为 455.65m^2/人，城镇建设用地人口密度为 2 194.69 人/km^2(表 9-3)。各市(州)层面显示，海西州人均城镇建设用地面积最多，为 1 474.76m^2/人，其次为海南州、果洛州、海北州、玉树州、黄南州、海东市、西宁市，人均城镇建设用地面积分别为 1 472.69m^2/人、1 013.77m^2/人、878.86m^2/人、785.08m^2/人、428.56m^2/人、285.02m^2/人、161.18m^2/人。各市(州)层面显示，西宁市城镇建设用地人口密度最高，为 6 204.39 人/km^2，其次为海东市、黄南州、玉树州、海北州、果洛州、海南州、海西州，分别为 3 508.57 人/km^2、2 333.40 人/km^2、1 273.76 人/km^2、1 137.84 人/km^2、986.42 人/km^2、679.03 人/km^2、678.08 人/km^2。

表 9-3　青海省各地区城镇建设用地节约集约利用状况

行政区	城镇建设用地面积/hm^2	城镇人口/人	人均城镇建设用地面积/(m^2·人$^{-1}$)	城镇建设用地人口密度/(人·km^{-2})
青海省	110 570.58	2 426 676.00	455.65	2 194.69
西宁市	21 214.20	1 316 211.00	161.18	6 204.39
海东市	13 342.76	468 140.00	285.02	3 508.57
海北州	7 078.08	80 537.00	878.86	1 137.84
黄南州	3 042.39	70 991.00	428.56	2 333.40
海南州	15 756.89	106 994.00	1 472.69	679.03
果洛州	3 414.77	33 684.00	1 013.77	986.42
玉树州	5 592.28	71 232.00	785.08	1 273.76
海西州	41 129.21	278 887.00	1 474.76	678.08

9.3.2　经济强度指数

城镇建设用地地均固定资产投资指基准年之前的 3 年(含基准年)的青海省固定资产投资总额的平均值与基准年的城镇建设用地面积的比值，反映评价时点土地投入状况(表 9-4)。

青海省城镇建设用地地均固定资产投资为375.91万元/hm^2。各市(州)显示,西宁市城镇建设用地地均固定资产投资高达806.60万元/hm^2;其次为海东市、黄南州、果洛州,分别为589.78万元/hm^2、406.77万元/hm^2、243.84万元/hm^2;海西州、海南州、海北州、玉树州的城镇建设用地地均固定资产投资相差不大,在150万元/hm^2左右。

城镇建设用地地均地区生产总值指基准年的地区生产总值与建设用地总面积的比值,反映评价时点土地产出效益状况与土地承载经济总量的能力。青海省地均地区生产总值为268.24万元/hm^2(表9-4)。各市(州)显示,西宁市城镇建设用地地均地区生产总值最高,达625.91万元/hm^2;其次为海东市、黄南州、海西州,分别为365.54万元/hm^2、331.80万元/hm^2、161.96万元/hm^2;海南州、海北州、果洛州、玉树州的城镇建设用地地均地区生产总值相差不大,在100万元/hm^2左右。

表9-4 青海省各地区城镇建设用地经济强度指数

行政区	地均固定资产投资/(万元·hm^{-2})	地均地区生产总值/(万元·hm^{-2})
青海省	375.91	268.24
西宁市	806.60	625.91
海东市	589.78	365.54
海北州	129.80	129.58
黄南州	406.77	331.80
海南州	130.03	110.85
果洛州	243.84	135.19
玉树州	163.51	106.97
海西州	187.75	161.96

9.3.3 城镇人口与建设用地变化弹性指数

城镇人口与建设用地变化弹性指数可用来表征建设用地消耗与人口增长的协调程度,通过计算,对2016—2019年青海省的城镇人口与建设用地变化弹性指数进行了测算(表9-5)。青海省2016—2019年城镇人口与建设用地变化弹性指数为负值,在城镇人口增加的情况下,城镇建设用地面积减少,出现了“人增地减”的态势。整体显示,除黄南州和海西州城镇人口与建设用地变化弹性指数为正值以外,其余各市(州)的均为负值。西宁市、玉树州均在城镇人口增长的情况下,城镇建设用地面积减少,呈现“人增地减”的趋势。海西州城镇人口减少,城镇建设用地面积减少,且其城镇建设用地面积减少幅度较大。海南州、海北州、果洛州虽城镇人口与建设用地变化弹性指数为负值,但在人口负增长的情况下,其城镇建设用地面积增加,出现了“人减地增”的态势,城镇建设用地方式趋向于粗放、失调。在45个市、县(区)中西宁市的湟源县,海东市的乐都区、平安区、互助县,海北州的门源县、祁连县、海晏县、刚察县，黄南州的同仁县、尖扎县，海南州的共和县、兴海县、贵南县，果洛州的玛沁县、班玛县、达日县、久治县，玉树州的治多县，海西州的天峻县共19个县均出现了“人减地增”的态势，城镇建设用地方式趋向于粗放、失调。

表9-5　青海省各地区城镇建设用地变化弹性指数

行政区	城镇人口增长率/%	城镇建设用地增长率/%	弹性指数
青海省	0.019 5	−0.28	−0.07
西宁市	0.047 1	−0.05	−0.94
海东市	−0.008 2	0.30	−0.03
海北州	−0.075 7	0.40	−0.19
黄南州	0.014 6	0.92	0.02
海南州	−0.036 8	1.00	−0.04
果洛州	−0.054 2	0.33	−0.16
玉树州	0.052 0	−0.04	−1.30
海西州	−0.002 6	−0.58	0.00

9.4　国土利用与经济发展相关性分析

9.4.1　青海省经济发展状况

青海省集中了西部地区、高原地区、民族地区、重点生态区和经济欠发达地区的特点。改革开放，尤其是西部大开发以来，青海省国民经济和社会事业的各个领域都发生了翻天覆地的变化，取得了历史性成就。青海省经济已由过去单一的农牧业自然经济与半自然经济的落后状态走上了工业化发展道路，基本形成了以现代工业为核心，包括冶金、煤炭、电力、石油、化工、机械、建材、轻纺、食品等多门类初具规模的工业体系，国民经济整体实力显著增强，人民生活水平明显提高。

2019年，全年全省生产总值为2 965.95亿元，按可比价格计算，比上年增长6.3%。从各个分产业看，第一产业增加值为301.90亿元，增长率为4.6%；第二产业增加值为1 159.75亿元，增长率为6.3%；第三产业增加值为1 504.30亿元，增长率为6.5%。第一产业增加值占全省生产总值的比重为10.2%，第二产业增加值占全省生产总值的比重为39.1%，第三产业增加值占全省生产总值的比重为50.7%。人均生产总值为48 981.00元，比上年增长5.4%。青海省经济的快速发展对国土利用产生了深远的影响。

全省国土利用类型以草地、湿地和林地为主。其中林地面积占全省国土面积的比重达60%以上。耕地面积占比虽然不足1%，但其重要性不言而喻。

9.4.2 国土利用与经济增长定量研究

土地是集合国民经济的综合资源，开展国土利用变化与社会经济发展关系研究对促进土地资源优化配置、提高土地集约利用水平等具有重要意义，因此应选取相应指标研究国土利用与经济发展的关系。在国土利用变化方面，选取湿地、耕地、林地、草地、建设用地面积占各行政区总面积比例及人口密度为相应指标。其中湿地作为“地球之肾”，具有多种功能，如保护生物多样性、改善水质、调节小气候，以及提供食物及工业原料、提供旅游资源等；耕地主要反映社会的粮食需求；草地具有生产、生态、经济等多种功能；建设用地与经济发展有着密不可分的关系，其利用效率是衡量土地集约节约利用水平的重要依据。人口密度是反映一个区域内人口密集程度的指标，为地区总人口与地区土地总面积的比值，其值越高，说明单位土地面积内人口越多，国土利用程度越高。社会经济发展状况可利用各产业生产总值占总生产总值的比重、人均粮食产量、城镇居民人均可支配收入、人均社会消费品零售总额及经济密度等指标综合体现。国土利用水平与社会经济发展指标体系见表 9－6。

表 9－6 国土利用水平与社会经济发展指标体系

指标类型	指标项目
国土利用水平	湿地比重
	耕地比重
	林地比重
	草地比重
	建设用地比重
	人口密度
社会经济发展	第一产业 GDP 占比
	第二产业 GDP 占比
	第三产业 GDP 占比
	人均粮食产量
	城镇居民人均可支配收入
	人均社会消费品零售总额
	经济密度

本书选取 2019 年青海省第三次全国国土调查中的国土利用数据和青海省统计年鉴中的社会经济数据，以青海省及全省 8 个市(州)为样本，建立全省国土利用水平指标与社会经济发展指标，并将这些指标在 2019 年的数值作为相关分析的基础数据(表 9－7、表 9－8)。

表 9-7 青海省及各市(州)国土利用水平指标

行政区	指标					
	湿地面积比重/%	耕地面积比重/%	林地面积比重/%	草地面积比重/%	建设用地面积比重/%	人口密度/(人·hm^{-2})
青海省	6.41	0.82	6.33	54.83	0.37	0.087
西宁市	0.26	17.50	44.79	23.78	5.83	3.138
海东市	0.36	15.68	34.93	39.67	3.52	1.150
海北州	5.97	1.69	15.21	55.40	0.53	0.083
黄南州	3.18	1.18	0.02	24.11	0.56	0.154
海南州	1.30	2.24	6.52	77.55	0.74	0.110
果洛州	7.48	0.01	12.42	72.95	0.21	0.028
玉树州	12.04	0.07	3.92	75.51	0.10	0.021
海西州	3.71	0.15	2.15	33.57	0.24	0.017

表 9-8 青海省及各市(州)经济发展指标

行政区	指标						
	第一产业GDP占总GDP比重/%	第二产业GDP占总GDP比重/%	第三产业GDP占总GDP比重/%	人均粮食产量/(t·万人$^{-1}$)	城镇居民人均可支配收入/元	人均社会消费品零售总额/(万元·万人$^{-1}$)	经济密度/(元·hm^{-2})
青海省	10.18	39.10	50.72	1 736.369	33 830	14 490.310	4 257.392
西宁市	3.46	35.76	60.79	660.215	34 846	24 824.683	182 560.909
海东市	14.44	37.92	47.64	3 542.057	31 962	7 262.925	37 567.183
海北州	27.94	23.99	48.07	3 039.663	33 927	9 143.559	2 666.444
黄南州	25.77	26.12	48.11	1 095.646	33 221	4 207.709	5 548.461
海南州	24.96	42.33	32.71	2 987.448	33 075	7 152.720	4 019.338
果洛州	18.19	34.76	47.06	31.900	35 451	3 483.677	621.973
玉树州	57.57	9.06	33.37	263.811	35 167	3 346.746	291.960
海西州	5.24	68.94	25.82	1 862.877	35 219	16 552.717	2 234.944

全省及各市(州)人口密度的均值为 0.532 人/hm^2,其中西宁市人口密度最大,为 3.138 人/hm^2,海西州人口密度最小,为 0.017 人/hm^2。全省及各市(州)经济密度平均值为 26 640.967 元/hm^2,其中西宁市经济密度最大,为 182 560.909 元/hm^2,玉树州经济密度最小,为 291.960 元/hm^2。全省及各市(州)第一产业 GDP 占总 GDP 比重均值为 20.86%,

玉树州第一产业GDP占总GDP比重最大，达到57.57%，西宁市第一产业GDP占总GDP比重最小，为3.46%。全省及各市(州)第二产业GDP占总GDP比重均值为35.33%，海西州第二产业GDP占总GDP比重最大，达到68.94%，玉树州第二产业GDP占总GDP比重最小，为9.06%。全省及各市(州)第三产业GDP占总GDP比重均值为43.81%，西宁市第三产业GDP占总GDP比重最大，为60.79%，海西州第三产业GDP占总GDP比重最小，为25.82%。全省及各市(州)人均粮食产量为1 691.111t/万人，海东市人均粮食产量最高，为3 542.057t/万人，果洛州人均粮食产量最低，为31.900t/万人。全省及各市(州)湿地面积比重均值为4.52%，玉树州湿地面积比重最大，占玉树州总面积的12.04%，西宁市湿地面积比重最小，仅为西宁市总面积的0.26%。耕地面积比重均值为4.37%，西宁市耕地面积比重最大，占西宁市总面积的17.50%，果洛州耕地面积比重最小，仅为果洛州总面积的0.01%。全省及各市(州)林地面积比重均值为14.03%，西宁市林地面积比重最大，达到44.79%，黄南州林地面积比重最小，仅为黄南州总面积的0.02%。全省及各市(州)草地面积比重平均值为50.82%，其中海南州草地面积比重最大，占海南州总面积的77.55%，西宁市草地面积比重最小，为23.78%。全省及各市(州)建设用地面积比重均值为1.34%，西宁市建设用地面积比重最大，为5.83%，玉树州建设用地面积比重最小，为0.10%。全省及各市(州)城镇居民人均可支配收入的均值为34 077元，其中果洛州城镇居民人均可支配收入最大，为35 451元，海东市的最小，为31 962元。全省及各市(州)人均社会消费品零售总额的均值为10 051.672万元/万人，其中西宁市人均社会消费品零售总额最大，为24 824.683万元/万人，玉树州的最小，仅为3 346.746万元/万人，地区间差异较大。全省及各市(州)指标描述如表9-9所示。

表9-9 全省及各市(州)指标描述

指标	均值	标准差	统计地区数量/个
湿地面积比重/%	4.523	3.861	9
耕地面积比重/%	4.371	6.983	9
林地面积比重/%	14.032	15.582	9
草地面积比重/%	50.819	21.556	9
建设用地面积比重/%	1.344	1.984	9
人口密度/(人·km^{-2})	5 320.00	10 410.00	9
第一产业GDP占比/%	20.861	16.385	9
第二产业GDP占比/%	35.331	16.216	9
第三产业GDP占比/%	43.810	10.919	9
人均粮食产量/(t·万人$^{-1}$)	1 691.111	1 282.776	9
城镇居民人均可支配收入/元	34 077.556	1 186.643	9
人均社会消费品零售总额/(万元·万人$^{-1}$)	10 051.672	7 241.022	9
经济密度/(元·hm^{-2})	26 640.967	59 613.078	9

9.4.3 国土利用与经济增长双变量相关分析

利用 SPSS 选择双变量相关分析中的皮尔逊(Pearson)相关系数法，对青海省及 8 个市(州)的国土利用水平指标与社会经济发展状况指标数据进行两两相关分析，构建相关系数矩阵，并分别在 0.05 和 0.1 两个置信水平下进行 Two - tailed 检验，判断其相关性。由此得出的相关系数显著性矩阵和与之对应的相关系数矩阵如表 9 - 10、表 9 - 11 所示。

表 9 - 10 相关系数显著性矩阵

行政区	指标				
	湿地面积比重/%	耕地面积比重/%	林地面积比重/%	草地面积比重/%	建设用地面积比重/%
青海省	6.41	0.82	6.33	54.83	0.37
西宁市	0.26	17.5	44.79	23.78	5.83
海东市	0.36	15.68	34.93	39.67	3.52
海北州	5.97	1.69	15.21	55.4	0.53
黄南州	3.18	1.18	0.02	24.11	0.56
海南州	1.30	2.24	6.52	77.55	0.74
果洛州	7.48	0.01	12.42	72.95	0.21
玉树州	12.04	0.07	3.92	75.51	0.10
海西州	3.71	0.15	2.15	33.57	0.24

表 9 - 11 相关系数矩阵

行政区	指标						
	第一产业GDP占总GDP比重/%	第二产业GDP占总GDP比重/%	第三产业GDP占总GDP比重/%	人均粮食产量/(t·万人$^{-1}$)	城镇居民人均可支配收入/元	人均社会消费品零售总额/(万元·万人$^{-1}$)	经济密度/(元·hm^{-2})
青海省	10.18	39.10	50.72	1 736.369	33 830.00	14 490.310	4 257.392
西宁市	3.46	35.76	60.79	660.215	34 846.00	24 824.683	182 560.909
海东市	14.44	37.92	47.64	3 542.057	31 962.00	7 262.925	37 567.183
海北州	27.94	23.99	48.07	3 039.663	33 927.00	9 143.559	2 666.444
黄南州	25.77	26.12	48.11	1 095.646	33 221.00	4 207.709	5 548.461
海南州	24.96	42.33	32.71	2 987.448	33 075.00	7 152.720	4 019.338
果洛州	18.19	34.76	47.06	31.900	35 451.00	3 483.677	621.973
玉树州	57.57	9.06	33.37	263.811	35 167.00	3 346.746	291.960
海西州	5.24	68.94	25.82	1 862.877	35 219.00	16 552.717	2 234.944

在国土利用水平与社会经济发展的相关性分析中，湿地面积比重与第一产业GDP成正相关关系，并达到0.05的置信水平，相关性极显著，说明湿地面积增加时，第一产业GDP也会随之增加。湿地的功能是多方面的，它可作为直接利用的水源或补充地下水，又能有效控制洪水和防止土壤沙化，还能滞留沉积物、有毒物、营养物质，这些都有利于农作物的生长，且我国的农业、渔业、牧业和副业生产在相当程度上依赖于湿地提供的自然资源。

耕地面积比重与经济密度呈正相关关系，并达到0.1的置信水平，相关性极显著。这反映了耕地面积比重与经济密度密切相关，说明经济密度增加时，耕地面积也会随之增加，单位土地面积上的经济产值多要靠农业种植产值体现增加。耕地面积比重与第二产业GDP比重呈正相关关系，可见随着以工业及建筑业为主的第二产业GDP的增加，耕地面积也随之增加，其间的相关关系似乎难以理解。这主要是因为按照保资源、保红线、保权益的总体要求，青海省各地认真落实最严格的耕地保护制度和集约节约利用制度，切实履行耕地保护责任，实现了全省耕地保有量和基本农田保护面积的稳定。

林地面积比重与经济密度呈正相关关系，并达到0.1的置信水平，相关性极显著。这反映了林地面积比重与经济密度密切相关，说明林地面积增加时，经济密度也会随之增加，这是因为青海省的林地面积增加大多归结于旅游业的发展，促进了单位土地GDP的增加，而经济的发展又会激励人们开展植树造林活动。

建设用地面积比重与经济密度在0.1的置信水平上呈现显著相关关系，并且呈正相关关系，说明单位土地面积上GDP增加，对建设用地的需求也会增加，正相关关系显而易见。这是由于经济发展对建设用地的需求增大，并且建设用地产生的经济效益相较于其他地类更高，这也说明了在国土利用/覆被变化中建设用地扩张的驱动力。另外，建设用地与第一产业GDP呈负相关关系，这是因为建设用地的扩张难免要占用一些耕地，从而影响第一产业生产总值。

人口密度与经济密度、人均社会消费品零售总额均呈正相关关系，并分别达到0.05和0.1的置信水平，相关性极显著。不难理解随着社会人口的增加，消费水平也会不断提升，并对GDP产生积极的促进作用，因此人均社会消费品零售总额和经济密度均随着人口密度的增加而增加。

人均粮食产量与国土利用结构关系密切。其中，与耕地、林地、建设用地面积比重呈正相关关系，与草地和湿地面积比重呈负相关关系，这反映了耕地面积的保有量对人均粮食产量乃至中国的食物安全十分重要，从这个角度出发，对耕地质量和耕地数量的管控都不能放松。人均粮食产量与草地面积比重呈负相关关系，说明草地与耕地之间的变化此消彼长，已经影响到了中国的粮食安全问题，并且在局部地区这种影响效果更明显。人均粮食产量与建设用地面积比重呈正相关关系，这主要缘于近几年青海省加强了耕地保护与城镇低效用地再开发工作。

9.5 国土利用与经济发展脱钩分析

9.5.1 脱钩模型

以 Tapio 的弹性脱钩指数模型为基础，建立经济发展与国土利用变化弹性分析模型，即

$$D=\frac{\%\Delta E}{\%\Delta L}=\frac{(E_{end}-E_{start})/E_{start}}{(L_{end}-L_{start})/L_{start}} \tag{9-1}$$

式中：$\%\Delta L$、$\%\Delta E$ 分别表示国土利用变化量和经济增长量的弹性变化速率；L_{start}、L_{end} 分别表示起始年和末年的国土利用变化指数；E_{start}、E_{end} 分别表示起始年和末年的经济指数；D 表示某时期经济增长与国土利用的弹性脱钩指数。

为了综合判定青海省经济发展与国土利用变化的综合脱钩程度，在考虑不同国土利用类型与经济增长的弹性脱钩指数等权的情况下，构建综合脱钩指数计算模型，即

$$C_i=\frac{\sum_{j=1}^{n}D_{ij}}{n} \tag{9-2}$$

式中：C_i 表示 i 时期的综合脱钩指数，意义同 D，主要用于评价某一时期内区域国土利用与经济增长的综合脱钩程度；D_{ij} 表示 i 时期经济发展与 j 个不同国土利用指标的弹性脱钩指数；n 表示国土利用指标的总个数。

为避免将变化量的微小变化解释得过度显著，Tapio 脱钩模型将 Tapio 脱钩弹性值控制在 1.0 左右的 20%变化范围内，并以弹性值 0、0.8、1、2 为临界点进一步划分脱钩和耦合状态（表 9-12）。

表 9-12　Tapio 脱钩模型脱钩关系划分标准

ΔE	ΔL	D	脱钩关系
<0	>0	<0	强脱钩
≥0	>0	[0,0.8)	弱脱钩
>0	>0	[0.8,1.2)	扩张性耦合
>0	>0	≥1.2	扩张性负脱钩
>0	<0	<0	强负脱钩
≤0	<0	[0,0.8)	弱负脱钩
<0	<0	[0.8,1.2)	衰退性耦合
<0	<0	≥1.2	衰退性脱钩

9.5.2 全省国土利用与经济增长挂钩情况

取青海省 2015 年末的各指标数据作为 2016 年初的指标数据，依此类推，从而计算得出 2016—2018 年青海省国土利用与经济增长的脱钩指数，在此基础上，计算青海省国土利用与经济增长综合脱钩指数，结合表 9 - 12 划分标准，判断青海省第一产业 GDP 与耕地、林地、草地，第二、第三产业 GDP 与建设用地的脱钩关系。由表 9 - 13 可知，青海省国土利用与经济增长综合脱钩状态表现为强负脱钩。其中第一产业 GDP 与耕地的脱钩关系由扩张性负脱钩向强负脱钩转变，可见在 2016—2017 年间，第一产业 GDP 与耕地面积都呈正增长趋势，且第一产业 GDP 的增长速度大于耕地面积的增长速度。而在 2018 年第一产业 GDP 呈正增长的趋势下，耕地面积呈减少趋势，由此分析建设用地占用耕地是导致 2018 年第一产业 GDP 与耕地呈强负脱钩的主要因素；第一产业 GDP 与林地、草地的关系始终表现为强负脱钩，可见随着第一产业 GDP 的增加，青海省林地、草地面积均有不同程度的减少；第二、第三产业 GDP 与建设用地均处于扩张性负脱钩状态，可见第一产业 GDP 与建设用地面积都呈正增长趋势，且第一产业 GDP 的增长速度已经大于建设用地面积的增长速度，环境的压力并未超过经济的发展速度，可见用地效率较高、较集约。

9.5.3 各市(州)国土利用与经济增长挂钩情况

对青海省 8 个市(州)的数据分别进行处理，取各市(州)2015 年末的各指标数据作为 2016 年初的指标数据，依此类推，从而计算得出 2016—2018 年青海省各市(州)国土利用与经济增长的脱钩指数(表 9 - 13～表 9 - 21)。

青海省各市(州)除个别年份出现了强脱钩或弱脱钩状态之外，国土利用与经济增长整体上表现为强负脱钩和扩张性负脱钩状态。

(1)第一产业 GDP 与耕地脱钩演变情况。西宁市、海东市、果洛州、玉树州均呈现强负脱钩状态，海北州、海南州和海西州呈现由扩张性负脱钩向强负脱钩转化的趋势，黄南州呈扩张性负脱钩与强负脱钩无明显交替规律状态。各市(州)的第一产业 GDP 均呈增长状态，而耕地面积除个别年份外，整体呈减少趋势。

(2)第一产业 GDP 与林地脱钩演变情况。青海省各市(州)的第一产业 GDP 与林地均呈现强负脱钩状态。在第一产业 GDP 不断增长的状态下，林地面积逐年减少，且脱钩指数亦呈下降趋势，这说明各市(州)经济增长的同时，对林地的依赖性不断降低，集约程度有所提高。

(3)第一产业 GDP 与草地脱钩演变情况。青海省各市(州)的第一产业 GDP 与草地均呈现强负脱钩状态，且除西宁市外，其他各市(州)的脱钩指数呈下降趋势。在第一产业 GDP 不断增长的状态下，草地面积逐年减少，可见各市(州)经济增长的同时，对草地的依赖性不断降低，集约程度有所提高。

(4)第二、第三产业 GDP 与建设用地脱钩演变情况。青海省各市(州)的第二、第三产业 GDP 与建设用地均呈现扩张性负脱钩、强脱钩与弱脱钩无明显交替规律状态。西宁市和海

表 9-13 青海省 2016—2018 年产业 GDP 与国土利用脱钩关系

年份/年	第一产业 GDP 与耕地				第一产业 GDP 与林地				第一产业 GDP 与草地				第二、第三产业 GDP 与建设用地				综合脱钩状态	
	ΔE	ΔL	D	脱钩关系	ΔE	ΔL	D	脱钩关系	ΔE	ΔL	D	脱钩关系	ΔE	ΔL	D	脱钩关系	ΔE	ΔL
2016	0.036	0.002	21.31	扩张性负脱钩	0.036	−0.000 3	−119.58	强负脱钩	0.036	−0.000 7	−48.89	强负脱钩	0.101	0.029	3.49	扩张性负脱钩	−35.92	扩张性负脱钩
2017	0.061	0.001	46.36	扩张性负脱钩	0.061	−0.000 2	−265.14	强负脱钩	0.061	−0.000 6	−101.16	强负脱钩	0.025	0.015	1.67	扩张性负脱钩	−79.57	强负脱钩
2018	0.112	−0.001	−140.26	强负脱钩	0.112	−0.000 1	−1 237.61	强负脱钩	0.112	−0.001 2	−93.86	强负脱钩	0.043	0.012	3.72	扩张性负脱钩	−367.00	强负脱钩

表 9-14 西宁市 2016—2018 年产业 GDP 与国土利用脱钩关系

年份/年	第一产业 GDP 与耕地				第一产业 GDP 与林地				第一产业 GDP 与草地				第二、第三产业 GDP 与建设用地			
	ΔE	ΔL	D	脱钩关系	ΔE	ΔL	D	脱钩关系	ΔE	ΔL	D	脱钩关系	ΔE	ΔL	D	脱钩关系
2016	0.045	−0.003	−15.20	强负脱钩	0.045	−0.000 2	−194.67	强负脱钩	0.045	−0.001	−61.54	强负脱钩	0.105	0.015	6.99	扩张性负脱钩
2017	0.068	−0.001	−67.92	强负脱钩	0.068	−0.000 2	−335.96	强负脱钩	0.068	−0.001	−111.75	强负脱钩	0.028	0.010	2.92	扩张性负脱钩
2018	0.102	−0.000 5	−211.219	强负脱钩	0.102	−0.000 4	−233.79	强负脱钩	0.102	−0.001	−86.04	强负脱钩	−0.002	0.010	−0.22	强脱钩

表 9-15 海东市 2016—2018 年产业 GDP 与国土利用脱钩关系

年份/年	第一产业 GDP 与耕地				第一产业 GDP 与林地				第一产业 GDP 与草地				第二、第三产业 GDP 与建设用地			
	ΔE	ΔL	D	脱钩关系	ΔE	ΔL	D	脱钩关系	ΔE	ΔL	D	脱钩关系	ΔE	ΔL	D	脱钩关系
2016	0.033	−0.002	−14.11	强负脱钩	0.033	−0.000 5	−63.25	强负脱钩	0.033	−0.003	−10.85	强负脱钩	0.111	0.019	5.88	扩张性负脱钩
2017	0.051	−0.002	−29.11	强负脱钩	0.051	−0.000 2	−271.58	强负脱钩	0.051	−0.001	−102.36	强负脱钩	0.028	0.016	1.73	扩张性负脱钩
2018	0.096	−0.002	−62.75	强负脱钩	0.096	−0.000 1	−1 214.97	强负脱钩	0.096	0.000	−704.80	强负脱钩	0.026	0.010	2.60	扩张性负脱钩

表 9-16 海北州 2016—2018 年产业 GDP 与国土利用脱钩关系

年份/年	第一产业 GDP 与耕地				第一产业 GDP 与林地				第一产业 GDP 与草地				第二、第三产业 GDP 与建设用地			
	ΔE	ΔL	D	脱钩关系	ΔE	ΔL	D	脱钩关系	ΔE	ΔL	D	脱钩关系	ΔE	ΔL	D	脱钩关系
2016	0.053	0.006	8.13	扩张性负脱钩	0.053	−0.000 02	−2 110.23	强负脱钩	0.053	−0.000 27	−192.54	强负脱钩	0.063	0.009	6.94	扩张性负脱钩
2017	0.114	0.001	84.80	扩张性负脱钩	0.114	−0.000 03	−3 457.04	强负脱钩	0.114	−0.000 18	−627.41	强负脱钩	−0.239	0.021	−11.50	强脱钩
2018	0.135	−0.000 2	−579.31	强负脱钩	0.135	−0.000 01	−17 509.32	强负脱钩	0.135	−0.000 02	−5 608.19	强负脱钩	−0.033	0.003	−9.70	强脱钩

表 9-17 黄南州 2016—2018 年产业 GDP 与国土利用脱钩关系

年份/年	第一产业 GDP 与耕地				第一产业 GDP 与林地				第一产业 GDP 与草地				第二、第三产业 GDP 与建设用地			
	ΔE	ΔL	D	脱钩关系	ΔE	ΔL	D	脱钩关系	ΔE	ΔL	D	脱钩关系	ΔE	ΔL	D	脱钩关系
2016	0.004	0.001	6.98	扩张性负脱钩	0.004	−0.000 09	−47.75	强负脱钩	0.004	−0.000 1	−34.21	强负脱钩	0.034	0.019	0.02	弱脱钩
2017	0.033	−0.002	−18.56	强负脱钩	0.033	−0.000 04	−937.16	强负脱钩	0.033	−0.000 2	−178.58	强负脱钩	0.068	0.026	0.03	弱脱钩
2018	0.126	0.000 4	356.30	扩张性负脱钩	0.126	−0.000 01	−9 563.71	强负脱钩	0.126	−0.000 1	−1 117.74	强负脱钩	0.115	0.016	0.01	弱脱钩

表 9-18　海南州 2016—2018 年产业 GDP 与国土利用脱钩关系

年份/年	第一产业 GDP 与耕地				第一产业 GDP 与林地				第一产业 GDP 与草地				第二、第三产业 GDP 与建设用地			
	ΔE	ΔL	D	脱钩关系	ΔE	ΔL	D	脱钩关系	ΔE	ΔL	D	脱钩关系	ΔE	ΔL	D	脱钩关系
2016	0.039	0.006	6.41	扩张性负脱钩	0.039	−0.000 9	−43.51	强负脱钩	0.039	−0.001	−46.07	强负脱钩	0.103	0.033	3.18	扩张性负脱钩
2017	0.068	0.004	17.03	扩张性负脱钩	0.068	−0.000 4	−184.09	强负脱钩	0.068	−0.001	−106.54	强负脱钩	−0.075	0.023	−3.26	强脱钩
2018	0.120	−0.000 5	−254.00	强负脱钩	0.120	−0.000 1	−1 611.95	强负脱钩	0.120	−0.000 3	−437.94	强负脱钩	0.074	0.011	6.55	扩张性负脱钩

表 9-19　果洛州 2016—2018 年产业 GDP 与国土利用脱钩关系

年份/年	第一产业 GDP 与耕地				第一产业 GDP 与林地				第一产业 GDP 与草地				第二、第三产业 GDP 与建设用地			
	ΔE	ΔL	D	脱钩关系	ΔE	ΔL	D	脱钩关系	ΔE	ΔL	D	脱钩关系	ΔE	ΔL	D	脱钩关系
2016	0.063	−0.002	−38.48	强负脱钩	0.063	−0.000 02	−3 004.61	强负脱钩	0.063	−0.000 1	−1 149.35	强负脱钩	0.015	0.041	0.37	弱脱钩
2017	0.064	−0.003	−20.52	强负脱钩	0.064	−0.000 01	−6 504.50	强负脱钩	0.064	−0.000 1	−837.25	强负脱钩	0.013	0.028	0.47	弱脱钩
2018	0.116	−0.001	−186.44	强负脱钩	0.116	−0.000 01	−18 583.96	强负脱钩	0.116	−0.000 02	−7 115.43	强负脱钩	0.111	0.009	12.61	扩张性负脱钩

表 9-20 玉树州 2016—2018 年产业 GDP 与国土利用脱钩关系

年份/年	第一产业 GDP 与耕地				第一产业 GDP 与林地				第一产业 GDP 与草地				第二、第三产业 GDP 与建设用地			
	ΔE	ΔL	D	脱钩关系	ΔE	ΔL	D	脱钩关系	ΔE	ΔL	D	脱钩关系	ΔE	ΔL	D	脱钩关系
2016	0.019	−0.010	−1.89	强负脱钩	0.019	−0.000 09	−211.67	强负脱钩	0.019	−0.000 04	−450.87	强负脱钩	0.013	0.053	0.24	弱脱钩
2017	0.063	−0.001	−76.27	强负脱钩	0.063	−0.000 02	−4 116.84	强负脱钩	0.063	−0.000 01	−4 881.36	强负脱钩	0.035	0.006	5.65	扩张性负脱钩
2018	0.099	−0.000 5	−213.48	强负脱钩	0.099	−0.000 02	−4 880.75	强负脱钩	0.099	−0.000 01	−7 647.64	强负脱钩	−0.370	0.010	−36.19	强脱钩

表 9-21 海西州 2016—2018 年产业 GDP 与国土利用脱钩关系

年份/年	第一产业 GDP 与耕地				第一产业 GDP 与林地				第一产业 GDP 与草地				第二、第三产业 GDP 与建设用地			
	ΔE	ΔL	D	脱钩关系	ΔE	ΔL	D	脱钩关系	ΔE	ΔL	D	脱钩关系	ΔE	ΔL	D	脱钩关系
2016	0.049	0.026	1.92	扩张性负脱钩	0.049	−0.000 5	−105.32	强负脱钩	0.049	−0.000 3	−194.84	强负脱钩	0.111	0.035	3.19	扩张性负脱钩
2017	0.049	0.020	2.44	扩张性负脱钩	0.049	−0.000 6	−81.88	强负脱钩	0.049	−0.000 1	−630.84	强负脱钩	0.083	0.009	8.73	扩张性负脱钩
2018	0.132	−0.000 2	−680.29	强负脱钩	0.132	−0.000 1	−1 082.87	强负脱钩	0.132	−0.000 03	−5 123.06	强负脱钩	0.192	0.015	12.79	扩张性负脱钩

南州分别在 2018 年和 2017 年出现了强脱钩状态，原因是在建设用地面积增加的同时，第二、第三产业 GDP 相比上一年减少；海东市和海西州均呈现扩张性负脱钩状态。可见，第二、第三产业 GDP 与建设用地面积均呈正增长趋势，且 GDP 的增长速度已经大于建设用地面积的增长速度，建设用地集约程度较高，这是一个良好的绿色经济发展趋势。海北州表现为由扩张性负脱钩向强负脱钩过渡的趋势，主要原因是在建设用地面积不断扩张的同时，第二、第三产业 GDP 却出现了下降趋势，这是脱钩形态中最不理想的状态。黄南州的第二、第三产业 GDP 与建设用地则表现为弱脱钩状态，这表明虽然 GDP 与建设用地面积都在增长，但是建设用地面积增长速度大于 GDP 增长的速度，用地效率有望进一步提高。果洛州第二、第三产业 GDP 与建设用地则由弱脱钩向扩张性负脱钩发展，这表明在 GDP 与建设用地面积均增长的情况下，GDP 的增速越来越快，土地节约集约利用程度有所提高，呈现良好的绿色经济发展趋势。玉树州在 2016—2018 年则分别呈现出弱脱钩、扩张性负脱钩和强脱钩状态，其第二、第三产业 GDP 先增加后减少，建设用地逐年扩张，但是增速呈先减小再增大的趋势。因此，玉树州在今后的发展中要注重提高建设用地的节约集约利用程度。总的来说，青海省各市(州)产业 GDP 与国土利用脱钩演变情况不尽相同。其中海西州各产业 GDP 与国土利用的脱钩状态跟青海省整体上保持一致；海北州第二、第三产业 GDP 与建设用地基本处于脱钩状态；其余各市(州)第一产业 GDP 与耕地、林地、草地没有明显的演变趋势，第二、第三产业 GDP 与建设用地表现相对平稳，以扩张性负脱钩为主。

10 国土资源利用特征及利用对策

本章主要分析了青海省国土资源利用特点，结合青海省生态建设和高质量发展面临的形势，提出了耕地、建设用地、生态用地治理的主要措施。

10.1 国土资源利用特征

10.1.1 国土资源面积大但质量低

第三次全国国土调查结果显示，青海省国土面积仅次于新疆、西藏、内蒙古，居全国第四，但难利用的盐碱地、沙地、裸土地、裸岩石砾地等其他土地面积占全省国土面积的 24.27%。全省耕地面积占全省国土面积比例不足 1.00%，比例仅高于西藏的占比(不足 0.50%)。耕地中水浇地面积占 31.39%，旱地面积占 68.61%。耕地现有资源和后备资源不足，土层薄、质地粗、石砾多、质量差，瘦、薄、坡比大，热量条件差，农作物生长期短，适宜种植品种少，山区粮食产量低而不稳，种植业结构调整的空间小。在大陆性气候的综合影响下，草地以高寒草地类组为主体，牧草生长期一般为 80～150d，生长期短，牧草低矮、草地产草量空间差异显著，牧草地上生物量和营养含量随季节变化差异较大，9 月最高，5 月、6 月最低。缺少天然割草地，以莎草科植物占优势，草地耐牧性强，植物种类相对贫乏(豆科牧草少)，天然草地牧草明显地表现出粗蛋白质、粗脂肪、无氮浸出物含量高、粗纤维含量低的“三高一低”等特点。林地中乔木分布窄、树种少、生长慢、蓄积量小、林分质量较低，受气候条件制约，造林难度大、成本高、成活率低，灌木林地面积较大，森林防护功能弱。

10.1.2 国土利用以生态用地为主

全省草地面积为 39 470 819.24hm^2，占全省国土面积的 56.66%，占全国草地面积的 14.92%，在全国仅次于西藏、内蒙古和新疆等地区，居全国第四。湿地面积为5 101 187.87hm^2，占全省国土面积的 7.32%，占全国湿地面积的 21.74%，在全国排第一，其次为西藏、内蒙古等地区。林地面积为 4 603 592.24hm^2，占全省国土面积的 6.61%，占全国林地面积的 1.62%，在青海省国土面积中居第三位。水域及水利设施用地面积为 2 444 113.69hm^2，占全省国土面积的 3.51%，在青海省国土面积中居第四位。青海省水域及水利设施用地面积占全国水域及水利设施用地面积的 6.74%，排在西藏和新疆之后，位居全国第三。10 年间，青海省生态功能较强的林地、草地、湿地、河流水面、湖泊水面等地类面积合计净增长 280.00 万 hm^2，生态建设取得了积极成效。

青海省相继实施三江源生态保护和建设二期、祁连山生态保护和建设综合治理、退牧还草工程、退化草原人工种草生态修复等重大草原生态修复工程。“十三五”期间，共建成草原封育围栏面积 2 195 533.30hm^2，补播改良面积 612 113.30hm^2，治理黑土滩型退化草地面积531 873.30hm^2，治理沙化型退化草地面积 55 380.00hm^2，防控草原有害生物面积 9 333 333.00hm^2，建设人工草地面积 90 213.30hm^2，许多严重退化的草原重新披上了绿装，寸草不生的鼠荒地、黑土滩等变成了优质的牧草地。

10.1.3 国土资源利用空间分异明显

青海是一个典型的农牧结合省份，畜牧业用地面积大，农业耕地少而分散，呈立体式分布，垂直地带性明显。全省耕地、草地、林地、湿地空间分布差异明显。农用地主要分布在黄河流域、湟水流域和柴达木盆地。

(1)耕地资源主要分布在东部地区的西宁市、海东市和黄南州。从垂直分布来看，全省的耕地主要分布在海拔 2000～3500m 之间区域，其中海拔为 2500～3000m 的耕地分布最多，占耕地总面积的 44.53%，海拔在 2000m 以下和 3500m 以上的耕地分布很少，其中水浇地在海拔 3000～3500m 处分布最多，旱地在海拔 2500～3000m 处分布最多。

(2)园地分布相对集中，主要分布在海西州，其面积占全省园地面积的 90.45%。“十三五”以来，青海省提出了“东部沙棘、西部枸杞、南部藏茶、河湟杂果”的发展目标，2020 年柴达木盆地枸杞种植面积已超过 30 000.00hm^2。

(3)青海省林地主要分布在青海省果洛州、玉树州和海西州，其中乔木林地在玉树州分布最多，灌木林地在果洛州分布最多，其他林地在海东市和西宁市分布最多。受高原独特气候、土壤和地形地貌的影响，青海省东经 96°线以西的广大地区基本上无乔木林分布。但受孟加拉湾暖湿气流和东南季风的影响，96°线以东的河谷两岸连续分布着一些乔木林，这大致构成了围绕高原东北部的一条弧形森林分布带。从垂直分布来看，青海省林地分为 5 个梯度，主要分布在海拔 3500m 以上地带，其面积占林地总面积的 61.86%，海拔在 2000m 以下的林地分布较少。其中乔木林地和灌木林地在海拔 3500m 以上地段分布最多，其他林地在海拔 2000～2500m 地段分布最多。青海省各山体有林地具有明显的分布特征，并大都具有相同的垂直带谱，即由下到上为森林草原草甸带、针阔叶混交林带、寒温性针叶林带、高山灌木(丛)林带，上部是高山草甸带、高山寒漠带。森林植被带的幅度一般呈下宽上窄，即使同一树种也是这样。乔木林垂直上限高度由北向南逐渐升高，祁连山海拔为 3300m，而在南部的唐古拉山系海拔则为 4300m(4400m)。

(4)草地主要分布在玉树州、海西州、果洛州和海南州，4 个州草地面积合计占全省草地面积的 90.52%，主要以天然牧草地为主，天然牧草地面积占全省草地面积的 92.89%。青海省天然草地在发育形成上表现出特殊的类型和分布规律。在北半部(不包括祁连山地)表现为径向的水平分布规律。从湟水流域向西，地势逐步抬升，经青海湖盆地、共和盆地，到柴达木盆地，天然草地由温性草原逐渐向温性荒漠过渡。在青南高原面上由东南向西北，草地类型大体呈山地疏林草甸→高寒疏灌草甸→高寒(嵩草)草甸→高寒(针茅)草原的演替序列。且天然草地的水平地带分布具有不连续性,以及水平分布和垂直分布的叠加性。柴达木盆地内以荒漠类草地为主,盆地内天然草地类型呈现向心形环状分布特点。青海省天然草地共有高寒草甸类、高寒草原类、高寒荒漠类、高寒草甸草原类、温性草原类、温性荒漠草原类、温性荒漠类、低地草甸类、山地草甸类9个草地类型,占全国草地类型的50%。多样的草地类型为野生动植物的分布、繁衍提供了条件。

(5)青海省湿地主要分布在玉树州、海西州和果洛州,面积分别为2 782 091.26hm^2、1 221 523.29hm^2和711 405.26hm^2,占全省湿地面积的54.54%、23.95%和13.95%。

(6)城市用地主要分布在西宁市和海西州,其面积之和占全省城市面积的84.20%;建制镇用地主要分布在海西州、西宁市和海东市,其面积之和占全省建制镇用地面积的63.52%;村庄用地主要分布在海东市、西宁市和海南州,其面积之和占全省村庄用地面积的69.04%。

青海省四大流域中,黄河流域中耕地、林地、交通运输用地面积分布最广,占全省该地类面积比例分别为84.97%、56.64%、46.98%;长江流域中湿地的面积最大,占全省湿地面积的41.38%;西北诸河流域中主要分布草地、水域及水利设施用地、其他土地,其面积占全省该地类面积比例分别为37.29%、61.37%、84.60%;西南诸河则无明显土地利用类型集聚特征。

10.1.4 建设用地规模小、结构不合理

青海省地形复杂,气候条件较差,远离经济发展中心,资源开发和利用不充分,开发效益不高。实施西部大开发战略以来,通过国家支持、自身努力和开展对外合作,该区域经济社会条件有了很大改善,经济增长步伐明显加快,发展的质量和效益明显增强,青藏铁路、西气东输、西电东送、国道主干线西部路段和大型水利枢纽等一批重点工程相继建成,基础设施建设取得了一定的进展。城镇化水平显著提高,城市数目不断增多,城市规模不断扩大,初步形成了西宁、海东、德令哈、格尔木、茫崖、玉树等城市化地区。至2019年底青海省拥有2个地级市、4个县级市和144个建制镇,常住人口城镇化率达到55.52%,城镇规模结构逐渐合理。全省城镇村用地面积为174 681.88hm^2,占全省国土面积的0.25%。其中,城市用地面积为21 472.40hm^2,占全省国土面积的0.03%;建制镇用地面积为38 100.00hm^2,占全省国土面积的0.05%;村庄用地面积为115 109.48hm^2,占全省国土面积的0.17%;采矿用地面积为185 122.99hm^2,占全省国土面积的0.27%;交通运输用地面积为140 547.59hm^2,占全省国土面积的0.20%;建设用地面积只占全省国土总面积的0.64%,远低于第二次全国土地调查的平均水平(3.82%)。

第三次全国国土调查主要数据公报显示,全国城市用地面积∶建制镇用地面积∶村庄用地面积比例为1∶1∶4,青海省城市用地面积∶建制镇用地面积∶村庄用地面积比例为1∶2∶6。

10.1.5 国土利用面积和结构有变化

青海省耕地面积为564 203.13hm^2,占全省国土面积的0.81%;园地面积为62 336.17hm^2,

占全省国土面积的 0.09%；林地面积为 4 603 592.24hm²，占全省国土面积的 6.61%；草地面积为 39 470 819.24hm²，占全省国土面积的 56.66%；湿地面积为 5 101 187.87hm²，占全省国土面积的 7.32%；城市用地面积为 21 472.40hm²，占全省国土面积的 0.03%；建制镇用地面积为 38 100.00hm²，占全省国土面积的 0.05%；村庄用地面积为 115 109.48hm²，占全省国土面积的 0.17%；采矿用地面积为 185 122.99hm²，占全省国土面积的 0.27%；风景名胜及特殊用地面积为 8 007.96hm²，占全省国土面积的 0.01%；交通运输用地面积为 140 547.59hm²，占全省国土面积的 0.20%；水域及水利设施用地面积为 2 446 619.27hm²，占全省国土面积的 3.51%。青海省农用地面积为 46 185 605.52hm²，占全省国土面积的 66.30%；建设用地面积为 448 606.33hm²，占全省国土面积的 0.64%；未利用地面积为 23 031 672.77hm²，占全省国土面积的 33.06%。

与第二次全国土地调查相比，全省草地面积占比减少 2.83%，湿地面积占比由 1.53% 增加至 7.32%，耕地面积占比由 0.84%下降至 0.81%，园地面积占比由 0.01%上升至 0.09%，林地面积占比由 5.00%上升至 6.61%，城市用地面积占比由 0.02%小幅上升至 0.03%，建制镇用地面积占比持续为 0.05%，村庄用地面积占比由 0.12%上升至 0.17%，采矿用地面积占比由 0.13%上升至 0.27%，风景名胜及特殊用地面积占比持续为 0.01%，交通运输用地面积占比由 0.13%增长至 0.20%。在三大地类中农用地面积和农用地占国土总面积的比例最大，但农用地面积呈小幅下降的趋势。各类建设用地面积均有所增加，其中城乡建设用地和交通水利用地面积增长较多，这一变化趋势符合当前青海省新型城镇化建设的发展要求，有利于提升青海省的人口城镇化和产业集聚化，满足城乡基础设施建设的需要。青海省构建以“一轴两群（区）”为主体的城镇化格局的总体方向，积极推进形成以西宁市为中心的东部城镇群，保障城镇基础设施、居住及公益设施建设等合理用地需求，优先保障水电、光电、风能发展建设用地，推动构筑可靠、稳定、经济、清洁的能源供应体系，优化城乡建设用地结构和布局，提高单位土地产出效益，保障区域经济可持续发展。

10.1.6 耕地保护工作取得明显成效

多年来，通过严格用途管制，实施耕地占补平衡，开展土地综合整治，推进基本农田建设，实施区域性耕地保护补偿激励机制和增加农民收入为主的货币性补贴等措施，耕地保护工作取得明显成效。第三次全国国土调查显示，2019 年底青海省耕地面积为 564 203.13hm²（8 463 046.95 亩），《青海省土地利用总体规划》（2006—2020 年）调整完善方案，确定到 2020 年，耕地保有量保持在 53.60 万 hm²（804 万亩）左右。近年来，青海省自然资源管理部门认真贯彻省委、省政府重大决策部署，在全面保障重大工程、重点项目、民生工程建设用地的同时，坚持以生态文明理念统领自然资源工作大局，促进自然资源开发利用与生态环境保护协调发展。同时，青海省自然资源管理部门始终高度重视全省耕地保护工作，严格用途管控措施和耕地保护制度，全面落实土地利用总体规划，坚守耕地保护红线和生态保护红线，督促地方政府切实履行耕地占补平衡的主体责任，实现全省耕地保有量 846 万亩，不低于规划目标，较好履行了耕地保护责任。

全省坚持以绿色发展和科技创新为指导，积极开展永久性基本农田建设，全力助推耕地保护建设和质量提升行动，保护好良田沃土和绿色家园，有效提升了土地开发利用水平，有力支撑了全省经济社会平稳较快发展。党的十八大以来，青海省共实施土地整治项目307个，建设规模达178.80万亩，新增耕地面积41.26亩，旱改水8.55万亩，坡改梯14.45万亩，新增和改善农田灌溉面积93.04万亩，新增粮食产能1.99×10^9kg。其中高标准农田建设项目183个，建设规模163.04万亩，建成高标准农田150.30万亩，通过高标准农田建设补充耕地26.89万亩；地方自行补充耕地项目124个，建设规模15.76万亩，新增耕地面积14.37万亩，在贫困地区安排土地整治项目93个，建设规模86.7万亩，占全省总量的53.14%，涉及192个贫困村33.67万贫困人口，几乎覆盖所有贫困县。积极践行"土地整治＋"理念，立足土地整治的多功能定位探索多元化整治模式，推动土地整治与多元要素跨界融合，形成"生态景观＋观光农业""矿地融合＋复绿增地""城乡统筹＋增减挂钩""硒土硒田＋富硒农业""绿色农田＋现代农业""坡改梯＋旱改水""山水林田湖草＋田水路林村""净土垦地＋节水灌溉""生态良田＋青稞基地""绿色良田＋高原牧场"等模式，提高了农业转型发展、新农村建设、生态修复治理与扶贫攻坚等"1＋N"综合效益。

10.1.7 城乡建设用地变化协调性低

青海省城镇规模迅速扩展，建设用地面积增加显著，而反映经济能力的地区生产总值增长缓慢，人口增长速度缓慢落后于建设用地面积增长速度，因此还需进一步协调各市(州)的社会经济发展与建设用地利用的关系，促使人口、经济、土地三者耦合协调发展。尤其是农村居民点用地，规模依然很大，主要原因是农民离土不离乡，进入城市后又不退还宅基地。建议制定差别化的土地利用政策，完善宅基地审批制度，加大对闲置宅基地处置力度，提高宅基地利用率，并从新增指标、年度计划指标分配、供地计划和节约集约利用考评方面，通过村庄规划，优化居民点空间布局，消除"空心村"，提高村庄建设用地利用率，提高人口变动与城乡建设用地变化的协调性。

受发展阶段和经济结构的影响，青海省外延扩展式国土利用方式尚未根本转变，供需矛盾下的粗放利用仍客观存在。一是城镇用地和村庄用地面积双增加，城市用地面积比例由0.02%小幅上升至0.03%，村庄用地面积比例由0.12%上升至0.17%。城乡用地结构不均衡，村庄用地面积总量大，村庄用地面积占比突出，村庄用地面积占建设用地总面积的一半以上。全国乡村人口平均村庄面积为332.34m^2。伴随着乡村人口非农化，"空心村"问题日益突出。二是工业用地整体效率不高，特别是一些加工制造型的工业区，建筑密度低，单层厂房占比较大，用地容积率低。

10.1.8 土地权属以国有土地为主

在青海省国土调查总面积中，国有土地面积为68 413 953.03hm^2，占国土调查总面积的98.20%，集体土地面积为1 251 931.39hm^2，占国土调查总面积的1.80%。从国土利用现状划分的类型结构来看，国有土地类型中占比最大的是国有草地，占到一半以上；占比最小的是国有风景名胜及特殊用地，比例接近0.11%。集体土地中集体耕地面积最大，共计447 790.20hm²,集体城市用地面积占比最小,仅为0.3%。基于各地类的权属结构分析,只有耕地与村庄用地在权属类型分布上为集体用地多于国有土地,其他地类均为国有土地多于集体用地。

从各市(州)国有及集体土地面积占全省国有及集体土地面积的比例来看,海西州国有土地面积占比最大,为30 052 997.14hm²,所占比例将近43.93%;最少的是西宁市,为387 243.64hm²,仅占到全省国有土地面积的0.57%。集体土地中海东市占比最大,占全省集体土地面积的48.83%,达到611 280.61hm²;此外,果洛州的集体土地面积最小,为280.06hm²,仅占全省集体土地面积的0.02%。基于各市(州)国土利用权属状况来看,海东市国有与集体土地面积相近,分别为686 980.16hm²、611 280.61hm²,其他各市(州)国有用地面积远远大于集体用地面积。

第二次全国土地调查显示,国有土地和集体土地面积分别占国土调查总面积的52.95%和47.05%,国有土地面积占比最大的是西藏,约占99.41%,国有土地面积占比最小的是贵州省,占3.45%。国有土地面积占国土面积超过50%的省(自治区、直辖市)还有新疆(97.52%)、黑龙江省(71.05%)、甘肃省(64.77%)、上海市(54.37%),集体土地面积占比超过90%的省(自治区、直辖市)有贵州省(96.55%)、重庆市(92.22%)、湖南省(91.85%)、河南省(91.34%)、福建省(90.34%)。

10.2 面临的形势与挑战

10.2.1 耕地保护面临多重压力

青海省在耕地保护方面已取得显著进展,但面临巨大压力。青海省山地、高原、平川、河谷、沙漠、戈壁等交错分布,耕地资源相对匮乏,空间分布不均匀且质量较差。面对全省人均耕地数量少、总体质量不高、后备资源不足的现实和国土空间治理体系尚不健全的实际,青海省耕地保护工作面临诸多挑战和压力。

耕地资源生态本底脆弱,质量提升难度大。青海省的耕地资源主要分布在海东市、西宁市和海西州。从耕地质量来看,青海省的中低产田面积大,高产稳产田面积相对较小。与内地相比,青海省约有70%的耕地属于中低产田,且频繁遭受干旱、冰雹、风沙、霜冻、水毁、塌陷等自然灾害的侵袭。此外,脆弱的生态环境导致耕地退化现象严重,受水土流失、荒漠化的影响,青海省干旱、半干旱地区40%的耕地不同程度出现退化。同时,受气候、交通、水利等不利因素的影响,施工条件艰苦,建设周期长,土地整理复垦成本很高,土地整理复垦的难度较大,通过土地整理复垦提升耕地质量的任务十分艰巨。后备资源开发会导致地区水土流失加大、生态连通性降低以及生物多样性丧失等,影响区域生态安全和生态系统服务健康水平。

耕地保护区与经济发展区高度重合,供需矛盾突出。青海省东部地区是全省政治、经济、文化中心,是全省经济发展最活跃、创新要素最集聚、开放程度最高、最适宜人居的地区,是《青海省国民经济和社会发展第十四个五年规划和二〇三五年远景目标纲要》中明确规划的以“西宁-海东都市圈”和“河湟谷地城市群”为核心的经济发展地区；同时，青海东部是农耕区和牧业区的交错地带，全省近70%的耕地集中分布在黄河流域和湟水河两岸的西宁市和海东市。虽然已科学划定“三区三线”，但耕地保护重点区域和经济发展重点区域布局高度重合，土地供需矛盾突出，耕地保护形势严峻。

耕地撂荒、弃耕，非农化和非粮化的风险依然存在。一方面在城镇化和人口老龄化背景下，农村青壮年劳动力总体仍流向城市，农村逐渐出现“空心化”，农村劳动力严重不足；二是由于农业新技术、新产品、新模式应用不足，生产效率低，农资及涉农服务成本不断上涨，导致农业生产收益少、增收难，农民种地意愿不断降低，农民主动调整农业生产结构，减少粮食种植面积，选择效益较高的种植和养殖活动。加之青海省耕地整体质量不高，地块琐碎分散，不利于机械化耕作，使得农业生产效率低下，产出效益难以提升，进而造成脑山、浅山、川水地区耕地出现撂荒、弃耕和“非农化”“非粮化”的现象，耕地的长期稳定利用受到威胁。

10.2.2 生态地位非常重要

青海省是我国重要江河源区，被称为“中华水塔”，作为全球大气和水量循环影响最大的生态调节区、全国和东南亚重要的生态屏障、北半球气候变化的启动区和调节区、全球生态系统的稳定器、全球海拔最高的湿地生态系统以及高原生物种质资源库，对于维护国家生态安全格局，筑牢国家生态安全屏障具有无可替代的重要且特殊的地位。全省多年平均水资源量约646.9亿m^3，黄河总径流量的49%从青海省流出，流域面积超过500km^2的河流有380条。全省林地面积为4 603 592.24hm^2，占全国林地面积的1.62%；草地面积为39 470 819.24hm^2，占全国草地面积的14.92%，在全国仅次于西藏、内蒙古和新疆，居全国第四；湿地面积为5 101 187.87hm^2，占全国湿地面积的21.74%，在全国排第一；水域及水利设施用地面积为2 444 113.69hm^2，占全国水域及水利设施用地面积的6.74%。青海省是森林、草原、湿地、荒漠、冰川雪山等生态系统集中分布和交错的典型区域，为高原生态系统物质循环、能量转化和基因交流及应对气候变化起着重要的支撑作用，对于维护国家生态安全格局，筑牢国家生态安全屏障具有无可替代的重要且特殊的地位。全省生态保护极重要区和重要区总面积为431 964.09km^2，分别占全省国土面积的30.96%和31.04%。极重要区主要分布在三江源和祁连山地区，包括永久冰川分布区、三江源国家级自然保护区、祁连山水源涵养地、环青海湖湿地区、东部丘陵生物多样性地区等国家重要生态功能区及其他生物多样性丰富的地区。其中果洛州、黄南州、玉树州生态保护极重要区面积占比大，分别达到60.50%、54.63%和47.77%，海西州、海南州生态保护极重要区面积占比相对较低，分别为13.04%和18.99%。

2016年，习近平总书记指出，青海最大的价值在生态、最大的责任在生态、最大的潜力也在生态，必须把生态文明建设放在突出位置来抓。2020年中央第七次西藏工作座谈会上，习近平总书记特别强调，保护好青藏高原生态就是对中华民族生存和发展的最大贡献。要牢固树立绿水青山就是金山银山的理念，坚持对历史负责、对人民负责、对世界负责的态度，把生态文明建设摆在更加突出的位置，守护好高原的生灵草木、万水千山，把青藏高原打造成为全国乃至国际生态文明高地。2021 年，在参加十三届全国人大四次会议青海代表团审议时，习近平总书记指出，青海对国家生态安全、民族永续发展负有重大责任，必须承担好维护生态安全、保护三江源、保护“中华水塔”的重大使命，对国家、对民族、对子孙后代负责。2021 年，习近平总书记再次来到青海考察并强调，保护好青海生态环境，是“国之大者”。要牢固树立绿水青山就是金山银山理念，切实保护好地球第三极生态。要把三江源保护作为青海生态文明建设的重中之重，承担好维护生态安全、保护三江源、保护“中华水塔”的重大使命。

10.2.3 高质量发展刻不容缓

青海省集西部欠发达地区、高原地区、民族地区于一身，且不同区域的发展基础和条件差异很大。经济社会发展面临的结构性、体制性、周期性问题相互交织。“一带一路”倡议、黄河流域生态保护和高质量发展、新时代西部大开发等国家战略将进一步加强青海省与国内外的联系，极大地激发了青海省发展的活力及潜力，对全省高质量发展产生强有力的牵引作用。紧密围绕贯彻新发展理念，推动高质量发展，构建新发展格局，结合对省情的再认识、再升华，提出了建设国家公园示范省、国家清洁能源示范省、绿色有机农畜产品示范省、高原美丽城镇示范省、民族团结进步示范省“五个示范省”，培育生态经济、循环经济、数字经济、平台经济“四种经济形态”的工作部署，以“五个示范省”建设为载体，以“四种经济形态”为引领的经济转型发展新格局初步形成。

青海省以培育新动能为着力点，加快建设世界级盐湖产业基地，打造国家清洁能源产业高地、国际生态旅游目的地、绿色有机农畜产品输出地，促进产业转型升级，带动新旧动能转换，构建绿色低碳循环发展经济体系，同时进一步优化国土空间保护格局，统筹城乡区域协调发展。谷地做优，聚力打造高质量发展核心动力源，建设现代高原美丽幸福绿色“大西宁”，建设城乡统筹“新海东”；盆地做强，着力构建高质量发展重要支撑，打造“柴达木”循环发展带动极，打造泛共和盆地绿色发展新增长极，打造格尔木枢纽经济“新标杆”；流域做活，形成协调联动发展新局面，促进流域经济社会生态协同发展，推动建立流域上下游利益协调机制；高地做美，打造绿色人文“江河源”。青海省高质量发展的总体目标是构筑生态保护共同体，建设绿色产业共同体，构建和谐发展共同体，推动形成优势互补高质量发展的区域经济布局。

10.2.4 国土空间治理亟待提升

《中共青海省委关于制定国民经济和社会发展第十四个五年规划和二〇三五年远景目标的建议》提出：一是要推动形成主体功能明显优势互补的空间格局。依托资源环境承载能力和国土空间开发适宜性评价，统筹划定落实生态保护红线、永久基本农田、城镇开发边界等空间管控边界，逐步形成城市化地区、农产品主产区、生态功能区三大空间格局，优化重大基础设施、重大生产力和重大公共资源布局，推动人口经济和资源环境实现动态平衡。形成以西宁—海东都市圈、柴达木为“两核”，以兰青—青藏（西格段）—格库铁（公）路主线为“一轴”，以三江源国家级自然保护区、青海湖国家级自然保护区、祁连山国家重点生态功能区共同构筑为“一高地”的“两核一轴一高地”区域协调发展新格局；形成以三江源草原草甸湿地、祁连山冰川与水源涵养国家重点生态功能区为屏障的“两屏”，以河湟谷地生态环境综合治理区、泛共和盆地生态保护修复区、柴达木盆地生态环境综合治理区为“三区”的“两屏三区”生态安全格局；形成以东部高效种养发展区、环湖循环农牧业发展区、青南生态有机畜牧业发展区、柴达木绿洲农业发展区为“四区”，以沿黄冷水鱼绿色养殖发展带为“一带”的“四区一带”农牧业发展格局；形成以河湟谷地城市群为“一群”，以柴达木盆地城镇区、泛共和盆地城镇区为“两区”，以玉树、玛沁等重点生态功能区城镇为“多点”的“一群两区多点”城镇化空间发展新格局。二是健全国土空间用途统筹协调管控制度。建立全省统一、相互衔接、分级管理的“四级三类”空间规划体系，实现国土空间开发保护“一张图”，对所有国土空间分区分类实施用途管制，加强三类空间用途转用管理。建立以“三线一单”为核心的生态环境分区管控体系，推进生态环境保护精细化管理。搭建全省国土空间基础信息平台，建立国土空间规划“一张图”实施监督信息系统，全面实施国土空间监测预警和绩效考核机制。到 2025 年，形成以国土空间规划为基础、以统一用途管制为手段的国土空间开发保护制度。

10.3 耕地保护政策建议

耕地是国家粮食安全的根本保障，是农业发展和农业现代化的根基和命脉，是重要的生产、生活、生态空间，耕地保护直接关系到广大农民的切身利益，关系到生态文明建设，关系到经济社会持续健康发展，也关系到国家长治久安。青海省特殊的地理环境和自然气候条件，在耕地资源数量有限的情况中，显得更加宝贵。要坚持实行最严格的耕地保护制度，落实耕地占补平衡制度，划定基本农田实行永久保护，进一步完善耕地保护目标责任制和激励制度，完善耕地保护法律法规，加强耕地保护监督管理，构建耕地保护长效机制，为国家粮食安全提供坚实的保障。

10.3.1 严格落实耕地保护主体责任

加强耕地保护，必须首先明确耕地保护的责任主体。《土地管理法实施条例》从行政法规层面明确了耕地保护的责任主体，规定：省、自治区、直辖市人民政府对本行政区域耕地保护负总责，其主要负责人是本行政区域耕地保护的第一责任人。省、自治区、直辖市人民政府应将国务院确定的耕地保有量和永久基本农田保护任务分解下达，落实到地块。健全落实耕地保护和粮食安全责任考核机制，签订耕地保护和粮食安全责任书，压实耕地保护主体责任。国务院对省、自治区、直辖市人民政府耕地保护责任目标落实情况进行考核，实行耕地保护党政同责、终身追责。强化党委领导、政府负责、部门协同、公众参与、上下联动的共同责任机制，形成保护更加有力、执行更加顺畅、管理更加有效的耕地保护新格局，省、市(州)、县(区)、乡逐级签订责任书，逐级制定细化落实方案，层层分解落实耕地保有量和基本农田保护目标任务。耕地保护也是广大村民、村民小组、村委会、乡镇、县等在内的相关部门与单位的共同责任与目标，确认保护耕地是每位公民的责任。要推动建立“田长制”，实行以村、组为基础，县、乡、村三级联动全覆盖的耕地保护网格化监管。

10.3.2 发挥国土空间规划管控作用

加强国土空间规划管控和用途管制。结合国土空间规划和各专项规划，进一步明确生态保护线、永久基本农田、城镇开发边界3条控制线，扎牢城镇无序扩张的“紧箍咒”。结合第三次全国国土调查成果，将永久基本农田保护任务落实到地块图斑，责任落实到各级政府。严格控制耕地转为林地、草地、园地等其他农用地，以年度国土变更调查为基础，除国家安排退耕还林还草、自然灾害损毁难以复耕、河湖水面自然扩大造成耕地永久淹没等特殊情况外，对耕地转为林地、草地、园地等其他农用地及农业设施建设用地的，应当补足同等数量、质量的可以长期稳定利用耕地，落实年度耕地进出平衡。统筹耕地保护与生态建设，基于自然地理格局，结合适宜性原则，按照耕地、园地、林地、草地的优先序，逐步通过实施耕地进出平衡，优化农用地空间布局。在确保耕地总量不减少的前提下，逐步调整不符合自然地理条件的土地利用方式。重点优化海西州、海南州、海北州农用地空间布局，科学利用戈壁、荒漠、滩涂、盐碱地等发展设施农业，引导设施农业产能向非耕地区域适度转移。严格管控进出平衡的耕地质量，将难以或不宜长期稳定利用耕地逐步置换为可以长期稳定利用耕地，总体提升耕地质量。实施耕地种植用途管控。依法落实耕地利用优先序，合理引导农业种植结构调整，耕地主要用于粮食和油、蔬菜等农产品及饲草饲料生产，永久基本农田重点用于粮食生产，高标准农田原则上全部用于粮食生产。按照国家有关规定需要将耕地转为林地、草地、园地等其他农用地的，应当优先使用难以长期稳定利用的耕地。严格建设用地项目审查，除国家规定的6类重大建设项目外，其他占用永久基本农田的，一律不予通过审查；符合条件占用的，严格控制用地标准，并按照“量质并重”的原则，做好永久基本农田占用补划工作。遏制耕地“非农化”和防止耕地“非粮化”。

以节约集约用地缓解建设用地占用耕地压力。落实“严控增量、盘活存量、优化结构、提高效率”的总要求，全面推行节约集约用地。盘活利用存量闲散建设用地，及时处置闲置土地。大力推进“三旧”改造，开展旧城镇、旧厂房改造，促进城镇低效用地再开发、再利用；开展农村旧村庄改造，完善宅基地管理制度，推行建设农民公寓，提高土地利用效率，促进新增建设用地不占或尽量少占耕地。

10.3.3 加强耕地数量和质量的生态保护

耕地是长时间农业文明洗礼的特殊人工生态系统，不仅具有生产功能和经济功能，而且具有重要的生态功能，可以增加生态多样性和显现绿色空间的广阔性。第一，要改善人居环境、实现可持续发展，还需要进一步关注和发挥耕地的生态价值，充分发挥耕地的生态服务功能、绿色空间功能、文化景观功能、消化人畜排泄物保护水环境的功能，阻击城市无序蔓延。第三次全国国土调查从自然地理格局、地形条件、土壤条件、生态环境条件、作物熟制和耕地利用现状6个层面，构建分类指标体系，以耕地图斑为分类单元，建立基础数据库，形成不同耕地资源条件及其组合的耕地面积与分布成果，为耕地数量、质量、生态“三位一体”保护与管理提供了支撑。第二，要加强农村集体经济组织建设，培育耕地质量与生态保护的监管主体。作为集体土地所有者的村集体经济组织对保护区域内耕地质量与生态具有义不容辞的责任，并在协调个人与集体利益、局部与整体利益矛盾中具有得天独厚的优势。因此，应针对村集体经济组织具有明显的地域性、封闭性和生存保障性等特征，明确农村集体经济组织的特殊法人地位，加强农村集体经济组织建设，培育耕地质量与生态保护的监管主体，也可破解农田公共基础设施管护的难题。第三，推行生态耕种，维持耕地健康的土壤。通过推广各类生态种养模式、用地养地作物相结合的轮作制度，以及环境友好型技术（如测土配方施肥）、优质耕作层工程化快速构建技术，提高土壤各类养分自我平衡的能力，维持健康的生态系统和稳定的耕地产能，既可以生产出健康的农产品，又可以通过减小土壤对化肥的过度依赖来缓解农业面源污染问题。

10.3.4　探索完善耕地占补平衡制度

严格落实耕地占补平衡。各类非农建设选址布局尽量不占或少占耕地，特别是永久基本农田，确需占用的，必须做到补充的耕地数量相等、质量相当、产能不降。严格落实耕地占补平衡责任，以县域自平衡为主、市（州）统筹为辅、省域内调剂为补充，落实补充耕地任务。加强耕地占补平衡项目的监督检查，规范耕地占补平衡指标交易，强化耕地占补平衡后期管理。实施耕地进出平衡管理办法。完善耕地占补平衡责任落实机制，严格落实“占一补一、占优补优、先补后占”要求。非农建设占用耕地的，建设单位必须依法履行补充耕地义务。对耕地保有量低于耕地保护目标红线的地方，除省重点项目、民生工程及脱贫攻坚工程按“占一补一”落实补充耕地方案外，其他建设项目按“占一补二”落实补充耕地方案，直至实有耕地面积达到目标红线为止。

10.3.5　加强耕地保护监管信息建设

自然资源部发布《自然资源调查监测体系构建总体方案》（自然资发〔2020〕15号），明确了自然资源调查监测工作的任务书、时间表，为加快建立自然资源统一调查、评价、监测制度，健全自然资源监管体制，切实履行自然资源统一调查监测职责提供了重要遵循和行动指南。《中共中央 国务院关于加强耕地保护和改进占补平衡的意见》（中发〔2017〕4号）提出，完善土地调查监测体系和耕地质量监测网络，开展耕地质量年度监测成果更新。巩固和完善现有监测网络，丰富监测内容，做好长期定位调查与监测，对耕地质量提升各项措施实施效果进行评估。重点开展粮食产能与耕地质量监测对比，以及土壤养分积累、肥料利用率和耕地承载预警监测。

充分应用先进技术手段和务实管用措施，通过卫星遥感“天上看”、视频监控“实时查”、田长负责“及时管”、网格专员“地上巡”、公众参与“随手拍”，构建起“空-天-地”一体化的耕地动态监测网络，实现对耕地变化情况“全天候、全方位、智能化”实时监控。重点对耕地“非农化”和耕地“非粮化”情况、已验收的土地开发整理复垦新增耕地现状及后期管护情况、永久基本农田补划和永久基本农田储备区耕地变化情况等开展监测。以耕地调查监测与评价为抓手，全面摸清不同区域耕地质量存在的主要障碍因素，综合运用工程、农艺、生物和化学等多种措施，因地制宜开展耕地质量培肥改良与治理修复，为农业生产提供技术支持，为各级政府制定耕地质量保护与粮食安全政策提供决策支持。

10.3.6 加强全域土地综合整治

全域土地综合整治以统筹解决农村耕地碎片化、空间布局无序化、土地资源利用低效化、生态系统质量退化等问题为出发点，以打造集约高效的生产空间、宜居适度的生活空间、山清水秀的生态空间为落脚点，逐步实现"空间重构、山河重整、乡村重生"。

做好污染耕地水田阻控修复。区县生态环境、农业、城管、应急管理部门按照职责分工，协同做好污染耕地水田阻控修复工作，对土壤污染状况开展详查、监测、监控。加强固体废弃物和垃圾处置，建立生活垃圾分类处理系统，提高危险废物处置水平，防控化学品风险，防止污染土壤和地下水。实施农用地土壤环境分类管理和建设用地准入管理，开展土壤污染治理与修复，保障农产品质量和人居环境安全。完善基础设施，实现耕地提质增效。完善农田水利等基础设施，扩大秸秆还田、增施有机肥、绿肥种植等的面积，提升耕地地力，开展土壤培肥改良、退化耕地综合治理等，推进耕地提质改造。重点在河湟谷地实施坡改梯、旱改水等综合整治，减少水土流失。在泛共和盆地和柴达木盆地实施土壤培肥和盐碱地改良，提升耕地质量。有序实施耕地整理开发和战略储备。坚持"生态优先、以水定地"，在对生态环境不造成影响和水资源承载范围内，以青海省耕地后备资源潜力相对较大的海西州、海南州、海东市等地区为重点，有序实施耕地后备资源开发，推进农用地整理和建设用地复垦。以西宁市、海东市、海西州等地区为重点，选择与现状耕地连片分布、有水源灌溉条件的宜耕农用地，优先划入耕地战略储备区。

10.3.7 加强全省高标准农田建设

国务院印发的《全国高标准农田建设规划(2021—2030 年)》指出，高标准农田建设提高了国家粮食综合生产能力，推动了农业生产方式转型升级，改善了农田生态环境，拓宽了农民增收致富渠道。高标准农田建设作为落实国家粮食安全战略的重要抓手，是改善耕地的土壤条件、基础设施，保障灌溉等的最基本途径。青海省耕地主要分布在东北部黄河干流及湟水河谷地，北部柴达木盆地周围，可耕地少，农业发展受到限制，农作物以一年一熟的小麦、青稞生产为主。农田建设基础条件薄弱，田间道路、灌排、输配电和农田防护与生态环境保护等工程设施普遍短缺，农业生产力水平低下。未来土地综合整治要运用生物技术、工程技术等手段，发展土地生态保护与修复治理技术，构建整体性技术方案与工程模式，逐步由单要素、低层次、重生产向生态化、系统化、工程化的综合整治转变。全省针对高原严寒、热量不足、耕地土层薄、土壤贫瘠、生态环境脆弱等主要制约因素，遵循乡村振兴战略部署要求，统筹考虑高标准农田建设的农业、水利、土地、林业、电力、气象等各方面因素，围绕提升农田生产能力、灌排能力、田间道路通行运输能力、农田防护与生态环境保护能力、机械化水平、科技应用水平、建后管护能力等要求，结合国土空间、农业农村现代化发展、水资源利用等规划，以完善农田基础设施、改良土壤为主攻方向，围绕稳固提升小麦、青稞等粮食和重要农产品产能，开展高标准农田建设，亩均粮食产能达到 300kg。

10.4 建设用地提质增效措施

10.4.1 强化国土空间规划引领

科学编制国土空间规划，强化规划引领和改革创新。以全省第三次国土调查数据作为国土空间规划编制的底图底数，科学测算和确定建设用地总面积、城乡建设用地面积、人均城镇建设用地面积、人均公园绿地面积等相关规划指标。全省按照城镇开发边界总面积 1200km^2 控制(其中城镇建设用地面积约 900km^2，占全省国土面积的 0.17%)。各市(州)按照集约适度、绿色发展的要求划定城镇开发边界。城镇开发边界划定以城镇开发建设现状为基础，综合考虑资源承载能力、人口分布、经济布局、城乡统筹、城镇发展阶段和发展潜力，框定总量，限定容量，防止城镇无序蔓延。同时考虑城镇未来发展不确定性，适当增加布局弹性，科学预留一定比例的留白区。东部河湟谷地、柴达木盆地、泛共和盆地着重保障城镇和经济发展，承载人口集聚和控制弹性空间比例。

加强国土空间规划实施监管，利用"详细规划＋规划许可"对城镇开发边界内建设进行管制，按照主导用途分区，利用"详细规划＋规划许可"和"约束指标＋分区准入"对城镇开发边界外的建设实行管控。建立健全国土空间规划动态监测评估预警和实施监管机制，对规划中各类管控边界、约束性指标等要求落实情况进行全面监督检查，促进全省建设用地减量化发展，全面提高建设用地使用质量和效益。

10.4.2 推进土地节约集约利用

从严格规划计划管控、优化土地要素配置、提高土地利用效率、盘活存量建设用地、严格考核评价等方面构建节约集约用地政策体系，指导市(县)深入推进工作。一是探索混合用地制度。遵循产业关联、用地兼容、功能互动、满足相关技术和政策条件、提高土地利用效能的原则，坚守安全和环保底线，以产业链、供应链为纽带，扩大单一性质建设用地适建范围，鼓励工业、仓储、研发、办公、商服等功能用途互利的用地混合布置、空间设施共享。在推进产业协同发展的基础上，推动服务设施集中布设共享共用，提升综合保障水平。二是促进低效用地再开发。部署全省"十四五"城乡低效用地调查、评价、标图入库工作，健全完善工作机制，完善规划和计划管理，建立项目库动态调整机制，通过政府收储、产业更新、市场转让、闲置扩能、增容技改、归并改造、成片开发、综合整治等多种改造模式推动低效用地盘活利用。三是发挥好示范引领作用。组织开展节约集约示范县(市)创建活动，推动全省土地资源节约集约利用水平迈向更高台阶。

10.4.3　加强建设用地利用监管

坚持节约优先、保护优先原则，针对土地粗放利用、土地资源投入产出效益低等问题，按照“严控总量、做优增量、盘活存量、提高质量”的思路，完善土地利用和管理制度，推动土地利用方式转变。从技术手段角度看，需进一步借助5G技术、云计算设备和人工智能等信息技术，建立以土地出让合同为核心的全省统一的土地全生命周期管理信息平台，通过多部门信息共享、动态监测，加强对合同履约情况的监管，推动“多规合一”信息平台高效运行，提高项目全生命周期效率。

10.4.4　加强土地利用监管

根据全省发展的总体战略和主体功能区战略，在土地资源集约利用与提高利用效率方面，应根据发展与资源相协调、开发与环境相协调的原则，在保障基础设施建设，满足铁路、公路、骨干水利工程和重点水利枢纽工程，以及油气管道和主要输电通道及联网工程用地需求的基础上，统筹安排各类用地，逐步提高集约用地水平。优先安排重点生态工程用地，发挥国家生态安全的基础屏障作用；加强耕地保护，提高耕地和草地质量，积极开展小流域综合治理和土地荒漠化防治。

10.4.5　统筹安排各类用地，提高集约用地水平

随着西部大开发的推进，基础设施用地、生态与环境建设用地、特色优势产业发展用地和承接产业转移用地的增加将不可避免。为此，需要按照区域资源环境承载力核定建设用地规模，保障油气和优势固体矿产资源开发、出境和跨区铁路、西煤东运和交通通道的建设用地，逐步提高基础设施用地比例，禁止对破坏生态、污染环境的产业供地。当前的城市群基本上沿交通干线和大江大河流域发育，总体发育程度还不高，所以还需要重点支持依托中心城市和交通干线的开发用地，逐步提高集约用地水平。

10.5　加强生态用地保护修复

保护好青海生态环境，是“国之大者”。举全省之力保护好“中华水塔”，严格保护林地、草地、水域、湿地等具有重要生态保育和恢复功能的土地。将所有自然生态空间统一进行确权登记，实行统一管护，建立耕地、林地、草地、水域、退化土地、湿地空间保护制度。围绕守护好自然生态、保育好自然资源、维护好生物多样性，加快构建以国家公园为主体、自然保护区为基础、各类自然公园为补充的自然保护地体系，推进自然保护地整合归并和优化完善，建设智慧自然保护地，确保重要自然生态系统、自然遗址、自然景观等得到严格保护。

10.5.1　加强湿地保护修复

青海省是我国高寒湿地分布面积最广的省份，境内98%的湿地资源是自然湿地。2014

年以来，青海省已建国际重要湿地3处、国家湿地公园19处和省级湿地公园1处。3处国际重要湿地分别为青海湖、青海扎陵湖湿地和青海鄂陵湖湿地，19处国家湿地公园分别为乌兰都兰湖、互助南门峡、天峻布哈河、乐都大地湾、玉树巴塘河、甘德班玛仁拓、刚察沙柳河、曲麻莱德曲源、祁连黑河源、西宁湟水、达日黄河、玛多冬格措纳湖、泽库泽曲、洮河源、贵南茫曲、贵德黄河清、班玛玛可河、都兰阿拉克湖、德令哈尕海，1处省级湿地公园为冷湖奎屯诺尔湖省级湿地公园。除此之外，还有32处省级重要湿地。高原湿地的多样性具有举足轻重的经济价值、无可替代的生态价值及不可估量的社会价值，对全球气候变化和全球水资源危机起到了响应和预警的重要作用。高寒湿地的生态功能在青海省生态立省战略、生态文明建设及国家公园建设等重大工程中具有举足轻重的地位。

随着全球气候变暖，青海省境内冰川雪山退缩，河水断流，湖泊缩小，湿地不同程度地呈现萎缩趋势，加之过度放牧、人为破坏等，致使湿地区域的生态环境逐年恶化，直接或间接地干扰、威胁着高原湿地的存在。相关研究表明，由于气候变暖和人类对湿地自然资源过度利用或不合理利用等，在青藏高原出现了湿地生态系统结构破坏、功能衰退、湿地资源逐渐丧失等一系列生态环境恶化现象，湿地退化十分严重。从动态角度看，湿地退化是湿地生态系统的一种逆向演替过程，即系统在物质、能量的匹配上存在着某一环节的不协调，或者由于某种不利量变过程已达到使系统发生蜕变的临界点。在此情形下，原有的生态系统会逐渐演变为另一种与之相适应的低水平状态的系统，即退化的湿地生态系统。近几年，青藏高寒湿地不同程度地出现了退化突出的表现：湿地面积萎缩，湿地类型转变；湿地动植物种类减少，数量下降，陆生动物种类增加，数量增多；地表水与地下水水位下降；土壤表面干斑化，表层含水量下降等理化特征的改变。受气候变化的影响，地区气温变化较大使得降水量的补给作用无法弥补径流蒸散发的损耗，因此径流流量减少，导致干涸小湖泊数量增多，部分消失的沼泽湿地水体面积减少并向盐碱化和内流化发展，湿地中旱生植被逐渐替代水生和湿中生植被，严重地影响了生物多样性及农牧民的用水安全。

10.5.2 加强草地保护治理

草地作为青藏高原生态系统主要的组成部分，是青海省草地畜牧业赖以生存和发展的物质基础。高寒草地作为青藏高原主要的植被类型，对青藏高原的气候调节、水源涵养、土壤形成与保护等生态系统服务的维持有着重要影响，在保障区域生态安全格局和响应全球气候变化等方面发挥着重要的作用。青海省天然草地分布广，草地类型多样，草地饲用植物还具有“三高一低”的特点。近30年来全省在认真搞好草地围栏、畜棚、人工草地、牧草引种及种子基地建设的同时，全面贯彻实施防灾基地建设、天然草地植被恢复与建设、退牧还草、三江源生态环境保护与建设、青海湖流域生态环境保护与综合治理工程、祁连山生态保护与建设综合治理工程等一系列重大生态保护项目，并提出了黑土滩治理的最佳牧草混播组合，如垂穗披碱草＋青海冷地早熟禾＋青海中华羊茅＋波伐早熟禾＋羊茅＋同德老芒麦，垂穗披碱草＋青海冷地早熟禾＋青海中华羊茅＋波伐早熟禾＋羊茅组合等。据研究，退化草地的恢复技术大致包括物理技术、化学技术、工程技术和生物生态技术等。

草地资源保护对策如下。

(1)建立健全以党政领导层级管理的草地资源管理责任体系,加强草地生态空间规划编制和草地生态保护红线划定,研究厘清草地资源用途管制边界,掌握各县域国土空间开发中涉及的草地资源变化情况,加强草地生态空间向其他自然生态空间用途转换管理,探索研究草地生态环境损害评估和赔偿制度。以推行草畜平衡和禁牧制度为切入点,在全省范围内建立和推行草长制。加强草原承包、基本草原划定、草原流转机制等工作。

(2)建立草地定期调查和常规监测制度。运用3S技术与地面监测相结合的工作模式,全面合理地设置监测点,增加地面监测样地的数量,提高草原监测质量水平和预警保障体系的网络化水平,全面、客观地反映各地区草地资源、生态和灾害动态变化的实际状况。

(3)加强草地适应性管理,积极开展生态修复。针对不同退化草地的类型与级别,因地制宜,科学配置保护和修复、自然和人工、生物和工程等措施,完善生态工程后续管理措施和标准,构建山、水、林、田、湖、草生命共同体,形成保护、管理、修复"三位一体"的草地资源保护管理体制机制。推广高寒草地"分区-分类-分级-分段"的恢复治理技术和管理模式,祁连山区黑土滩综合治理、黑土坡植被恢复、春季休牧等退化草地治理及可持续利用技术。

10.5.3 加强林地保护修复

林地是国家重要的自然资源和战略资源,是森林赖以生存与发展的根基,在保障木材及林地产品供给、维护国土生态安全中具有核心地位,在应对全球气候变化中具有特殊地位。青海省森林主要分布在东、南部区域,呈零星分散状态。受气候条件的影响,青海省乔木分布的范围较狭小,乔木树种也较少,生长比较缓慢。与乔木相比,灌木由于适应能力强,无论是在干旱的荒漠化地区,还是在高海拔的青南地区都有分布,各区域灌木也呈现出各不相同的特点,灌木树种类型多。天然乔木分布区以山地森林为主,主要分布在祁连山林区、大通河林区、湟水林区、黄河下段林区、隆务河林区、玛可河林区、玉树林区等重点林区。在东经96°线以西几乎无天然乔木分布。主要的乔木树种(组)是圆柏、云杉、桦木和杨树。人工乔木林主要以杨树林为主,主要分布在村镇、农田牧场周围,以及近山区、浅山区。青海省多数地方乔木生长受到限制,而高山灌木林生命力强,耐高寒,植株丛生,根系发达,是青海高山地区水源涵养林的主要组成部分,也是重要的水土保持林和高山护牧林。青海高原高山灌木林分布区域主要在祁连山地、西倾山地和青南高原,是青海高山地区水源涵养林的重要组成部分,也是重要的水土保持林和高山护牧林。高山灌木林包括高寒常绿灌木林和高寒落叶阔叶灌木林,一般分布在海拔3000～4800m的峡谷和陡峭山体的阴坡或局部地区的阳坡。优势灌木林类型主要有杜鹃灌木林、山生柳灌木林、金露梅灌木林、鬼箭锦鸡儿灌木林等。

林地资源的利用与保护对策如下。

(1)进一步提高全社会保护和依法合理利用林地的意识。采取多种形式,广泛宣传《中华人民共和国森林法》等法律法规和林地管理政策,不断提高社会公众尤其是各级党政领导对保护森林资源重大意义的认识和增强依法使用林地的意识。各级政府及其主管部门要正确处理好保护林地与发展经济的关系、眼前利益与长远利益的关系,牢固树立绿水青山就是金山银山的理念,增强法治观念,依法加强林地管理,严格执行林地征占用定额管理制度,坚决防止以牺牲森林资源和破坏生态环境为代价换取经济增长的短期行为。

(2)及时编制林地保护利用规划。林地保护利用规划是指导林地保护和利用工作的纲领性文件，是落实林地用途管制，优化林地结构布局，统筹各项林地利用活动的重要依据。林草部门在空间规划系统保护思路的引领下编制林地保护利用规划，统筹考虑各类重要生态敏感区域，处理好与生态红线的关系。落实Ⅰ级保护林地“性质不转换，功能不降低，面积不减少，责任不改变”管护要求，Ⅱ级保护林地“严格控制”管控要求，Ⅲ级保护林地“适度控制”管控要求，Ⅳ级保护林地“合理利用”管控要求的分级管理。加强实施用途管制、定额转用、分级保护、差别管理等林地保护利用制度和差别化补偿政策等。

(3)加强林地资源监测管理，及时掌握林地变化动态。以系统科学为林地资源监测的理论基础，开发“空-天-地”一体化林地资源信息采集新工具，建立以大数据、物联网技术为依托，基于“互联网＋”的信息共享管理新机制，充分吸纳保护区基层人员广泛参与监测的运行新模式，提升保护区监测管理能力，提高林地监测精度，实现林地资源与生态状况的综合准确监测。在全面加强林地资源监测和分析的基础上，建立保护区重大突发森林资源破坏事件的预警和应急系统，有效防范重大突发森林资源破坏事件的发生。

10.5.4 加强生态系统治理

统筹生态系统的完整性、地理单元的连续性和区域发展战略的协同性，构建“两屏三区”生态安全格局，不断筑牢国家生态安全屏障。实施新一轮生态功能提升行动，推进三江源、祁连山、青海湖生态保护和修复等重大生态工程建设。加强天然林草恢复、退化草原治理、鼠虫害防治、湿地保护修复、水土保持和沙化土地封禁保护，推行草原森林河流湖泊休养生息。实施生物多样性保护重大工程，加大对原生地带性植被和特有珍稀物种保护。深入开展大规模国土绿化巩固提升行动，打通连接重点生态功能区的绿色应急廊道，因地制宜加强交通沿线、河道两岸绿化，构建高原林网。落实禁护衔接的管控政策，全面推进林长制、草长制。加强矿山地质环境治理和生态修复，严格落实矿山及各类企业环境治理责任，开展综合治理成效评价，支持矿区发展接续替代生态产业。

统筹推进全省工业化城镇化重点区域生态保护和修复，加强河湟谷地、柴达木盆地、共和盆地等生态环境综合治理，以高水平环境保护支撑经济社会高质量发展。河湟谷地重点开展污染土壤及地下水修复、农村环境整治等工程，着力解决面源污染问题。柴达木盆地实施循环经济试验区地下水保护、工业园区废水集中处理设施建设、城镇污水处理厂提标改造、农业节水灌溉等工程，提高水资源利用率。共和盆地实施龙羊峡、李家峡等良好湖泊及库区生态治理，重点水源涵养保护，城镇污水处理厂提标扩能等工程，不断增强集中式光伏项目促进生态治理功能，全面提升“三滩”生态综合治理水平。

10.6 气候变化与资源管理

从古至今，气候与气候变化一直都深刻影响着人类整体文明，萌芽、发展、兴盛、衰落，以及社会的经济生产、文化变迁、人口数量、政权更替、战乱不安、科教发展等。青藏高原因其独特的水热条件、复杂的地理环境和相对较低的人为干扰程度，成为全球气候变化最敏感的区域，又被称为气候变化“放大器”。气候变化如同一把“双刃剑”，对青海、全国乃至世界的影响都十分深远。温度升高引发冰川积雪消融加剧、蒸散发增加和冻土层退缩等一系列后果，固体水资源锐减；降水格局的变化影响高山灌丛、高寒草甸、高寒草原等植被的生长格局，农业气候资源有所优化，种植结构也可能会发生变化。

相对其他区域，青藏高原表现出对气候变化更强烈的响应。从 1961 年到 2019 年，青海省年平均气温总体呈升高趋势，升温率每 10 年增加 0.38℃。尤其是进入 21 世纪以来增温幅度较大，与 1961 年至 2000 年平均值相比，2001 年至 2019 年年平均气温升高 1.3℃。各地呈一致的升温趋势，青海西北部升温幅度较大，青海东南部升温幅度相对较小。1961 年至 2019 年，青海省年平均降水量为 372.2mm，呈增加趋势，增幅为每 10 年 9.2mm，在 2018 年达到近 60 年降水量最大值，为 484.2mm。从年际变化来看，20 世纪 60 年代初期至 80 年代末期年平均降水量波动幅度较大，90 年代降水量偏少，为少雨期，进入 21 世纪为多雨期。从空间分布上看，柴达木盆地东部、三江源大部分地区及祁连山区年降水量增加趋势明显，其中乌兰降水量增幅最大，每 10 年增加 26.4mm。高山地区冰川和积雪融化、降水量增加都会增加湖泊来水，导致湖岸线的对外扩张，湖泊面积增加。长期观测数据显示，过去 40 年来，气温每升高 1℃，长江源区的湖泊湿地面积平均增加约 $100km^2$。长江源区部分湖泊面积增加、水位上涨，一些过去相互独立的湖泊，由于新增河流形成连通水系。湖面面积持续增加，也容易对湖边草地生态环境和邻近基础设施造成不利影响。2011 年，位于青藏高原可可西里腹地的卓乃湖在经过多年水位持续上升后发生了溃决，这一事件导致过去 4 个各自独立的内流湖变成上游 3 个过水湖（卓乃湖、库赛湖和海丁诺尔湖）和下游 1 个内流湖（盐湖）。卓乃湖溃决后导致大面积的湖底出露，湖区水文环境和地表形态发生了剧烈的变化。

全球变暖会改变地表过程和陆地生态系统及其组成、结构和功能，进而导致土地退化。联合国政府间气候变化专门委员会在《气候变化与土地特别报告》中指出，气候变化在不同时空尺度上影响土地的功能和状态进而导致土地退化。一般来说，气温每增加 1℃，空气湿度可增加约 7%。因此，气候变暖可能会导致某些区域强降水频率、强度和数量增加，进而增加土壤侵蚀的速率。强降水和洪水还可造成土壤压实（含水量越高土壤越易压实），影响植物生长和动物生存。极端强降水通过重新分配流域地表水和地下水，改变土壤饱和度，造成土壤养分流失、植物生产力下降，增加土壤温室气体排放，影响微生物生长和微生物群落组成等，对土壤氧化还原产生负面影响，导致土壤质量下降。气候变暖还会使某些作物的种植适应性变差，部分作物的产量和品质有所下降，气候变暖有利于喜热物种生长，但会造成耐寒生态系统退化。

气候资源是自然资源重要组成部分，气候资源合理开发和利用对生态环境建设、农业产业结构调整等起着极其重要的作用。青藏高原气候暖湿化问题还有许多未解之谜，针对气候变化的机遇和挑战，应对气候变化应采取以适应为主的战略，基于自然的解决方案，依靠自然的力量和基于生态系统的方法，应对气候变化、防灾减灾、粮食安全、水安全、生态系统退化和生物多样性丧失等社会挑战。

参考文献

《果洛藏族自治州概况》编写组,《果洛藏族自治州概况》修订本编写组,2009.果洛藏族自治州概况[M].北京:民族出版社.

《海北藏族自治州概况》编写组,《海北藏族自治州概况》修订本编写组,2008.海北藏族自治州概况[M].北京:民族出版社.

《海南藏族自治州概况》编写组,《海南藏族自治州概况》修订本编写组,2009.海南藏族自治州概况[M].北京:民族出版社.

《海西蒙古族藏族自治州概况》编写组,《海西蒙古族藏族自治州概况》修订本编写组,2009.海西蒙古族藏族自治州概况[M].北京:民族出版社.

《黄南藏族自治州概况》编写组,《黄南藏族自治州概况》修订本编写组,2009.黄南藏族自治州概况[M].北京:民族出版社.

《玉树藏族自治州概况》编写组,《玉树藏族自治州概况》修订本编写组,2008.玉树藏族自治州概况[M].北京:民族出版社.

安国英,韩磊,黄树春,等,2018.基于GF-1光谱数据的青藏地区冰川资源现状遥感调查[J].现代地质,32(3):584-594.

摆万奇,张镱锂,2002.青藏高原土地利用变化中的传统文化因素分析[J].资源科学(4):11-15.

陈美球,2021.耕地保护离不开全社会的共同努力[J].上海国土资源,42(2):95-97.

陈睿山,郭晓娜,熊波,等,2021.气候变化、土地退化和粮食安全问题:关联机制与解决途径[J].生态学报,41(7):2918-2929.

崔文河,王军,2014.游牧与农耕的交汇:青海庄廓民居[J].建筑与文化(6):77-81.

崔雅丽,2020.西部大开发 青海大有可为[J].青海党的生活(7):8-10.

崔一楠,喻双全,2020.三线建设与青海城镇发展研究[J].当代中国史研究,27(3):115-126.

戴燕,丁柏峰,2013.河湟区域地理环境与经济文化变迁[M].北京:人民出版社.

党晓勇,2019.统筹推进新型城镇化 全面开启青海现代化建设新征程的伟大实践——统筹推进新型城镇化重大问题研究成果集[M].西宁:青海人民出版社.

董玨英,2011.青海省林地保护和利用探讨[J].内蒙古林业调查设计,34(4):7-8.

冯君,赵维张,1988.青海省东部农业区土地资源的合理利用[J].青海师范大学学报(自然科学版)(3):85-90.

冯文利,吴海平,曾珏,等,2023.以“业务引领+科技赋能”驱动自然资源调查监测发展[J].中国土地(8):24-29.

高尔维,1992.青海东部山区水土流失对环境的危害及治理措施[J].青海环境(2):83-87.

顾朝林,于涛方,李王鸣,等,2008.中国城市化:格局·过程·机理[M].北京:科学出版社.

韩良,2017.青海省土地资源青海省第二次土地调查[M].北京:地质出版社.

韩有香,刘彩红,李国山,2021.青海牧草对气候变化的响应[J].中国农学通报,37(13):77-83.

郝美玉,罗泽,2021.1987—2017年青海湖水体边界数据集[J].中国科学数据(中英文网络版),6(1):191-197.

何峰,张科,2014.青海在祖国统一和国家安全大局中的地缘影响、角色定位及今后作用[J].青海民族研究,25(4):126-132.

雷振东,于洋,马琰,2015.青海高海拔浅山区新型村镇规划策略与方法[J].西部人居环境学刊,30(2):36-39.

李红梅,2019.青海高原气候变化影响及应对[M].北京:气象出版社.

李劲峰.江源科考:长江源湖泊面积明显增长[N].新华每日电讯,2021-08-24(001).

李兰冰,高雪莲,黄玖立,2020."十四五"时期中国新型城镇化发展重大问题展望[J].管理世界,36(11):7-22.

李庆玲.青藏高原变暖变湿,青海发生了哪些变化?[N].青海日报,2021-03-23(005).

李万寿,霍小虎,孙洪保,等,2014.海东市水资源研究[M].兰州:甘肃文化出版社.

李旭谦,2016.搞好青海草地基本建设维护高寒生态环境[J].青海草业,25(4):38-41.

李旭谦,2019.青海省"黑土滩"退化草地治理模式[J].青海农技推广(1):58-59.

马震,2019.新中国成立70年来青海经济发展历程及启示[J].柴达木开发研究(5):31-35.

孟宪红,陈昊,李照国,等,2020.三江源区气候变化及其环境影响研究综述[J].高原气象,39(6):1133-1143.

青海省统计局,1998.青海省统计年鉴1998[M].北京:中国统计出版社.

青海省统计局,国家统计局青海调查总队,2013.青海统计年鉴2013[M].北京:中国统计出版社.

青海省统计局,国家统计局青海调查总队,2020.青海统计年鉴2020[M].北京:中国统计出版社.

曲青山,2003.弘扬和培育伟大的中华民族精神[J].青海学刊(2):31-34.

全国国土资源标准化技术委员会,2017.土地利用现状分类:GB/T 21010—2017[S].北京:中国计划出版社.

宋祥,张嫩江,王军,2020.青海河湟地区传统乡土聚落地域特征探析[J].建筑遗产(1):62-70.

苏芬,刘宝康,张翠花,等,2018.青海湖流域牧草物候期对气候变化的响应[J].青海草业,27(4):12-18.

王凯，林辰辉，吴乘月，2020. 中国城镇化率60%后的趋势与规划选择[J]. 城市规划，44(12)：9－17.

王占林，2014. 青海高原高山灌木林植被特点及主要类型[J]. 防护林科技(12)：34－37.

魏后凯，李玏，年猛，2020. "十四五"时期中国城镇化战略与政策[J]. 中共中央党校（国家行政学院）学报，24(4)：5－21.

吴云华，2019. 青藏高原气候暖湿变化条件下生态建设面临的机遇与挑战[J]. 中南林业调查规划，38(1)：19－22.

谢昌卫，张钰鑫，刘文惠，等，2020. 可可西里卓乃湖溃决后湖区环境变化及盐湖可能的溃决方式[J]. 冰川冻土，42(4)：1344－1352.

辛玉春，张继军，李晓明，2016. 青海柴达木盆地区天然草地分布特征[J]. 青海草业，25(2)：40－44.

熊有平，2012. 湟水流域川水区、浅山区、脑山区和石山林区划分及特点[J]. 水利科技与经济，18(2)：14－15.

薛生海，娄仲俊，2021. 青海经济发展战略70年考察[J]. 青海师范大学民族师范学院学报，32(1)：21－25.

杨晓光，刘志娟，陈阜，2010. 全球气候变暖对中国种植制度可能影响：Ⅰ. 气候变暖对中国种植制度北界和粮食产量可能影响的分析[J]. 中国农业科学，43(2)：329－336.

杨晓光，刘志娟，陈阜，2011. 全球气候变暖对中国种植制度可能影响：Ⅵ. 未来气候变化对中国种植制度北界的可能影响[J]. 中国农业科学，44(8)：1562－1570.

杨自沿，2019. 青海发展新的历史方位研究[J]. 攀登，38(6)：90－99.

张国胜，伏洋，杨琼，等，2009. 青海省天然草地类型空间分布特征及气候分区[J]. 草业科学，26(1)：23－29.

张利涛，2019. 青海"一优两高"发展战略的逻辑理路[J]. 攀登，38(1)：87－92.

张优良，朱满正，周元福，2011. 青海省浅山地区农业现状及发展对策[J]. 青海农技推广(1)：7－9.

赵英，2020. 新时代铸牢青海藏区中华民族共同体意识刍议[J]. 青藏高原论坛，8(1)：18－26.

赵永祥，2020. 青海解放70年经济社会发展战略演进及启示[J]. 攀登，39(1)：3－14.

赵宗慈，罗勇，黄建斌，2018. 回顾IPCC 30年(1988—2018年)[J]. 气候变化研究进展，14(5)：540－546.

中国地理百科丛书编委会，2015. 河湟谷地[M]. 广州：世界图书出版广东有限公司.

中华人民共和国国土资源部，2017. 中国土地资源与利用[M]. 北京：地质出版社.

周华坤，肖锋，周秉荣，等，2021. 青海省湿地资源现状、问题和保护策略[J]. 青海科技，28(2)：21－26.

附录Ⅰ 《土地利用现状分类》(GB/T 21010—2017)

附表Ⅰ-1 土地利用现状分类和编码

一级类		二级类		含义
编码	名称	编码	名称	
01	耕地			指种植农作物的土地,包括熟地,新开发、复垦、整理地,休闲地(含轮歇地、休耕地);以种植农作物(含蔬菜)为主,间有零星果树、桑树或其他树木的土地;平均每年能保证收获一季的已垦滩地和海涂。耕地中包括南方宽度<1.0m,北方宽度<2.0m 固定的沟、渠、路和地坎(埂);临时种植药材、草皮、花卉、苗木等的耕地,临时种植果树、茶树和林木且耕作层未破坏的耕地,以及其他临时改变用途的耕地
		0101	水田	指用于种植水稻、莲藕等水生农作物的耕地。包括实行水生、旱生农作物轮种的耕地
		0102	水浇地	指有水源保证和灌溉设施,在一般年景能正常灌溉,种植旱生农作物(含蔬菜)的耕地。包括种植蔬菜的非工厂化的大棚用地
		0103	旱地	指无灌溉设施,主要靠天然降水种植旱生农作物的耕地,包括没有灌溉设施,仅靠引洪淤灌的耕地
02	园地			指种植以采集果、叶、根、茎、汁等为主的集约经营的多年生木本和草本作物,覆盖度大于 50%或每亩株数大于合理株数 70%的土地。包括用于育苗的土地
		0201	果园	指种植果树的园地
		0202	茶园	指种植茶树的园地
		0203	橡胶园	指种植橡胶树的园地
		0204	其他园地	指种植桑树、可可、咖啡、油棕、胡椒、药材等其他多年生作物的园地
03	林地			指生长乔木、竹类、灌木的土地及沿海生长红树林的土地。包括迹地,不包括城镇、村庄范围内的绿化林木用地,铁路、公路征地范围内的林木,以及河流、沟渠的护堤林
		0301	乔木林地	指乔木郁闭度≥0.2 的林地,不包括森林沼泽
		0302	竹林地	指生长竹类植物,郁闭度≥0.2 的林地
		0303	红树林地	指沿海生长红树植物的林地
		0304	森林沼泽	以乔木森林植物为优势群落的淡水沼泽
		0305	灌木林地	指灌木覆盖度≥40%的林地,不包括灌丛沼泽
		0306	灌丛沼泽	以灌丛植物为优势群落的淡水沼泽
		0307	其他林地	包括疏林地(树木郁闭度≥0.1、<0.2 的林地)、未成林地、迹地、苗圃等林地

续附表Ⅰ-1

一级类		二级类		含义
编码	名称	编码	名称	
04	草地			指生长草本植物为主的土地
		0401	天然牧草地	指以天然草本植物为主,用于放牧或割草的草地,包括实施禁牧措施的草地,不包括沼泽草地
		0402	沼泽草地	指以天然草本植物为主的沼泽化的低地草甸、高寒草甸
		0403	人工牧草地	指人工种植牧草的草地
		0404	其他草地	指树木郁闭度<0.1,表层为土质,不用于放牧的草地
05	商服用地			指主要用于商业、服务业的土地
		0501	零售商业用地	以零售功能为主的商铺、商场、超市、市场和加油、加气、充换电站等的用地
		0502	批发市场用地	以批发功能为主的市场用地
		0503	餐饮用地	饭店、餐厅、酒吧等用地
		0504	旅馆用地	宾馆、旅馆、招待所、服务型公寓、度假村等用地
		0505	商务金融用地	指商务服务用地,以及经营性的办公场所用地。包括写字楼、商业性办公场所、金融活动场所和企业厂区外独立的办公场所;信息网络服务、信息技术服务、电子商务服务、广告传媒等用地
		0506	娱乐用地	指剧院、音乐厅、电影院、歌舞厅、网吧、影视城、仿古城以及绿地率小于65%的大型游乐等设施用地
		0507	其他商服用地	指零售商业、批发市场、餐饮、旅馆、商务金融、娱乐用地以外的其他商业、服务业用地。包括洗车场、洗染店、照相馆、理发美容店、洗浴场所、赛马场、高尔夫球场、废旧物资回收站、机动车、电子产品和日用产品修理网点、物流营业网点,及居住小区及小区级以下的配套的服务设施等用地
06	工矿仓储用地			指主要用于工业生产、物资存放场所的土地
		0601	工业用地	指工业生产、产品加工制造、机械和设备修理及直接为工业生产等服务的附属设施用地
		0602	采矿用地	指采矿、采石、采砂(沙)场,砖瓦窑等地面生产用地,排土(石)及尾矿堆放地
		0603	盐田	指用于生产盐的土地,包括晒盐场所、盐池及附属设施用地
		0604	仓储用地	指用于物资储备、中转的场所用地,包括物流仓储设施、配送中心、转运中心等

续附表 I-1

一级类		二级类		含义
编码	名称	编码	名称	
07	住宅用地			指主要用于人们生活居住的房基地及其附属设施的土地
		0701	城镇住宅用地	指城镇用于生活居住的各类房屋用地及其附属设施用地，不含配套的商业服务设施等用地
		0702	农村宅基地	指农村用于生活居住的宅基地
08	公共管理与公共服务用地			指用于机关团体、新闻出版、科教文卫、公用设施等的土地
		0801	机关团体用地	指用于党政机关、社会团体、群众自治组织等的用地
		0802	新闻出版社用地	指用于广播电台、电视台、电影厂、报社、杂志社、通讯社、出版社等的用地
		0803	教育用地	指用于各类教育用地，包括高等院校、中等专业学校、中学、小学、幼儿园及其附属设施用地，聋、哑、盲人学校及工读学校用地，以及为学校配建的独立地段的学生生活用地
		0804	科研用地	指独立的科研、勘察、研发、设计、检验检测、技术推广、环境评估与监测、科普等科研事业单位及其附属设施用地
		0805	医疗卫生用地	指医疗、保健、卫生、防疫、康复和急救设施等用地。包括综合医院、专科医院、社卫生服务中心等用地；卫生防疫站、专科防治所、检疫中心和动物检疫站等用地；对环境有特殊要求的传染病、精神病等专科医院用地；急救中心、血库等用地
		0806	社会福利用地	指为社会提供福利和慈善服务的设施及其附属设施用地。包括福利院、养老院、孤儿院等用地
		0807	文化设施用地	指图书、展览等公共文化活动设施用地。包括公共图书馆、博物馆、档案馆、科技馆、纪念馆、美术馆和展览馆等设施用地；综合文化活动中心、文化馆、青少年宫、儿童活动中心、老年活动中心等设施用地
		0808	体育用地	指体育场馆和体育训练基地等用地，包括室内外体育运动用地，如体育场馆、游泳场馆、各类球场及其附属的业余体校等用地，溜冰场、跳伞场、摩托车场、射击场，以及水上运动的陆域部分等用地，以及为体育运动专设的训练基地用地，不包括学校等机构专用的体育设施用地
		0809	公用设施用地	指用于城乡基础设施的用地。包括供水、排水、污水处理、供电、供热、供气、邮政、电信、消防、环卫、公用设施维修等用地
		0810	公园与绿地	指城镇、村庄范围内的公园、动物园、植物园、街心花园、广场和用于休憩、美化环境及防护的绿化用地

续附表Ⅰ-1

一级类		二级类		含义
编码	名称	编码	名称	
09	特殊用地			指用于军事设施、涉外、宗教、监教、殡葬、风景名胜等的土地
		0901	军事设施用地	指直接用于军事目的的设施用地
		0902	使领馆用地	指用于外国政府及国际组织驻华使领馆、办事处等的用地
		0903	监教场所用地	指用于监狱、看守所、劳改场、戒毒所等的建筑用地
		0904	宗教用地	指专门用于宗教活动的庙宇、寺院、道观、教堂等宗教自用地
		0905	殡葬用地	指陵园、墓地、殡葬场所用地
		0906	风景名胜设施用地	指风景名胜景点(包括名胜古迹、旅游景点、革命遗址、自然保护区、森林公园、地质公园、湿地公园等)的管理机构,以及旅游服务设施的建筑用地。景区内的其他用地按现状归入相应地类
10	交通运输用地			指用于运输通行的地面线路、场站等的土地。包括民用机场、汽车客货运场站、港口、码头、地面运输管道和各种道路以及轨道交通用地
		1001	铁路用地	指用于铁道线路及场站的用地。包括征地范围内的路堤、路堑、道沟、桥梁、林木等用地
		1002	轨道交通用地	指用于轻轨、现代有轨电车、单轨等轨道交通用地,以及场站的用地
		1003	公路用地	指用于国道、省道、县道和乡道的用地。包括征地范围内的路堤、路堑、道沟、桥梁、汽车停靠站、林木及直接为其服务的附属用地
		1004	城镇村道路用地	指城镇、村庄范围内公用道路及行道树用地,包括快速路、主干路、次干路、支路、专用人行道和非机动车道,及其交叉口等
		1005	交通服务场站用地	指城镇、村庄范围内交通服务设施用地,包括公交枢纽及其附属设施用地、公路长途客运站、公共交通场站、公共停车场(含设有充电桩的停车场)、停车楼、教练场等用地,不包括交通指挥中心、交通队用地
		1006	农村道路	在农村范围内,南方宽度≥1.0m、≤8m,北方宽度≥2.0m、≤8m,用于村间、田间交通运输,并在国家公路网络体系之外,以服务于农村农业生产为主要用途的道路(含机耕道)
		1007	机场用地	指用于民用机场、军民合用机场的用地
		1008	港口码头用地	指用于人工修建的客运、货运、捕捞及工程、工作船舶停靠的场所及其附属建筑物的用地,不包括常水位以下部分
		1009	管道运输用地	指用于运输煤炭、矿石、石油、天然气等管道及其相应附属设施的地上部分用地

续附表Ⅰ-1

一级类		二级类		含义
编码	名称	编码	名称	
11	水域及水利设施用地			指陆地水域，滩涂、沟渠、沼泽、水工建筑物等用地。不包括滞洪区和已垦滩涂中的耕地、园地、林地、城镇、村庄、道路等用地
		1101	河流水面	指天然形成或人工开挖河流常水位岸线之间的水面，不包括被堤坝拦截后形成的水库区段水面
		1102	湖泊水面	指天然形成的积水区常水位岸线所围成的水面
		1103	水库水面	指人工拦截汇集而成的总设计库容≥10万m^3的水库正常蓄水位岸线所围成的水面
		1104	坑塘水面	指人工开挖或天然形成的蓄水量<10万m^3的坑塘常水位岸线所围成的水面
		1105	沿海滩涂	指沿海大潮高潮位与低潮位之间的潮浸地带，包括海岛的沿海滩涂，不包括已利用的滩涂
		1106	内陆滩涂	指河流、湖泊常水位至洪水位间的滩地；时令湖、河洪水位以下的滩地；水库、坑塘的正常蓄水位与洪水位间的滩地。包括海岛的内陆滩地。不包括已利用的滩地
		1107	沟渠	指人工修建，南方宽度≥1.0m、北方宽度≥2.0m用于引、排、灌的渠道，包括渠槽、渠堤、护堤林及小型泵站
		1108	沼泽地	指经常积水或渍水，一般生长湿生植物的土地。包括草本沼泽、苔藓沼泽、内陆盐沼等。不包括森林沼泽、灌丛沼泽和沼泽草地
		1109	水工建筑用地	指人工修建的闸、坝、堤路林、水电厂房、扬水站等常水位岸线以上的建(构)筑物用地
		1110	冰川及永久积雪	指表层被冰雪常年覆盖的土地
12	其他土地			指上述地类以外的其他类型的土地
		1201	空闲地	指城镇、村庄、工矿范围内尚未使用的土地。包括尚未确定用途的土地
		1202	设施农用地	指直接用于经营性畜禽养殖生产设施及附属设施用地；直接用于作物栽培或水产养殖等农产品生产的设施及附属设施用地；直接用于设施农业项目辅助生产的设施用地；晾晒场、粮食果品烘干设施、粮食和农资临时存放场所、大型农机具临时存放场所等规模化粮食生产所必需的配套设施用地
		1203	田坎	指梯田及梯状坡地耕地中，主要用于拦蓄水和护坡，南方宽度≥1.0m、北方宽度≥2.0m的地坎
		1204	盐碱地	指表层盐碱聚集，生长天然耐盐植物的土地
		1205	沙地	指表层为沙覆盖、基本无植被的土地。不包括滩涂中的沙地
		1206	裸土地	指表层为土质，基本无植被覆盖的土地
		1207	裸岩石砾地	指表层为岩石或石砾，其覆盖面积≥70%的土地

附表Ⅰ-2 土地利用现状分类与《中华人民共和国土地管理法》"三大类"对照表

三大类	土地利用现状分类	
	类型编码	类型名称
农用地	0101	水田
	0102	水浇地
	0103	旱地
	0201	果园
	0202	茶园
	0203	橡胶园
	0204	其他园地
	0301	乔木林地
	0302	竹林地
	0303	红树林地
	0304	森林沼泽
	0305	灌木林地
	0306	灌丛沼泽
	0307	其他林地
	0401	天然牧草地
	0402	沼泽草地
	0403	人工牧草地
	1006	农村道路
	1103	水库水面
	1104	坑塘水面
	1107	沟渠
	1202	设施农用地
	1203	田坎
建设用地	0501	零售商业用地
	0502	批发市场用地
	0503	餐饮用地
	0504	旅馆用地
	0505	商务金融用地
	0506	娱乐用地
	0507	其他商服用地
	0601	工业用地

续附表Ⅰ-2

三大类	土地利用现状分类	
	类型编码	类型名称
建设用地	0602	采矿用地
	0603	盐田
	0604	仓储用地
	0701	城镇住宅用地
	0702	农村宅基地
	0801	机关团体用地
	0802	新闻出版用地
	0803	教育用地
	0804	科研用地
	0805	医疗卫生用地
	0806	社会福利用地
	0807	文化设施用地
	0808	体育用地
	0809	公用设施用地
	0810	公园与绿地
	0901	军事设施用地
	0902	使领馆用地
	0903	监教场所用地
	0904	宗教用地
	0905	殡葬用地
	0906	风景名胜设施用地
	1001	铁路用地
	1002	轨道交通用地
	1003	公路用地
	1004	城镇村道路用地
	1005	交通服务场站用地
	1007	机场用地
	1008	港口码头用地
	1009	管道运输用地
	1109	水工建筑用地
	1201	空闲地

续附表Ⅰ-2

三大类	土地利用现状分类	
	类型编码	类型名称
未利用地	0404	其他草地
	1101	河流水面
	1102	湖泊水面
	1105	沿海滩涂
	1106	内陆滩涂
	1108	沼泽地
	1110	冰川及永久积雪
	1204	盐碱地
	1205	沙地
	1206	裸土地
	1207	裸岩石砾地

土地利用现状分类中可归入"湿地类"的土地利用现状分类类型(附表Ⅰ-3)。

附表Ⅰ-3 可归入"湿地类"的土地利用现状分类类型

湿地类	类型编码	类型名称
湿地	0101	水田
	0303	红树林地
	0304	森林沼泽
	0306	灌丛沼泽
	0402	沼泽草地
	0603	盐田
	1101	河流水面
	1102	湖泊水面
	1103	水库水面
	1104	坑塘水面
	1105	沿海滩涂
	1106	内陆滩涂
	1107	沟渠
	1108	沼泽地

注:此表仅作为"湿地"归类使用,不以此划分部门管理范围。

附录Ⅱ 《第三次全国国土调查工作分类》

附表Ⅱ-1 第三次全国国土调查工作分类

一级类		二级类		含义
编码	名称	编码	名称	
00	湿地			指红树林地，天然的或人工的，永久的或间歇性的沼泽地、泥炭地，盐田，滩涂等
		0303	红树林地	沿海生长红树植物的土地
		0304	森林沼泽	以乔木森林植物为优势群落的淡水沼泽
		0306	灌丛沼泽	以灌丛植物为优势群落的淡水沼泽
		0402	沼泽草地	指以天然草本植物为主的沼泽化的低地草甸、高寒草甸
		0603	盐田	指用于生产盐的土地，包括晒盐场所、盐池及附属设施用地
		1105	沿海滩涂	指沿海大潮高潮位与低潮位之间的潮浸地带。包括海岛的沿海滩涂，不包括已利用的滩涂
		1106	内陆滩涂	指河流、湖泊常水位至洪水位间的滩地；时令湖、河洪水位以下的滩地；水库、坑塘的正常蓄水位与洪水位间的滩地。包括海岛的内陆滩地，不包括已利用的滩地
		1108	沼泽地	指经常积水或渍水，一般生长湿生植物的土地。包括草本沼泽、苔藓沼泽、内陆盐沼等，不包括森林沼泽、灌丛沼泽和沼泽草地
01	耕地			指种植农作物的土地，包括熟地，新开发、复垦、整理地，休闲地（含轮歇地、休耕地）；以种植农作物（含蔬菜）为主，间有零星果树、桑树或其他树木的土地；平均每年能保证收获一季的已垦滩地和海涂。耕地中包括南方宽度＜1.0m，北方宽度＜2.0m 固定的沟、渠、路和地坎（埂）；临时种植药材、草皮、花卉、苗木等的耕地，临时种植果树、茶树和林木且耕作层未破坏的耕地，以及其他临时改变用途的耕地
		0101	水田	指用于种植水稻、莲藕等水生农作物的耕地。包括实行水生、旱生农作物轮种的耕地
		0102	水浇地	指有水源保证和灌溉设施，在一般年景能正常灌溉，种植旱生农作物（含蔬菜）的耕地。包括种植蔬菜的非工厂化的大棚用地
		0103	旱地	指无灌溉设施，主要靠天然降水种植旱生农作物的耕地，包括没有灌溉设施，仅靠引洪淤灌的耕地

续附表Ⅱ-1

<table>
<tr><th colspan="2">一级类</th><th colspan="2">二级类</th><th colspan="3" rowspan="2">含义</th></tr>
<tr><th>编码</th><th>名称</th><th>编码</th><th>名称</th></tr>
<tr><td rowspan="9">02</td><td rowspan="9">种植园用地</td><td></td><td></td><td colspan="3">指种植以采集果、叶、根、茎、汁等为主的集约经营的多年生木本和草本作物，覆盖度大于50%或每亩株数大于合理株数70%的土地。包括用于育苗的土地</td></tr>
<tr><td rowspan="2">0201</td><td rowspan="2">果园</td><td colspan="3">指种植果树的园地</td></tr>
<tr><td>0201K</td><td>可调整果园</td><td>指由耕地改为果园，但耕作层未被破坏的土地</td></tr>
<tr><td rowspan="2">0202</td><td rowspan="2">茶园</td><td colspan="3">指种植茶树的园地</td></tr>
<tr><td>0202K</td><td>可调整茶园</td><td>指由耕地改为茶园，但耕作层未被破坏的土地</td></tr>
<tr><td rowspan="2">0203</td><td rowspan="2">橡胶园</td><td colspan="3">指种植橡胶树的园地</td></tr>
<tr><td>0203K</td><td>可调整橡胶园</td><td>指由耕地改为橡胶园，但耕作层未被破坏的土地</td></tr>
<tr><td rowspan="2">0204</td><td rowspan="2">其他园地</td><td colspan="3">指种植桑树、可可、咖啡、油棕、胡椒、药材等其他多年生作物的园地</td></tr>
<tr><td>0204K</td><td>可调整其他园地</td><td>指由耕地改为其他园地，但耕作层未被破坏的土地</td></tr>
<tr><td rowspan="8">03</td><td rowspan="8">林地</td><td></td><td></td><td colspan="3">指生长乔木、竹类、灌木的土地。包括迹地，不包括沿海生长红树林的土地、森林沼泽、灌丛沼泽，城镇、村庄范围内的绿化林木用地，铁路、公路征地范围内的林木，以及河流、沟渠的护堤林</td></tr>
<tr><td rowspan="2">0301</td><td rowspan="2">乔木林地</td><td colspan="3">指乔木郁闭度≥0.2的林地，不包括森林沼泽</td></tr>
<tr><td>0301K</td><td>可调整乔木林地</td><td>指由耕地改为乔木林地，但耕作层未被破坏的土地</td></tr>
<tr><td rowspan="2">0302</td><td rowspan="2">竹林地</td><td colspan="3">指生长竹类植物，郁闭度≥0.2的林地</td></tr>
<tr><td>0302K</td><td>可调整竹林地</td><td>指由耕地改为竹林地，但耕作层未被破坏的土地</td></tr>
<tr><td>0305</td><td>灌木林地</td><td colspan="3">指灌木覆盖度≥40%的林地，不包括灌丛沼泽</td></tr>
<tr><td rowspan="2">0307</td><td rowspan="2">其他林地</td><td colspan="3">包括疏林地(树木郁闭度≥0.1、<0.2的林地)、未成林地、迹地、苗圃等林地</td></tr>
<tr><td>0307K</td><td>可调整其他林地</td><td>指由耕地改为未成林造林地和苗圃，但耕作层未被破坏的土地</td></tr>
</table>

续附表Ⅱ-1

一级类		二级类		含义		
编码	名称	编码	名称			
04	草地			指以生长草本植物为主的土地。不包括沼泽草地		
		0401	天然牧草地	指以天然草本植物为主，用于放牧或割草的草地，包括实施禁牧措施的草地，不包括沼泽草地		
		0403	人工牧草地	指人工种植牧草的草地		
				0403K	可调整人工牧草地	指由耕地改为人工牧草地，但耕作层未被破坏的土地
		0404	其他草地	指树木郁闭度<0.1，表层为土质，不用于放牧的草地		
05	商业服务业用地			指主要用于商业、服务业的土地		
		05H1	商业服务业设施用地	指主要用于零售、批发、餐饮、旅馆、商务金融、娱乐及其他商服的土地		
		0508	物流仓储用地	指用于物资储备、中转、配送等场所的用地，包括物流仓储设施、配送中心、转运中心等		
06	工矿用地			指主要用于工业、采矿等生产的土地。不包括盐田		
		0601	工业用地	指工业生产、产品加工制造、机械和设备修理及直接为工业生产等服务的附属设施用地		
		0602	采矿用地	指采矿、采石、采砂（沙）场，砖瓦窑等地面生产用地，排土（石）及尾矿堆放地，不包括盐田		
07	住宅用地			指主要用于人们生活居住的房基地及其附属设施的土地		
		0701	城镇住宅用地	指城镇用于生活居住的各类房屋用地及其附属设施用地，不含配套的商业服务设施等用地		
		0702	农村宅基地	指农村用于生活居住的宅基地		
08	公共管理与公共服务用地			指用于机关团体、新闻出版、科教文卫、公用设施等的土地		
		08H1	机关团体新闻出版用地	指用于党政机关、社会团体、群众自治组织，广播电台、电视台、电影厂、报社、杂志社、通讯社、出版社等的用地		
		08H2	科教文卫用地	指用于各类教育，独立的科研、勘察、研发、设计、检验检测、技术推广、环境评估与监测、科普等科研事业单位，医疗、保健、卫生、防疫、康复和急救设施，为社会提供福利和慈善服务的设施，图书、展览等公共文化活动设施，体育场馆和体育训练基地等用地及其附属设施用地		
				08H2A	高教用地	指高等院校及其附属设施用地
		0809	公用设施用地	指用于城乡基础设施的用地。包括供水、排水、污水处理、供电、供热、供气、邮政、电信、消防、环卫、公用设施维修等用地		
		0810	公园与绿地	指城镇、村庄范围内的公园、动物园、植物园、街心花园、广场和用于休憩、美化环境及防护的绿化用地		
				0810A	广场用地	指城镇、村庄范围内的广场用地

续附表Ⅱ-1

一级类		二级类		含义
编码	名称	编码	名称	
09	特殊用地			指用于军事设施、涉外、宗教、监教、殡葬、风景名胜等的土地
10	交通运输用地			指用于运输通行的地面线路、场站等的土地。包括民用机场、汽车客货运场站、港口、码头、地面运输管道和各种道路以及轨道交通用地
		1001	铁路用地	指用于铁道线路及场站的用地。包括征地范围内的路堤、路堑、道沟、桥梁、林木等用地
		1002	轨道交通用地	指用于轻轨、现代有轨电车、单轨等轨道交通用地，以及场站的用地
		1003	公路用地	指用于国道、省道、县道和乡道的用地。包括征地范围内的路堤、路堑、道沟、桥梁、汽车停靠站、林木及直接为其服务的附属用地
		1004	城镇村道路用地	指城镇、村庄范围内公用道路及行道树用地，包括快速路、主干路、次干路、支路、专用人行道和非机动车道，及其交叉口等
		1005	交通服务场站用地	指城镇、村庄范围内交通服务设施用地。包括公交枢纽及其附属设施用地、公路长途客运站、公共交通场站、公共停车场（含设有充电桩的停车场）、停车楼、教练场等用地，不包括交通指挥中心、交通队用地
		1006	农村道路	在农村范围内，南方宽度≥1.0m、≤8.0m，北方宽度≥2.0m、≤8.0m，用于村间、田间交通运输，并在国家公路网络体系之外，以服务于农村农业生产为主要用途的道路（含机耕道）
		1007	机场用地	指用于民用机场、军民合用机场的用地
		1008	港口码头用地	指用于人工修建的客运、货运、捕捞及工程、工作船舶停靠的场所及其附属建筑物的用地，不包括常水位以下部分
		1009	管道运输用地	指用于运输煤炭、矿石、石油、天然气管道及其相应附属设施的地上部分用地
11	水域及水利设施用地			指陆地水域，沟渠、水工建筑物等用地。不包括滞洪区
		1101	河流水面	指天然形成或人工开挖河流常水位岸线之间的水面，不包括被堤坝拦截后形成的水库区段水面
		1102	湖泊水面	指天然形成的积水区常水位岸线所围成的水面
		1103	水库水面	指人工拦截汇集而成的总设计库容≥10万m^3的水库正常蓄水位岸线所围成的水面

续附表Ⅱ-1

<table>
<tr><th colspan="2">一级类</th><th colspan="2">二级类</th><th colspan="5" rowspan="2">含义</th></tr>
<tr><th>编码</th><th>名称</th><th>编码</th><th>名称</th></tr>
<tr><td rowspan="7">11</td><td rowspan="7">水域及水利设施用地</td><td rowspan="3">1104</td><td rowspan="3">坑塘水面</td><td colspan="5">指人工开挖或天然形成的蓄水量<10 万 m^3 的坑塘常水位岸线所围成的水面</td></tr>
<tr><td rowspan="2">1104A</td><td rowspan="2">养殖坑塘</td><td colspan="3">指人工开挖或天然形成的用于水产养殖的水面及相应附属设施用地</td></tr>
<tr><td>1104K</td><td>可调整养殖坑塘</td><td>指由耕地改为养殖坑塘,但可复耕的土地</td></tr>
<tr><td rowspan="2">1107</td><td rowspan="2">沟渠</td><td colspan="5">指人工修建,南方宽度≥1.0m、北方宽度≥2.0m 用于引、排、灌的渠道,包括渠槽、渠堤、护堤林及小型泵站</td></tr>
<tr><td>1107A</td><td>干渠</td><td colspan="3">指除农田水利用地以外的人工修建的沟渠</td></tr>
<tr><td>1109</td><td>水工建筑用地</td><td colspan="5">指人工修建的闸、坝、堤路林、水电厂房、扬水站等常水位岸线以上的建(构)筑物用地</td></tr>
<tr><td>1110</td><td>冰川及永久积雪</td><td colspan="5">指表层被冰雪常年覆盖的土地</td></tr>
<tr><td rowspan="8">12</td><td rowspan="8">其他土地</td><td></td><td></td><td colspan="5">指上述地类以外的其他类型的土地</td></tr>
<tr><td>1201</td><td>空闲地</td><td colspan="5">指城镇、村庄、工矿范围内尚未使用的土地。包括尚未确定用途的土地</td></tr>
<tr><td>1202</td><td>设施农用地</td><td colspan="5">指直接用于经营性畜禽养殖生产设施及附属设施用地;直接用于作物栽培或水产养殖等农产品生产的设施及附属设施用地;直接用于农业项目辅助生产的设施用地;晾晒场、粮食果品烘干设施、粮食和农资临时存放场所、大型农机具临时存放场所等规模化粮食生产所必需的配套设施用地</td></tr>
<tr><td>1203</td><td>田坎</td><td colspan="5">指梯田及梯状坡地耕地中,主要用于拦蓄水和护坡,南方宽度≥1.0m、北方宽度≥2.0m 的地坎</td></tr>
<tr><td>1204</td><td>盐碱地</td><td colspan="5">指表层盐碱聚集,生长天然耐盐植物的土地</td></tr>
<tr><td>1205</td><td>沙地</td><td colspan="5">指表层为沙覆盖、基本无植被的土地。不包括滩涂中的沙地</td></tr>
<tr><td>1206</td><td>裸土地</td><td colspan="5">指表层为土质,基本无植被覆盖的土地</td></tr>
<tr><td>1207</td><td>裸岩石砾地</td><td colspan="5">指表层为岩石或石砾,其覆盖面积≥70%的土地</td></tr>
</table>